木斧获中共中央、国务院、中央军委授"庆祝中华人民共和国成立七十周年纪念章"

1985年元旦，北京邹荻帆家。前排右起：绿原、赵蔚青、邹荻帆、冯白鲁、曾卓；后排右起为史放、李嘉陵、杜谷、牛汉、杜子才、木斧

1987年10月10日，巴金和木斧在成都合影

成都老作家群（从左至右：龙郁、白航、木斧、王尔碑、沈重、白渔）

木斧在京剧《铁弓缘》中饰石文

木斧在京剧《六月雪》中饰禁婆

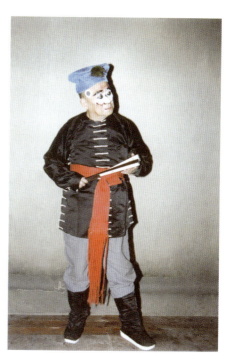

木斧在京剧《四进士》中饰刘二混

木斧画《蒋干盗书》中的蒋干

木斧画《追韩信》中的樵夫

木斧近形

# 心中蓄满
# 露水的诗人

## 木斧评传

张效民　著

四川文艺出版社

**图书在版编目（CIP）数据**

心中蓄满露水的诗人：木斧评传 / 张效民著. — 成都：四川
文艺出版社, 2020.1
ISBN 978-7-5411-5593-2

Ⅰ. ①心… Ⅱ. ①张… Ⅲ. ①木斧－评传 Ⅳ. ①K825.6

中国版本图书馆CIP数据核字（2019）第276693号

XINZHONG XUMAN LUSHUI DE SHIREN·····MUFU PINGZHUAN

# 心中蓄满露水的诗人——木斧评传

张效民　著

| | |
|---|---|
| 出 品 人 | 张庆宁 |
| 责任编辑 | 陈润路　燕啸波 |
| 封面设计 | 叶　茂 |
| 内文设计 | 史小燕 |
| 责任校对 | 蓝　海 |
| 责任印制 | 崔　娜 |

出版发行　四川文艺出版社（成都市槐树街2号）
网　　址　www.scwys.com
电　　话　028-86259287（发行部）　　028-86259303（编辑部）
传　　真　028-86259306

邮购地址　成都市槐树街2号四川文艺出版社邮购部　610031
排　　版　四川最近文化传播有限公司
印　　刷　四川机投印务有限公司
成品尺寸　168mm×238mm　　开　本　16开
印　　张　24.25　　　　　　　字　数　370千
版　　次　2020年1月第一版　印　次　2020年1月第一次印刷
书　　号　ISBN 978-7-5411-5593-2
定　　价　68.00元

# | 目录

## 第十二章　纯真的人

# 诗以为序

\ 木斧 \

## 草根自语

——写在我的八十八岁生日

大路、小路、支路

沿途都插着横牌

拒绝老人进入乐园

其实我早已没有锐气了

无法进入你们热闹的讲演大厅

我只能在家门口散步遛弯

诗是关不住的

何况我还不曾躺下

篱下，我照样写诗

我是泥土中冒出来的芽

我是隙缝里挤出来的

老不死的草根

# 88之谜

88对你来说是一个谜:
这是量体裁衣的尺码吗?
或是街巷门牌的号数呢?
或是吃名小食排队的次序?

88对我来说是我欢乐的米年
你说我这个寿命是老还是少?
只要诗还在我的血液中流淌,
它就变成我写诗的进军号

88向我发出了警告:
快停下来,你这个蠢才!
可是时间还在不停地向前跑
我的缰绳快要拉断了!

# 前　言

　　木斧先生是我国著名的诗人，是著名的"七月派"诗人中年龄最小的一位；木斧也是一位小说家、戏剧家。认真地说，也可以算是一位书画家，在我看来，他的书画不做作、不追新逐奇、不炫怪，自然流畅，刚劲有力，特点鲜明，非今日那些所谓大师级的丑书怪画家所能比拟；他还是一位受人喜爱的京剧的著名票友。木斧出生于20世纪30年代。从他出生的1931年算起，到现在他已经是一位八十八岁的高龄老人了。按照中国传统的记龄方式，他已超越"米寿"，跨入八十九岁的年头，奔九了，是名副其实的长寿老人了。但从他不时自成都给我打来的电话中，我却从来没有从声音中感受到他哪怕是一丝一毫的老态。他的声音永远是那样的洪亮，那样的爽朗，那样的充满激情，在激情中还不时携带着永不褪色的幽默。我还从他不时寄来的他的诗、画、文集和关于他的研究文章的结集中，感受到他旺盛的创作活力，感受到他热爱生活的蓬勃激情。我从来没有想到他的年龄，每一次拆开他寄来的厚厚的信封，翻阅他一本又一本新作，我总是怀着一种敬佩之情。这是一位具有何等旺盛的生命活力、创作激情的文化老人啊！

　　我记得，认识木斧先生，是在1986年四川万县师专召开的何其芳学术研讨会上。那时我是成都师专的一位青年教师。在会议安排的讨论会上，坐在我对面的是一位中等个子、敦敦实实的中年人，四方大脸，眼睛总是眯着，一张大嘴也时常紧闭，嘴角还经常向下耷拉着，似乎无论对什么人、说什么话都是一副不以为然的样子；他自己也很少发言说话，因此也就显得特别严肃，特别威严，特别让人感到有点官气，让人难以接近。我琢磨着，这人一定是一位不小的官员吧！于是在会议休息时间，我走到他面前，说：“这位先生好严肃哟！一看就是当官的。”说这话的时候，我本来是准备好不被他理睬，或者是挨几句训斥的，谁知道，他听了后，咧开嘴巴一笑，说：“哪里是什么官哦，天生一副垮嘴角，没啥子严肃哦！”这话一说，我就感到他满天的乌云一下子散开了，满脸生动，活力四射了。我突然感到，这其实是一位很平易近人的长者，一位和蔼可亲、幽默有趣的人物。

就这样，我们认识了。知道他的工作单位是四川文艺出版社，是位编审，还担任着副总编的领导职务，也还是一位诗人。后来又从其他人那里知道了他的坎坷经历，曾经因为被定为“胡风分子”，几十年吃尽苦头，1982年彻底平反后，又努力把失去的大好时光追回来，重返诗坛，成为一位颇具代表性的“归来诗人”，因此又对他油然生出许多敬意来。此后也就有了来往走动。我后来担任四川省师专教育学院现当代文学研究会副会长，要编一套《中国当代文学作品选》，就想到请他写序，他欣然接受，并且很快就送来了稿子。有一次，他告诉我说，四川文艺出版社准备出版一套写作丛书，问我愿不愿意试试承担一本。我当然是求之不得。在他的帮助下，我的《典型创造寻踪》得以出版。那是我的处女作啊！随着交往越来越多，我对他的了解也就越来越深了。也越来越感到亲近、亲切。1991年，他到了离休的年龄，我那时就发下心愿，要为他写一本传记，记录他坎坷而又不懈奋斗的一生，记录下他对于诸多青年人的关心和帮助。经过两年多的时间，我写出来《木斧传》（初稿），交他审看，他看后只是对一些历史事实做了订正，补充了一些材料，就将稿子交给我了。他说，对于作品的评价，他不会说什么，那是应该由评论者自己去把握的事情。

我当然知道，这个初稿还需要进行大量的修改工作。当时自己掌握的关于木斧的材料远不充实，木斧生平经历中的许多方面均未能涉及。因此，决定再下大功夫补充材料，进行修改。但是很快，我决定南下深圳，在南山区教育局谋得一份工作，就把家中所有的文献资料全部打包，装上一个载重十吨的大集装箱南运。

我当时到深圳工作，物质条件是很差的。我们一家三口最初只居住在一个六平方米的小房子里，一到下雨天，外面刚刚从蝌蚪蜕变过来的小青蛙还拖着长长的小尾巴就蹦进房间，一不小心就可能踩着它们；有时，还有南方地区常见的爬行类动物爬进屋里，吓人一大跳。这样的生活条件下，我只得把书籍和一时用不着的生活用品寄存在一所小学的库房里；以后条件虽稍有改善，但是也无安放书桌的条件，更不说是布置一间书房了。这样，当然没有可能把运来的书拆包、上书架了。补充修改《木斧传》的想法只能搁置。怎么也没有想到，这一搁置就是二十四年。

现在我的生活条件当然比我刚刚南下时好了许多，但我的工作也从大学文学教师转向了基础教育、高职教育的行政事务，与文学研究绝缘了。再加上人大、政协的一些工作和党派工作，确实是十分烦冗的。文学研究对于我来说，确实只能是一个遥不可及的梦想了。所以一直到2014年离开工作岗位前，所有的关于文学、文化的书，均未曾开包上架，《木斧传》的初稿自然也就躺在一捆一捆的书中休息了。但是和木斧老先生的联系还是断断续续。我记得，我借回成都公干的机会，曾经三次到他离休后的"沐虚斋"去拜见他。木斧老先生也未忘记我这个在遥远的海滨生活、工作的异乡游子。一有作品出版，他总是题上诸如"效民兄正之"之类的客气话，再慎重地题上自己的名字寄给我。看着他那龙飞凤舞、刚劲有力的题签，我的心中十分感激！我感受到了来自西蜀的浓浓的情意。在这个时期，我也时时想起那本未曾完稿的《木斧传》的初稿。但是，又觉得这么多年过去了，一定会有比我更合适的作者来为木斧立传；我相信他们一定会写得比我好。期间也曾听木斧老先生说起，有人为他写传记的事情，他还开玩笑地说，是不是把你写的那个初稿卖给我呀？真是抬举我了！我当然有些诚惶诚恐，很有些汗颜了！但是因为要找出不知道藏在哪个书包哪个箱子里的那个初稿，实在是困难重重，所以也就没办法交出初稿了。

但是我由此更是期待新的《木斧传》早日出版面世了，由自己来完成《木斧传》的想法也就彻底打消了。

2013年7月，我又收到木斧从成都寄来的一本书。书名是《论木斧》，由他的朋友李临雅和余启瑜选编。在扉页之前的空白页上，我看到他专门写的几句话："张效民先生惠存。有了这本书，便可以免出木斧评传了。木斧2013年7月。"看到这段话，我深感惭愧！也才知道，我一直期待由他人写的《木斧评传》仍然未能出版。但是我那时也正忙于冗务，也无法分心来完成《木斧传》的写作。2017年10月，由李临雅和余启瑜选编的《再论木斧》由四川文艺出版社出版，我又收到木斧老寄来的这本书。不过，这次他没有在书中写什么"正之、惠存"之类的话了。我是从寄书邮件熟悉的字迹中认出是他寄的。不几天，他又来电话询问我是否收到这本书。可见他对于这本书的重视程度。对他的赠书，我向来是认真读的。在书中所附的《木斧著述选载》中，由他写的一篇《我的文学生涯·木斧简传》中，我读到这样一段话："我还活着，可是有几个文学评论家愿意为我撰写评传，要我提供资料，我也提供了一些。例如深圳的张效民、重庆的蒋登科、广西的吴立德，他们为我撰写的评传，我也读过一些片段，由于种种情况，最后都没有出版。原因主要是我觉得我不够格，而且他们的文风与我的文风不同，难于取舍。"他又说，"直到现在，我才意识到，非名人也可写传。我自己为什么要找别人来写呢？我自己为什么不可以写呢？"所以就有了他自己写的这篇《我的文学生涯》。确实是一篇很好的自传。资料真实准确，确非他人可以比的。但是承他赐我一顶"文学评论家"的帽子，我实在是不敢当；但也受到深深的刺激。觉得很对不起木斧老先生、木斧老人。这几年我已经退出现职岗位，虽说也还有一些活动要参加，有一些工作要做，但是可以由自己安排的时间确实多了。再加上我的居住条件改善了，有了一间书房，从成都带来的书也排列上架，当年写的《木斧传》的初稿也被翻出来了。应该说，修改完成《木斧评传》的条件已经具备了，我写一本《木斧传》的心愿可以完成。

这样，我就以初稿为基础，做了大修大改，补充了一些材料，尤其是他离休之后的一些材料，也补写出来了。较之于当年我写《木斧传》初稿的时候，现在能看的材料已经丰富许多了。我也考虑到自己脱离文学研究二十余年，对于文学界的时风十分隔膜，自己素养不足，无力对于他的创作进行深入全面评价，只是结合个人一些肤浅的认识，做出一些评说，试图借此形成对于木斧生平事迹和创作的完整印象。但是木斧看到稿子后，仍然觉得应该成为"评传"，那就叫评传吧。现在我将这个稿子呈现在读者面前，算是完成了我的一个心愿，也是对于我和尊敬的木斧老人几十年交往的一个纪念。

我知道，木斧老人身体强健，具有强大的生命活力，虽然已届米寿之年，但是茶寿可期。生命不息，创作不止，精彩不已。木斧，这位跨世纪的老诗人、小说家、老画家、老票友、老顽童，必将给我们继续增添无尽的故事、无尽的精彩，因此，我这本评传仍然是一本没有结尾的评传。

我当然明白，这本《木斧评传》还存在诸多不足、诸多问题，这些缺陷和不足，只有期待未来哪位作者去弥补了。我期待着在不久的将来，能有更好、更全面的《木斧评传》面世！也衷心祝愿木斧先生更加健康长寿、更加丰富精彩！

2018年2月26日初稿于深圳南山西丽湖畔

2018年8月10日再改

2019年6月19日改定

# 引子：水街有场生日聚会

2018年8月21日，阴历七月十一。立秋已过，处暑将至，初秋时节。一大早，成都就下起大雨来了，气候清凉宜人。

在成都市南郊高新区著名景点铁像寺旁边水街上的陈锦露天茶铺里，一场聚会正在进行。

这是一场为米寿诗人木斧老人举办的生日聚会。

茶铺敞开的廊檐下，摆放着一溜方桌拼镶而成的大长方桌，桌子四周的竹椅上，坐满了前来参加聚会的老老少少、男男女女各路诗人。条桌上摆放着李临雅专程从市郊三圣乡买来的象征喜庆的大红花篮；条桌中间摆放着肖开秀、罗西蜀他们一大早从市中心的实业街安德鲁森蛋糕店领取来的订做的喜庆生日大蛋糕。蛋糕上用奶油写成的"木斧诗家八八米寿""生日快乐"等闪着光泽的立体文字，代表着与会者的心声和美好祝愿。

这是一场被推迟了的生日聚会。本来，木斧的生日是阴历七月初四，换算成阳历，就是8月14日。但是，这个日子立秋刚过，成都的天气依然溽热，他老人家怕诗友们在溽热的时间为其过生，太辛苦了。提出要推后到秋凉的日子再来聚会。他觉得生日聚会是一个形式，大家高兴、舒适才好，不必一定要赶在生日那一天。他定下的时间是8月底和9月初，那时，盛夏已过，初秋来临，气候就比较宜人了，举办和参加聚会活动就不会那么辛苦。

这是一场谋划已久的聚会。对于自己的米寿生日聚会，木斧自己也很重视，但是他不想兴师动众，只想和诗友们一起度过。2018年5月，木斧在陈锦茶铺坝坝茶与草根文友茶聚的时候，就提出了这一想法；6月，木斧邀请各位文友去仁寿县"青岗·春台"游览时，再一次提出来这个话题；8月3日，肖开秀为木斧老师送《心中蓄满露水的诗人——木斧评传》稿件的时候，木斧又向肖开秀谈起这个想法。肖开秀说，您老定下参加人员和大概时间，我负责通知和筹备这件事情。8月10日，木斧确定了参加人员和大概时间，也照顾参会人员的时间安排，最后把这场聚会的时间定在了8月21日。

这是一场草根诗人的聚会。聚会由一群已是自由之身的草根诗人自发组织，没有哪家官方机构参与，也没有邀请一位在职的官员，全是生长在木斧这棵大树周围的草根文人。活动方式也很简约，没有官方活动的繁文缛节。

这是一个以草根诗人自居，以草根诗人为荣的诗人群体。在木斧看来，诗歌源自生活，扎根人民，只有从人民生活中汲取营养，表现人民生活、情感的诗歌才具有长远的生命力，才能得到人民的认可。而草根，既是指民间、人民，也是指贴近人民生活，扎根人民深厚生活土壤的诗歌作品。唯有植根于底层人民生活的深厚土壤，诗歌发展才有希望！由此看来，"草根诗人"之名，既是一种对于诗歌创作价值取向的执着追求，也是诗人对于自己创作风格特点的一种自觉自信。

诗人聚会自然少不了诗。作为当日聚会的寿星老人、高寿诗人，木斧自己先写了《草根自语——写在我的八十八岁生日》：

　　大路、小路、支路/沿途都插着横牌/拒绝老人进入乐园

　　其实我早已没有锐气了/无法进入你们热闹的讲演大厅/我只能在家门口散步遛弯

　　诗是关不住的/何况我还不曾躺下/篱下，我照样写诗

　　我是泥土中冒出来的芽/我是隙缝里挤出来的/老不死的草根

其他与会和未能与会的诗人也纷纷从全国各地发来为米寿诗人祝寿的诗歌。"蜜蜂社"老蜜蜂、年届九旬的老诗人陆原，《心中蓄满露水的诗人——木斧评传》作者张效民（深圳），《〈泪是笑的燃料〉——论木斧诗歌》作者王立世（太原），逻辑、史志两栖学者徐方强（南充），年过古稀的李德贵（贵州），有"诗痴"、平民诗人之称的龙郁，晚霞杂志社原副总编罗西蜀，《论木斧》《再论木斧》主编李临雅，《四川文学》老编辑、八旬诗人方赫，散文学会副会长袁瑞珍，每月十五文学社社长杨光和，"雨后春"网络平台主编何春笋，《诗歌巡洋舰》主编梅香，草根诗人肖开秀、江铭记、游运、曾卫红纷纷发来贺诗，祝贺木斧米寿，表达对木斧的由衷敬仰之情；《散花楼》女子诗社周渝霞远在石棉县考察，也发来贺诗；书画家、编剧左边（魏建林）的九旬老母生病在床，依然连夜画了一幅木斧的戏装画并题诗，还匆匆赶到聚会现场给木斧老师贺寿；曾卫红将木斧的生日贺诗编印成《木斧老师米寿贺诗集锦》的小册子；"雨后春"网络平台编辑魏晓霞从双流赶来为木斧贺寿，还在"雨后春"平台出专刊做专题报道木斧的草根米寿生日！

10时许，看看参加聚会的人已到齐，被大家围坐在条桌中间位置的老寿星木斧宣布茶聚开始。木斧首先祝贺肖开秀的新诗集即将出版问世，然后才说，自己已经米寿了，请大家来喝茶、聚会。他讲起了自己当年在海螺沟那段遇险的经历，说自己是一个大难不死的草根诗人。他勉励大家要当一位"草根诗人""平民诗人"，要忠于诗歌的使命，不要把诗歌作为个人出路的敲门砖，不要用诗歌去攀龙附凤，获取一己之私！真正的诗人要靠作品说话，不能靠职务和官衔。米寿诗人这番发自内心的诗路人生感悟和米寿感言，赢得了大家一阵热烈的掌声。

为了酬谢参加聚会的诗友，木斧以自画三把折扇作为礼品，以回答国内著名作家、诗人真实姓名的多少来确定礼品的分配。木斧老师念起了国内外诸多著名作家的笔名，让大家答出实名。最后是李临雅第一，方赫第二、江铭记第三。他们高高兴兴地分别获得了木斧的折扇。

接下来是诗歌朗诵。大家分别为木斧朗诵了自己创作的饱含对木斧的感激、敬仰和祝福之情的诗歌。木斧则以清唱京剧《定军山》和《坐宫》来答谢。这两段京剧选段，木斧唱得字正腔圆，有板有眼，风韵不减当年。然后，木斧和大家一起分食蛋糕，先是同声高唱《生日快乐》，再切开蛋糕分给大家，满心的喜悦挂在木斧的脸上，充溢在他的心中。与会的诗人们共享米寿的福气，脸上也洋溢着发自内心的欢乐之情。

满堂欢快，欢笑声、诗朗诵和京剧清唱吸引了陈锦茶铺坝坝茶的茶客和水街的游人。他们不禁放慢脚步，充满好奇地把目光投向这个聚会场面。这是一群什么人在聚会？看到那大红的祝寿花篮，看见条桌上摆放的硕大蛋糕，人们就都想要看看这位八十八岁的高寿老人了。

这是一位什么样的人物呢？

是啊！米寿老人木斧，究竟是一位什么样的人物呢？下面，我们慢慢道来。

# 第一章

# 在严冬季节

（1931.8—1941.7）

## 降生在动荡年代

　　1931年8月17日，阴历七月初四，一个幼小的生命在四川省成都市的皇城坝杨宅降生了，这就是本书的主人翁，后来成为我国著名诗人的杨莘——木斧。

　　木斧的出生是有故事的。当然不是像古代帝王将相出生时那样神奇、那样充满神话色彩，但是，也有些奇异之处。首先，这是一个超过了"十月怀胎，一朝分娩"时间的孩子。木斧自己说："我的母亲怀孕十一个月都没有生下婴儿，有一天，肚子剧痛，接生婆便把我接到人间来了。"（《我的文学生涯》，四川文艺出版社2017年10月第1版，第305页）

　　其次就是，木斧出生后就经历了磨难。他说："生下来之后，没有哭声，手脚也没有动弹，只有微弱的呼吸声。家人急急忙忙请来了隔壁的蔡医官前来抢救，蔡医官在我的小肚子上扎了几十针，仍然没有动静，蔡医官急慌了，竟将燃烧的艾火条杵到了我的头顶，我便猛烈地哭喊了起来，接着便是大喊大叫。原来这是一个鲜活的婴儿呵！"（《我的文学生涯》，第305—306页）蔡医官由此就成为远近闻名的名医了。当然木斧的这个记忆，是根据他懂事后家人的叙述记下来的。木斧出生时的这些奇异的现象，并不是有什么预兆说他将成为一个了不起的大人物，但可能由此引起家人对他的关注，对他的爱护，甚至于对他的放纵，这些都对他的成长具有很重要的意义！

成都，又称锦官城、蓉城。被称锦官城，是因为汉朝在这里设立锦官，主管织锦事务，以官衙之名命名城市别名，因此，成都就有了锦官城的别称。可见成都一带那时就经济发达，盛产丝绸锦缎，是朝廷重要的经济来源。因为锦丝，成都许多地方都以锦命名，如锦江，就是因为织锦需要在江水里洗涤，所以当时就把流经成都的岷江一段称为濯锦江，简称锦江；成都还有锦里之称，可能也是来源于古代的织锦，丝绸故里，锦绣之乡嘛。

成都坐落在川西平原的中部，是一座历史悠久的城市。据史书记载，蜀国虽定都于此，而大规模的城市建设，则始于秦代张仪、司马错平蜀。汉代，曾在这里设立锦官，遂得名"锦官城"。三国时代，这里是蜀汉的都城，逮之唐代，这里曾称"南京"，所谓"扬一益二"的说法已流行天下。

成都又是一座美丽的城市。成都的美丽，自然不仅仅是在秋季盛开的木芙蓉花。春季照样是花团锦簇，春光无限。

古往今来诗人们的笔下，成都都是十分美好的，是令人留恋、给人感悟的地方！

成都既有悠久的历史，也就留下诸多的历史遗迹，蔚为大观。这里，既有蜀王时代的七宝楼遗址，又有司马相如、卓文君、扬雄等历史名人留下的遗迹，还有文翁石室、琴台、武侯祠、杜甫草堂、青羊宫……都证明着成都确实是一座历史悠久、当之无愧的文化名城。

然而，在木斧出生和成长的年代里，成都却是黯然失色的。木斧在后来多次说道，"我出生在一个动荡的年代里"，"我出生在大雪纷飞的早晨"。"动荡的年代"是抓住了那个时代社会生活的显著特征。在木斧出生的时候和整个青少年时代，国民党和共产党两党斗争激烈，中国共产党"以武装革命反对国民党的武装反革命"，除了在江西建立了井冈山革命根据地、中央苏区之外，在湖北、四川还建立了鄂豫皖革命根据地和川陕革命根据地。其中，1933年入川建立川陕革命根据地的红四方面军，与刘湘统帅的各军阀部队一百一十余个团，约二十万人进行了英勇的战斗，粉碎了刘湘的"六路围攻"，保卫了川陕革命根据地这个中华苏维埃共和国的"第二大区域"。在四川这块土地上，革命与反革命势力进行了多年反复激烈的拼杀。然后是中国共产党领导工农红军的二万五千里长征。红一方面军的长征经过了川西地区；红四方面军以川东北的巴中为中心建立了川陕革命根据地。红四方面军的长征也就从四川的川北起步，红四方面军在与一方面军会师后，分为左路军和右路军。由于张国焘的坚持，右路军南下西康地区，还向成都发起过进攻，至今，距成都仅百余公里的雅安名山区城背后的蒙山上，还建有那次战役的纪念馆。

就四川内部而言，也一直处于军阀混战之中。自辛亥革命以后，四川的政局一直未得安宁。军阀混战，民不聊生，"城头变幻大王旗"，成都饱受战乱之苦。在木斧出生前的十余年间，发生在成都或波及成都的军阀争战就有"倒熊之战""靖川之役""讨贼之役""杨森的统一全川之战""刘湘、杨森逐黔军出川之战"等大的战乱。在木斧出生以后的一两年内，在成都还发生了刘湘、刘文辉争霸的"二刘大战"，双方在成都摆开战场，进行巷战。根据史书记载："此次成都巷战，双方战死官兵一万余人，市民死亡近一万人，受战祸的难民达二万七千余人，财产损失无数。"（《四川简史》，四川省社会科学院出版社1986年12月版，第259页）此后，又有刘湘驱逐刘文辉的所谓"安川之战"，等等。

木斧就出生和成长于这样的年代里，可以说，他是诞生在军阀混战的枪炮声中，成长在阶级斗争空前激烈的时代背景之下。在不谙世事的幼年时代，他就尝到了人生的艰辛，吃到了社会动荡的苦头！

# 杨氏一门

木斧在《我的文学生涯》中谈到他的家族："我的祖父杨炳堂，回族，宁夏回族自治区固原县黄铎乡羊圈堡人，清朝秀才。清同治年间，因左宗棠镇压回族新教，携全家老小南迁，在迁移过程中，分别流落在陕西宝鸡、甘肃平凉、四川广元等地。杨炳堂之前的历史，我这个后人也无法知晓。"（《再论木斧》，第304页）

木斧出生之时，祖父杨炳堂已经去世，祖母也已不在人世。只有三奶奶在世，但不久，三奶奶也撒手而去。木斧在写给笔者的信中说："父亲很穷，无固定职业，在国民党军队中当过勤务兵，县政府里面当过科员……后来去了康定学会了验看麝香，后来成了中国鉴定麝香的能手，又学会了加工，便做起药材生意来了，专治麝香。"（致笔者信）

在《我的文学生涯》中，木斧自己说："我的父亲杨伯康，回族，出生在迁移过程中的四川广元，他是杨炳堂的第五个儿子。后来随祖父到达成都，考入四川师范学校，由于成绩优秀，每学期名列前三名，一直免费读到毕业。"毕业后随国民党军的一个名叫马叔帆的旅长到了康定，受到信任，为这位旅长看管在康定的房屋。其间学会了麝香的识别和制作技术，后来返回成都，开办了一家名为同昌贸易公司的商号。他的商业活动是很成功的，成为四川著名的回族企业家。因新中国成立前长期掩护延安派出的中共地下党领导干部李止舟，成都一解放杨伯康便参加了工作，成为一位无党无派的民主人士，担任过成都市民政局副局长、西城区人民政府副区长，是十三级的高级干部。他的经历也具有传奇的色彩。据木斧自己说："我父亲杨永寿，但他自行改名为杨伯康了。杨伯康在成都市是德高望重的回人。西城区第九届人大常务委员会副主任、中国人民政治协商会议成都市委员会常务委员，成都市伊斯兰教协会顾问，《成都市回民史》就是他写的。"

木斧母亲，姓刘名琴如，云南人，嫁给杨伯康后，就在娘家姓氏前加个夫家的杨字，成为杨刘琴如。外祖父是云南回族起义将领，木斧母亲出生时，外祖父已被清廷下令斩首，外祖母生下母亲后随即亡故（回民家庭称为"无常"）了。母亲从小跟随兄嫂在重庆长大，因为外祖父是"叛逆"，是朝廷钦犯这个缘故，母亲一家从来都对外祖父的一切情况讳莫如深，从不提起，一直到现在，外祖父的姓名以及所有情况均是无从知晓。很可惜，这位在反抗清廷统治的斗争中壮烈牺牲的人物，很可能就此沉入历史的深渊之中了！

母亲的身世虽已成谜，但是母亲的性格、勤劳和爱好却在木斧的心中留下了不灭的记忆。在木斧印象中，母亲个子不高，身高大约一米五六。身材瘦小，脚也比较小，属于曾经缠脚又放脚的那种，走起路来颤巍巍的。母亲勤劳节俭，辛勤持家。"她的劳动量却大得惊人。一家人的布鞋都是她做的，鞋底最厚、最结实。新袜子买回来，先从袜底剪一刀，缝上软布袜底再穿，便会延长袜子的寿命。衣服全部由她包洗包补。吃的东西，除了柴米油盐之外，其余几乎是由她制作的。这种'家常味'泡菜、萝卜干、豆腐乳乃至酱油、豆瓣酱等，都是她亲制的产品。她有时发出豪言壮语，说万一有一天父亲不能挣钱了，她可以开一个小饭馆供养全家。"（《妈妈，妈妈呀！》，四川文艺出版社《汪瞎子改行》2000年版，第219页）

母亲性格果断、坚强。木斧出生的时候，刚生下来时不会动、不会呼吸，一家人束手无策，是母亲盼咐叫来了一位蔡医官以艾灸手法救活了这位新生儿。母亲喜欢看戏。每天繁重家务劳动结束，"晚上，她把一切收拾停当，把妹妹安排睡觉了，便带着我们兄弟去看戏。有一天晚上，在成都少城公园（现在的人民公园）看新又新科班演戏。戏院是茅草搭成的，突然失火了，霎时火焰封了大门，她站起来，左手右手各挟一个孩子（那时我们两兄弟都十多岁了）在人群中闯荡，一口气从火焰中穿门而出，最后跌倒在草坪上。后来回忆起这件事，她自己也觉得奇怪：'我那时哪来的这么大的力气呢？'"（《妈妈，妈妈呀！》，第219页）这在木斧看来，也属于母亲当机立断的事例。在那种紧急的关头，作为一个母亲，是母性使她产生了如此巨大的能量。这是一种母性的力量，母爱产生勇气，产生力量。但是仅仅只有母爱是不行的。面对险情，还需要极端清醒的判断和果断的行动。这段叙述表达了木斧对母亲的深刻怀念和敬佩。

据木斧观察，母亲的性格中还潜藏着一种孤独。木斧在懂事后常常听到母亲吟唱着这样的戏词："林黛玉坐潇湘心神不定，思想起当年事好不伤情……"这固然是喜欢看戏学来的词句，但是由于这些唱词由于和她苦难的身世相吻合，才能惹起她无限的身世之感吧！

木斧母亲杨刘琴如新中国成立后当过街道的居民委员会主任，负责处理居民事务，调停邻里纠纷。那时，木斧是团省委的一名科长，父亲杨伯康担任成都市西城区的副区长，一家子都当官了。母亲固然很高兴，但是又说："都当了'官'了，二分半的公事人。这个'官'不能当，不能摆官架子。哪一个今后做了对不起老百姓的事情，国法难容，我还要家法从事。"由此可以见出母亲的公道正派。

杨刘琴如于1970年"文化大革命"的混乱高潮中去世。但是母亲吃苦耐劳、坚毅沉着、正直善良的品格以及兴趣爱好，却深深地留在木斧的记忆中，永不磨灭，极大地影响了木斧的人生选择！

木斧是杨家的第二个孩子。大哥杨蔚，号庆予。三妹杨蕖，号遽如。木斧排行老二，名莆，号馨甫。木斧的笔名很多，先后使用过的笔名有：默影、心谱、杨谱、牧羊、羊辛、路露、寒白、穆新文、欧阳近士、杨楠父、诸葛灯等。木斧是他使用最多，且为诗友和社会广泛承认的笔名。据他自己解释说，木，是杨姓的半边，斧，是"莆"的谐音。不过，这些笔名的使用，都是后来的事了。

## "根在固原，影在康定"

和生活在成都地方的许多人一样，杨家也并不是成都土著居民。木斧在他的许多文章中都说，他的"根在固原，影在康定"。

木斧致笔者的信中说："祖籍宁夏固原羊眷堡，即现在的固原县（现原州区）黄铎乡羊圈（圈、眷通用）堡村。"

根据有关材料，固原在明清时代均属甘肃所辖，现在是宁夏回族自治区的一个市。固原是西北地区一个重要的军事据点。固原县志办公室提供的有关木斧家世的情况，摘录如下：

"杨姓是世居固原的回族，其中一支现居黄铎堡、七营黑城等乡，子孙繁衍。以杨姓命名的村庄颇多，自称'七沟八岔，七十二水头都是杨家'。"云南昭通回族中的杨姓，自称祖籍黄铎乡羊圈堡（原名杨见堡，后改为羊圈，杨见，当系人名，固原以人名命名的堡寨甚多，始于明代，黄铎亦系此类，与屯田有关）。

羊圈堡是一个名气很大的地方。著名诗人马天堂在他的微博中说："羊圈堡在原州区黄铎乡以西，属于黄铎乡。羊圈堡是一个小山村，位于须弥山山口。小村坐南面北，村户零星。"村子距须弥山仅五公里。而羊圈堡杨家，可以说是固原的著姓。这里的杨家，传说是由明太祖朱元璋赐姓，家族中出了数十位将军，因此，这个家族在当地的地位十分显赫。

木斧谈到他的家族何以来到四川时说：

"我家祖祖辈辈都是虔诚的回民。祖父是清朝同治年间的一位秀才，由于清廷进剿陕甘一带回族新教，他不得不携带全家老小，从他世世代代居住的甘肃固原南逃，沿途几经波折，始终没有找到一个安全生命之所。"（《文坛絮语，回顾》）最后，经宝鸡来到广元，又从广元南下成都。

关于木斧祖父入川的时间，还有不同说法，认为是清康熙年间。对此问题，木斧本人认为，弄清楚与否都与研究他的创作无大关系。他说："我不过是个作家而已，又不是中了状元，也不需要光宗耀祖，那和我的作品搞得上关系吗？"

他说得有道理。

康定，现在是四川省甘孜藏族自治州的首府。但在20世纪30年代，却是西康省的省会。这是一个具有久远历史的山城。据史传所记，早在三国蜀汉时，诸葛亮"五月渡泸，深入不毛"，远征南蛮时曾在这里打造箭矢，所以这里又称"打箭炉""炉城"，因其紧靠藏边，故成为川藏交界处一大商品集散地。据周询《蜀海丛谈》记：康定"距省城九百余里，在雅州府治之西，当川藏首冲"。清代设打箭炉厅，"民国后，改名为康定县，西康建省，省会即得于此"。

从成都出南门西行至康定，按照清末民初时的驿程，南路共有驿站十五处。"曰：黄水河站，属双流县；武阳驿，属新津县；来凤驿，属邛州；百丈驿、名山站，均属名山县；雅安驿，属雅安县；荥经驿，属荥经县；富林驿、泥头驿，均属清溪县；化林坪站、沈村驿、泸定桥站、烹坑驿、日地站、打箭炉驿，均属打箭炉厅。"（周询《蜀海边谈》，第42页）用今天的话说，从成都出发，经双流、新津、邛崃到名山，由名山翻越金鸡关而至雅安，出雅安西行至荥经、汉源再插向西北经石棉至泸定而至康定。

1936年某月某日，一行男女老幼行走在这条道路上，一程一程地向着康定城前进。这就是杨伯康和他的全家人。当时，杨伯康因生活贫困，在成都生活不下去了，恰逢驻军成都的一位回民旅长马叔帆，要带他去康定代管马旅长在康定的房子。杨伯康即慨然应允。不久，即率同全家，随着马旅长一行上路西行。一路上，女性和小孩子乘坐滑竿，成年男人则步行或乘马（当时尚无公路），经过七天的奔波，终于来到了这个坐落在折多河畔万山丛中的小城镇。

木斧也就是随着家长，乘坐滑竿，来到康定，开始了他童年最初的记忆。

坐落在贡嘎山北麓跑马山下、折多河畔的康定城，是一座秀丽的小山城。其实称康定为城，并不准确。不需要太久的观察，你就会发现，这只是折多山下万山丛中的一条小小的街道。街道两边不足两百米就紧靠三四千米的高山。这里的山势十分险峻，三千米以上的山岭全是光秃秃的风化了的碎石山，好在靠近两千米以下的山岭，绿色植被还是很茂盛。除去下雨的季节，这里的天空四季蓝天白云，加上激流奔泻的折多河，就形成了木斧记忆中所谓秀丽的小山城了。

从街道来看，康定城作为国民政府预定的西康省省会，以城市的规模来说，实在是有点名不副实。被称为城市的康定，街面受地势的限制，极其狭小，城里的上桥、中桥、下桥三座不长的木桥横跨穿城而过的折多河，把河东西岸三部分的街道连为一体，站在桥石上，手扶木栏，注视桥下奔涌的河水，自有一番风味。如果你稍加注意就会发现，这里的水清澈透底，因为山势陡峻，河流的落差很大，水流也就十分湍急。河水冲击着山石岸畔，或者河中大大小小的石头，溅起银白色的浪花，发出巨大的吼声，既使人心旌摇荡，也给人一种观看蜿蜒于平原上的安静河流所难得产生的动态的美感，使人心旷神怡；背水的妇人不时往来给小小的街市点缀了一些活力；街道两旁都是低矮的木屋泥屋，铺面简陋破败。不时可以见到一些锅魁铺子，听见打锅魁的噼噼啪啪的声响，似乎在向每一个走近的人们发出诱惑。有时，也可听到打铁铺里传来的清脆的叮叮当当的打铁声，走得近了，你可以看见打铁时飞溅的火花。

康定在当时人口不多，常驻居民不会超过一万人。但是属于藏汉杂居之地，也是入藏、进川的必经之地，所以这里即成为川藏之间的商旅来往不绝的货物集散地，南来北往、东进西出的汉藏回各民族的人也都常常在这里贸易、停留，消息还算较为灵通。

康定城本是一个群山环抱的狭而长的街道，原本是个驿站。但是那时因为西康要建省，建省委员会驻在这里，委员长刘文辉也经常驻在这里，一大群幕僚和官员、军队驻扎在这里，他们都来自川内各地，川剧成为他们共同的娱乐消遣之物。所以就有一位颇有生意头脑的老板在这里建了全城唯一的卫乐大戏院。戏院里不时地上演着各地戏班演出的川戏。那是康定居民们向往的娱乐之所，因此也就成为全城最为热闹的地方之一。

因为要吸引观众，剧场老板决定重金聘请各地川剧名角来演出。木斧记忆中，在这里演出过的川剧名角很多。如成都名旦戴素芬、雅安名旦筱玲珑、著名文武小生彭海清、著名的文武花旦雪燕、文武老生杨玉冰、萧派小生唐笑吾等，还有花脸万斌武、小丑鄢炳章等，都是一时之选。这中间，木斧对于杨玉冰的武打戏、鄢炳章的丑角戏印象极为深刻。尤其是鄢炳章饰演的《活捉三郎》中的张文远一角，木斧至今记忆深刻，赞不绝口。木斧从此对于戏剧演出尤其是对于丑角的演出，耿耿于心，终于在相隔几十年离休之后，才得偿夙愿！

康定城里还有一家无声电影院，则似乎表明现代文明也未完全遗忘这座万山丛中的小城……

杨伯康一家，自来到康定后，即在康定城北一巷一家姓黄的锅庄内安顿下来。杨伯康即按照马旅长的托付，履行替他代看房子的职责。不过，这项工作也并不十分繁忙，大量的时间对杨伯康来说是空闲着的。他是一个随和的喜欢结交的人，又有马旅长的关系，很快就和康定城内的各方面人士有了交往。在这里，他学会了验看麝香，后来成为此中高手。大概是由于经历过贫穷生活的缘故，杨伯康十分注意这种获利颇丰厚的职业，学会了麝香加工后，便做起药材生意来了。因为康定虽然边远，但却是连接藏汉两地的各种货物的集散地，药材生意做起来也因此顺风顺水，几年后，杨伯康的家境也就逐渐富裕起来了。

这时的木斧，只不过一个五岁左右的小孩。他乘坐滑竿到了康定，顽皮的天性，使他充满了好奇感。最初的新鲜感很快地过去了。已进入发蒙年龄了，他的读书问题即被提上了日程。经父母亲一商量，把他送进了康定康化小学。

康化小学是一所由法国教会开办的小学。小学的旁边就是法国福音堂。这所学校的管理是十分严格的。几十年后，木斧还回忆说："在康定康化小学读书，老师很野蛮，体罚太重，动不动就打手板，打屁股，甚至打得死去活来。所以我经常逃学。"（《我的文学生涯》，见《再论木斧》，第307页）这所学校虽然号称小学，有点现代学校的味道，但其实老师和学生家长也都还是信奉"黄荆条下出好人"的传统教学观念和管理方法，所以，体罚学生不仅是学校的常用教学方法，也还为学生家长所认同。

除了打手板、打屁股的痛苦记忆外，木斧也在这里找到了童年的欢乐。在这所学校里，木斧结识了一大批小朋友，嬉戏游玩，现在还记得名字的有蓝永品、韩振华、黄启勋、杨文森。最要好的，是一位汉名叫作郭开德的同学。郭开德是一位藏族同学，藏名格桑云登。当时，家中比较穷困，住在下桥，他父亲依靠打锅魁维持生计。康定虽是藏汉杂居的地方，但在康化小学里，却只有这位郭开德和木斧是少数民族的孩子。校内的同学间的歧视、校方的惩罚，使这两个孩童难以感到学校的温暖和乐趣。于是，这两个天性好动、顽皮的孩子"在忍无可忍的情况下，我们只好背着父母，逃学。每天背上书包，绕过校门，上跑马山摘野果子去了。"（《诗的求索》）

也许正是这种相同的少数民族身份、相同的际遇，使他和郭开德结成了深厚的友谊。他们模仿在大人讲故事时听到的刘、关、张桃园结义，结合各自的特点，也在跑马山脚下来了个新的刘、关、张桃园结义。"我的性格像张飞，他（郭开德）的眼睛像关公，于是我那儿时的大哥便命名为刘备了。那时候我们学唱川戏，自编自演了一出刘、关、张桃园结义的对唱。那个时候我十岁，他十二岁，还是一群贪玩而又不知友谊的孩童啊！"（《炉城觅友记》，见《汪瞎子改行》，第223—229页）这正是在特别的环境里产生的一种互相依靠、互相帮助的需要，那时，他们并不知道什么是友谊的含义，但却结下了深厚的友谊。当然，在20世纪40年代初康定城的"刘、关、张"们，有时也不免闹些别扭、矛盾。但小孩子忘心大，争吵和一时的"倒戈"，并未影响"刘、关、张"的友谊，小孩一时之间的分合聚散，倒更可能成为友谊的佐料。到后来，这些浮现在记忆中的往事，却常常带有一种甜味。后来，木斧在他的《蛮孩》诗中，这样写道：

　　　　我小的时候，

　　　　人们都叫我

　　　　——蛮孩！


　　　　因为我和他

　　　　都是好朋友

　　　　他是藏族的后代

　　　　我是回民的孩子

　　　　清早，我们在山顶奔跑

夜晚，我们围着火堆跳"锅庄"

　　热天，我们满头大汗赛跑

　　冬天，我们在雪地上打雪球

　　因为我们不懂得忧伤

　　因为我们从不会掉泪……

　　诗中没有什么精辟的警句，记述的也只是孩童游乐嬉戏的片段，却包含着纯情天真的一泓清泉，和对童年生活、朋友的一往情深和无尽的记忆！

　　豪爽、奔放，是木斧诗的气质，这里透露出木斧诗歌"蛮"的基因。

　　康定六年的生活，对于木斧来说，"这是我最珍贵的孩提时期，天真无邪，放荡无羁，爬山、上树、跳房、越沟……一系列愚蠢而又冒险的行为，使我对未来充满了大胆的幻想，留给我一生层出不穷的回忆。后来我写诗了，有很多诗，出自这段时期童年生活的情趣……1947年，我还是一个少年，一个中学生，我就开始细细地咀嚼这一段生活。这段生活实在有盐有味，不仅是那诡秘的童年，还有那巍峨的山"（《诗的求索》，第9—10页）。木斧于1949年3月写的《山之恋》中有这样的诗句：

　　我奔跑在高入云霄的山坡

　　在我的心里充满了冒险者的记忆

　　……

　　我的山，你听见那些声音了吗？

　　妈妈在山下呼唤她的心爱的儿子

　　而我躺在你的胸前呼呼地睡熟了

　　半个世纪一晃而逝，童年的记忆却愈来愈清晰。木斧说："记忆是个神秘的信物。我的记忆，愈近愈模糊，愈远愈清晰，特别是康定城，我儿时在那里度过的曲折的离奇的神秘的生活是怎么也无法抹掉的。每当有人提起这座小城的一个地名，一则轶事，我记忆的绿灯便豁然亮了，便会显现出一段往事。"
（《炉城觅友记》）于是愈加神往，牵扯出无尽的思绪诗情。


　　我思念我的家乡
　　我思念我的童年


　　我的家乡
　　在重叠的山峦里
　　向我遥遥招手
　　影影绰绰不变


　　我的童年
　　在记忆的闪光中
　　云云雾雾弥漫
　　缕缕情思不断

　　　　　　　　　　　　　　——《思念》（1982年10月）


　　在我的记忆中
　　二道桥的泉水最温
　　跑马山顶的雪最冷……


　　温暖时想起康定城
　　城中住着我儿时的友人！
　　冰冷时想起康定城
　　城中遗忘了我童年的天真！


　　半个世纪一晃而过——

牙牙学语的孩子成了白发老人

为什么记忆中抹不掉溜溜的城？


因为溜溜的城欠了我一笔相思债：

我到那里去寻找我的友人！

我要到那里去拾回我失去的天真！

——《记忆》（1983年7月）

1941年8月，木斧十岁了。此时，因父亲经营药材生意，家境更好，父亲决定携家返回成都。临走的时候，康化小学一位以严厉著称，经常打学生屁股、手板的老教师还亲自到家里来看望这位即将离去的学生，对自己的严厉向木斧表达了歉意。

离开康定，木斧定居成都，开始了他人生道路的新的历程。但是，康定，这个木斧度过了孩提时代的万山丛中的小城，却永远铭刻在他的记忆中了！

呵，跑马山！呵，康定城！

| 第二章 |

# 黎明前的呼唤

## （1941.8—1949.12）

## 西御街的邻居们

迷迷糊糊地来到康定，木斧度过了自己的孩提时代、童年生活。五年之后，他又怀着明确、深厚的留恋之情告别康定，回到了成都。这对木斧来说，是告别自己朝夕相处的小朋友和熟悉的山山水水，又来到了一个陌生的地方。这不是他所情愿的事情。成都虽然是他出生的地方，也曾生活过四年多，但在他离开的时候还太小，成都给他留下的印象还不足够清晰；而离开康定回到成都，却是告别自己熟悉的生活环境，到一个并不熟悉的地方去生活，他是有点不愿意的。但是十岁孩子不可能决定自己的命运。更何况，听父母亲说起成都的繁华，成都的街道和青羊宫、武侯祠、文殊院、杜甫草堂、薛涛井……都无疑增加了木斧的一种新的向往、新的期待。无论如何，他是怀着一种既留恋康定又向往成都的复杂心情起程的。

回到成都，木斧全家人居住在西御街一条小巷子的院子里。

西御街是成都一条十分著名的街道。位置就在现在天府广场西面，整个范围属于清朝时期的少城区域，也是成都回民居住较为集中的区域。西御街是一条历史悠久的老街，它东起人民南路一段，西止东城根街。全长近五百米，宽三十米。西御街因与明代蜀王宫的外保护城相邻而得名。很早以前，西御街就是成都皇城官宦人家出入地，因此又被人按照北京人对于皇城周边城墙外的称呼，把这里称为成都的"皇城根儿"。因为历史久远，这里有说不尽的故事与传说。

西御街还有一座四川最大、最完整的清真寺。这座清真寺因此成为四川省和成都市伊斯兰教协会所在地。它始建于清康熙年间（1666），1917年大部分毁于兵火，后又重建。清代至民国年间，这里是著名的穆斯林阿訇培养基地，那时四川各地很多阿訇都是从这里走出来的。

自古以来，西御街都是成都一条十分繁华、整齐的街道。街道两边梧桐掩映旧时的青砖瓦房，沿街老式商店都是一楼一底，商铺的命名和商品都很有讲究，表明这里的商户经营的档次和身份。

值得提起的是，西御街还是抗战时期中共川康特委的所在地。西御街西南面有一栋很不起眼的黑色小院子，门口挂着"成都聚荣投资有限公司"的牌子，门前立着一块白底红字的大理石纪念碑，纪念碑上写着"中共川康特委活动旧址"，昭示着这里与中共四川地下党组织一段光荣的历史。当然，当时生活在西御街的人们，是不会想到，与他们相邻的那个小院子还潜伏着中共川康特委这样一个重要机构吧！

木斧回忆："1941年以后，我家从康定迁到成都。在西御街马静娴老太太那里租了几间房子居住。"因为父亲杨伯康在康定学会了鉴定麝香的手艺，并且在康定就开始经商，家里的条件还是比较好的。回到成都后，父亲就继续经商，开设了同昌贸易公司，主要还是经营药材。

木斧在他的回忆录中，多次讲到他的父亲杨伯康在新中国成立前多次掩护李止舟的事情。李止舟，四川荣经县人，1936年在上海读书期间参加进步学生运动。1938年加入中国共产党，抗日战争时期曾任中共华北局青年委员、宣传部部长、康定特支书记、川康特委宣传部干事等职。解放战争时期在吉林做青年工作。新中国成立后调回四川，任重庆市团工委书记、青委书记，四川省机关事务管理局副局长，旅游局局长、党组书记，第五届四川省人大常委会委员，省外办顾问等职；1987年离休；2004年2月9日在成都逝世，享年八十八岁。李止舟与杨伯康的交集，应该就是始于杨伯康在康定和回到成都这几年；他们以后的交集，当然应该是在新中国成立后李止舟调回四川在重庆工作期间。杨伯康长期掩护李止舟，为他办理了"商人证"，表明杨伯康老先生的思想那时就很具进步性了。当然也可能杨伯康对于李止舟具体从事的事业并不了解，只是把他作为一个很好的朋友来对待，但是长期掩护，即使从事地下工作的人再怎么守口如瓶，也不可能不让掩护他的人感觉到一些什么吧！

那时的杨伯康经营的麝香生意已经很有起色了，又受聘担任中原银号的经理，经济上较为宽裕，他又性格豪爽，喜欢结交朋友，尤其是文艺界的朋友。他不仅掩护了中共地下党员李止舟，还自己捐助经费，支持了一些进步的文艺刊物。比如，1944年，著名作家陈翔鹤和李华飞一起创办《文境丛刊》，大部分经费都来源于杨伯康的支持；他还从经济上资助《文境》《海燕》等进步刊物，这些刊物的出版发行对于在成都这个抗战大后方和国民党统治区域中宣传进步思想起到了十分重要的作用。杨伯康还冒着极大风险，在皇城坝东鹅市巷宴请了陈翔鹤、邹荻帆、李华飞、张帆、谢冰莹、王冰洋等人，鼓励他们努力把刊物办好。当时李华飞年轻力壮，自然也就成为居中联络的枢纽人物，同杨伯康成为很好的朋友。后来又成为木斧的朋友，他们是世交，两代人的友谊，确实值得珍视。

与文艺界的朋友交往，也增强了杨伯康从事文艺创作的愿望。那时，他也常常在《工商导报》上发表一些短文，文章的内容出自他丰富的社会阅历的见闻感受和评论。据木斧说是"颇有愤世之慨"（《李华飞和我和我的父亲》，见《木斧短文选》第146页）。新中国成立后，杨伯康即使担任了繁重的行政事务，如市民政局副局长、西城区副区长之类，还常常为西城区曲艺队编写一些曲艺作品供他们演出。1965年，他还写出川剧历史剧本《浣花夫人》，描写唐代西川节度使崔旰的夫人任万珍在泸州刺史杨子琳发动兵变、重重包围成都的危急之时，挺身而出，率兵大败叛军，保卫了成都的故事。这出戏由群生川剧团在川内巡回演出过多次，因为题材的新颖，又适应了歌颂女性英雄、鼓励妇女参与社会事务的时代需要，取得了巨大成功。还得到了中央戏剧学院的高度肯定，当时的文化部部长齐燕铭还专门来信表示赞赏。

关于父亲杨伯康的文艺创作活动，木斧认为，同李华飞的影响密不可分。"特别是曲艺和川剧剧本"，明显是受到了李华飞的影响。

李华飞是重庆巴县人，1914年生，1998年去世。他毕业于日本早稻田大学，1935年就开始创作并发表作品，1938年参加中华全国文艺界抗战协会。新中国成立前担任过《春云文艺》《诗报》《新蜀报》副刊的主编。新中国成立后担任过巴县师范学校校长、西南人民广播电台文艺组组长、《凉山文艺》副主编、《文史杂志》编委，是四川省文史馆馆员，并出版著作多种。李华飞还是郭沫若的朋友，但是他本人从不提起。他不愿意借助名人来抬高自己的身价。木斧说："20世纪30年代左翼老作家李华飞是一位多面手。一生著述甚丰，诗词、散文、小说、剧本门门都写，并且都产生过代表作。他热情、诚实，交游甚广，待人宽厚。"（《李华飞和我和我的父亲》，《木斧短文选》，第146页）因此，李华飞与木斧父子两代都成为极其要好的朋友。木斧一直把李华飞视为他们父子两代人的知己。


木斧一家租住的房子的房东马静娴老太太，是一个很有身份的人，家里肯定很是富裕。木斧回忆说："马老太太是我们大院里唯一一家有包车的阔人。不是小汽车，是黄包车。每当马老太太坐在黄包车上踩响脚铃出门的时候，我们都要肃然起敬，这铃声也曾是我们的音乐享受。"（《生活在小说的素材中》，见《木斧短文选》，第69页）马老太太家人丁可能不太兴旺。如果人多，就不会有那么多房子出租的。她有儿子、儿媳，在木斧一家居住在此期间，还添了一个小名叫作"坨坨"的孙儿。木斧家在这里居住几年后，就搬出去了，这个马老太太以及她的家人的情况，长期不得而知。只是到了四十多年之后才又联系上，这当然是后话了。

马静娴老太太这个院子中还租住了几户邻居。木斧记得，小巷子的门口居住着一家做篾箱的人家。马老太太待人宽厚，可能看到这家人做篾箱收入不多，生活并不宽裕，也就不收这家人的租金，但是要义务守护这个院子，可谓各得其所，所以双方都很满意。

这户人家的全部人口就是夫妻二人，还有一个学徒，年龄不大，十来岁。要是今天的话，就是童工了。他们是穷苦的劳动人民，十分勤劳。在木斧记忆中："成天都在砍竹子，划篾条，做篾箱，从早到晚忙个不停。最可怜的是十多岁的小徒弟，除了做活以外还要做饭，倒马桶，累死累活到晚上，关了铺板以后，师傅还要喊他过去，总要挑他一天干活中的几个漏洞，总要打他二十个竹板才能收场。打竹板还有两条规定：第一，要他自己趴在长板凳上；第二，要他自己报数，否则打了不作数，还得重打。竹板打得很重，每打一个痛得要命还要报数，院子里的人都很同情他，于同情中听出了他喊得有规律的优美的节奏：'哎哟一、哎哟二、哎哟三……'后来的声音和节奏又有变化，'哎哟哎哟哎哎哟十八、哎哟哎哟哎哟十九、哎哟哎哎哟哎哎哟哟哟二十！'声音到此为止。"这也可能是篾匠教徒弟的一贯方式，也可能他的手艺也就是这样学来的。今天看来，这种体罚的教育方式实在是很不人道。但是那时的穷人家里对于"黄荆条下出好人"的教条还是十分信奉的，教孩子如此，教徒弟也如此。

木斧的邻居中还有一户叫作彭铁珊的。夫妻二人，开了一家诊所。"在我家对门，挂着一个木牌，上书'专治花柳，专割包皮'几个字。那边是彭铁珊医师的住房兼诊所"。在木斧记忆中，彭医生是一个常常穿着西装的秃头小个子，成天忙进忙出，很少说话。那时木斧年龄尚小，对于挂在极显眼位置的牌子上写的那两种病名，究竟是什么病不了解，问长辈，长辈们似乎在掩饰什么，只说"怪病"，就不准再问了。木斧和几个小孩几次想进屋去看个究竟，都被彭医生的太太给赶出来。

说到彭医生的太太，那是一位还很年轻的女性，大概也就二十来岁吧。和她先生的性格完全不同，她话多，整天说不完的话。说话也完全没有顾忌，该说不该说的，想到啥说啥，满嘴怪话连篇。也许是对于自己的婚姻有所不满，一次她对木斧的母亲说："你信不信，我只消出门走一圈，五分钟就能勾引一个男人跟我进来？"彭太太对自己形象、魅力有一种自信，也透露出对于自己这朵鲜花的自爱、自惜、自恋。但是话语却是很粗鄙的、无所顾忌的。所以，木斧母亲连声说："我信我信，彭太太，快莫说了，我的娃儿这么大了，你讲话也不晓得避一避？"

木斧记忆中，西御街这个院子外的小巷子隔壁，"就是当时成都有名的中央电影院。地点就是现在的新声剧场（原新声剧场已于2008年整体拆除，现改建于抚琴西路）。那时的电影院没有空调，也没有通风设备。就在电影院内两边的高墙上开了一排小窗户。我们这一群小娃娃想去看电影又买不起门票。一位篾匠师傅同情我们，给我们做了一个很长很长的竹梯，搭在小型的墙边，到了晚上，偷偷地爬上窗户，便可以看电影。于是每天晚上娃娃们便分别轮流上梯子去一饱眼福。等待看电影的就留在下面执勤。不准任何人走过来干扰。偶尔有大人经过，吓得惊呼：'快点下来，谨防跌死人呀！'到了第二天晚上，我们仍然要爬上梯子表演这些惊险动作"。木斧后来说："我们运气好，从来没有人摔跌过。"（《生活在小说素材中》，见《木斧短文选》，第67页）

这里说的篾匠，就是木斧的邻居。可见，这也是一个热心人，并不只是一个专打徒弟屁股的恶人。

在这样的环境里，少年木斧度过了一段愉快的时光，也感受到了穷人生活的艰辛，对于社会上的形形色色，他也有了更多的了解。他的阅历丰富了，他认为这段时间他是"生活在小说素材中"，并不是一句没来由的话。我们在他后来的一些小说中也还可以看出这段时间木斧生活的一些痕迹。


## 回民学校的读书生活

回到成都，木斧先后进入了明远镇小学和西北中学读书。位于成都皇城坝的明远镇小学是一所回民小学，校长也是回民，因此对回民孩子特别照顾。所以这里没有康定康化小学里的那种民族歧视。他也少了逃学的冒险和攀登跑马山的荒唐的乐趣，好歹读到毕业，于1943年考上了成都市唯一的一所回民中学——西北中学，又在那里顺利毕业了。因为这两所学校的校长金鼎铭、韩怡民也都是回民，所以尽管木斧并不认真学习学校课程，而是把主要精力放到读课外得到的新文学书刊去了，甚至每学期的考试都不及格，都能通过补考升级，顺利读到了毕业。所以，木斧对这两所学校的校长还是充满着感激之情的。至今，他对这两位校长的名字都还记忆犹新。

抗日战争时期的西北中学，是国民党著名将领、桂系首领之一的白崇禧亲自创办的回民学校，抗战时期由北京迁入成都。学校位于成都市西北郊的土桥镇乡下，坐落在一所名叫"西来古刹"的破破烂烂的古庙里，学生全部住校。在当时，这所学校并不是成都的好学校，甚至连二流学校也算不上，所以，稍有名望的老师都不愿来这里教书。加上当时社会动荡，抗日战争也已进入了极为艰苦的年代，愿意在学堂里专心读书的人更是少见得很。木斧在这时进了中学，也自然不会成为书斋里的人物。他回忆说："那个时代，社会是动荡不安的，我的家庭生活同样是动荡不安的。所有的学校都是采取强制的办法，把学生关起来读书，不准过问政治，在我幼小的心灵中，一切都是枯燥无味的：国文（课）是个干瘪古板的老头子，公民（课）是个欺世盗名的伪君子，数学（课）是个冷酷无情的陌生人。我对这些功课都不感兴趣，感兴趣的恰恰是学校不允许接触的课外书籍。我读书的地点相当僻静，就在成都市郊土桥乡的西来古刹庙宇内，一到自习时间，老师不敢来查夜，我便埋头看课外书去了。能找到什么文学书籍就看什么，鲁迅的、茅盾的、巴金的、郁达夫的……一读起来了，就感到同现实挨得很近，周围死气沉沉的空气顿时变得清新了。就这样，我开始对文学发生了兴趣。"（《学诗，在严冬季节》）这决定了木斧人生道路的方向。

在西北中学，木斧还开始了他最早的编辑生涯。他回忆说："1947年冬，抗日战争胜利后，在国统区的成都，出现了一些简便的不定期的进步文艺刊物《泥土》《荒原》《蚂蚁》《荒鸣》等。全是一模一样：一个印张或半个印张的新闻纸，折叠几次，变成了一个十六开的刊物，没有封面封底，第一面上端印着刊名和出版日期，接着编排正文，刊登各种体裁的文艺作品。这些刊物，都在中学生中推销和传播。"因为要躲避当局的查封，这类型的刊物印几期就停了，再换一个刊名继续出版和发行，以这种方式和国民党成都当局打起游击战，弄得当局很是恼火，而又毫无办法。

这就是由后来被称为"七月诗派"的朱声（方然）、林祥治（罗梅）、罗泽甫（罗洛）等人首创的以文艺传播革命思想、与国民党当局进行斗争的新方式。这些人中，方然是一位中共地下党员，因此也可以说，这就是在中共地下党领导下开展的灵活有效的新型斗争方式。木斧回忆说："1946年8月，我给地下党公开发行的报纸《学生报》投稿，同方然、罗梅取得联系后，我的任务就是在中学生中推销和传播《学生报》《荒鸣》和《泥土》等报刊。我除了自己直接在我就读的西北中学推销外，还委托了一些我熟悉的学生朋友为我代销。"

不仅是销售这些进步刊物，木斧等人还自己办起刊物《荒原》来。木斧记得："在我就读的西北中学高中同学中，我同曾光烈（方向）、陈新德（陈洗马、肥地）都酷爱文学，我们几乎是同时起步，在《光明日报》《民风日报》相继发表了一些文艺作品。后来，我们受到了《荒鸣》《泥土》的启迪，便热烈地讨论了一番，在同学和亲友中募捐，筹足了一期的钱，便办起《荒原》来了。"

由这几位十多岁的中学生办的这本《荒原》文艺刊物，一共办了四期。第一期《荒原》的《发刊词》是由木斧写的。多少年后，当时的同事马宝元还能记得其中的一部分内容："这里是荒原，是无声的世界。风，阴霾的风，示威地呼啸着；雨，刻酷的雨，偏偏倒倒地落着。这里，没有人的声音，没有火把，没有旗；有的，是狗的狂吠，枭鸟的叫声，女人的大腿……反民主的黄色书刊普遍地流行着。我们并没有把这偌大的城市完全看成荒原。荒原的角落，有初生的新草，新花，而且正在成长呢！"（《忆荒原》，见《木斧短文选》，第163—166页）

在第一期《荒原》上，还重新刊登了陈新德以"肥地"署名在《光明日报》上发表的《放下你的鞭子》，内容是抗议国民党当局查封当时的进步报刊《大公报》《文汇报》《新民晚报》。还发表了陈新德以"洗马"署名的一篇论文《释知识分子生活几点》，还有曾光烈讽刺当时国民党立法委员和国大代表的选举的小说《选举》，木斧也发表过短篇小说《赶场》和抒情诗歌《壁报》。

后来《荒原》又办了两期和新一期，共四期。当时是经费难筹，只能是筹足一次经费办一期刊物。因为筹款困难，虽然《荒原》在当时中学生中产生了很大的影响，传到了杭州，还被当地刊物推荐。但它的发行数，却始终只有五百册至一千册。编辑和作者人数也增加了，除陈新德、曾光烈和木斧以外，还增加了校内的同学马宝元、其他学校的刘邦澍（流浪）和外地的徐名拙等。这段时期的《荒原》主要由当时在成都县青龙场小学教书的陈新德经办，木斧和曾光烈过问得就很少了。

这时候，《荒鸣》《泥土》都停办了，罗梅便办起了小报《同学们》。木斧将《荒原》给罗梅看，罗梅对于木斧的诗作表示赞赏，并且写了一篇评论木斧诗作的长篇书信，让木斧在《荒原》上发表。这是一种有力的支持和鼓励。于是木斧又全力主持办了一期《荒原》。在木斧记忆中，这就是《荒原》的最后一期。

1948年以后，木斧同曾光烈分别参加了革命工作，陈新德下乡了。其他几位同志也各奔西东，《荒原》的短暂生命就此结束了。但《荒原》的人员与川大的《瀑布》《最强音》合流而又成立了"棘原社"，出版了《棘原丛书》第一辑《春天的想望》。木斧自己留存的《荒原》一直保存到"文化大革命"，终于毁于一旦，再也无处寻觅。

木斧他们从为刊物写稿，到自己几个中学生出版刊物，是很有勇气的。这也是木斧做编辑工作的成功尝试，为后来他从事出版编辑工作准备了基本条件。

## 难以忘怀的启蒙老师：王育民

在木斧的心目中，王育民是他走向文学、接受新文学新思想的第一位启蒙老师。他一直把王育民视为自己人生的引路人。他说："我参加革命和从事文学创作，几乎是同时进行的。王育民和方然是我的两位引路人。"

先说王育民。王育民是西北中学的一位国文教师。

前面讲过，凡有名望的教师，都不愿到位于郊区的西北中学来教书。愿意到这所学校任教的，大都是一些"借房子躲雨"的人；也都是为生活所迫，又一时找不到职业，不得不到这里来"屈就"的人。王育民就是这样的人。他是湖北沙市（今湖北荆州）人，抗战中入川，在成都的一所大学里读书，但家中贫困，无力继续上学，只得退学教书。在中学教员中，他是一个激进派，主张教白话文，因此受到了所有国文教师的讥笑。但他却坚持他自己的见解。

木斧和王育民的相识和相交，说来是颇带戏剧性的。

新学期开始了。这天是第一堂国文课。上了初中，又是一门新课，同学们的兴奋和期待是自不待言的。正是在这种情况下，王育民——这位国文教员上场了，走进了木斧和他的同学们的记忆里。木斧这样描述王育民"一开头便砸了锅"的那堂课："他大约只有二十多岁，瘦骨嶙峋，不修边幅，穿一套常年不换的黑灰布西服，没精打采地走进教室，清清喉咙，翻开了书本，说：'现在开始教第一课《蔺相如与廉颇传》。'"他认白了一个字，把"蔺"字读成"兰"字了。

"立即有学生站起来报告：'蔺相如不姓兰，姓蔺！'"

"王育民很机智，立即用双手捂住耳朵，连声说，'耳痛，耳痛'，然后放下来，平静地说，'蔺相如当然姓蔺。你们没有看见我耳痛吗？耳朵痛起来很难讲话，可是再难，难，难，我还得讲课呀，哪个在说蔺相如姓兰嘛！'"（《诗的求索》，第14页）

这就是王育民，既不备课，又心不在焉，一上课就闹笑话。于是，大家背后就大不恭敬地送他一个极带侮辱性的外号——"草包"。

其实，按照王育民激进的观点，他对白话文的推崇，他是不会去热心钻研古文的。以一个国文教师，对自己据以吃饭的国文不去下功夫，反而主张教与古文对立的白话文，自然要引起当时比较守旧的国文同行的讥笑，引起了一场关于古文与白话的论战。

木斧以一个初中学生的身份，当然对这些论争一无所知。他只会跟着别人的身后喊王育民为"草包"。为了显示他的顽皮与大胆，有一次他竟然与王育民面对面地站着，叉着腰，昂着头，挑衅性地，大大咧咧地喊了一声："草包！"

果然，这位一向随和的老师被激怒了。他走到木斧面前，解嘲似的说："哼！草包！草不好吃？牛奶好吃吗？我是牛，好不好？我吃的是草，而挤出来的都是奶！"

王育民说的这句名言，可惜木斧从未听说过，他感到十分新鲜有味道。于是他追问："什么什么？"

轮到王育民来反击了，他讥嘲地说："这是鲁迅先生讲的，你懂吗？什么什么？草包！连鲁迅的名字也不晓得！"

不打不相识，这次交锋，反而密切了他们的关系！鲁迅，木斧这位十几岁的少年，第一次从一个他一向看不起的教师那里听到了这位一代文化巨人的名字和名言，他就被吸引了！而王育民这位进过大学的教师，也孩子气十足地和木斧有了深交。他们没有师生间的隔阂。王育民向木斧这位小兄弟敞开了自己的心扉：他在课堂上教古文纯粹是为了混饭吃，他对古文不感兴趣，平时读的全部是白话文。

王育民在木斧的眼前推开了一扇新奇的窗户，使他感受到一种强有力的新奇的吸引。"一个星期六的晚上，他带我到他家去。他独身一人，租了三桥楼上一间小屋。他的书占了半个房间，全是现代文学作品和翻译文学作品。我开始向他借书阅读，他给我看鲁迅的《呐喊》《彷徨》，茅盾的《子夜》，巴金的《灭亡》……这些书，在我的课堂上是读不到的。我躲在我昏暗的小屋里贪婪地读着，每一本书都是一个明亮的窗户，我从这些窗儿看到了一个新的世界。"（《诗的求索》，第16页）

感谢王育民，他把木斧引到新文学的波涛汹涌的大海边！新文学、新世界、新的思想，这一切都吸引着木斧不顾一切地一头扎入这个大海里，去游泳、去搏击！木斧说："我觉得我渐渐地接近了鲁迅，接近了中国文化革命的主将、现代文学语言——白话文的奠基人之一的鲁迅。尽管鲁迅对于古典文学的修养是很深厚的，他却主张青年少读或不读古书，在当时那个封建宗法礼教统治的地方有它的特定的意义。"木斧的理解是："从'五四'运动以来，白话文与文言文之争，古体诗与新诗之争，并不是要不要继承古典诗词传统的问题。中华民族的文化传统是要继承要发展的，鲁迅作品本身就有这样的继承和发展，但是青年千万不可再受封建思想的束缚，不可掉进'国粹派'的深渊中去。阅读中国现代文学作品以及苏联十月革命以来翻译的文学作品，我的感觉和鲁迅的感觉似乎一样：在课堂上读古文，觉得思想沉寂下去，与现实人生隔开了；在课堂外读白话文，觉得一切都新鲜了，和周围的生活靠拢了。"

（《诗的求索》，第16页）

当然，木斧当时对鲁迅先生主张的青年不读古书的主张的理解是有偏颇的。1983年元旦，木斧写作的《学诗，在严冬季节》一文中，十分郑重地写道："这里附带作一点反省。回忆往事，有些事真是幼稚到十分可笑的地步。我好读书，不求甚解，崇拜鲁迅，看了鲁迅《华盖集》上的《青年必读书》，我居然下决心不读古书（这是由于我片面理解了鲁迅先生的话了吧），这对我早期诗歌创作是一个不可弥补的损失。"

但在当时，木斧是以他所理解的鲁迅、鲁迅精神、鲁迅的视角去观察社会、认识生活的，也是十分真诚的。木斧是不会后悔的。

从此，木斧的兴趣爱好都转向了新文学，转向了诗。到后来他的文章见了报，有了稿费，就去买书。

木斧每天晚上跑青年路夜市书摊，用他的全部稿费购买诗集。凡是诗集，都买，都抄，甚至还要背诵。中国的新诗，从20世纪20年代冯乃超的《红纱灯》，到20世纪40年代袁水拍的《向日葵》，这一段时期的诗人艾青、田间、邹荻帆、绿原、鲁黎的诗，木斧是见一本买一本，买一本读一本。外国的诗，从《荷马史诗》《伊利亚特》，到歌德的《浮士德》，到拜伦的《唐·璜》；全译的，节译的，缩写的，都看；看得懂的要看，看不懂的也要看。他喜欢普希金、莱蒙托夫、尼克拉索夫的诗，更喜欢马雅可夫斯基、惠特曼那些感情奔放而又风格迥异的诗。为了直接理解原文，木斧猛攻英语，半年之后便能阅读并且翻译一些小诗了。这些翻译作品，1948年4月30日《西方日报·西苑》

刊载的《永恒的知更鸟》就是兰波的作品；发表于1949年5月8日《新新新闻晚报·夜莺曲》的美国诗人约翰·奥格森汉的《是的，他疲倦了》，还有美国诗人约翰·柏恩的《家，甜蜜的家》；《水仙花》也是英国诗人华兹华斯的作品，经木斧翻译后载于1949年5月《新新新闻晚报·夜莺曲》635期。可见木斧学习英语，进而学习英美诗人诗歌艺术的坚定决心和取得的成绩。

读了许多新文学作品，木斧见猎心喜，要自己进行创作了。年终考试的时候，这位胆大包天的中学生不管究竟是什么考试题目，竟然用白话文做起作文来了。他写了一篇叫作《洗衣妇》的小说，写女主人公的丈夫被抓了壮丁，女主人公过着贫困的生活却又幻想着丈夫衣锦荣归，这种希望支持着她活下去。一个风雨交加的夜晚，丈夫开小差逃回家来，却又被抓走，洗衣妇的幻想破灭，病情加重，奄奄一息。这篇小说受到他的语文老师王育民的高度赞扬。但训导主任却大不以为然。他收去作文本，边看边摇头，深感此风不可长，亲自给木斧打了个零分。后来还找王育民谈话，警告他小心饭碗。第二个学期，学校果然就将王育民开除了。

虽然这篇作文得了守旧的训导主任给的零分，但是这篇小说却是木斧的第一篇小说，也是他的第一篇文学创作作品。在木斧的文学创作生涯中无疑占有重要的地位，也种下了他后来小说创作的最早的一粒种子。

就这样，在王育民的引导下，木斧接近了新文学，迷上了新文学，迷上了诗，最终成为一名革命者、一位诗人。木斧对王育民是十分感谢的。他说："我却要感谢他，是他给我架起了一座桥梁，使我从文言文转到白话文去，使我不再读死书，开始关心周围的生活，开始去探索人生的秘密。"（《诗的求索》，第17页）

第二学期开学，国文教师易人。王育民再也未去西北中学，木斧再也没有见过他。相交的时间虽然短暂，但王育民留在木斧记忆中的形象，却是永远也不会磨灭的。1948年3月，木斧曾写过一首名为《走》的诗，发表在1948年《新湖北日报》，诗中表达了对这位引路人的怀念和对他的关切，但不知王育民是否能读到这首一个真诚的孩子的诗？

王育民"迄今杳无音信。他要是活着的话，该有六十多岁了吧！"木斧在1987年出版的《诗的求索》中这样写道。木斧说："王育民永远是我心目中有名有姓的无名英雄！"（《再论木斧》，第308页）

## 方然，革命的引路人

木斧说方然是他第二位引路人。和王育民相比，方然更是身兼革命者和诗歌创作双重导师的身份。

1946年，木斧满十五岁了。他已经是西北中学即将毕业的初中学生，这年上半年，成都的小学教师中爆发了大规模罢教运动，这个运动引起了木斧的强烈共鸣。他拿起了笔，把自己的愤怒和同情倾泻到纸上，写成了小说《胡先生》。这里当然是有原因的。他写道："在我幼小的心灵中，最伟大的人物，莫过于小学教师了，我最尊敬的人物，也就是小学教师了。知识是无穷无尽的广阔天地，我跨过知识的第一栏，就是从他们身上获得的。我同情我读高小时的一位姓胡的老师，他因为偷偷地向学生家长借钱，被校长发现，认为'有辱校风'，被开除了。"就是这种同情，使木斧写出了"在小学教师罢教的高潮中，街头上经常看见游行的队伍"里，"胡先生正昂头走在这个队伍的最前列"。（《诗的求索》，第20页）

这就是小说《胡先生》创作的动因，也是这篇小说的梗概。小说写成后，寄给哪家报刊呢？左思右想，木斧决定把它投寄给在学生中流传很广，很有影响，同时也最对自己心思的《学生报》。怀着忐忑不安的心情，他在稿纸题目下边写上自己的第一个笔名"默影"，然后寄出。不久，《胡先生》在《学生报》上的显著位置发表了。第一篇文学作品发表了，木斧的那番惊喜，自是不用说的了。

《学生报》是当时地下党南方局青年组和川康特委成都青年工作小组直接领导的一份综合性的报纸。1945年9月创刊，为半月刊，刘文范任总干事，李可风任总编辑。1946年3月，因去重庆参加《民主报》的创刊工作，王宇光即推荐从延安来成都在荫唐中学任教的朱声（方然）担任《学生报》的主编。刘令蒙（杜谷）、苏菲、苏良沛、林祥治（罗梅）、罗泽甫（罗洛）、金绪良等担任编辑工作。这张小报的背景，那时木斧是不知道的，要到他参加了《学生报》的具体工作后才细致地了解了这份报纸的办报思想和编辑指导方针。

木斧那篇《胡先生》的小说，是主编方然亲自编发的。方然发表了木斧的这篇小说，也从中感受到木斧的才华和能力，更加重要的是感受到他思想的进步。于是就写信给木斧约定时间、地点去和编辑部的林祥治（罗梅）先生见面。木斧描述这次见面时他自己的心情和见面的情景说，接到这封信后，他心中非常兴奋，反复地想象："林祥治先生是个什么样的人物呢？也许，他是一位长着很长很长的胡子，戴着度数很深很深的近视眼镜，有着很高很高学识的一位老人吧？"

"有生以来，这是我第一次撇开我的父母，匹马单枪独自一人出外办一件事，不得不在穿戴上做一番考究，以便摆出一副成人的模样来。我脱去了罩在身上的童子军服装，穿上了一件阴丹士林长衫，头上戴上了一顶灰色的毛呢博士帽（这是我父亲平时不用，拜客时才戴的帽子），因为帽子太深太宽，我把头顶两侧捏了又捏，以防帽檐随时可能从两耳垮下来。

"已经在北巷子一家华丽的公馆门外踱过三次了，心头还在犯疑，'这真是林先生的家吗？'凭着我这一身打扮，我终于鼓足了勇气，走入了耳门，向躺在藤椅上打瞌睡的看门老大爷说：'请问，林先生在家吗？'

"'你会林先生？'看门老大爷显然采取了一种极不信任的目光把我从头到脚注视了一遍：'哪个林先生？老的？小的？'

"我尽力保持镇静，说：'他的年龄吗？当然，不会小了，林先生的名字叫林祥治。'

"'找我们大少爷啊！'看门老大爷向院内喊了一声，随即又躺到他的藤椅上去了，嘴里嘟哝着，'嗨，找林先生，我差一点把老太爷给你说出来了。'"

木斧记叙说："林祥治出现了。呵哈，什么林先生？不是和我一样是一个中学生么？他个子比我还要矮小，穿一件麻制服。我们两个人，不过是陌生的

大孩子和小孩子的会见罢了。"(《诗的求索》,第21—22页)

这是一次有趣的会见。但它不是木斧人生道路的短暂而充满趣味的插曲。这是一个标志,标志着木斧的人生道路将发生新的更大的转折:这是靠近中国共产党组织的第一步啊!木斧是这样说的:

"这次会见,决定了我的一生。应当承认,方然同志是我走上革命的道路和文学的道路的引路人。"(《诗的求索》,第22页)

"方然不仅引导我走上了文学创作的道路,而且引导我走上了革命的道路。方然让我和林祥治取得联系,实际上是使我同地下党取得了联系。在党的培养下,我参加了地下党所领导的秘密革命青年组织'民协'。"(《诗的求索》,第31页)

"从此,我走上了革命的道路和文学的道路。由于我积极完成了报社分配给我的撰稿、组稿和推销报纸的任务,后来便直接参加了报纸工作,担任文艺版编辑(在学校,我仍然是一名挂名学生)。我的工作是十分忙碌的,既是编辑,又是校对员、发行员,同时还是两所女中的联络员。"(《学诗,在严冬季节》)

这里有几点,应该加以解释。

方然于1946年3月任《学生报》主编。半年后,即9月份,他又东下重庆,组织学生参加学生运动。

木斧参加《学生报》编辑工作,指的是后期《学生报》的工作,1945年9月创刊的《学生报》至1947年3月停刊,是为前期;后期《学生报》即《学生》半月刊,一直是在地下党成都市工委领导下开展工作的。1947年夏秋之际,刘文范、贺惠君、邱孝平等研究《学生报》的复刊工作,得到地下党成都市工委支持,并指定苏良沛为报社党的负责人。经过一段时间的筹备,于1947年12月,《学生》半月刊顺利出版。参加该刊的工作人员,除前期的邱孝平、贺惠君、苏良沛、李晓耘、刘令蒙、苏菲、李晓芸、金绪良外,又吸收了颜昆、吴鹏、乐进贤、段惟庸(葛珍)、魏世萌等,木斧也自然成为报社的骨干了。1948年5月,《学生报》内正式建立中共党支部。

《学生报》《学生》半月刊的活动，是通过万余名社员和通讯员、发行员开展的。前后期《学生报》在成都市的许多大中学校建立了社员小组或通讯小组、发行员小组，并以社员为中心，团结一批进步同学，成立读书会，创办壁报，有的还办剧团。木斧即组织过"友谊剧社"，团结广大同学一道罢课，投入民主爱国运动。

社员小组和通讯员小组还经常组织学习。学习的主要内容，一是时事，包括学习中国共产党的政策，学习分析形势。由于社员和绝大多数通讯员都是信得过的进步骨干，因此，可以明确地宣传中国共产党的政策，宣传解放战争的形势和我党在大后方对国民党反动派斗争的部署；二是学习马克思主义哲学，学习社会发展史。学习的主要材料是《大众哲学》《新哲学大纲》《思想方法论》，有的还学习毛泽东的《论联合政府》《新民主主义论》和《新华日报》上的专论等，指导和帮助大家武装思想、认清形势。社员、通讯员还经常畅谈解放，当时的隐语，称解放区为"山那边"，称解放为"明天"，社内还交流学习阅读进步文学作品的心得体会。

正是在《学生报》内，木斧接受了比较系统的马克思主义的学习，更加认清了国民党统治的黑暗和腐朽。他的思想在不断进步着。

## "走上革命的道路"

木斧说："鲁迅的小说有一种震撼人心的力量，在漫漫长夜中，给我振奋，给我沉思。"（《烙印》）引导他的眼光去直面社会、现实与人生。鲁迅作品和其他的一些新文学作品，加深了木斧对旧中国黑暗现实的认识，在他幼小的心灵里，燃起了一把愤怒的反抗的火焰。正是由于王育民的引导，木斧接近了、理解了鲁迅，接受了鲁迅反抗黑暗的思想；也正是由于方然的引导，木斧接近了文学，参加了革命。因此，在诸多的场合、诸多的文章中，木斧对于这两位引路人都致以深深的谢意和敬意。

再也不是在跑马山上奔跑的"蛮孩"了！刚跨进青年行列的木斧，眼中看到了那个社会更多的苦难，心中储存着强烈的反抗的情绪，他要抒发他的愤懑，他要宣布他对旧社会的控诉！他站在旧社会的反叛者一边，他要亲手为这黑暗的社会挖掘坟墓了！

1948年2月，木斧参加了地下党领导的秘密革命青年组织"民协"，开始了他的职业革命者的经历。"民协"全称为中国民主青年协会，是中共的外围组织。在国民党统治的心腹地区成都，这个组织在地下党的领导下，团结带领大批青年学生与国民党统治开展了积极的地下斗争。加入这个组织，就意味着参加了革命。

木斧由此成为一名青年革命者，从此，他就积极投入到如火如荼的革命斗争中去了！

当时的进步戏剧运动也是传播革命和进步思想的一个方面。木斧受母亲影响，从小喜欢戏剧，他的演出才能也在这时派上了用场。他说："我是1948年2月在国统区白色恐怖下参加革命的，那时候的话剧运动和学生运动是紧密结合的，我参加革命前后在地下党领导的剧社演过很多话剧，演过曹禺的《雷雨》（饰鲁贵）、《原野》（饰白傻子），以及陈白尘的独幕剧《冒牌秘书》（饰阿三）等，建国初期排过歌剧《刘胡兰》（饰石三海），都是反派。"这些戏剧艺术的实践活动，为他离休后加入京戏的丑角行当，打下了基础。用他自己的话说，"便顺理成章了"。（《我喜欢京剧的丑角》，见《木斧短文选》，第225页）

1949年下半年，木斧从西北中学高中毕业，到四川省立艺术专科学校读书。这就是后来的四川美术学院的前身，是抗日战争时期迁来四川办学的。木斧在这所学校里读书的时间很短。他自己说："省艺专是一所五年制的大学，新中国成立后改为四川美术学院，迁址重庆。我是1949年9月入校，只在校内住了一个多月，便转移下乡了。"正是因为这一段经历，"按照中央文件规定，先参加革命后入校读书，后调离学校，应以毕业生对待。所以我后来的学历是四川省立艺术专科学校毕业"。

说到木斧转移下乡，那是1949年12月初的事情。当时，国民党成都当局面临着解放大军四面包围，对进步运动的镇压也越来越凶残。为了保存革命力量，为新中国成立后的工作准备人才骨干，成都地下党组织主动布置安排一些骨干分子转移下乡。负责木斧转移的萧萸说："1949年12月初，我到成都打听解放战争的进展情况。我住在小天竺郭子良（木斧记的叫郭良）家，他是地下党员。""一见面他就说：'现在成都紧张得很，垂死的时候，敌人发疯了，到处抓人。你来得正好，我们有一个同志，特务要抓他，你带他到乡下躲几天。'""次日一早，郭子良领来那人，是一个十八九岁的小青年，看样子稚气十足。我们默默无言地走出了城。这时候我才知道他的名字叫杨莘（木斧）。他爱好文学，爱写诗，曾经读过我在《七月》上登载的小说。他说《七月》上登载的作品战斗性都很强。他周围的人都喜欢读。于是他列举他们的名字，并且告诉我他们在文学上的活动情况。从他的话中，我发现这个十八九岁的小青年不但在政治上前进，而且在文学上懂得很多，并且有他自己的见解。我多么高兴结识这个年轻人！"

从成都到郫县花园场乡下有四十公里路程。萧萸带着木斧边走边说，在这条坑洼不平的路上从不认识到认识，到结成亲密的朋友。那时的萧萸已经年近五十了，早就是一位很有成就的作家了。他二位可以说由此成为忘年之交。

萧萸写道："傍晚时候到达我们家。我在谷仓前给他搭了一个铺。第二天，进步青年周启志和余元忠二人来，看见木斧，三人一见如故。木斧不多说话，好像小姑娘一样腼腆，而周启志和余元忠却争抢着发言，把地方上的情况一一搬出来告诉他。他们想邀约他到幺店子去。我的父亲对杨莘说：'你少露面好些，少惹些麻烦。'我父亲的担忧并不是多余的。木斧才来两天，我们全村的人都知道了。特别是那些提起共产党便色变的人。他们奔走相告，一传十，十传百，几天之内，街上的袍哥大爷和乡公所的一伙人都知道了我们家来了一个可疑的陌生人。我只好扬言说：'这是个大少爷，他父亲是成都的大资本家，听到共产党打来，怕得要命，叫他到乡下来躲一躲。'"

在惊惶不安中躲了几天后，成都和平解放了。萧萸带着木斧到花园场街上看新气象。太阳暖洋洋地照着解放了的人们，不是春天胜似春天。街上那些头面人物都不见了。十字街头站满了人，一堆又一堆，都穿得破破烂烂。他们欢笑、打闹，十分忘形。

这段下乡转移的情况，木斧在回忆中也有相近的说法。在《被遗忘了的作家》一文中，他写道："一九四九年年底。黎明前的黑暗。成都，解放战争的炮声已经逼近四川，国民党还在做垂死的挣扎，血腥屠杀即将开始。一天晚上，我作为一个'神秘人物'被介绍给萧萸，时间只有五分钟。第二天，我们便一同上路，到他的家——郫县花园场去了。我对于萧萸一无所知。党的负责人是这样向我交代的：'一个失了业的中学教师，党的同情者，政治上可靠。你立即转移下乡，住到萧萸家里去，由他保护你。'"这个负责通知木斧转移的就是他的西北中学同学，与他和杨玉煊（笔名向黎）一起建立《学生报》西北中学通讯组的诸葛学肱（后改名诸果）。时隔多年后，诸果才告诉木斧，让他通知木斧转移的，是林祥治（罗梅），因此，木斧一直认为，既是成都地下党组织在那么危险的时刻救了他的命，更是林祥治救了他的命。他在《热泪滔滔忆罗梅》一文中深情地回忆了林祥治对于他的关心和帮助，并表达了无限的怀念。（《热泪滔滔忆罗梅》，见《诗路跋涉》，第176—178页）

"萧萸对我更是一无所知。下乡以后，乡里人向他打听我这个陌生人，他便绘声绘色地说：'这位杨先生，城里头的大少爷，家里阔气得很哪！城里住腻了，下乡来散散心……'"交谈中，木斧才知道，萧萸是一位早就成名的老作家了。他常在胡风主持的刊物《七月》上发表小说，还是绿原、雪牧、胡天风在湖北恩施高中部的老师。

"他自己清楚这是同我一起诌出来的'鬼话'，专门哄'鬼'。对于我的真实身份，他持慎重的态度，从不打听。我们之间的信任，都维系在对党的信任这一点上，只有这一点彼此是清楚的。萧萸的家离花园场场口不远。他自己有两间草房，他和他的夫人刘方——国文教员和数学教员——住一间，他的老父老母住一间。草房门外有口天井，天井旁边搭了个草房偏偏，本来是堆积农具和杂物的地方，临时腾空，让我住了进去。萧萸当时快满五十岁了，和我的父亲同龄，头顶的黑发已开始脱落，瘦小的身子有点佝偻了。他坚持尊称我为'杨先生'，并且不让我去参加农业劳动。萧萸在参加农业劳动之余，有时陪我上街去吃茶，有时陪我到附近几家农民院子去串门，让我有机会观察当时农民的状况。每次出门，都由他陪同，除此之外，他有大量的藏书供我阅读。我在那狭长的草偏房内不仅读了许多文学名著，还写就了长诗《黎明前的黑暗》。我清楚萧荑当时的一切活动，都是为了掩护我。他随时提防着在这黎明前的黑夜我出什么问题，但是他从来不告诉我他做了些什么工作，费了多少心血，付了多少代价。他总是尽量减少我的烦恼的忧虑。"（《被遗忘的作家》，见《汪瞎子改行》，第231—234页）

关于木斧的这段经历，流沙河在《写序的故事》中也记载了与离开成都时的木斧路遇的情况。"1949年11月末，成都临解放的前一个月，我住在祠堂街华德里。一天早晨出门，在少城公园门口突然遇见他向西门走去，他的脸色显得焦急，说要到郫县乡下去躲一躲。我知道当时国民党凶徒面临末日，正在疯狂报复，捕杀地下党人和其他革命志士，不禁替他害怕。"（流沙河《写序的故事》）三个人叙述的细节有所不同，但是大的方面是一致的。可见当时的紧张状况。今天我们不可能也无必要去把细节都弄清楚了。

为了庆祝新中国成立，萧荑邀约周启志和余元忠两人到家里来欢聚。大家有说不完的话，抒不完的情，一直到太阳偏西的时候，才把庆祝饭做好，大家围着桌子坐下，每人面前放一个饭碗当酒杯，碗里都斟着酒。木斧首先站起来，第一个向萧荑敬酒。"他说：'我们素不相识，你冒险保护我。我敬你一杯！'我说：'我认识了你，从你身上吸取了新鲜血液，我年轻了。我也敬你一杯！'木斧接连喝了五杯，他那白净的脸突然泛红了。他有些醉了，话就更多了。他放开喉咙唱起《国际歌》：'起来，饥寒交迫的人们……'"（萧荑《初识木斧》，见《再论木斧》，第256—258页）

这是木斧第一次放开喉咙，自由自在地高唱这首共产党人和革命者人人都会唱的歌！

新中国成立了！自由了！一个崭新的时代到来了！

木斧、萧荑他们收拾行装，再次走进了成都，也走进了一个崭新的时代！

| 第三章 |

# "学诗，在严冬季节"

## （1945.6—1949.12）

### 没有见过面的老师和见过面的编辑

几十年后，木斧回顾他的创作历程的时候，深有感慨地说："我是一个普通人，平凡的人，我需要的是学习、学习、再学习，我需要前辈和同辈的培养和扶持，在新诗创作的道路上，我实实在在地有过许多老师。"（《诗的求索》）前一句话，是出于谦虚，而后面的几句话，倒是包含着对于扶持他走上诗歌创作道路上前辈和同辈的谢意。孔子说："三人行，必有我师焉。"如果从这个角度看，凡是给自己以启迪，传授了一点自己原本不知道的知识的人，都可以称作老师。从这个意义上说，我们是以人人为师，而又师于人人的。木斧对他的这样的老师们一直是很尊重的。他不止一次地说，王育民和方然是他的两位引路人。引路人，也就是导师之意。在他的意识中，这样的老师还有许多许多。

"曾在写诗方面给过我帮助的不知名的王育民，便是我的启蒙老师，他使我从古书堆里探出头来，爱上了白话文和现代文学，还有金刃，三十年后我才知道他就是刘炼虹，也是我的启蒙老师，他写的《答〈沉默〉》给了我很大的启示，我开始懂得追求诗美。"（《诗的求索》）木斧称他们为老师，他们是当之无愧的。

木斧后来曾经称多位同志为引路人、老师。从当时的情况看来，直接对他的创作产生影响而可称为恩师的，有两位，即方然和伍禾。这两位老师，木斧从未与他们见过面，而且永远也不可能再见面了——用木斧的话说："他们两位早已见马克思去了。"

先说方然。木斧说："方然不仅引导我走上了文学创作的道路，而且引导我走上了革命的道路。""在党的培养下，我参加了地下党所领导的秘密革命青年组织'民协'，从而使我成为一个报纸的文艺编辑。参加革命促进了我创作上的早熟，在革命的大风暴中发表了大量的诗篇。""这一切使我至今也不能忘却我的老师，我的领路人方然。"

方然（1919.9.30—1966.9.21），安徽省怀宁县人。原名朱声，又名朱传勤。1937年"七七事变"后，方然积极参加抗日救亡活动。1938年3月赴延安，在延安公学学习，后转入延安作协从事创作。1940年回到国统区，考入成都金陵大学中文系，从事学生运动。1946年3月参加当时进步的文艺团体《学生报》的工作，任主编。还参加现实文学研究会及平原诗社。在《平原》《文艺杂志》《文艺阵地》《文艺生活》《诗创作》《诗垦地》《希望》等刊物上发表了大量诗作，成为当时影响广泛的"七月诗派"的重要诗人。1946年9月东下重庆，同阿垅等创办《呼吸》月刊，任主编，在刊物上发表了大量论文和书评。并译出许多苏联作家关于文学语言的文字，重译了莎士比亚的《李尔王》。同时积极参加进步学生的"反内战、反迫害、反饥饿"斗争。曾因著文揭露国民党反动派而遭逮捕，经营救获释后去南京参与欧阳庄等人编印的《蚂蚁小集》，后到杭州，为浙东游击区做联络工作。1950年加入中国共产党，参与浙江省文联的筹备工作，主持《浙江文艺》的编务，发表过一系列论文。1955年因胡风冤案被捕，"文化大革命"开始不久即被迫害致死，粉碎"四人帮"后始得昭雪。

对于方然的这些经历，木斧当时并不知道，而且在以后相当长时期也并不知道，一直到了改革开放之后，胡风冤案平反之后他到处打听，才对方然这位引路人的生平经历有了全面的了解。当时的木斧只知道，方然是一个思想很进步的人，是他的老师。木斧没有同方然见过面，只是因投稿的关系，收到过方然给他的三封信，时间都在1946年6月。

按木斧的回忆："第一封信是刊用稿件的通知，署名是《学生报》编辑部，秀丽的毛笔小楷字打动了我的心。信上说，很难得看到这样文笔流畅的小说，字数不多，剪裁得体，而且出自一位十四岁中学生之手，很高兴，已发排，望今后继续赐稿云云。旁边又批了几个字：你会写诗吗？这是我的第一封用稿通知，我看了入痴入迷，整整兴奋了三天三夜。第二封是聘任书，署名仍然是《学生报》编辑部。那时印刷条件很差，仍是方然的毛笔小楷，'兹敦聘默影先生为本报特约通讯员'，字迹十分整齐。这又是我生平第一次挂的头衔，又兴奋了三天三夜睡不着觉。第三封信署名方然，约我某一天到北门北巷子去见林祥治先生。后来我才知道，方然的第三封信写给我之后，就离开四川了，他把我交给了年轻的林祥治，可惜我没有同方然见过一面，我要是早生两年，我们也许会坐在一起促膝谈心了。"（《诗的求索》）

在林祥治家里，木斧还遇见了两位西北中学的同学杨玉煊和诸果，后来，他们一起成立了《学生报》西北中学通讯组。

方然不仅仅是诗人。他和木斧的交往，只是神交，可以用"神龙见首不见尾"来形容。他们没有见过面，木斧甚至只看到"方然"两个字，但方然却给了木斧创作的信心和勇气，这就使木斧终生受用，这已经足够了。

伍禾，也是木斧的一位从未见面的老师。他是湖北武汉市人。生于1913年10月11日，1968年12月22日遭迫害不幸逝世。伍禾原名胡德辉，1934年4月20日在上海《申报·自由谈》上发表诗《与流亡者》时署名"伍禾"，以后一直沿用，出版过诗集《箫》《寒伧的歌》等。1946年至1949年在武汉主编过《新湖北日报》"长江"副刊。新中国成立后仍在湖北省文联工作，1955年受胡风冤案牵连，在"文化大革命"中被迫害致死。

1948年2月，木斧参加《学生报》改刊的《学生》半月刊。具体工作是和葛珍一起，主持《学生》半月刊的文艺副刊"锻炼"。当时，木斧已经是一位发表了不少诗作、在成都颇有点影响的青年诗人了；但是，在葛珍这位年龄和诗龄都是老大哥的心目中，木斧的诗是没有地位的。"他总嫌我年纪太小，看不起我写的诗，动不动就以'你不懂'来回答我的求索。"后来，因葛珍经常在武汉《新湖北日报》上发表诗作，知道这本副刊的文艺编辑是伍禾。他就把木斧介绍给伍禾，说："你把你的诗寄给伍禾，伍禾是一个比较爱挑剔的人，但绝不放过好诗，让伍禾来检验你的诗吧。"葛珍还说："如果你的诗上了他的副刊，你写诗就有希望了；如果上了'文艺'副刊，你写诗就大有希望了。"一方面或者是出于赌气，一方面也或许是具有坚强的信心，反正，木斧是把自己的诗寄给了伍禾。木斧是一个喜欢挑战的人，凡是具有刺激性的挑战，他都乐于应战。

这年6月，木斧把自己的诗《走》寄给了伍禾，就是那首怀念王育民的诗。附信中少不了要说些"请指正""修改"这类的话。7月27日，《走》在《新湖北日报》"文艺"副刊上刊了出来，同时附信给木斧说："诗，不错。不改。照发，有好诗再寄来。"这使木斧喜出望外，这是他的诗第一次走出四川啊！经受了伍禾的"比较挑剔"的检验，木斧写诗的信念大增，他在诗歌创作的道路上奔跑得更有劲了！此后，他的《疯孩》《玫瑰花》《童话》《冬天》都陆续在伍禾那里刊登了出来。使大哥哥葛珍也对木斧另眼相看了。直到现在，说起这事，木斧还是掩饰不了一丝得意之情。

就这样，从未与木斧谋面，而且也从未具体地对木斧的诗作加以指点的伍禾，以他扶植作者的又一方式——为诗人提供发表园地，而在木斧心中牢牢地树立了他的老师的形象——当然，这个形象只能是木斧凭借想象勾画出来的——这个想象中的伍禾将永远地留存在木斧的印象中，是改变不了的。直到1980年10月，木斧到了武汉，去看望徐迟同志。希望通过他找到伍禾，见见这位使他感到"写诗大有希望"的老师。他满怀兴奋地想："他是个什么模样的人呢？"对于伍禾，木斧没有陌生感，只有熟悉感，就是要在这种什么也不了解的情况下见面，增添一些神秘感，才有兴趣吧！到了武昌，木斧先去找田野同志，一打听，大吃一惊，兴奋变成了悲痛，这位老师早在"文化大革命"初期就去世了！希望成了失望！只是在田野的热心而详细地介绍了伍禾的生平、生活习惯、品格之后，才在一定程度上使木斧增加了对伍禾的了解。

但和未能一见方然一样：遗憾无法弥补，怀念却将永存！

在这种激情的冲撞之下，木斧铺开稿纸，在素白的纸上倾吐着对于伍禾的深情的悼念，他把这种悼念写在一首叫作《悼》的诗中：


待到我得到你的消息
你和我已久久地别离


望着激荡的扬子江
我的思念永不停息
你到哪里去了呢？


你是一个沉默的人
胸中装着电闪雷鸣
你去了，静静地去了
你的雷和电呢？
你的诗呢？


扬子江的浪潮中，倾泻出
你的诗歌铺路的洁白的素绢！


"你到哪里去了呢？""你的雷和电呢？你的诗呢？"木斧注视着浩浩荡荡奔腾东去的扬子江！问谁？

苍天无语，江流呜咽……

木斧说："我们这批作者永远也忘不了她。"

她是谁？"是二丫。"木斧回答说。

1948年2月13日成都《西方日报》的文艺副刊"西苑"上发表了木斧的《寂静》。此后，他便一发而不可收"毫无顾忌地接二连三地向《西方日报》投稿，《西方日报》也毫无顾忌地接二连三地发表我的作品"。（《诗的求索》）

当时《西方日报》共有三种文艺副刊，一种叫"周末文艺"，由作家刘盛亚编辑，木斧在那里发表小说；一种叫作"方生"，崔之富编辑，木斧在上面发表杂文；一种就是"西苑"，由二丫编辑，是当时一个令人瞩目的文艺副刊。木斧在这个副刊上发表了大量的诗歌，和另一名叫作湛卢的作者一起，被人称为"西苑"的两大台柱，以致使不少人误以为这二人和《西苑》的编辑有什么特殊的关系。但就木斧来说，《西方日报》的三个文艺编辑，他却一个也不认识。特别是"西苑"的编辑，是男是女，姓甚名谁，一概不知。

后来，葛珍不知怎样弄清了，这"西苑"的编辑，就是经常在报上发表杂文的二丫。葛珍把他所"刺探"到的这一鳞半爪的"情报"透露给木斧，引起了他的好奇。二丫，多奇特的名字。也许是一个从破落地主庄园中冲出来的丫头吧！在好奇心的驱使之下，一天放学后，冒着大雨，赤着脚，背着书包，木斧便大着胆子闯进了《西方日报》的院子，逢人便问："请问有个二丫先生他在哪里？"谁也不知道。

后来，一位长着黑胡子的先生，在听到木斧的询问后，诡秘地笑了，指着一间房子说："二丫就在那里！"

敲了敲门，木斧推门进去。这间小屋里，有一位年轻的妇女，正在给怀中婴儿喂奶，听见有人进来，才抬起头来问："谁呀？"

这场面，使木斧颇为尴尬。他嗫嗫地说："我找二丫先生！"

看到进来的只是一位小青年，木斧当时很矮小，更减了年龄，好像一个小孩，这位年轻妇女显然是把他当成送牛奶的小孩子了。听说找"二丫先生"，问话在嗫嗫中带有几分文雅，她犹豫地问："不是送牛奶的吧？"

木斧被这一句疑问问得愈加糊涂，愈糊涂，就愈说不清了。

"对不起，我只是来看一看二丫，看一看这个二丫是个啥子样子！"

　　"西苑"的编辑和作者就这样略带尴尬地见面了。这个见面是带有戏剧性的。这样，木斧知道这位年轻的妇女就是二丫，二丫就是杲向真；杲向真也弄清了，这就是木斧，他居然这么小！

　　这以后，木斧再也没有去找过这位二丫了。而当时的经常在"西苑"发表作品的作者中，知道"二丫"的真实身份者也是寥寥无几。1949年底，成都解放后，杲向真在《川西日报》编副刊，以后到了北京，担任《北京文学》的编辑。同时，杲向真当然不仅仅是编辑，她在做好编辑工作的同时，自己也写作了大量的杂文、诗歌、小说和儿童文学作品，最终成为我国著名的儿童文学家。"她忠厚老诚，朴实无华，沉默寡言，不会社交，只会默默地工作，作为一位编辑，她是一名普通的编辑，任劳任怨的编辑，默默无闻的编辑。""她正派，除了认真按质量选择稿件以外，编辑和作者之间再没有其他的关系。"她也没有发表过"作风正派""不盲目崇拜名家""以扶植青年一代为宗旨"之类的宣言，却以自己的无言行动，体现她的编辑主张。

　　自然，杲向真不仅仅是扶植过了木斧这一位诗人。她背得出在"西苑"上发表过作品的许多四川诗人的名字和作品的篇名，并反复地向木斧询问一位叫作湛卢的四川诗人，可惜，木斧都不甚了了。只是以后，重庆出版社文艺编室原负责人王文琛来访问木斧。深谈之下，知道他二人都是在那个时期在《西方日报》"西苑"副刊上发表作品的作者，于是谈到了杲向真，更进一步，才弄清这位坐在木斧对面的王文琛，原来竟是当年与木斧并称"西苑"两大台柱之一的湛卢！而且知道，湛卢也和木斧一样，当时也未见过杲向真！

　　于是"西苑"的编辑与"两大台柱"才完全取得了联系；杲向真后来到了重庆，第一次和湛卢会见了！

　　作为一位编辑，一位作风正派的园丁，二丫——杲向真给20世纪40年代成都的文学作者留下了永难磨灭的印象和永远的感激之情！

## 闪烁的星群

刊物是文学之花的园地，编辑则是辛勤的园丁；而文学新人，则是这园地里姹紫嫣红的花朵。

1948年，《西方日报》创刊以后，由于杲向真广招贤士，大量采用外稿，来稿一律按质量取舍，因而在《西苑》这块园地里，迅速地出现了一批文学新人。木斧就是这群新人中的一个。当时，他们大都很年轻，正是年华如火的季节。这批声名比较响亮的新人有：钟子舫、王大奇（乔琪）、苏菲（李大旗）、陈瘦民、张修文（隐波）、遥攀、陈新、杨子江、冯启康（方赫）、刘扬体（天涛）等。他们好似一颗一颗闪烁着光彩的星星组成的星群，在成都诗坛的天空中闪射着光芒，把成都诗坛的天空装点得美丽而多彩！

这是一个互相砥砺、互相促进的诗人群体。他们组成社团经常聚会，畅谈思想、抱负，切磋诗艺，冲撞着、促进着共同的提高，在诗的大路上携手前行！木斧是这个群体中年龄最小的诗人之一。他们都是他的大哥哥，是诗友，又是挚友。

苏菲，是这个诗群中年龄最大的一位，也是回族，他和木斧是《学生报》的老相识了。他从1938年起，就在桂林的《救亡日报》副刊以"尔萨"的笔名发表作品，包括诗歌、散文、杂文、小说等。但因他的作品在四川以外的地方发表不太多，未能引起当时文坛更大的注意。在和木斧等人的交往中，他并不以老大哥自居。他极嗜读诗、抄诗、写诗，无论古今中外，能见到的他都读，读得十分认真。凡是他认为好诗，都要抄写下来，装订成册，保存下来。这种嗜爱，简直到了"迷狂"的程度，即使是1957年被打成"右派"，开除公职，靠拉板车出卖体力为生的时候，每天晚上，尽管精疲力竭，劳累不堪，但他照样读诗、抄诗，似乎不读不抄，他就不能入睡。"文化大革命"中亦如此，以后仍然如此，就是这个苏菲，凭着对诗的迷恋与执着，打下了深厚的诗的功底，在他的晚年，对新诗还发表了一系列独到的见解。他无愧为一代卓有独见的新诗鉴赏家。

在当时，苏菲以一位有一定诗龄的"老诗人"身份，与木斧等平等交流，交换新作，完全平等地互相批评，于是产生了深厚的友谊。

陈瘦民是当时《建设日报》的文艺编辑。1948年3月，木斧向《建设日报》投稿，被采用，陈瘦民在报上登了三天"代邮"寻找木斧，终于结识了。查《木斧诗选》《缀满鲜花的诗篇》，有两首诗与这个时间相近。一是1948年2月写的叫《骄傲》的诗：


云雀有飞翔的翅膀

萤火虫有发亮的小灯

人有人的骄傲


不是小丑的轻浮调闹

不是英雄的擂鼓呐喊


迷茫的浓雾里

有闪光的虹！

沉寂的土地上

有响朗的歌！


另一首，写于1948年3月，题目是《夜的童话》：


孤独的寂寞的夜——

孤独得不能再孤独。我身后爬行的是

狼、狐狸、田鼠……

寂寞得不能再寂寞。发声的只有狗的

狂吠，猫的刺耳的尖叫，羊的悲鸣……

夜的沉闷的空气塞住了我的喉头

我快要窒息了！

我睁大眼睛，注视着死亡的阴影一步一步近逼

但我绝不屈膝！

跌倒了，又爬起来！

即使我成了一具僵尸，也不会倒桩！

我相信：这里不是夜的王国，而是黎明的故乡

我并不孤独也不寂寞呵！

孤独和寂寞属于夜

而我属于光明

看呀，曙光将要从黑暗的云层中露出笑容！

看呀，我的伙伴们将要从四面八方合围而来

我伸开双臂，向着明天……

　　陈瘦民编发的，就是这两首诗中的一首。这两首诗所表达的对于黑暗社会的愤懑，对于"明天"坚定追求的信念，确实很能鼓舞人们的斗志，唤起人们的共鸣！当然，也可能是别的同样格调的诗，使这两位心心相印的诗人走到一起来了，并结成了永不褪色的幸福的友谊！

　　以《西方日报》的"西苑"和《建设日报》的副刊作为阵地，这群年轻的诗人们聚集起来了，十天半月总要聚会一次，彼此交流作品，交谈各自的体会，有时召开诗歌朗诵会。但这个群体不是那种"沙龙"性质的东西，这是一个充满活力的、开放的群体，随时都有志同道合的新面孔加入进来。

　　同时，木斧还和王大奇一起在《建设日报》办了一个诗刊，刊名为《指向》，又吸引了一批年轻诗人。为了迎接新中国的成立，他们还挑出自己的作品，合出了一本书，书名《路和碑》，以"蜜蜂社"的名义出版。这便是新诗流派"蜜蜂社"的来历。

　　可惜我们现在已很难见到这本书了。

现在具有世界性影响的著名诗人流沙河，也是木斧引入诗坛的，他的第一首诗是木斧发表的。他在为《木斧诗选》所作的序言性质的《写序的故事》中说，当时陆续在成都的一些报纸上看到木斧的诗，不禁"由惶惑而入迷。这种入迷显然不是纯艺术的。在那些动荡的日子里，学生罢课（反内战），贫民抢米（反饥饿），艺术也很难'纯'起来。有一股跳跃的反抗力在木斧的诗中，使我入迷的是这个。木斧的诗引我去接近新诗；木斧诗中的反抗意识引我去接近校园外的社会现实。我自幼浸染在旧文化的泥塘里，所习无非子曰诗云，所爱无非唐诗宋词，所写无非之乎者也，……来到蓉城，入了四川省立成都中学高中部，偶然在校园阅览室看报，读到木斧的诗，我才有了突变，如蛹初醒，乍见新诗之光。不久以后我就知道了，中国有一个'吹号者'艾青，有一个'战斗者'田间，还有一个绿原，他要把国民党之徒'一直追到冥王星'，还有一个曾卓，他和他的同志关上了'门'不让叛徒进来。我把他们的诗，择其尤爱者，抄在本本上。往往一遍抄录，便能默诵。在我，木斧是渡船，载我去新诗之彼岸"。1949年秋，木斧和流沙河结识了，从此，友谊飞速发展，一直持续到现在。（流沙河于2019年11月23日去世。编者注）

木斧也回忆说："我现在依稀记得，在我提到诗刊《指向》编辑的时候，收到一篇来稿，题名《渡》，署名流沙。诗写得不错，而我当时主要考虑的还不是诗的艺术性，而是诗的思想倾向性。从思想倾向来看，这首诗是进步的，对新中国的诞生充满了希望，所以我把它发表了，同时还用编者的名义写了几句鼓励的话。""诗发表以后，他来看过我，我们认识了，很快成为好友。"（《诗的求索》，第56页）

两位诗人所谈相结识的细节有些不同，但那无关紧要，反正共同的爱好和一致的思想促成和加深了他们的友谊，是无可置疑的。

这个诗歌群体就这样联系起来，发展起来了。他们的不定期的聚会，巩固着这种联系。有一天，王大奇突然提出一个问题："我们这一群人当中，将来会不会出现一个大诗人？"

这问得奇特，问得突兀，也问得贴切。是啊，迷上诗的人，谁不希望成为一个大诗人呢？可是，谁又能担保一定会出现个大诗人呢？面对这一个在每个人的潜意识中早有答案的问题，大家竟然一时哑然！

还是陈瘦民的一个通俗而又富有哲理意味的比喻打破了沉默："一笼鸡总会有一个是会叫的。"

于是大家热烈地讨论起来，各自提出最可能的人选，并讲出自己的理由：为什么是他？他的才华在哪里？他的潜力又在哪里？你一言，我一语，彼此看到了对方闪光的地方，人人都充满了信心，鼓起了希望。

当然，后来的事实证明这一批人并未都成为大诗人。人，谁又能预测自己以后的情况呢？但可以说，虽然这些人中的大部分并未成为大诗人，却也没有虚掷年华，他们都在社会和人生的大调整中重新找到了自己的位置，在自己的岗位上闪射着光彩，他们都没有辜负这个时代！

仍然是一个闪烁着光芒的星群！

五十多年一晃而过，经过几度风霜之后，"我们当中出了一位大诗人，他就是流沙河。"木斧说。

还有一位，他就是木斧本人。这一句，木斧是不愿意承认的，但我们都这样认为！

陈瘦民的预言没有落空！


## "疯孩"的控诉

"我十分珍惜我40年代发表的诗，犹如母亲疼爱自己的孩子一样。"木斧在他的《木斧诗选》的后记中这样说。这不完全是出于敝帚自珍的一种感情。而是因为，这些诗适应了"时代的需要，是40年代革命战争的产物，是受压迫者的呼声"，这些诗中，"个人的呼嚎"汇合在时代的"风声、雨声、雷声之中"，一起冲击着旧时代的堤岸！在这里，怦怦地"跳跃着'诗人的赤子之心'"。（《诗的启蒙》）

从1946年2月发表第一首诗到1949年12月成都解放，木斧一共发表了一百五十九篇作品。这不是随意编造的，这是1956年立案审查统计出来的数字。其中诗歌占有将近总数的四分之三，其余的就是小说作品。可惜，由于1955年以后木斧身历坎坷，到现在能够查找到的诗篇，仅有三十二首。我们现在只能根据这仅占当时全部诗作五分之一的残片，勾勒出木斧当时诗歌创作的概貌。

流沙河说木斧那时的诗"有一股跳跃的反抗力"，这确是抓住了木斧当时全部诗作的特点。确实，控诉黑暗，呼吁反抗，呼唤光明，是木斧当时诗歌创作最主要的、最突出的思想和情感特点。

《沉默》这首诗奠定了木斧当时诗歌创作的思想和感情的基调。身处那样黑暗的时代，谁能够默默地忍受下去呢？这愤懑的呼号中跃动着反抗的灵魂！

木斧的诗是革命的产物、斗争的产物。他用他的诗，去呼唤斗争与反抗。按他的理解："生活/就是战斗/我们呼吸和歌唱在一起/我们拥抱和斗争在一起/我们走着各种不同的/相同的道路！"这就是革命的、战斗的道路。在这条道路上，他呼唤伙伴"不要停留/不要让年轻的生命/在等待中窒息"。他指出："我们的路/就在前面/勇敢地向前走/为生活而战！"（《我们的路》）他的《血钟响了》是读过《夜未央》一书后，激情喷涌，不能自已的产物，集中地体现了这种情绪：


屏住气

咬紧牙

在这黎明前的黑暗

在这轰鸣前的沉默

痛苦的锁

锁住了我的声音


在这儿

在一群热气腾腾的青年中间

爱和恨

凝结成

共同的友爱和怜悯

共同的理想和信心


你们

为着人的尊严

以喷溅的鲜血

向腐朽的暴君

抗争！


伸出

十万只灼热的手

去敲响

血钟！


酣睡的人

醒了！

洪亮的血钟

响了！

幸福的热流！

降临了！


这是一首写于1948年4月的诗，诗以敲响"血钟"为象征，呼唤青年朋友和广大的人民群众起来，前仆后继，去摧毁"腐朽的暴君"，迎接"幸福的热流"！结尾三节，以华西里死和千万个华西里复苏，安娜的呼喊，汇成一种强大的感情震撼力量，鼓舞人们"向前进"，去和旧世界做最后的、殊死的拼斗！至今说来，仍使人热血沸腾，不能自已。当年一代一代的革命先烈为了新中国的诞生而前仆后继，呐喊进击的形象再次浮现出来！

当成都发生"四九"血案时，他以诗为武器，宣告："血/不能白流，血债/要用血偿还！"要对旧的统治者"犯罪"！在《扑过去》一诗中，他这样写：

夜

闪着鬼火

你睒着绿眼的监视者呵

夜行人将以飞蛾般的勇敢扑过去！

这里，很明显的是，"夜"是当时黑暗社会的象征，"监视者"则是维护这反动统治的凶徒的化身。而"夜行人"则是革命者的象征。革命者无所畏惧，面对无边的黑暗，以飞蛾扑火般的不屈不挠、不得胜利决不罢休的勇敢和毅力向黑夜冲击！这里充满了信心，洋溢着力量！什么样坚固的势力能挡得住这样的冲击？黑夜终有尽时，光明就在前头！光明属于勇敢的"飞蛾"！

呼吁反抗和揭露黑暗，用诗来暴露国民党统治的罪恶阴谋和凶残腐朽，本来就是一个主题的两个侧面。在木斧此期的诗中，这也占有相当的比重。他1949年8月写的《讲故事》就是以寓言诗的形式来揭露国民党压迫民主、钳制"言论自由"的暴行：

有这样一个故事

有一个国家不准人说话

一个人正在问为什么不能讲

自己的脑袋已经掉在地上……

这个故事没有讲完

因为讲故事的被抓去杀头去了……

《血，不能白流》，也揭露和控诉了国民党灭亡前对民主运动的血腥镇压和屠杀：

> 刺刀
>
> 对准了
>
> 手无寸铁的青年
>
> 倒下了
>
> 一个，又一个
>
> 血淋淋的尸体

《冬天》更是采用象征的手法，把国民党统治下的国统区比喻作严酷的冬天，控诉这"冬天"的"冷风/吹打着/阴暗的门窗！扑杀着/大千世界的生命"的罪恶行径。

在这类题材的作品中，他写于1948年8月的《疯孩》最具有代表性。

木斧自述他写作这首诗的情况："我还记得当时的写作情景。那是在流着眼泪反复阅读鲁迅的《狂人日记》之后。那时，我是把自己作为一个孩子来看待的。灾难深重的国统区，到处都可以看见'狂人'式的疯子，令人窒息，令人悲愤。鲁迅发出了'救救孩子'的呼吁。我已经是快要发疯的疯孩子了，我真想大喊一声：'救救我呀！'于是我写出了《疯孩》。在诗的前面，我引用了鲁迅'救救孩子'这句话。接着，我控告了国统区那个'有形的、无形的怪物'，我宣告：'中国的孩子，没有罪！'鲁迅的小说有一种震撼人心的力量，在漫漫长夜中，给我振奋，给我沉思，这是我的诗歌创作激情的一股源流。"（《烙印——为〈当代作家谈鲁迅〉一书而写》）

让我们读读这首诗：

> 你知道
>
> 他为什么疯了？

你知道

他为什么发狂?


他的爸爸

被内战的炮火

毁灭了

他的妈妈

被生活的重担

压伤了……


这孤零的孩子呵

生养在苦难的中国

没有人

照顾

没有人

怜爱……


　　他受尽了欺凌,街头的警察,用粗实的木棒,敲打着他的脑袋;店铺的老板,用轻蔑的眼光,注视着他黧黑的面孔;过路的人,像观看马戏表演一样,议论着,又调笑着,像对待街上的野狗一样,用脚踢,用石子乱打……他忍无可忍了,他觉醒了,于是:


他呼吼了!

(那声音是多么可怕呵!)

他睁大了仇恨的眼睛

狂笑着,寻觅着

从人群满意的笑声中

又颓丧地低下了头

（善良的中国孩子的灵魂呵！）


呵，母亲

古老的庄严的母亲呵！

你既以宽阔的胸襟抚育了这一代孩子

你又何忍以顽强的手掌摧毁了这一代孩子

你听你听，孩子在呻吟！

你听你听，孩子在呼救！


呵！

为着千百万失掉孩子的老人

我的带血的声音

控告你——有形的、无形的怪物

中国的孩子

没有罪！


　　这是一篇血泪的控诉书。"疯孩"并不是哪一个具体的孩子，甚至也不是作者自己。他是一个艺术形象，是一代中国人的化身。他所遭受的冷漠、屈辱，警察的棒打、老板的轻蔑以及一切的苦难，都是现实生活中国人（包括他们的孩子）身经苦难的艺术象征！这样，木斧"以带血的声音"的控告，才是那样有力，那样具有历史的深度和感情的冲击力！

　　呼吁反抗，控诉黑暗，目光指向未来，心中充满坚定的、必胜的信念，所以当木斧一想到美好光明的未来，诗的格调就变得高昂、跳跃和明丽。如他的《骄傲》：


　　云雀有飞翔的翅膀

萤火虫有发亮的小灯
人有人的骄傲

不是小丑的轻浮调闹
不是英雄的擂鼓呐喊

迷茫的浓雾里
有闪光的虹！
沉寂的土地上
有响朗的歌！

在《溃败》中，他写道：即使"倒卧在冰冷的荒原，我的头脑格外清醒……今天，我溃败了，我将赤裸着来也赤裸着回去，恒星永远看不见自己的影子，洪流永无休止地歌唱着前进"。这是战士的一种坚强意志和坚定决心的表达。无论自己"倒卧在冰冷的荒原"，还是"我溃败了"，也要如"洪流"般"永无休止地歌唱着前进"！

是的，我并不是很健康的
不是没有受伤，不是没有痛苦
有恒星的指引，在洪流中前进
只要我还活着，我将大笑

是的，溃败之后，我将进击
恒星不会陨落，洪流不会中断
哪怕我在进击的火焰中烧毁
在火的余烬中有我灼热的歌

　　这是1949年6月写的。当时，中国共产党领导的解放战争连续取得了辽沈战役、平津战役、淮海战役三大战役的巨大胜利，并于1949年4月23日挥师过江，占领了蒋家王朝的"首都"南京，将红旗插上了南京"总统府"，迫使以李宗仁为代总统的国民党政府迁都广州。尽管国民党尚残存一定军事实力，但是在中国的统治即将土崩瓦解、彻底覆灭，这在残存的国统区也已经不是一种期望、一种前景，而是即将发生的确切的事实。在这种背景下，木斧写下了这首抒怀言志的诗。诗中的"恒星"，象征着中国共产党和革命的理想、必胜的信念。木斧这时已把自己和革命事业完全融合在一起了！尤其最后一节，是他这时期诗歌中难以见到的抒怀言志的警句！体现了一个年轻的革命者对于中国人民的伟大的解放事业无限的热爱与忠诚！

　　这时期的诗作中，还有许多欢呼胜利，表达对解放热烈急切的期待的作品，写得激情荡漾，格调高昂。如《夜的童话》中，一方面表现了在国统区令人窒息的环境中，面对国民党统治者残酷镇压时的不屈不挠的斗争精神：

> 夜的沉闷的空气塞住了我的喉头
> 我快要窒息了！
> 我睁大眼睛，注视着死亡的阴影一步一步近逼
> 但我绝不屈膝！
> 跌倒了，又爬起来！
> 即使我成了一具僵尸，也不会倒桩！

　　另一方面，他又坚信，"孤独和寂寞属于夜/而我属于光明"。他激情满怀地召唤着：

> 看呀，曙光将要从黑暗的云层中露出笑容！
> 看呀，我的伙伴们将要从四面八方合围而来
> 我伸开双臂，向着明天……

在当时的成都，国民党的统治正面临彻底崩溃，王陵基采取了白色恐怖政策，但屠刀阻挡不住人们对于光明的解放区的向往。许多人都在传播着解放区的消息，连报纸上也公开登出中国人民解放军进入北京，毛主席、朱总司令阅兵的消息。一些关于解放区的书籍秘密流传，不少团体在内部上演解放区土地改革的欢乐的戏剧、音乐会。有一次，木斧在听到成都女中内部上演的反映解放区生活的音乐会之后，激情澎湃地挥笔，记下了自己奔涌的感情，表达了对于解放区生活的向往。这首诗题为《我听见土地在呼唤》，作者为了记下当时的时间点，特别加上了一个副题"——为一个音乐晚会演出而作"。这个时间点的确定很有意义，这恰恰就准确地表现了面临解放时成都社会的一种普遍期待，也反映出国民党、蒋家王朝统治无力阻止其彻底崩溃命运的历史事实。

今夜，我没有这样兴奋过
当我穿过夜街，我听着：
古庙在风雨中摇撼
河水冲破堤岸发出咆哮
村庄在重重重压下呻吟
城市在昏暗中沉沉欲睡
你悲壮的浩亮的声音在呼唤呵
受难的中国的兄弟姊妹们！

五千年来的白昼与黑夜
你们生活在这屈辱的土地上
为了你飘零无靠的儿女
你像牛马永远没有休息
弯着腰耕耘贫瘠的泥田
用泪水喂养自己……

而今，土地翻身啦

从破烂的茅屋的门口

受难的兄弟姊妹

我看见你们走过来了

用手抹去哭泣过的泪痕

大家聚集在一起，让歌声

从阴暗的角落无限地展开


我听见你们在歌唱——

种子在花的季节播下去了

我听见你们在歌唱——

成千上万的人民在一起劳动

用双手高高举起锄头再掘下去

歌声从你们脚下扬起

土地绽开大嘴，笑了……


当我听见你们的歌

我不能再忍受长期的窒息

等着我，土地的主人

我将飞快地跑过来了

呵！我的心在燃烧

我听见土地在呼唤……


  诗以对比手法，写出了解放区人民在新中国成立前的苦难和成立后的欢乐。在解放区，苦难成为过去，一派山欢水笑的明朗景象。同时也写出了木斧——"我"——国统区人民迎接解放盼望早日解放的急迫心情，"不能再忍受长期的窒息"，要"飞快地跑过来"响应解放了的土地的召唤！写得多么形象生动！这里表达的仍然是一种时代的情绪，人民的心声！这种感情在《我们的路》中有更加明确的倾吐：

　　　路
　　　摆在我们的面前
　　　快快启程
　　　快快向前

　　　让我们
　　　骄傲地
　　　摆一摆手
　　　唱一首歌曲：
　　　"山那边哟
　　　好地方！"
　　　我们正从山这边
　　　向山那边走去！

　　这里的"山那边"，是当时的一个"隐语"，指的就是"解放区"！你可能认为这里比较直露，不够含蓄！但处于黑暗中的人们，谁不盼望尽快见到光明；被苦难啃噬着的灵魂，谁不盼望早日获得解放？

　　呼唤解放，呼唤光明，急切的感情在诗中表达得最为充分的，是木斧的《献给五月的歌》。木斧回顾这首诗的创作过程是这样的：

　　"1949年5月的一天深夜，曙光终于闪现在窗帘之上，我扔下了笔，长长地吁了一口气。

　　"在国统区漫漫的长夜中，我从未写过长篇抒情诗，也从未经历过这样剧烈的震动，没有主题，没有提纲，也来不及构思，只有一种巨大的冲动，……

就要来了，这一天就要来了！那些曾经是陌生的、渺茫的、梦幻的生活在我的面前展现开了，我张开想象的翅膀去捕捉它，追随它，我要呼喊，我要歌唱！——我急速地在纸上画着，横着画，竖着画。原来写诗这样艰难，这样吃力，这样费劲，诗思说来就来，你要一转眼之间就抓住它！一句话，一个词，一个字，都要尽力去挑选，写一遍，两遍，十多遍，看看要成了，中途又冒出一条拦路虎，又要停下来思索，或者掉回头重新迈步。再难，再苦，不思茶饭，诗是非写出来不可的，不，这个'快要来了'的愿望是非表达不可的。那声音总是在我的耳边轰鸣：'新中国即将诞生！'我不知道即将诞生的婴儿叫什么名字，我却分明地听到了莫斯科红场上的苏维埃政府建立时阅兵的脚步声，一声声向我走近。五月像巨雷一样响了，我抓住了五月这两个字，红火的五月，血的五月，于是，闸门打开，思潮滚滚倾出。

"写着写着，我仿佛进入了一种梦呓的境界。我到了解放区，我进入了一个新的世界，我把我的心情告诉所有的人，呵，小弟弟，大姐姐，老伯伯，你们看哪，到处是盛开的花朵，我扛着枪，踏进了红五月，我参加了五月风暴，'不是五月向我们接近，是我们走在五月的道路上。'忽然，妈妈来了，不要我去冒这个风险，我告别妈妈，坚定地走上了五月的道路。新中国诞生了，我们会师，解放区的诗人和国统区的诗人见面了，我仿佛看见艾青来了，田间来了，我想让苏联的马雅可夫斯基和美国的惠特曼也来参加，呵，这些我崇敬的诗人来了，或者我看望他们去了，我不知道他们什么模样，反正他们的诗就是他们的模样，我们在一起为新中国的诞生而歌唱，为世界上一切不愿做奴隶的人们而歌唱，歌声飘扬在中国的晴空。这个梦呓一结束，我的诗终于完成了。"（《诗的求索》，第61页）

不用做过多的解说，只要读这首诗，再读一读木斧的这段自述，就不难体会当时作者对于解放大潮"这一天就要来了"的振奋和激情！

当然，这时期，木斧也写了些其他题材的诗作。如前面章节引用的《疯孩》《海的祝福》《走》《山之恋》《给乡村的孩子》等怀人与言志的作品。但这些作品也都打上当时时代的烙印。如《花朵》一诗：

不为花的芬芳而陶醉

不为花的美貌而迷惑

不为娇艳的花写诗

不喜欢不结果实的花

不是不懂得爱呵


我爱

白色的李花

爱花的纯洁的美!


这是在谈自己对花这种自然物的喜爱,纯粹在抒发个人的一己情怀吗?不! 即使只说是对花的爱好,一个十七岁的孩子写出这样的诗,不也是时代风雨促成了他的早熟吗? 再看他的《脆弱的生命》:


风

吹着

雨

落着

我,诞生了

听风呼呼地吹

听雨哗哗地落……


以手和脚学习爬行

我从阴暗的小区蹒跚出来

脆弱的生命在狂风暴雨中成长

呵! 十八年了!

流沙河后来是这样说这诗:"现在回望昔年,那个十八岁的中学生多么可爱!他写自己,也写时代。他有鲜明的社会意识,知道自己的'脆弱'和时代的伟大。风雨意象概括中国30年代和40年代,准确、纯净。末段还以'十八年了'作为结尾,突兀之至,仿佛一闪逼到你眼前来,那人生。这样的结尾有动势,真聪明。如果移到首段去做开头,动势就很难形成了。十八岁的小青年写出这样的诗以及别的更好的诗,我不想说木斧是神童——这两个字使人肉麻。我愿意替木斧感谢大变革时代的风风雨雨,他少年早熟,既可爱又可哀的早熟。"(《写序的故事》,见《木斧诗选》)

在这些诗中,都活跃着一个追求者的形象,这个带着时代特色的诗的精灵。流沙河在他的诗中显得早熟,许多人读到木斧这时期的诗,都不相信这是出于刚刚脱离少年时代的小青年之手。

读这三十多首诗,我们深信:木斧此时的诗,是时代催发的诗的花朵,对于木斧,没有革命,就不会有他的诗!

自然,诗毕竟是诗,不仅仅是呐喊,还必须具有诗的特点。读他的诗,我们感到了他的诗中洋溢着反抗的热情,我们更看到了不是一般刚起步的诗人所能具有的那种诗的美!

木斧谈到过他的第一首诗《沉默》,说那是在激情喷涌不可自持的时候写出来的诗。应该说,作为一个刚写诗的十六岁的少年,写出这样的诗,是难能可贵的,诗理所当然地发表了。同时,编辑刘炼虹以一首《答〈沉默〉》启发木斧,使木斧"意识到我这首诗,纵有激情,但是太直太露,缺乏诗意"。这以后他的诗,除了一些特别的例外,都非常注重诗意,注意使用意象来传达自己的诗意,这就给读者以更多的咀嚼和回味的余地,因而更含蓄,更具诗的特点。如果是按《沉默》所体现的倾向写下去,虽然也可以写出许多诗来,却绝对不可能写出他后来的许许多多富有生命力的诗来。是刘炼虹帮助木斧拨正了诗的航向,因而,木斧至今对刘炼虹都保有一份深深的谢意!

## 创作从小说起步

　　木斧多次谈到，他的文学创作是从小说起步的。确实，木斧最早创作的是小说，本书前面也记叙了他在成都西北中学读书时受王育民影响，接触了鲁迅，读了大量的鲁迅作品和其他新文学作品后尝试写的作文《洗衣妇》，那是他的第一篇小说性质的创作作品；他发表的第一篇作品也是小说。本书也记叙了方然在《学生报》上发表木斧的第一篇文学作品《胡先生》的情况。当然此后他把主要的精力转向了诗歌创作，而他在这一个时期以及以后的长时期内，都是以诗歌作品驰名于文坛，作为一位小说家，为他的诗歌盛名所掩。一提到木斧，人们就会说，这是一位诗人，一般没人会提到他还是一位小说家。比如，与木斧关系十分亲近的呆向真为木斧《汪瞎子改行》这本小说集写的序中就说："我和木斧相识四十多年了。时间虽长，见面的次数却很少。他在四川，我在北京，他隔几年总要出差到北京来一次，每次都要来我家小坐片刻，回忆过去，谈谈现在。木斧是诗人。"张大明也说："木斧同志是诗人，但他的经历适合写小说。"这肯定的是诗人，其实也就仅仅承认木斧的经历丰富，适合写小说。当然，张大明并没有否定木斧小说创作的价值的意思，他只是讲他历来对于木斧的认识而已。在读到木斧这些小说之后，认识也就变化了。

　　其实在各个时期，木斧除了写诗，也写了一批很有特色的小说。即使是退休后，他还写了长篇小说《十个女人的命运》，并且还获得了全国少数民族文学大奖。可谓一炮打响，一炮走红。

　　对于自己作为小说家未能引起重视一事，木斧本人也很有些委屈、不满，但是更多的是无奈。他在为他的小说集《汪瞎子改行》写的后记中抱怨说："很多人都说我是一个诗人，很少有人知道我常写小说。近年来有人看到了我发表的小说，断言我写诗写累了，眼看写诗不吃香了，改行写小说去了。其实，我是从写小说步入文坛的，我最早的作品都是小说，后来也没有放弃写小说，只是写小说与写诗在我身上是互不相容的，写小说和写诗的思维方式完全不同，写小说的时间内无法写诗，写诗的时间内无法写小说，写诗写多了，写小说就吃力了。我从来没有一鼓作气地写过小说，总是断断续续，时写时停，所以写了五十多年的小说，现在经过挑选，只选出了这么一点产品，可以出一本小说选集了，这是我的第一本也是最后一本小说选集了。"（《汪瞎子改行》，第292页）

现在让我们来梳理一下这个时期木斧小说创作的情况。按照木斧的说法，他在新中国成立前所创作的小说作品，经过多方收集，一些作品的保存也还颇具传奇色彩，到现在能见到的，就是收在《汪瞎子改行》这个集子中的十七篇了。这个数字，据木斧估计，尚不足自己在1949年前小说创作总量的一半。可见他那时所写的小说数量也是很大的。

木斧从1945年6月开始学写小说，到1946年6月正式发表小说作品，至1949年12月成都解放，现在所能见到的小说一共是十七篇。除了我们一再提起的《洗衣妇》《胡先生》之外，还有《一个诗人和他的诗》《残废者》《失学日记》《李掌柜的水烟袋》《跛脚先生》《马四少爷的消遣》《纠纷》《疯话》《信号》《上帝的女儿》《排剧》《盛会及其收获》《她来了没有？》《在茶馆里》《巡官老爷》等。

关于木斧此期小说的社会、艺术价值和特点，我对那个时代不了解，也无那个本事来评说。还是听听熟悉那个时代、熟悉那个时代社会风气的权威人士来评说吧。呆向真认为，"给我最突出的感受，是作品具有鲜明的时代感"，"读着读着，就会从作品中呼吸到浓郁的时代气息。对于年长的过来人，会在作品中感到以往生活的脉搏又在内心跳动起来。对于年轻的读者来说，便能在作品中见到活着的历史人物，这些人物在过往的生活中扮演着怎样的角色，有着什么样的命运"。（《汪瞎子改行》呆向真序，第1—2页）

张大明具体说道："这些小说都很短，接近人物素描或人物速写。他在一封信中，把它们称为'电筒小说'，说'好比按电筒，一闪就完了'；注重人物塑造，不注重故事情节，因为电筒一闪只能看清人物面貌的大致轮廓。作者通过这些人物，写了众多的社会相。"

张大明说:"我喜欢他的《李掌柜的水烟袋》。不到两千字的篇幅,通过李掌柜手中的水烟袋的'失'而复'见','传家宝'谜底的自我揭穿,画出了一个小店主的灵魂:他们说大话不要本钱,吹牛撒谎不红脸;说死说活,言新道旧,全凭一张嘴;怎么说能招徕顾客、赚到钱,就怎么有理。无是非,无真理。变来变去,都'理直气壮'。李掌柜很有小店主的代表性。他的音容笑貌跃然纸上,活灵活现;说明他又是'这一个',没有因为共性而忘了个性。作者用笔不多,但人物形象灿然明亮,足见其深得'画眼睛'的诀窍。《她来了没有?》几句话就把一个到学校混文凭的花花公子的形象刻画得入木三分:'笑啥子?我讲的是真情实话。'李明一本正经地接下去说,'所以说,读文学作品有个屁用,只有宝器才读文学作品!那些作家编的书只晓得哄瓜娃子,哄不倒我们这些精灵人!老子赌咒,哪个龟儿早晨还跑出去看书!'

"一个中文系大学生自作多情,欲以晨读的样子求偶;'所谓伊人'没有等来,自感晦气,只好吹牛自我解嘲。书中没有颜如玉,就说书无用。完全是口水话,却十分传神。逼真的形象,独特的话语,令人忍俊不禁。小说很有时代感,50年代的大学生、80年代的大学生,都不是这个模样。李明仅仅属于他所生活的时代。《疯话》显然是学鲁迅《狂人日记》的,《马四少爷的消遣》无疑受到沙汀《联保主任的消遣》的启发,但其情节设计和性格描写,却又是新鲜的,完全属于木斧自己。他有模仿,但决不减轻自己的匠心。文学创作以独创为贵。总之,十七篇小说都具有可读性,表现了四川人的幽默气质,透露着时代声息。"(《汪瞎子改行》张大明序,第3—5页)

至于木斧1949年前小说的艺术特点,呆向真评价说:"木斧的作品有自己的风格。作品的构思巧妙奇特,情节简练而曲折回旋,峰回路转,给人以'山重水复疑无路,柳暗花明又一村'的奇妙感受,令人心神为之牵引,情感为之震动。作品中写了不少人物,各有自己的独特性格和音容笑貌。人物一出场,几笔扫过,就以活生生的具体形象展现在读者的面前,令人难忘。语言的朴实精确和洗练,是木斧作品的又一特点,这是非常可贵的特点。小说的语言没有着意雕琢,却古朴、自然而流畅。可能由于木斧是诗人,诗的语言是要经过锤

炼的。以经过锤炼的语言写小说，给人以不可多得的美的享受。"（《汪瞎子改行》呆向真序）

张大明则认为："木斧的小说至少有两个特点，一是坚持说真话；二是语言具有四川风味。"（《汪瞎子改行》张大明序）

在笔者看来，读木斧这些早期的小说，应该看到这是一位中学生、最多也就是一位高中生所写的小说作品。开始写作这些作品的时候，木斧才是一位十五岁的少年，到1949年底，他还不到十九岁，却在作品中能够抓住不同人物的突出特征，以简洁、明快的语言准确地加以表现；他的语言具有浓浓的地方特色，而又不晦涩，不卖弄，叙述故事不枝不蔓，勾连起一个一个的片段、场景，在极简省的文字中表现了人物的性格和时代风貌、社会风气，不得不说，这是一位具有超凡驾驭文字能力、把握人物性格的少年作家。这也是木斧在以后的岁月里能够写出更具有时代气息作品的成功的艺术尝试。

真所谓"丹山万里桐花路，雏凤清于老凤声"啊！

| 第四章 |

# 春暖花开

（1949.10—1954.4）


## "进入了一个新世界"

    1950年1月初，木斧从郫县花园场回到了成都。早在1949年5月，木斧就在《献给五月的歌》中表示"相信这一天/很快就要到来！"他高兴地看到，新中国建立，成都解放现在都已成事实，他自然是欢欣鼓舞。在这春暖花开的季节里，他有满腔的激情要倾吐，有满腹的歌要纵声歌唱，有许多的欢乐要尽情地抒发。

    1950年3月写的《小姑娘》，通过一位小姑娘为解放军战士洗军衣的细节，描写了新解放区人民对于解放军亲人的爱戴和获得解放的喜悦之情，也表达了军民共同为革命事业贡献力量的强烈愿望：

    小姑娘

    洗衣裳

    棒捶在石板上

    军衣在竹竿上

笑，在姑娘脸上

一浪又一浪


小姑娘

洗衣裳

二哥在田里忙

解放军征战忙

小姑娘也闲不住呀

忙着洗衣裳


小姑娘

洗衣裳

衣裳洗得白净

穿上万感凉爽

不要嫌我小呀

我的心思同你一个模样


　　这首诗三节，层层递进，层层深入。第一段勾画出一位刚为解放军战士洗完军衣，晾晒在竹竿上那一刹那间的表情，"笑，在姑娘脸上/一浪又一浪"十分生动传神。第二段，再深入一层，把小姑娘洗衣的行动置于"二哥在田里忙/解放军征战忙"的背景下，小姑娘也闲不住，也要做自己力所能及的事情。末段写小姑娘更深层的内心世界，"不要嫌我小呀/我的心思同你一个模样"，这就是她的内心，这个同"你一个模样"的"心思"是什么呢？联系上节，同二哥一样，同解放军战士一样。二哥在田里忙，为刚刚诞生的新中国生产粮食；解放军战士征战忙，是为了歼灭残敌，保卫新政权，为人民的和平劳动生活创造一个安定的环境，他们都在为刚诞生的中华人民共和国贡献着自己的力量。小姑娘虽然小，也要为保卫和建设共和国出力。通过这一个生活场景，木斧集中概括形象，表达了新解放区人民对新中国、对为建立新中国而努力奋战的解放军的一腔深情。

在艺术上，这首诗以小姑娘为解放军战士洗衣服的一个小场景，展现了她生动、丰富的内心世界，语言朴实、平易，以小见大，在那时多以激情的宣泄为主调的大批诗歌中，无疑是一首很有特色、不可多得的作品。

《爱我们的祖国》是木斧于1951年7月作的一首抒情长诗。这首诗集中地表达了木斧对新中国，对领导革命走向胜利的中国共产党的深厚感情。

第一段，作者用滚烫的语言，欢迎共和国的诞生：

> 亚细亚辽阔的大地上，
> 光辉照射着人类的希望。
> 阳光照耀的东方，
> 有一颗红星在闪亮。
> 中华人民共和国
> 从地平线上冉冉升起，
> 鲜红的旗帜迎风招展，
> 雄壮的歌声四面飘扬。
> 呵，共和国，我的母亲，
> 我张开臂膀将你拥抱。

紧接着，作者以概括的语言描绘祖国具有辽阔的疆土，丰富的物产和悠久的历史文化，歌颂了光荣的具有优秀品质的人民和中华民族对人类文明所做的巨大的贡献，接着，作者写道：

> 呵，共和国，我的母亲，
> 你就是我们的骄傲和希望。

第二部分，回顾革命历史，缅怀和告慰革命先烈：

我们，中华的儿女，
生长在苦难的中国，
曾经在这块土地上战斗，
曾经在这块土地上流血。
我们是热爱自由的人民，
我们为争取自由而斗争。

不能忍受黑暗阴森的统治，
我们没有终止过斗争，
为了迎接共和国的诞生，
我们不吝惜流尽鲜血。

我们是热爱自由的人民，
我们反对过暴君的统治。

作为一个1949年以前就参加革命的青年革命者，木斧经历过国民党镇压革命者的腥风血雨，感受到革命胜利的艰难。但是，革命者的斗争没有停息，他们从先烈们的尸骸旁边，拿起了先烈们遗留下来的战斗武器，前仆后继，继续英勇地与敌人开展着顽强、殊死的战斗，终于取得了革命的胜利。他深深地知道，革命的胜利，来之不易，是无数先烈的鲜血染红了胜利的旗帜，才化为美丽的彩虹！

我们的祖先，用鲜血，
写下了共和国诞生的历程。
一个英雄倒下去，

千万个英雄站起来；

从革命遭受的损失里，

吸取经验和教训；

从先烈的尸骸旁边，

拾取留给我们的武器。


在血筑的彩虹中，

终于迎来了共和国的成立……


紧接着，诗人以激昂的情绪，歌颂了领导革命取得胜利的伟大的中国共产党，歌唱首都：


第一颗太阳从东方升起，

被压迫的民族心向黎明；

五星红旗从天安门升起，

千万万人的心向着北京。


末尾以胜利的喜讯告慰先烈英魂：


安息吧，先烈的

血，没有白流，

斗争已经取得胜利！


第三部分以复沓的艺术表现手法集中抒发对于祖国的热爱。诗分几个层次抒发了这种感情：


爱我们的祖国——

他有壮丽的河山，

他有辽阔的土地；


爱我们的祖国——

他有悠久的历史

他有勤劳的人民；


爱我们的祖国——

他从被压迫的国度解放过来，

他拥有广大人民的信任；


爱我们的祖国——

自由地呼吸，尽情地歌唱，

为了世界的各族人民。


不仅仅是祖国有这些可爱的地方，更是因为：


爱我们的祖国——

党的阳光照耀着我们，

指引我们从胜利走向胜利！


爱我们的祖国——

这土地上的一草一木都喷着芬芳，

我们的爱，浸透了每一寸土地！


　　这样反复地铺陈吟唱，就把对祖国的爱表达得十分集中。似乎诗人还觉得"我们"是个概数，还不足以抒发作为"我们"中一员的他自己的感情，所以在这部分的末尾，单独地表达自己个人对于祖国的情怀：

抓一把湿润的泥土，

饮一口香甜的清泉，

祖国呵，母亲，

我一步也离不开你！

你教育了我，哺育了我，

你使我懂得爱，也懂得恨，

我从你的身上，

看到了幸福的生活，

看到了灿烂的明天，

看到了社会主义远景。

当然不是说这部分写得怎样的好，在艺术上又如何的高超。在颂诗中是否适于随意变换抒情主人公，那是从诗艺角度探讨的问题。但对于木斧来说，这种表达方式却无疑是诗人个人对于新生的祖国的满腔热情！

诗的最后部分展望在新的历史条件下，在祖国的大地上，社会主义祖国的欣欣向荣的召唤：

工厂

机器在转动；

农村，

收割在进行；

四面八方，

向着社会主义进军！

这就更加激发了作者的对祖国的爱恋之情，他宣布：

我骄傲，

我生长在社会主义的新中国！

我骄傲，

我是中华人民共和国的公民！

并向祖国表示：

我时刻准备着，

响应祖国的号召，

把希望变成力量，

把爱情化为行动。

诗人"要用最鲜的色彩""最美的语言"来描绘祖国、赞美祖国！由衷地祝愿祖国"永远年轻，永远前进！"

这首诗，作为新中国成立初期大批新中国颂歌中的一首，从颂诗的角度来看，艺术上当然也有弱点，但是感情的真挚却毋庸置疑。那正是长期生活在严酷的黑暗中，为光明奋斗的人们突然迎来了光明天地后的真情实感的集中喷发！从另外角度考虑，一位写惯了暴露、控诉黑暗诗篇的不到二十岁的年轻诗人，从他发自肺腑的感情激荡中喷发出来的颂歌，那种感染人的力量也是不言而喻的！

新中国成立以后的一段时间里，木斧因忙于参加实际工作，写诗的时间不多了。但写出来的诗歌作品，都以歌颂为主调。就这样，在春暖花开的新中国里，木斧用诗唱出一曲又一曲对于新国家、新社会、新生活的颂歌，倾吐着对于心爱的新中国的热爱。诗风也为之一变。如流沙河所说，新中国成立后"两三年间，木斧发表了不少作品，短篇小说啦，活报剧啦，快板啦，乃至通讯报道啦，等等，诗却很少很少，而且不太动人。显然他已经转变诗风了"。
（《写序的故事》，见《木斧诗选》）这种转变，不仅仅是木斧一个人的特
点，而是属于时代的要求。看看当时一大群诗人、作家不也是在自己的创作
中主动地在适应新时代的新要求吗？这一大批的新中国、新时代、新生活的颂
歌，作者们所表达的情感绝对是真诚的。我们不应该仅仅以艺术的尺度来衡量
人们真诚感情的表达。

新中国成立了，木斧的感受是"进入了一个新世界"，在这个崭新的属于
自己、属于人民的世界里，木斧不仅要歌唱，而且投入实际的革命工作中去，
开始了人生的新历程。

## 广汉五年

1950年2月，成都解放不久，川西区征粮工作团成立了。木斧参加了征粮工
作。木斧记得，川西征粮团由川西区党委书记、川西行政公署主任李井泉亲任
团长，在成都市东丁字街剧场召开了热气腾腾的动员大会。李井泉在大会上发
表了充满激情的讲话。他还与木斧进行了热情友好的交谈。

李井泉拉着他的手，亲切地说："小同志，你好年轻呀！怎么样？如果你
遇到了困难，会不会哭鼻子？"被李井泉亲切平易的话语所感动，木斧真的一
边流着眼泪，一边笑了起来，他紧紧地握住了李井泉的手，一股暖流流遍了全
身。是啊，一位从未见到过的如此高级的党的领导人，川西区党的最高领导
人，他又是那么的亲切，那么的平易近人，甚至还有几分慈祥，怎么能不让木
斧感动呢！

木斧就这样参加了川西区的征粮队伍。他被分配到什邡县征粮，后来又分
配到广汉征粮。至于木斧在征粮工作中有什么突出的表现和业绩，木斧没有说
过，也没有写过，作为一位诗人、一位作家，他也不愿意去多说——炫耀自己
的革命经历，为自己脸上贴金，他是不愿意的。但是，一个刚刚跨入二十岁门
槛的青年，参加极其艰巨、随时面临生命危险的工作，是需要巨大勇气的。那

时的报刊上经常刊登征粮队员被杀害和平定暴乱的战斗消息，像木斧这样具有革命经历、抱负和英雄情结的青年，不仅不认为危险，反而视为考验、锻炼自己，为革命奉献力量的大好机会。不惧艰险，献身征粮的行动本身就值得我们这些晚辈敬仰，何况木斧是参加了川西征粮后续的一系列运动的全部过程。

不过，从后来的一些情况看，可以说木斧在征粮工作中也是十分认真的，工作是有成绩的。他十分熟悉征粮政策，改革开放后，我国著名作家沙汀要写作反映新中国成立初期家乡的那段生活，还专门致信木斧，让他提供川西农村征粮的具体政策和当时农村生活、农民态度等情况，丰富了沙老的创作内容。后来沙汀还据此写出和完善了他"文化大革命"后复出的两部比较重要的小说《青㭎坡》和《红石滩》。这说明木斧在征粮运动中工作的细致认真，成绩也应该是十分突出的。

征粮工作结束后，木斧被留在广汉工作。

从成都出北门，沿着川陕公路，经天回镇、新都、青白江，再往前行三十里，有一座著名的城镇——这就是广汉。

广汉是一座具有悠久历史的城市。在汉代，即为广汉郡的治所，元代为汉州。地当川陕要冲，土地膏腴，人口繁盛，金雁河绕城而过，风光秀丽，物产丰富。木斧就是在这一风光如画的地方工作了五年，度过了他人生中具有重要意义的五年时光。

应该说组织上对木斧在什邡的征粮工作是很满意的，因此，又把他调到广汉县继续工作。这样的工作调动，应该说是组织上对于木斧的培养锻炼。新中国成立之初，到处都需要干部。像木斧这样既具有革命资历，又具有高校学历的青年才俊真是难能可贵了！加上他又具有很高的工作热情，虽然出生于大城市，但不怕苦、不怕累，人又性格活跃，幽默有趣，工作踏实肯干，就更加凤毛麟角了。正是组织上急需的干部，不培养他培养谁？

至于木斧在广汉的工作，他自述说：深入到广汉县的"农村去征粮，接着又参加了农村的清匪反霸，土地改革，建立基层政权。四大任务完成之后，我留在广汉县，担任了青年团广汉县委书记。"作为一位刚刚二十来岁的青年人，确实是受到重用了。

这个时期，木斧还参加了"减租退押"运动。所谓"减租退押"，就是针对地主收取租种其土地的农民的押金，在农民因各种原因不能交足租子就没收押金这种剥削形式而采取的专项运动。木斧后来解释说："押金这个词，是有很大局限性的。只有川西区的农民才懂得，川西区以外的农民，特别是北方的农民并不了解。所以北方的民主改革，只有减租运动而没有退押运动。押金，是新中国成立前川西区地主进行地租剥削的一种特殊方式。这里像刘文彩一样的大地主比较多，他们出租大量的土地，首先要农民付一笔可以作为土地抵押的钱财，以便在歉年农民交不起租的时候从押金中扣除租金。这种押金是很昂贵的，一般农民缴不起押金，交押金租土地的大部分是上中农，甚至包括二地主。因此，许多贫农转租小块土地虽不缴押金，实际上受到了更加残酷的剥削。"（《诗的求索》）也就是说，普通穷困的农民交不起押金，所以不能成为直接的租地人，只能向有能力交押金，因而就能够从大地主那里较大规模地租得土地的二地主、上中农等租地耕种，维持生计。从另一方面说，就是二地主、富裕农民将地租下来，分零转租给贫困农民耕种，农民虽不交押金，但是却要多交租子。这样租土地转租的形式，虽然在一定的程度上，使无地可种的农民有了种地的可能，但却使原本就贫困的农民由此受到双重剥削，这就加重了农民和农村的贫困程度。

我们可以从现在能够见到的木斧当时写作的诗中来形象地感受当时的减租退押的情况。他的《诉押金》诗这样写道：

> 旧社会的农民翻不了身，
> 杀人不见血的手段是押金。
>
> 不安押金耕不了地，
> 安了押金出不了气。

押金好比一把锁，
锁住干人莫地塌躲。

物价涨跌算一算，
不对劲就把佃约换。

天干水旱管不了你，
缴不起谷子把押金取。

取了押金做不了活，
一辈子冤仇说不出。

冷透了骨头饿断了肠，
掉了地像死了爹娘。

死了爹娘儿孙还有，
掉了田地无路走。

　　诗中主要是解释什么是押金以及押金给广大农民带来的苦难。川西区土地改革的第一步，首先必须实行退押。当时，川西区解放不久，正在进行征粮，还没有正式划分阶级成分，对于什么是地主，什么是贫农、中农，大部分农民还不了解，诗中便用了"干人"这个词。"干人"是当时农民自己的语言，泛指受地主剥削的贫农和中农。"地塌"，就是地方，怕听不懂，用了"地塌"两个字。

　　很明显，这里采用民间歌谣小调的形式来代替农民申诉冤苦，以加强作品的通俗化和地方特色，使农民好懂，其配合当时川西地区开展的减租退押运动的宣传作用和效果都是较为明显的。借鉴民歌的形式进行创作的努力也是应该赞赏的。我们从这些作品中也还可以看出木斧受解放区作家《在延安文艺座谈会上的讲话》之后创作的作品的影响。作为国统区走出来的作家，向解放区作家作品学习也是当时的风气。木斧的这篇诗作，就明显可以看出李季《王贵与李香香》、阮章竞《漳河水》的影响。

木斧还参加了广汉的土地改革运动。

清匪反霸、减租退押、土地改革斗争的胜利，象征着农村基层政权已经掌握在人民手中了。新生人民政权稳定了，广大农村群众真正得到了解放，手中有了属于自己的土地，不再受地主押金的剥削，不再受恶霸的欺压，生活水平也不断提高。

作为一位亲身参与了这场伟大斗争的青年革命者、人民政权的青年干部，木斧是极其喜悦的。他又积极参加了以川西区委副秘书长安法孝任团长的广汉土改工作团，第一期在团部工作；第二期和第三期土改时，他已担任工作队队长，独当一面，领导一个区域的土改了；作为一位诗人，一位作家，他认真学习毛泽东《在延安文艺座谈会上的讲话》精神，学习解放区作家以通俗化的群众文艺来服务于现实的各种运动和革命斗争，用农民通俗易懂的语言创作文学作品来宣传群众、动员群众。如他的小说《麻痹不得》，诗歌《诉押金》《地主黑心肠》都是这类作品。这些作品的内容和形式上的特点，下一节还要谈到。


## 曲折的写作历程


前面说过，新中国成立后不久，木斧从参加征粮开始，紧跟着是减租退押、清匪反霸、土地改革，参加粮食的统购统销运动和农业合作化运动。在这期间，木斧这个长期生活在大都市的青年，才第一次真正地深入到了社会的最下层，了解农村生活的真实情况，他后来说："那时农村'一穷二白'的面貌是十分惊人的。农民绝大部分是'睁眼瞎'：不识字，初识字和具有小学文化程度的人极少，一个乡如果能够找到几个中学生，那简直可以中状元了。"（木斧《曲折》,《诗的求索》)面对农村经济困苦、文化贫乏,再联系当年学习毛泽东的《在延安文艺座谈会上的讲话》,他对自己以前所走过的诗歌的创作道路,不仅产生了怀疑,而且深感自己写作的"为什么人服务"的问题没有解决。他紧张地思考着,"如果把新中国成立前写的诗交给他们去读,他们谁能读懂? 于是我便诚惶诚恐起来,觉得我过去写的诗,不仅语言上有问题,感情上有问题,内容上有问题,乃至整个方向也成了问题",与《讲话》的精神不相符合。如果要真正为革命而写作,用文笔创作为工农兵服务,那就"非得脱胎换骨不可"。(《曲折》,见《诗的求索》)

按照木斧当时的认识,自己以前的诗歌创作都体现了一种小资产阶级的文艺观、情趣和爱好。要脱胎换骨,非痛下决心不可。这表现在以下的几个方面:

从写作的体裁上说,诗写得少了,主要是短篇小说、活报剧、快板等,主要是配合政治运动,只要政治需要,就要写,切实地实践政治标准第一、政策需要第一的主张。

以诗而言,从题材内容上说,"开展什么运动便写什么题材";从表现上说,从自由体变格律体,以至快板、唱词、顺口溜等。他初时觉得,这才是创作的唯一正确的方向,并在相当长的时间内,坚持这一方向——也就是通俗化方向。他认为,这样既解决了文艺创作的方向问题,也解决了题材问题和风格问题。木斧以自己当时的创作为例来加以说明:"我曾经写过一首叙事长诗《地主请客》,写了几次都不满意,后来把它改为'对口快板',诗中全用地主与长工的有韵脚的方言对话,在《川西日报》文艺版发表之后,许多农村演出队纷纷演出了。后来我写给《川西日报》的一封信也发表了。诗歌——剧本(演唱材料)——通俗化,这便是我当时的经验之谈。"(《诗的求索》)

很可惜,发表《地主请客》的报纸现在不易见到,这篇作品的具体内容我们现在已经难于知晓了。但从木斧的自述中,不难推想出这篇作品比之以前诗歌在风格和表现手法上的重大变化。

关于这封信,木斧后来没有找到。具体内容已经无从得知。但是流沙河还有些印象。据他在为《木斧诗选》所作的《写序的故事》中说:"我还记得他发表在《川西日报·文学副刊》上的一封写给他的三妹的信，心中对自己的创作道路做了真诚严厉的却未必中肯的批判。"从流沙河这段话来看，结合木斧自己的回忆，应该说内容是吻合的。

木斧还有一首《地主黑心肠》，揭露地主阶级的狠毒和对农民的残酷，也较有特色：

地主心，门斗钉，
有好长，钉多深。


钉一根，又一根，
一根钉，一个坑。


钉不死，加块砖，
压死我们他喜欢。


滴滴血，颗颗汗，
喝进肚里才心甘。


整得你，两手空，
还要拉你去做工。


剩下的，干骨头，
还想拿来榨干油。


没有狗儿不咬人！
没有地主不吃人！

　　天下乌鸦一般黑，

　　地主个个靠剥削！

　　这首诗具有通俗易懂、明白晓畅的特点。对于农民方言口语的运用也十分娴熟，具有很明显的川西地方特色。对于当时的农民来说，"易懂、易记"，易于接受，因而成为减租退押和土地改革中有力的宣传工具。木斧后来回忆这些作品在当时产生的作用："在那个进行减租退押运动为中心的时期，这些诗引起了农民的共鸣，产生了一定的鼓舞作用，应当予以充分肯定。"（《诗的求索》，第23页）

　　木斧这是对于这首诗的政治工具作用所做的价值判断，并不是从文艺角度所做的艺术价值判断。

　　这些诗作大致可以体现木斧当时诗作的总体风貌。

　　如果概括起来，就是向通俗化、大众化、民族化的方向探索，走诗歌为工农兵服务的道路。对于作家本人来说，正是深入生活努力去克服自己的非无产阶级意识的行动体现。流沙河比较20世纪50年代前后木斧诗歌创作的情况后，讲了一句很精辟的话："显然他已经转变诗风了，昨日之木斧被今日之木斧否定了，他正在诚恳地改造着自己的'小资产阶级意识'。"

　　木斧也正是认为自己并非出身于无产阶级，不属于工农兵，思想够不上"无产阶级"的格，才这样认真、自觉虔诚地去改造自己的思想，同时也改变自己的诗风的。

　　当然，从现在看来，木斧这时诗风的改变有值得借鉴的经验，也有值得吸取的教训。

　　从大城市下到农村基层去工作，扩大了木斧这一位青年团县委书记的生活视野，用诗歌创作为工具，有利于推动自己所从事的工作，因而注重借鉴民歌诗歌宣传作用上通俗易懂的特点，这在当时不仅是可以理解的，而且也是必要的。但从另一方面来说，革命需要宣传，需要用诗去作为武器，但同时也需要诗成为审美的对象。要能给读者以美的感受，这就必须要讲求诗美艺术，很显然，这二者各有各的作用，是应该共存的，同时，也是相互不能替代的。

几十年后，木斧回顾自己的创作道路，认识到20世纪50年代他经历过一次曲折。但他是自觉自愿地跨上这条通向曲折的道路的，没有人强迫，完全出于自己的真情。和人生的道路一样曲折是难免的，而且当举步迈向曲折之旅时，还自以为找到的正是一条捷径！走上曲折之旅显然付出了艺术的代价，但也都得到了回报，这就是人生的辩证法。就木斧来说，他承认有曲折，但并不把这段曲折看成一无是处，一无可取，恰恰相反，他这样认为："曲折对于我，只有好处没有坏处。我对新诗的通俗化总算有所领悟。我开始写诗时，对诗的知识知之甚少，正是经历曲折，在曲折中摸索，才逐渐悟出了路子。我逐步意识到，诗贵含蓄，切忌老套，但不可自作高深，高人一等，在文字上去设置种种障碍。诗人要有丰富的生活，求得思想感情上同人民相沟通相交流，道出人民的心里话，这样，诗人的个性、气质、勇气、情怀以及独特的感受才得以充分地发挥。我有我的癖好，我有我固执的地方。在语言上，我至今注意避免用生僻的字和词，一般不用现成的成语，一般不用方言，尽可能多用群众化的口语。也许有人认为我这样写诗太平淡了。别人怎么评说都行。正如一幅写意的山水画，淡即是浓，浓即是淡，各人自己去品味好了。我的这一感受，是从曲折中来的。"（《诗的求索》，第25页）

木斧对待曲折的态度是辩证的。在他，承认曲折，不是全盘否定自己这段创作历程。木斧也说过否定之否定的话，但那"否定"，不是全盘推倒，而是螺旋式上升，是在更高的层次上认识到了创作的规律！

这就是写诗的辩证法。

这里还应附带说一句，新中国成立初期20世纪50年代文艺创作的曲折历程，绝大部分作家都曾经历过，尤其是从国统区走过来的作家就更是如此了，绝不仅仅是木斧一个人如此。

木斧这个时期不仅积极以通俗易懂的诗歌创作配合征粮、减租退押，他还创作了《汪瞎子改行》《麻痹不得》《老盐工》等一批小说作品。其中，以《汪瞎子改行》最具代表性。在什邡征粮那段时间内，木斧认真观察农村、农民生活，观察乡村社会各类人物面临大时代急剧变化时的心态和表现，为他这时期的小说创作打下了深厚基础。

木斧介绍过《汪瞎子改行》的创作背景："1950年1月，成都刚刚解放，我们同南下的同志迅速组成了征粮队，分别下到川西地区各个县去。那时各县都成立了县人民政府，乡、保、甲还是国民党的政权，我们便下乡征粮去了。新中国的成立，是一个翻天覆地的大变化。但这时的农村几乎还看不出什么变化，广大农民还普遍不敢接近我们。我仔细地观察着，在建立农民协会之前，农村的翻天覆地的变化究竟从哪里显现呢？1950年10月，我到了什邡县马脚镇，我从一个瞎子的身上看到了这最初的变化，于是我便写出了短篇小说《汪瞎子改行》。"

这篇小说，1950年7月22日发表在《川西日报》副刊"川西文艺"上。

小说名叫《汪瞎子改行》，说的是川西马脚镇有个说书的瞎子叫汪道兴，说书是他的本业，同时也用跟一位拉胡琴的李瞎子学来的算命本事给人算命，以之作为谋生手段。那时，马脚镇刚刚解放，新的基层政权还未能建立，征粮等一些地方事务还不得不临时过渡性地利用当地一些出头露面的旧政权人物。那些人在国民党时代，在镇上抓拿骗吃，很有权势。其中一个叫作肖队长的人还以为凭着他能说会道，故意歪曲新政权的政策，就能制造恐慌混乱。镇上还有一个被老百姓叫作"黑心眼"的黄大爷，也伙同起来欺负汪瞎子。待到汪瞎子等人找到县里，弄清楚共产党的政策，就放心地去以说书形式讲述《白毛女》的故事，还自编本地故事来揭发当地地主剥削穷人的事情，激发了穷人对地主的仇恨。汪瞎子的说书，起到了实实在在宣传革命的作用，受到群众欢迎。这篇小说以这个人物心理和说书内容的改变，表现了当时川西农村社会的风貌：这是一个新旧时代转化的临界点以及各类人物在这个时期心理和行为的变化。今天来看，这种变化还是细微的，但可贵的是，木斧抓住了这个细微的变化，以小见大地反映了中国共产党领导的这场革命将深刻地改变中国的农村社会，表明由那些有钱人和地痞流氓统治乡村的时代一去不复返了。

小说对于各类人物的描写也是很成功的。如肖队长的投机和装模作样；黄大爷的趋炎附势和怯懦的本性；还有汪瞎子的胆小怕事和明白政策后的理直气壮等，都写得栩栩如生，如绘如画，读来令人难忘。

木斧没想到，这篇小说引起了沙汀的关注，他给木斧写了一封短信，邀木斧去谈了一次话。他鼓励年轻的木斧继续长期留在农村工作，写出更好的小说来。

1950年10月，经过沙汀、西戎、洪钟等同志的推荐，木斧加入了成都市文学艺术工作者协会。1952年，四川省文联召开第一次代表大会，沙汀在会上的工作报告中，在总结新中国成立后小说创作的成绩时，他提出了两位新人：木斧和赁质斌。对木斧的短篇小说《汪瞎子改行》做了很高的评价（《人生的最高境界》，见《木斧短文选》，第105—108页）。这篇作品后来还被收入《中国新文艺大系（1949—1966）少数民族文学卷》，成为特殊时期农村社会生活不可多得的经典之作。

# 第五章

# 风雨人生

## （1954.5—1978.12）

### 晴空霹雳

1954年4月，奉上级通知，木斧离开了自己工作和生活过五年、心中已视为故乡的广汉，回到成都，在团省委宣传部工作，担任科长。

一天，木斧偶然在街头看见一个熟悉的身影，很像王尔碑，多年未见了，他赶快赶上去，可不是王尔碑吗！这是意外的相见，两人都十分惊喜！

王尔碑是木斧20世纪40年代的诗友。木斧说："在我的许多诗友中，四十年来，同我共同起步，至今仍然孜孜以求、相互砥砺的诗友是王尔碑。"

王尔碑本名王婉容，四川盐亭县人。1946年高中毕业前夕，即在重庆《新华日报》副刊上发表第一首诗《纺车声》。那时她在成都读书。此后，即在成都的《西方日报》《光明晚报》的"诗焦点""笔端"等副刊上发表作品。1948年考入重庆南林学院外文系。

木斧认识王尔碑，是先见诗，后见人。当时，木斧开始发表诗多在《光明晚报》副刊"笔端"上。所以，十分注意这个副刊。他在《光明晚报》副刊上发现王尔碑的名字，读到她的诗作。此后的结识，就是很自然的了。木斧饶有情趣地回忆着他和王尔碑的第一次会见。1947年夏天，木斧从白鸥那里知道王尔碑是盐亭人之后，给王尔碑写了一封信去，约她见面。不久，王尔碑果然到木斧家里来了。这次是两位诗人的初始见面，颇具戏剧性。

木斧写道："很难猜测，王尔碑要和一个木头做的斧头的男性青年见面，需要付出多大的勇气。待到见面之后，她抿着嘴笑了。原来这是一个还用衣袖揩鼻涕的孩子哩！

"她大约比我长五岁，老气横秋的模样以示庄重。

"王尔碑从来把我当作她的弟弟，所以我在她的面前无拘无束，有什么话都对她说。有什么诗都给她看。你给我提几条意见，我给你提几条意见，提完了各自回去修改，所以每次见面都有新的议题，自有一番乐趣。"

后来，王尔碑去重庆读书后，和木斧还保持着通信联系。直到1949年底，木斧转移下乡，地址保密，他们的联系才中断。1954年这次巧遇，王尔碑才告诉木斧，重庆解放后，她去北京新闻学校学习，1951年毕业后，先到川北工作，后来又调到《四川日报》文艺部工作。木斧也介绍了自己几年来的工作和生活情况。这两位写诗的同龄人，都庆幸"尽管各人到了不同的岗位，仍然坚持写诗，谁也没有丢掉笔杆子"。（《同龄人》，见《诗的求索》，第37—38页）

木斧到团省委工作后不久，1955年1月，中共七届六中全会（扩大）通过了《关于农业合作化问题的决议》。1955年下半年，全国范围内掀起了农业合作化高潮，至1956年底，全国农村基本上实现了高效形式的农业合作化。

正是在这样的高潮中，木斧也积极投入这场运动中去，被派到遂宁县农村去试点建立农业初级社。在这里，木斧再次实地了解川中农村的情况，并开始对农村怎样才能富起来的问题进行独立思考。但是在行动上，都是坚决完成上级部署的任务的。

20世纪50年代，对于文化界、文艺界人士来讲，是一个既令人振奋又使人惶惑的年代，甚至还有些惊恐。从新中国成立后不久的1951年5月展开的对电影《武训传》的批评和知识分子思想改造运动，1954年关于《红楼梦》的讨论和对胡适派唯心论的批判，以及1954年前即开始直到1955年5月后开始形成高潮的"对胡风反革命集团的批判""反右派斗争"等一连串的运动，使中国的知识分子胆战心惊、惶恐不安。

1955年8月，骄阳似火，木斧参加的省委工作组正在遂宁县城郊试点整顿初级农业合作社，长途电话通知他火速返回成都。那时他已经在广汉县完成了征粮和清匪反霸、减租退押等四大任务，进行了土改，建立了乡人民政府，又担任了几年团县委书记，后来调回成都，已经成长为团省委宣传部的一名科长，是一位在激烈的基层斗争第一线成长起来的前途远大的优秀青年干部了。他知道，组织上已经决定派他去苏联共青团留学，正在等待调令。那个时候人们没有后来所谓仕途一说，也不能说当官，而只能说"进步"。人们对于自己的成长与发展还是很在意的。木斧的脑海里不禁浮现出孟郊中进士后的那首诗来，真是"春风得意马蹄疾"呀！

于是，在他的心底里又响起熟悉的川剧的调子来了。

接到电话通知后，他立即连夜换乘汽车，从遂宁赶回成都。一路上木斧是兴冲冲的，他以为这次回团省委，一定是谈出国留学的事呢。既然要出国，又是去苏联老大哥的国度，该准备些什么呢？真还需要费脑筋想一想呢。

他不知道，一场突如其来的灾难正在等待着他，乌云已在他头顶上翻滚。

回到团省委机关，团省委书记李培根对木斧淡淡地说："现在不谈工作，你先休息，明天在宣传部开个座谈会，你也参加。"

此后，木斧认真阅读第三批《关于胡风反革命集团的材料》和毛主席亲自为这几批材料写的序言和按语。这些信的内容和按语中的严厉口气使他感觉到胡风问题的性质已经改变，也为胡风等人的"反革命"行为感到愤慨！他真有点怒不可遏！想不到这些他原以为是很革命、很进步的人，却具有这样的狼子野心，自己竟被欺骗！他摩拳擦掌，要积极投入这场斗争中去了！

第二天上午，座谈会如期举行，其实这是个声讨胡风集团反革命罪行的会议。许多部门的负责同志也来了，内容是学习讨论《人民日报》刊登的《关于胡风反革命集团的三批材料》及按语。新中国成立以来，十分重视政治学习，所以许多负责同志前来参加座谈会是对政治学习的重视，木斧也不以为奇。讨论也是正常的，发言的同志都谈到了肃清胡风反革命集团和一切反革命的必要性和重要性。可是主要负责人却坐不住了，他说："不要空谈，要具体地谈，最好谈谈你认不认识胡风，或者认识多少胡风分子，你的感想，你的态度……"

声讨座谈会仍无进展，都说不认识胡风，还有些同志说过去连听也没有听说过胡风的名字。轮到木斧了，他以激动的语调开始了他的发言，并进行了自我批评，说我思想太麻痹，说我对于胡风这些人虽不认识，却也略知一二，过去误以为他是左翼作家，是党的文艺思想的传播者……总之，他愤怒控诉胡风等人的"反党反革命"罪行，当然是声调激昂、义愤填膺。但突然，发现会场有异，声讨会上那种群情激愤的情况没有了，周围是一片沉寂，鸦雀无声！

他感到愕然，这是怎么啦？抬起头一看，怎么所有人的脸色都是铁青铁青的了？"难道我哪里讲错了？"木斧心中打鼓了，"没有错呀！难道声讨'胡风反革命集团'也错了！"

突然，像晴空中爆发出阵阵惊雷！

有人呵斥，有人责问！

"不准他放毒！"

"又说知道，又说不认识，岂非此地无银三百两？"

"公开替反革命分子开脱罪责的人，露出了自己的狐狸尾巴！"

"阶级敌人在做垂死挣扎了！"

"胡风分子在哪里？就在我们身边，看见了吗？"

木斧脸上变色了！他开始手足无措了！先还能分辨一个人的声音，很快就只能听见人声哄哄，群情涌动，愤怒的情绪笼罩全场。

这样，这位批判者神奇地成了被批判者，他被几个原来的同志反剪双手揪出来了。他想为自己申辩，他想说："你们错了，我是党的儿女，不是胡风分子！"但是，谁听他说？说出来的话无论多么诚挚，多么地掏心掏肺，在激动人群的眼中，都是狡辩！试图蒙混过关！

在群众情绪被激发出来之后，任何人物都失去了辩护和抗诉的力量！被发动起来的群众的力量是无可估量的。面对这股强大的力量，无论什么人，都会欲辩不能。逐渐地，木斧连为自己辩护的念头都没有了！

但是他相信，他不是胡风分子。他并没有反党、反革命！他对党的忠诚是苍天可鉴的。

单位的一连串批判之后，木斧的身体也吃不消了。面对广大群众的巨大革命激情，那样激昂的声讨，那种语言和行为的暴力，木斧昏厥了。他在广汉工作期间，无论是减租退押还是土地改革，也组织过群众大会，也斗争过地主恶霸，被动员起来的农民也动手打过被斗争对象。但是，那是对敌人啊！他真不理解怎么能这样对待一位同志！只有一言不发，默默地接受人们的羞辱和激烈的语言轰炸。

木斧不知道，他的胡风集团问题升级了。在四川省委直属机关召开的"反革命分子坦白大会"上，有人拿出一份写好了的稿子，交给木斧，让他照着上面念，就是在大会上承认自己是胡风分子，是反革命，木斧一开始是拒绝的。但是，领导威胁说："不念，就是抗拒，就是破坏大会，就要逮捕！"

逮捕，就是要抓起来，关进监狱了！那就彻底失去自由了。没办法，木斧还是选择了相对自由。他不能想象被逮捕起来是一种怎样的情景！

当木斧满头大汗、违心地念了组织上准备好的稿子——也就算是自己承认是胡风分子——之后，一位省委的领导宣布木斧是"隐藏在我们党内的反革命分子"，是"最危险的敌人！"并说："不要看他年纪小，就是这个小小的杨莆，1949年前和我们共产党打了一百多个回合了！"

从此木斧成为一个面孔狰狞的胡风分子。

木斧失去了人身自由，被关在一个小屋里写交代材料。写什么呢？《学生报》虽说是国统区公开发行的报纸，实际上是党的小报，宣传的都是党的方针、政策，从来没有宣传过胡风思想，但是肃反领导小组硬要把木斧当作突破口去抓"胡风分子"，他也只好如实地写、详尽地写，写了一遍又一遍，再问，再写，问来，问去，只是问出木斧只参加了共产党领导的报纸和刊物的编辑出版工作，问出他写了一系列传播革命思想的文章和诗歌、小说，除此之外，木斧未曾参加过任何反动会道门组织，历史上没有任何污点，现实中没有任何可疑行为！

查来查去，将近一年的时间，终于宣布木斧政治历史没有问题，免于处分，原职原薪恢复工作。他要求召开大会恢复名誉。但是1956年5月，当时的省委甄别立案组还是给他下了一个结论："杨莆（木斧）系受胡风思想影响较深的人，有攻击我党和进步作家的言论。""建议党组织继续帮助他批判认识胡风思想影响，以期彻底改造。"

面对这个结论，木斧拒绝接受、拒绝签字。

木斧说："我承认我受胡风思想影响，也可以说受胡风思想影响较深。"木斧是这样想的，他自己酷爱艾青、田间、绿原、鲁黎、杜谷等人的诗，而这些诗人的作品他大多是通过胡风办的《七月》等刊物读到的。他不想否认，他曾经是热爱《七月》《泥土》《呼吸》等胡风为首的"七月诗派"诗人所办的刊物的，要说受胡风思想影响的话，那大概指的就是这些方面了。

但是这样的辩解是不能过关的。一位领导又轻言细语地找过木斧一次，劝他接受这个结论，理由很简单，五人小组的结论是正确的，难道上级错了，上级怎么会错呢？

但是木斧仍然拒不签字。明明是搞错了嘛，为什么要强迫接受那个不符合事实的结论呢？木斧是倔强的，他仍然坚决拒绝签字。由于拒不签字，就被视为"对肃反不满"，这就是对组织不忠诚了。但他仍然不断向上面反映情况，提出申诉，但也是石沉大海。

1957年发生"反右"斗争，木斧在这场运动中一句话也没说，什么言论也没有，但是在"文化大革命"中却发现他的人事档案中被塞了一个"中右"的结论。根据木斧妻子邓德芳的说法，当时团省委党组机关并未开会研究过这一问题，可见还是属于比较秘密的内定，而且记入了档案，这对于木斧人生道路的影响是很深刻的。

1959年，木斧又被下放到农村劳动，把户口和粮食关系都转到新津县花桥公社七大队，当农民去了。

在反胡风反革命集团运动中，既然木斧已成"敌人"，揭发批判者当然不少。大家要通过对木斧的揭发批判，来证明自己对党、对革命的忠诚，表明自己对敌人的仇恨，以此来保护自己，解脱自己。所以在揭发批判中，无中生有编造事实者有之；无限上纲牵强附会者亦有之。

反正都是"死老虎"了，再踏上几脚，吐上几口口水又有什么关系呢！即使是乱说的，"死老虎"还有什么辩驳的机会吗？

人性，有时就是如此丑恶！

良心，有时就是这般脆弱！

在猜忌、揭发以自保成为一种普遍手段的时代，在牺牲他人以彰显自己的革命、正确以及对敌斗争坚决，以谋取自身利益成为一种潮流的氛围中，要保持独立思考，坚持不害人的人，真是凤毛麟角啊！

当然，这里也有是出自真诚者。流沙河后来愧悔地写道："说来惭愧，我也写过他的揭发材料，揭发他解放前对我讲过苏联早期革命诗人马雅可夫斯基是因苦闷而自杀身死的（难道不是事实）。我在所谓揭发材料上说，这是木斧'思想阴暗'的证明云云。所幸他那里的领导人明察，没有听信我的屁话！"（《写序的故事》，见《木斧诗选》）

流沙河的自责是深刻、沉重的，也是真诚的，严格地说，也未对木斧造成多大损害。流沙河只不过是无话找话说，表明自己也是积极参加了斗争而已。但一同成长起来的多年老友尚且如此，由此可见当时木斧处境之一斑了！

无论怎么说，对他的审查是结束了。他又回到工作岗位上，这"老虎"又变成了"同志"。

1957年4月开始反右运动，木斧因为是"死老虎"，侥幸地平安度过，虽然在档案里被塞上一个"中右"的内部结论，但未受到公开的批斗。

虽然如此，木斧仍然是一个被"内部控制使用"的人。成为"内控"对象，无论在工作中如何努力，也得不到肯定；而且心灵受到的伤害却不是轻易可以忘却的。他需要倾诉他的痛苦，但向何处去倾诉，又向何人去诉说？痛苦在心里缠绕着……他只有用笔来寄托这些感情于万一。他后来说："我的确需要挣扎了。我不能轻易放下我手中的笔。笔是我的生命，我不能失掉生命。我仍然长期在农村工作，每天晚上，坐在清油灯下，我继续勤奋地写作。我写的很多很多，发出来的很少很少，当时还能为我提供阵地的刊物只有《星星》和《红岩》了。"

此时，发表不发表作品对于木斧似乎并不太重要，关键是通过写作来寄托、宣泄自己的思想感情。他是用心中的苦水抒写着新的时代的赞歌。个中滋味，恐怕只有有过同样遭遇和经历的人才能体会。

## 坚贞的女性

1956年7月，26岁的木斧完成了人生的一件大事。他在成都结婚了。妻子名叫邓德芳，广汉人，生于阴历1932年六月初六，如果按照公历计算，那就应该是1932年7月9日。她毕业于当时的绵阳地区广汉师范，广汉虽然离成都并不遥远，但是当时却是属于绵阳地区管辖。这是一位清秀美丽、身材高挑、积极上进的姑娘。

邓德芳于1949年12月下旬参军，但由于家庭原因，部队领导动员她参加地方工作。那时地方上也急需有知识有文化的青年。她就到处动员已经入伍的人到地方工作，最后找了五个人一起，于1950年1月1日到了广汉，被分配到工作团保管部工作，当时的土改工作团团长是安法孝。邓德芳在广汉参加新中国成立初的征粮、减租退押和土地改革运动。

邓德芳与木斧相识于1952年。那个时候，木斧被分配到工作团调研部工作。这对青年男女这时还不认识。但是邓德芳听一个队员说过，团部有一个"眼镜儿"——这是当时对于有知识而又因近视戴着眼镜的人的专用称呼。说那个人最滑稽，爱讲笑话，很幽默，爱看书，一边看还一边吃东西。团友无意间当笑话讲的话，使邓德芳对这个"眼镜儿"留下了一些好的印象。

到了土改的时候，他们都是广汉土改工作团的成员。第一期土改，木斧和邓德芳都分在团部，这样就认识了。第二期第三期土改，木斧被派到分团部当队长，邓德芳当组长，这样就有更多机会接触了。接触久了，相互就熟悉了。在邓德芳的印象中，木斧相当爱玩。有一回，他对邓德芳说，我们来比赛吃橘子吧。

怎么比呢？就是各自拿一个橘子，自己吃，看哪个的橘子籽多，多的就算赢了。

所以邓德芳觉得这个人不仅工作出色，生活上还相当有趣。

邓德芳回忆说："有一回，我在一个村子里弹风琴，木斧跑来了，他说：'帮我洗一件衣服吧。'那个时候男女关系是纯洁的，相互间的帮助是经常的。我也没有觉得他有什么想法。我自己也没有产生什么想法。觉得年轻嘛，还想着政治上的发展呢。"

土改结束后，他们都被组织上安排留在广汉工作。木斧任团县委书记，邓德芳在宣传部下属的党训班工作，主要负责在工人中发展党员。那时广汉也没什么大的工业，主要就是一些小手工业。发展党员首先要确定积极分子，还要加以培训，要学习党的知识，包括党的宗旨、性质等，提高他们的觉悟，安排一些工作给他们，然后加以考察，合格后才发展。所以工作还是比较忙的。

因为土改中他们在一起工作，·木斧和邓德芳相互间已经很熟悉了，到了县里工作，来往是比较多的。

一天，木斧来了，约邓德芳出去散步，他对邓德芳说："我们交个朋友吧！"邓德芳没想到他会说这个话，一下子就有点蒙了。但是她对木斧是有好感的，就说："不行，我刚刚参加工作，不能交男女朋友，上面有规定。"木斧说没有这样的规定，邓德芳说有，这样，给木斧的感觉就是被拒绝了，他只好快快地走了。

邓德芳说，其实那时对木斧的好感是有的。但是上级真是有刚参加工作不能谈恋爱这个规定的。为了这事，邓德芳给组织干事汇报了，那时邓德芳已经写了入党申请书，正在组织考察期间。那个时候的人是很单纯的，所以无论什么事，哪怕是个人的事都要汇报给组织，征求组织的意见，接受组织的教育和监督。组织干事听了汇报后，明确表示不行。木斧也就无可奈何了。

可能是组织干事将木斧想和邓德芳谈恋爱的事情汇报给组织部部长了，后来组织部部长又找了邓德芳谈话，对邓德芳的工作做了肯定，但又告诉她，说她的入党申请未获批准。虽然未曾明确地说原因是什么，但是邓德芳自己估计，可能与木斧想和她谈恋爱有关。

1953年3月，邓德芳调到绵阳地区党校工作。在这之前，他们已经通过一封信了。木斧接到信后很高兴。他立即回信，还给邓德芳寄来一本《卓雅与苏拉》的书。《卓雅与苏拉》写苏联的两位小女英雄的故事，木斧当然是借这本书表示对于邓德芳进步的期待，也含有些对邓德芳这位出色女性爱慕的表示吧。邓德芳也回信，还送木斧一套马克思、恩格斯、列宁、斯大林的理论著作，这也是表达一种希望，谁能不对自己爱慕的对象寄予政治进步的期待呢！

这样，两位相互爱慕的人儿就确定了通信关系，这就有点意思了，是一个很有希望的开端。那个时代的青年人，就是这样纯洁地开始了他们的友谊，由友谊发展为爱情。总之，他们从此鱼雁传书于广汉绵阳两地，木斧还把他1949年前两本已发表的诗的剪贴本送给邓德芳，让她了解他的追求进步的历史，他的思想和他的为人，以便今后交往，确定关系。

飞鸿传情，关山难阻。木斧和邓德芳已经是心心相印了，到了谈婚论嫁的时候了。因为要结婚，为防止出现两地分居引起的生活不便，邓德芳又申请将木斧调到绵阳地区党校。到1955年肃反前，团省委看上了木斧的才华和能力，又把他调到了团省委。邓德芳虽然很是不舍，但是考虑到在省里工作更有利于木斧个人政治上的发展，所以也是很支持的。

但是，美好的事情总是被政治的风雨所干扰。因为木斧新中国成立前发表诗歌、小说作品的刊物与胡风的"七月诗派"中人有关系，木斧被视为四川打开彻底清理胡风集团的薄弱环节、突破口，而被隔离批斗了。他们之间的联系断了，不是不想联系，而是失去了联系的条件了。木斧被批斗的消息传到绵阳，邓德芳当然是十分紧张的，但是因为她看过木斧许多1949年前发表的作品，了解他的为人，她坚信木斧不是反革命，不是胡风集团中的成员。而且，从一般事理上来说，新中国成立时，木斧还不到二十岁呀，新中国成立前他参加革命时还是个孩子，这样一个还是个孩子的人，怎么可能有问题呢？

果然，一年多之后，木斧被放出来了。放出来后不久木斧到绵阳，可能是想向邓德芳做些解释吧。邓德芳本来对于木斧的历史是比较了解的，而且对木斧也很倾心。现在木斧遇到这种情况，她当然也为他感到不平。也可能邓德芳长期在党务系统工作，政治上较木斧更敏感。就在劝木斧振作精神的同时，让他向组织上要审查结论。试想，不明不白地审查一年多，最后放出来连个结论也没有，那对将来的影响会很大的。所以，她要木斧向团省委要一个审查结论，表明虽然经过审查，但是没有问题。邓德芳认为有了这个结论，就是有了护身符。

后来团省委的领导李培根担心邓德芳会跟木斧断绝关系，就要邓德芳和木斧结婚。这也说明，其实在内心里，团省委的领导对木斧还是很欣赏、爱护的。邓德芳后来说："其实那个时候，绵阳地委党校的领导也曾劝我和杨莆（木斧）断绝关系。说嫁给这样挨过批判的人，今后太危险了，随时都可能再被弄出来斗争。但是我相信他没问题，没有同意和他断绝关系，后来看，党校的领导还是很有政治经验的，他知道这个的厉害。但是我当时并不理解领导的好意。"

既然团省委要邓德芳和木斧结婚，邓德芳就给团省委领导李培根提出："你们给我来个信函，告诉我三条。第一条，木斧在新中国成立前的表现怎么样？有没有问题？第二条，他新中国成立后的表现如何？第三条是我和他是不是可以结婚？"过了一段时间，团省委真的给邓德芳来信，信中说："经查，木斧同志新中国成立前政治历史是清楚的，未参加任何反动组织，他是倾向进步的。新中国成立以后木斧也做了大量工作，是很有成绩的。与木斧可以结婚。"这个结论是组织结论，更加证明了邓德芳对木斧的判断。所以1956年7月，邓德芳就到了成都，拜见了木斧的父母和亲戚，和木斧办理结婚手续，举行了简单的结婚仪式，就算是成家了，一个新的小家庭就这样组织起来了。

其实，邓德芳因为木斧的关系，也还是受到牵连的。邓德芳在广汉工作时就写了入党申请书，因为向组织干事汇报了木斧想和她谈恋爱的事情，就为她的入党申请，组织部部长还找她谈话，鼓励她继续努力，争取早日成为一个合格的共产党员。邓德芳到绵阳地区党校工作后，仍然积极申请，终于被批准成为一名预备党员。入党从批准成为预备党员起，有一年的预备期。预备期满后经过综合考察并征求党员和群众意见，经支部大会讨论，报上级党委批准才算成为一名正式党员。肃反的时候，停止预备期党员转正。邓德芳自然也未能成为正式党员。

这不能怨木斧，大形势之下，谁也不能例外。肃反结束后，本来邓德芳应该转为正式党员了，谁知又起了风波。绵阳地委党校一些领导认为她不能转正，理由是和"受胡风思想影响较深的人"木斧未划清界限，反而还坚持要和他结婚。邓德芳对党校领导说："毛主席都说过，对于落后的人都应该帮助，他不是普通群众，而是一名党员，我了解他新中国成立前没有政治历史问题，只是在胡风的朋友的刊物上发表一批思想进步的诗歌，也没有什么问题。对这样的人，我们不应该抛弃他。如果不帮助他，他就会趴下了。这不符合党历来的政策。"邓德芳所引用的毛主席的话，其实就是1954年3月31日全国党的代表会议上，就处理高饶反党集团案子中的饶漱石问题，毛主席讲的一段话。毛主席说："对这些同志，我们应该采取这样的态度，就是希望他们改正错误。对他们不但要看，而且要帮。就是讲，就是要看他们改不改，而且要帮他们改。人是要有帮助的。荷花虽好，也要绿叶扶持，一个篱笆要打三个桩，一个好汉要有三个帮。单干是不好的，总要有人帮，在这样的问题上尤其要有人帮。看是要看的，看他们改不改，但单是看是消极的，还要帮助他们。对受了影响的人，不管有深有浅，我们一律欢迎他们改正，不但要看，而且要帮。这就是对待犯错误同志的积极态度。"毛主席讲的当然不仅仅是对待某个个案人物，而是对待犯错误同志的一种普遍的态度。这段话的精神被邓德芳用来说明对木斧应该有的态度，应该是合适的、有说服力的。所以党校领导终于被说服了——毛主席说过的话，当时没有人能说不对。由此我们可以体会到邓德芳利用最高领导人权威讲话和对犯错误同志的政策维护自己正当权益的能力，她在政治上真是很敏感、很机智。党校领导接受了邓德芳的说法，她才由预备党员转为正式党员。

结婚之后，为了解决木斧夫妻分居问题，团省委主动提出把邓德芳调到团省委工作，但是被绵阳地委党校卡住了——理由是党校已经准备把邓德芳送到位于重庆的四川省委第二党校培训学习，准备学习结束后让她做党校的党史教员。这是作为教学骨干在培养啊！那时是人才难得，发现一棵好苗子不容易，绵阳党校当然不愿意放人了，反而让邓德芳动员木斧到绵阳去工作，说这样也可以解决夫妻分居的问题。但是被木斧拒绝了。邓德芳当然也是愿意到团省委工作的。后来由于《人民日报》的一个叫"红辣椒"的专栏发表文章，批评一些干部不关心下属的疾苦，人为地造成下属夫妻分居，给家庭带来不便，也影响工作。这篇文章发表后，大概是引起地区党校领导重视，这样1957年邓德芳也被调到团省委工作，安排在宣传部门上班。

分居问题解决了，邓德芳和木斧生活在一起了。她才发现木斧其实是一个生活上大而化之的人，他不懂得处理人际关系，为人直爽，有自己的独立思考，又口无遮拦，从不隐瞒自己的观点，从不迎合上级，有什么说什么，嘴上容易走火，又容易得罪人。性格也变得暴躁起来，和在广汉工作时的感觉很不一样。邓德芳理解他，认为他是在运动中受了委屈才改变了性格的。她以极大的包容心来对木斧，抚慰他受伤的心灵。

1958年1月18日，木斧和邓德芳这个幸福小家庭的第一个孩子出生了，是个女儿。邓德芳要高兴得手舞足蹈的木斧给孩子取个名字，木斧想了一下说，就叫南南吧。南方的南。小名南南，大名杨楠。

给孩子取名"南南"，是有来历的。木斧后来揭秘说是因为新中国成立前他看过一本严文井创作的童话《南南和胡子伯伯》，那里面有个小孩就叫南南。书中的胡子伯伯是一个慈祥、有趣的老人。他经常给南南他们一帮小孩糖果吃，很关心孩子们的成长，受到了孩子们的喜爱。木斧回忆："1945年，当我还是一个孩子的时候，我从成都青年路夜市的旧书摊上，发现了这本桂林出版的《南南和胡子伯伯》童话集，封面是一个从头到脚长着胡子的伯伯牵着一个小男孩的木刻画，我立刻被吸引住了，把它买了下来，回家后一个通宵就读完了。我，一个在抗日战争大后方的穷孩子，哪里见过糖果？真想找到这位胡子伯伯，让他从袖筒里抖出一块糖来给我尝尝，我会高兴地从梦中笑醒，我常常因此憧憬着幸福的未来。"20世纪80年代初，木斧到北京见到这本书的作者严文井，对他说了《南南和胡子伯伯》一书对自己的影响，也讲了"南南"得名的由来。木斧说："后来，我经常到北京去，每次都去看望文井同志，话题总离不开南南。'我的南南结婚了！''我的南南生下一个小南南了！'喜讯不断。"

严文井的《南南和胡子伯伯》一书，表现了那时的孩子们对于美好生活的憧憬。木斧将自己的第一个孩子命名为"南南"，是否也是在特殊的历史背景中寄寓着某种属于自己特别的期待呢？

这以后，邓德芳于1962年10月5日生下了二女儿杨桦；

1966年10月3日生下了大儿子杨杉；

1971年11月21日生下二儿子杨林。

唐代著名诗人元稹有一句诗"贫贱夫妻百事哀"，说的是贫苦的夫妻呀，什么事情都不顺利，什么事情都感到悲哀。但是落难中的木斧和邓德芳这个小家庭却一直充满着欢乐。面对一个一个孩子的出生，木斧于政治的混乱中得到了安慰，回到家里，心中洋溢着喜悦！他们虽然身处逆境，但是精神上是充实的！

"文化大革命"中，木斧一家住在绵阳地区川剧团。作为"黑帮分子"，他上班时去挨批斗。回到家中，邓德芳就和木斧一起，带着孩子，有说有笑地去散步！面对苦难和折磨，邓德芳和木斧一起承受，她是木斧生活的伴侣、心灵的慰藉、精神的依靠。他们总是尽力地以乐观的态度去对待一切——不是没有痛苦，也有过一时的消沉、埋怨、不甘，但是，他们都很快就看穿了这一系列运动的实质，看出了这里面的"闹剧"性质，于是，他们能够平静地对待了。在这里面，寄寓着木斧和邓德芳坚强乐观的生活的信念！

无论外面如何电闪雷鸣、风雨如晦，幸福的家庭都是人生的港湾。女性就是停泊在港湾里归舟的锚！是支撑家庭和男人精神的定海神针！

今天的人们可能难于理解，在那个运动不断的时代里，不少的家庭都因为夫妻中一方政治上的磨难而解体；不少夫妻因此而离异；不少人因为遭受委屈、苦难而自杀！多少孩子失去了父母？多少家庭残缺不全？了解这些，我们不由得不对邓德芳这位坚贞的女性表达由衷的敬意！正是她的坚持，她对木斧的不离不弃，风雨同舟，几十年的疾风暴雨，邓德芳这位坚贞、贤淑的女性，以她不离不弃的博大胸怀和丝丝柔情以及坚忍不拔的精神世界，给木斧以呵护，以慰藉，以支撑，陪伴着木斧走过来了，终于迎来改革开放的崭新时代，迎来了扬眉吐气的新生活！经历了那个时代的一切的磨砺，他们的爱情才丰富多彩！他们的精神才弥足珍贵！

"执子之手，与子偕老"，此之谓也！

## 坎坷十年

1956年春天到1957年春天，是中国知识分子心情最为振奋、最为精神焕发的年代。1956年1月，中共中央召开关于知识分子问题的会议。周恩来总理作了《关于知识分子问题的报告》，提出我国知识分子绝大多数已经是劳动人民知识分子的观点。周恩来代表党中央郑重宣布：我国知识分子的绝大部分"已经是工人阶级的一部分"。1956年5月2日，毛泽东同志在最高国务会议第七次会议上正式提出实行"双百方针"。他说："现在春天来了嘛，一百种花都让它开放，不要让几种花开放，还有几种花不让它开放。这就叫百花齐放。"他在解释"百家争鸣"时说："百家争鸣是诸子百家，春秋战国时代，二千年前那个时候，有许多学说，大家自由争论，现在我们也需要这个。"他还说，在中华人民共和国的宪法范围之类，各种学术思想，正确的、错误的，让他们去说，不去干涉他们。李森科、非李森科，我们也搞不清，有那么多的学说，那么多的自然科学，就是社会科学，这一派，那一派，让他们去说，在刊物上，报纸上可以说各种意见。

1956年5月26日，中共中央宣传部部长陆定一向社会科学家、自然科学家、医学家、文学家、艺术家做了题为《百花齐放·百家争鸣》的讲话，系统阐述党中央、毛主席提出的"双百方针"，他说："我们所主张的百花齐放、百家争鸣是提倡在文学艺术工作和科学研究工作中有独立思考的自由，有辩论的自由，有创作和批评的自由，有发表自己的意见的自由。""我们主张政治上必须分清敌我，我们又主张人民内部一定要有自由。""'百花齐放，百家争鸣'，是人民内部的自由在文艺工作和科学领域中的表现。"

在文学方面如何体现"双百方针"呢，陆定一阐述说："题材问题，党从未加以限制。只许写工农兵题材，只许写新社会，只许写新人物等等，这种限制是不对的。"对于批评工作，陆定一指出："就是批评的自由和反批评的自由。"而当时有的批评，令人害怕，应当纠正；对被批评的人来说，别人批评得对，应该虚心接受。他强调文艺工作者和科学工作者要学习马克思列宁主义。至1957年，《人民日报》还批评了陈其通等四人对于"双百方针"的"左"的批评。1957年4月9日，《人民日报》还发表《继续贯彻"百花齐放、百家争鸣"方针》的新社论。

"双百方针"的提出给文艺界也带来了繁荣兴旺的景象，涌现出了一大批几十年后被收入《重放的鲜花》中的作品。思想上也十分活跃，真可谓是欣欣向荣，气象万千。

在这样的社会文化历史背景下，木斧的心情也开始舒畅起来。在友人流沙河的鼓动之下，他把自己在新中国成立前后发表的诗的剪贴本编成一本诗集，准备交付出版。流沙河还表示，愿意为木斧的诗集作序。木斧受到感动，果然编成厚厚的一本剪贴本，交给流沙河。但是，天有不测风云，很快就风云突变，流沙河因他的著名的《草木篇》而成为"右派"。序未写成，木斧的那本诗集的底稿虽然躲过"反右"斗争，却最终在"文化大革命"中付诸丙丁。流沙河为木斧作序的事，一直拖到二十七年后才成为现实，就是那篇印在《木斧诗选》前头的《写序的故事》。

大约是有上年犹有余悸的经验，也许是由于木斧也开始谨慎起来，也可能单位的人视之为"死老虎"，才无人来打扰他，总之是由于木斧的谨言慎行，小心翼翼，他才能在惊心动魄的"反右"斗争中得以平安度过。

但是，能为他的作品提供发表机会的《红岩》改刊了，《星星》编辑部

"全军覆没"，垮台了，"我的写作生涯从此收场了"，木斧这样说。

1958年5月，中共八大二次会议提出了"鼓足干劲，力争上游，多快好省地建设社会主义"的总路线，当年11月下旬，在北戴河会议上，中共中央作出了《关于在农村建立人民公社问题的决议》。在此后不到两个月时间内，全国即实现了人民公社化。大办食堂，将农民所养的猪集中由大队小队养殖，农民在集体食堂里集中用餐；号召十五年"超英赶美"，大炼钢铁；在粮食生产上，亩产万斤粮的报道不断见诸报端；要跑步进入共产主义，全国上下都要"放卫星"，粮食产量报少了就要"拔白旗"，挨批斗。在全国范围内刮起一股共产风、浮夸风，给农村经济造成了巨大的损害，也在人类历史上留下"人有多大胆，地有多大产"的千古奇谈和笑话。

这时，木斧正在泸县石洞区的金龙公社工作，主要任务就是推广适度密植。密到什么程度呢？就是要在水田里二十厘米见方的地方种植四棵秧苗，换句话说，就是每窝秧苗前后左右相距不得超过二十厘米，本欲增产，其实是适得其反。当时农村全力开展人民公社运动，认为人民公社有"一大二公"的优势，是中国农村发展最好的组织形式。木斧从自己的切身经历中感到这种"大跃进"调动不了农民的积极性。1959年后，农村形势更加严峻。许多食堂没有粮食吃，农民怨气冲天，后来许多人还得了浮肿病，农村中刮起的这股"浮夸风""共产风"以及弄虚作假的行为使木斧极为反感，经过深思熟虑，他向上级提出"解散食堂""毛猪下放"和"合理密植""划小生产队"的主张。在当时，却被视为反对"三面红旗"，是大逆不道的举动。

在此后发生的反右倾运动中，团省委又把木斧作为"右倾机会主义分子"报上去了。因为木斧那时还不是县团级以上干部，够不上当"右倾机会主义分子"的格，所以未获批准。

"右倾机会主义分子"的帽子戴不上，但批判是逃不掉的。在反右倾斗争中，木斧的一些正确主张被冠以"反对'三面红旗'"的罪名，在机关遭到几次大型批判，有时被斗得昏倒在地，被斗得"死去活来"，一位副队长还说他是"装死"。最后，木斧被戴上"严重右倾"的帽子，被下放到新津县花桥公社七大队一生产队当社员，户口也被转到生产队去了。

他也挣扎在饥饿线上了。

当时被称为"三年自然灾害时期"，四川省的国家干部的粮食标准是每月二十一斤，领导要求还要为国家节约二斤，实际每人每月十九斤粮食。凭十九斤粮食要支撑一个月三十天的日子，那确实是创造了奇迹。但木斧当时是被下放到农村当农民，他每月粮食标准被定为十五斤。而农民则是根据当年粮食产量的多少来分配的，像木斧这位罚下来改造的"右倾"分子，更难以在乡下得到照顾和尊敬了。于是，他只有靠红苕、细糠、麻枯、红苕藤、南瓜根叶合煮成稀糊糊，用洗脸盆当饭碗，这就是粮食不够"瓜菜代"。在饥饿中，木斧还要参加劳动，拉板板车到城里往乡下运肥料，在饥肠辘辘中度过那漫长的一天又一天。

所幸的是，当时"株连"还不如后来"文化大革命"中那么严重，那么普遍，木斧的爱人邓德芳还未被下放，可能考虑到木斧也已经下放了，邓德芳才未被下放。这位贤淑坚强的女性，节衣缩食，支援着在生死线上煎熬着的丈夫。

这里是他亲口讲述给我的一个关于他的饥饿的故事：

有一次，木斧好不容易回到家里，他原本偏胖的身材早已骨瘦如柴了，饥肠如绞，连辘辘的响声也没有，他自述当时的感觉，"就像一部油干了还要转动的机器一样，实在没有力量再转动下去了"。真正使他体验到"油尽灯枯"的滋味。一切，他都能听到，头脑是清醒的，但又毫无力气，连手脚，不，连眼睛也无力睁开。他明白，这种状态，是随时都可能倒毙的。这时，不知怎的，头脑中却浮现出臧克家这样的诗句"这刻不知下一刻的命"……只有脑袋还是活的，其他四肢、身体甚至语言，似乎都离他而去……

木斧这在死亡线上挣扎的样子，使他爱人邓德芳又惊又吓，可是她也清楚地知道，眼前的丈夫的生命正在一丝一丝地离去，所谓"命若游丝"正是这种情况，必须立即治疗。她明白这种病的病根所在。在那时，这几乎是用不着找医生就知道的：极度的饥饿造成的严重虚脱。她也知道这病的治法，就是马上适量增加营养，否则就会一下子昏倒再也回不来了。

压制着极度惊慌和紧张，邓德芳把一年多千方百计积存下来的半碗牛油，用开水冲化，送到了濒于危险的木斧的嘴边，一口，两口，三口，……他能自己喝了，他能站起来了，哈！他活过来了，正如缺油的机器重新注了油，又高速运转一样，木斧活了，又是一个乐观的、生龙活虎的木斧了！

几十年后，木斧自述这一细节时，还津津有味地说：那一碗油汤真是救命汤，那功效之奇特，真可谓匪夷所思了！

到了1962年，中央召开了七千人大会，开始纠正大跃进中出现的严重偏差，毛泽东也在会上做了检讨。以后，又开始甄别过去被戴上"右倾"帽子的人，木斧"严重右倾"的帽子才被拿掉，这才返回成都。这两年，他可以说是在阎王爷那里去走了一趟！

两年过去了。这两年来，木斧生活得比较安定。但这种安定不会持久的，他背后那条长长的"尾巴"，决定了他的安定、安宁是暂时的。

1964年，中央成立了"文化革命五人小组"，这就是彭真、陆定一、康生、周扬、吴冷西组成的最早的领导"文化革命"的机构。全国的"文化革命"即将开始，在这种情况下，当时的领导认为，把木斧这个危险人物留在省城成都，留在一个四川这样大省的政治、经济、文化中心，是很危险的。所以，他们决定把木斧连同他的一家转到绵阳去工作，并且给了他一张戏票，让他临别成都之前，去看一场"乌兰牧骑演出队"的演出。这也算还有那么一点人情味了。

这以后，木斧就带着全家，一起到了绵阳。

## 销声匿迹

从1955年夏天这个对木斧来说的灾难性的季节开始，到"文化大革命"开始的十来年时间内，木斧在他的一些小传中说自己"中途辍笔"，但在实际上，他不仅没有停止写作，反而写得更勤、更多，只不过发表出来的不多而已。木斧自述这段经历时说："其实，用'辍笔'两个字来概括这一过程未必恰当，只能说我从此在文坛上销声匿迹了。但我并没有停笔呵！零零碎碎，总还有人愿意给我一些写作任务，例如，给某个会议写一篇献词，给某个报纸写一篇鼓励性的言论，给某一位负责同志写一篇录音讲话稿……这些任务我都能完成，除了鼓吹浮夸风的文章以外。拒绝歌颂浮夸，后来也受到惩罚，犯下了严重右倾错误，下乡当了农民，即使如此，也没有停止写作，轮到县委工作组写工作报告的时候，作为文字加工，也会请我上门的。"（《诗的求索》，第78页）

从数量上看，当时木斧还是写了不少作品的。除了那些非用于公开发表的讲话等文字材料外，也有许多文学作品，但是他自己也觉得满意的很少。在编《木斧诗选》的时候，他也只选了三首作为那个时期的代表，也是那个时期创作的证明。但是对这三首，他本人仍然是"不甚满意"的（《木斧诗选·后记》）。但是，即使是今天，我们再读这些诗，也可以看出那个时期诗歌创作相同的特点，也即是一种昂扬振奋的歌颂的主调，比较直白，但同时也还是可以感受到作者在这种背景下仍然坚持着进行艺术的探索和追求。他的这些作品与当时大批的作品相比较，也还是具有一些新的面貌的。比如他的《山》这首诗共三节如下：


我从小在山里长大/山是我的母亲

我的山/用野生的果汁/哺育过我/我的山/用粗犷的手臂/抚养过我

在那些血腥的日子/贫穷啃蚀着我/饥寒威胁着我/反动派的迫害/紧迫着我/我东奔西走/四处流浪

我的山/也孤孤单单/满山创伤/满面愁容……


我回来啦/我的山/你含笑欢迎我

我激情地跳蹦在你的胸前/我看见筑路工人/你忠实的儿子/正在用勤劳的双手/把你装扮！

我们替你梳头/把你头上的林木/砍伐下来/运给城市/建设工厂/我们替你洗澡/在你的胸前安装抽水机/在你的周围挖掘埝塘

让清凉的水/流遍你的全身/我们用黄色的小豆/喂养你/等到春天/

给你披上/绿色的大衣

再装上电灯/让你睁开眼睛/看看你周围的风景/再装上电话/让你张开耳朵/听听世界上的声音！


明天早晨/我将把你唤醒/让你面对河流/照照镜子：/看你长得/多年轻！/多漂亮！/看你的儿子/多欢欣！/多骄傲！

呵！我的山/我要把你歌颂：/愿山花吐露芬芳/愿百鸟都来朝贺/愿你和你的儿子/永葆青春


这是写于1957年4月的一首诗。这里没有热烈的呼喊，也没有太激昂的情绪的过度直接抒发。这里采用的是一种拟人的手法，把山比喻为母亲，来抒发作者对于山的那种深刻的爱和美好的祝愿。这首诗的特点，还在于语言既有个人的特色，同时比喻又相当的新颖贴切，在前后的对比中来描绘山区在新中国成立后的旧貌换新颜。如把砍伐林木，比喻成"替你梳头"，安装抽水机灌溉比喻成是"替你洗澡"，安装电灯电话，是为了"让你睁开眼睛/看看你周围的风景"和"听听世界上的声音"，都别具一格，出人意料，耐人寻味！

《给月琴手》是观看一次演出后记述和抒发感受的作品。作品中的沙玛乌子，是一位彝族姑娘，女月琴手，1957年3月出席了全国第三届民间音乐舞蹈会演后，4月回到成都，参加了联欢大会，木斧也参加了这次活动。回来之后，写下了这首诗《给月琴手》：


沙玛乌子，你拨动了琴弦/琴声在天空上飘扬/我的心呀，长上了翅膀/跟着琴声到处飞翔


你回到了你的家乡/风吹花草向你点头/金沙江的流水为你伴奏/天上的云彩为你翩翩起舞

沙玛乌子，你拨动了琴弦/走过高山，跨过江水/从草地走到了北京/到处都听到了彝族兄弟的声音

你来到了欢乐的联欢会上/一束一束鲜花在你身边开放/在我们祖国的大花园里/兄弟姊妹要伴着你的琴声歌唱

每天夜晚，你拨动了琴弦/月亮伴随着你走遍四方/你手里抱的就是月亮/你的姊妹就是星星

到处都有你的伙伴/到处都有人欢迎你/弹起来吧，亲爱的姑娘/你越弹你的家乡越美丽！

这首诗有作者自己独特的抒情角度。他是从民族的新生和团结的角度来观照沙玛乌子在联欢会上的演出的。作者本人也是少数民族，因此，有关民族团结的题材，最易触发他的诗情。

彝族是个历史悠久的民族，在民族历史形成的长期过程中也形成了自己的文化。但在旧中国，彝族和其他少数民族一样，受到历代统治者的歧视和镇压。新中国成立以后，各族人民一律平等，彝族人民也在各方面翻了身，这个变化是天翻地覆的。各族人民的文化使者带着自己民族对党的深厚情谊，参加第二届民间音乐舞蹈会演，沙玛乌子就"拨动了琴弦/走过高山，跨过江水/从草地走到了北京/到处都听到了彝族兄弟的声音"。而当她载誉归来，参加联欢会，"一束一束鲜花在你身边开放"，受到了家乡人民的热烈欢迎，因为在新的社会里，"在我们祖国的大花园里/兄弟姊妹要伴着你的琴声歌唱"，好一幅民族团结、亲密无间、共同歌唱新生活的图景！

在诗的表现上，这首诗的语言清新，比喻新颖，如"你手里抱的就是月亮/你的姊妹就是星星"等。尤其是开头，就显得不同寻常，直呼其名："沙玛乌子"，引人注意，这在当时的新诗作品中还是很少见的。

《雪花飞舞》是写于大跃进中的一首诗。与大量浮夸不实的诗歌相比，这是一首难得的好诗。

　　当我第一步跨进厂房，我看见：/工人们正挥动着铁铲，盐粒在蒸汽中飞舞起来

　　这里不是五月旷野的早晨/为什么到处布满了彩色的云雾？/现在正是阳光洒遍大地的春天/为什么还有一座座耀眼的雪山？

　　这里是盐场的日日夜夜——/鼓风机永远唱不完赞美的歌/赞美一锅一锅蒸汽不断上升/赞美一铲一铲盐粒到处跳动

　　我真喜欢这样漫天的磅礴大雾/看见大雾，就像清晨醒来/看见了乳白色的纱巾在眼前飘动/看见了沸腾的生活在袅袅上升

　　我真喜欢这一片雪花堆积成的雪山/它不会使人寒冷，它的心里蕴蓄着热火/阳光天天和它见面，和它亲吻/它不会溶化，反而增加了光彩

　　我们的心灵像雪花一样洁白/我们的理想像云雾一样美丽/心灵在哪里？在厂房里跳动/理想在哪里？在劳动中飞翔

　　这是一首歌颂社会主义的盐场工人劳动的热烈场面的诗，但作者避开了对于劳动场景的写实，而是从个人独特的知觉角度去着笔。第一段先提出两个疑问："这里不是五月旷野的早晨/为什么到处布满了彩色的云雾？/现在正是阳光洒遍大地的春天/为什么还有一座座耀眼的雪山？"用富有变化的活泼的排比的句式，表达诗人自己的疑问和误会，从而也就引起了读者的注意。第二段承前启后，说"这里是盐场的日日夜夜"，但又不去实写工人努力奋发的劳

动，而用"鼓风机的赞美"来加以浓缩和高度地概括。第三段抒发诗人个人的主观感受，从眼前繁忙的盐场劳动的热气腾腾的景象，联想到"沸腾的生活在袅袅上升"，这就给盐场的劳动赋予了象征的意义：这是"生活袅袅上升"的缩影，下段就进一层抒发自己对于生活的热爱。"我真喜欢这一片雪花堆积成的雪山"，当然，这里的"雪花""雪山"都不是真说的"雪花""雪山"，而是对盐场的比喻。为什么喜欢呢？因为"它不会使人寒冷，它的心里蕴蓄着热火"，"阳光天天和它见面，和它亲吻/它不会溶化，反而增加了光彩"，这一段话颇值得玩味。这里头就具有诗人个人的特征了，这"雪山"不是真正的一见阳光就化的雪山，它见到阳光，"反而增加了光彩"，恐怕这是作者自己内心情怀的一种寄寓性的抒发。我们记得，木斧有过一段冤屈的经历，联系起来，他赋"雪花""雪山"的赞美，就容易理解了。最后一段把高远的理想、纯洁的心灵和脚踏实地的劳动联系在一起，这在当时也是少见的。

木斧在这段时期还有许多诗作，当然也不可避免地打上了时代的烙印。但是从总体上来讲，仍然表现了木斧个人的特点，是不可与那些纯属"赶任务""跟形势"的肤浅浮夸的作品相提并论、同日而语的。

1965年，木斧从乡下返回原单位团省委待命。但单位不仅不给他分配工作，还早就停止了他发表文学作品的权利。木斧既无事可做又无可奈何。恰恰在这个时候，因为全国青年业余文学创作积极分子大会即将于第二年11月召开，中国作家协会派人来四川准备材料了。来的便是中国作家协会的领导成员之一的严文井和他的随行人员。严文井是湖北人。1938年赴延安，历任延安鲁艺文学系教师，《东北日报》副总编辑，中宣部文艺处处长，中国作家协会党组副书记、书记处常务书记，《人民文学》主编，还是一位著名儿童文学作家。四川省作家协会和共青团四川省委的负责同志对严文井是很尊重的。在与严文井会见后，按照他提出的到基层直接体验生活的要求，团省委领导临时决定抽调无事可做的木斧陪同严文井一行前往。

他们先是到自贡市盐区，天天坐茶馆，听工人讲评书，用句四川方言来说，实在过瘾。后来，木斧他们又陪同严文井去了大巴山南麓的广元县沙河公社，本想在公社听听介绍金鳌大队的文娱活动就行了，哪知严文井听了情况介绍后很受感动，听说所有的活动都是在晚上打起灯笼火把进行的，他便决定亲自到金鳌大队去参加活动。一行人翻山越岭好不容易到了金鳌大队，严文井和木斧就被安排住在团支书张玉德的家中，生活上和当地群众完全打成一片。

在金鳌大队住了两天，白天采访，晚上同青年群众一起参加文娱晚会，大家心情都特别开朗。回到成都后，严文井指定木斧起草一篇报道文章，但木斧却不敢接受，自己的处境当然自己明白。但严文井却不明白木斧当时的处境，还以为是木斧谦虚、客气，或者还以为是木斧担心写不好不敢接受任务，便鼓励木斧说："你不要客气，你是富有文学素养的人，一定能够写好！"但木斧的顾虑反而更大了，赶快申明："不，不，我不爱好文学，我对文学不感兴趣……"

几天的相处，严文井对于木斧已经有了较深了解，了解一个人的素养，往往不需要很长时间，有时就是一两件事就能看得明白。了解一个人有无文学素养，听他的言谈就能知道了。这种素养，往往是在不经意间流露出来的。

严文井对于自己的判断是很有信心的。他听了木斧的话，感到莫名其妙，便找到团省委的领导，提出要木斧执笔完成写作任务。经由团省委领导同志直接把任务交代给木斧，木斧才敢提笔写作。

木斧写出的报告文学题目是《山区红秀才》，署名是：共青团四川省委调查组，发表在《四川文学》1965年11月号上。第二年全国青年业余文学创作积极分子大会召开期间，大会根据木斧的材料改写出了《金鳌山上擂战鼓》，并以张玉德的名字发表在1966年1月10日的《人民日报》上。张玉德是金鳌大队的团支部书记，当时署他的名大概是为了表现工农兵占领了文艺阵地吧。一年后，张玉德被破格提拔为广元县委副书记。

全国青年业余文学创作积极分子大会召开，木斧本来应该作为工作人员随行参加的。严文井他们也向共青团四川省委提出过，他和杲向真等同志都在北京等着和木斧见面，但是因为单位领导认为派木斧去参加这一全国性重大活动是"用人不当"，就将木斧从赴京的工作人员名单中删去了。不久，木斧就被发配到绵阳，"文化大革命"即将开始，已经有点风声鹤唳了，同严文井之间的联系就被木斧自己主动切断了。

与在文艺界位高权重、影响力巨大的严文井交往，并受到他的赏识，对木斧来说，这是一次很好的机会，但是他放弃了。不是不爱文学，而是对文艺界在多次运动中首当其冲的遭遇感到心有余悸：文学是个是非坑，跳进去的想爬也爬不出来，早已离开这是非之地的人，何苦还要再跳下去呢？

无疑的，木斧是对严文井说谎了，这个"谎言"，一直持续到十五年以后，木斧才揭破。那是1980年，木斧的问题彻底纠正之后，木斧上北京，到严文井家中去"请罪"。"对不起，"木斧坦诚又内疚地对严文井说，"我那时说了谎话。我不是不爱文学，而是爱得发疯！"于是他向严文井介绍了他的种种经历。严文井这才明白，1965年陪同他的那个姓杨的人，原来竟是诗人木斧！他激动地说："你为什么不早说你是木斧呢？"

"早说又有什么用呢？"木斧心里想，可是他没有说出来。

话说回来。去广元之后两年，接踵而至的就是无产阶级"文化大革命"，至此，木斧也才真正的"辍笔"！至1979年，一共是十三个年头。

他真正地"销声匿迹"了！


## 在"文化大革命"中


绵阳，这座我国历史文化名城，位于四川省北部，坐落在宝成铁路线上的古城，是一座美丽的城市。

木斧一家来到这座文化气氛极浓的城市，居住在绵阳川剧团的宿舍里，一直生活了十二年。在这里，木斧被安排在绵阳地区文教局任办公室主任，邓德芳被安排到地委组织部工作。

木斧到绵阳不久，"文化大革命"的序幕便正式拉开了。1965年11月10日，姚文元写的《评新编历史剧〈海瑞罢官〉》在上海《文汇报》上发表了；1966年5月16日，中共中央发布了毛泽东同志主持起草的"文化大革命"的纲领性文件《中国共产党中央委员会通知》亦即"五一六通知"，号召向各级党委夺回文化领域中的领导权，向党、政、军、文各界的"资产阶级代表人物"猛烈开火。1966年5月8日，江青主持写作，以高炬为署名的《向反党反社会主义的黑线开火》一文，以显著地位刊登在《解放军报》上，文章"揭露"文化界的"三家村"，并定下了"三家村"是"反党反社会主义的黑线"的基调。同日，关锋化名何明，在《光明日报》上发表《擦亮眼睛，辨别真假》，与"高炬"文章相呼应，攻击中共北京市委。这一天的《解放军报》《光明日报》还联合刊载预先炮制好的《三家村札记》和《燕山夜话》的材料摘编，每段都加上"编者按"，定下了批判口径。

1966年5月10日，上海《解放日报》《文汇报》刊登了姚文元的文章《评"三家村"——〈燕山夜话〉〈三家村札记〉的反动本质》。《三家村札记》是邓拓、吴晗、廖沫沙三人联合在北京市委机关刊物《前进》上以"吴南邨"为笔名，开辟的一个专栏，他们三人分别写作一些思想方面的杂谈文章发表，他们谈古论今，内容是很健康向上的，既具有思想性，又有很强的知识性，很受读者欢迎。三位作者中，邓拓是中共北京市委书记处书记，吴晗是北京市副市长，廖沫沙是北京市委统战部部长，他们既是北京市的党政领导，又是素养很高的大知识分子。他们各取自己常用的笔名中的一个字，合称"吴南邨"。从1961年10月到1964年7月，《三家村札记》共发表了六十多篇文章。但姚文元文章指责他们是开"三家村黑店"，说邓拓、吴晗、廖沫沙的写作活动是"经过精心策划的、有目的、有计划、有组织的一场反党反社会主义的大进攻"。提出要上揪"指使""支持""吹捧"者，挖出"最深的根子"，下扫"三家村""在新闻、教育、文艺、学术界中"的"赞赏者和追随者"。从此，一场现代文字狱迅速遍及全国。

至此，"无产阶级文化大革命"即正式开始。这以后紧接着的瞬息万变的政治风云奔涌而来，毛主席八次接见红卫兵，全国上下的横扫"四旧"，夺权斗争，清理阶级队伍、批陈整风、批林批孔、反复旧、反击右倾翻案风……一连串的运动，一连串的斗争，名称各异，花样翻新，令人目不暇接，使人确实不知何所措手足！……

早在"文化大革命"的初期，面对铺天盖地而来的大批判浪潮，木斧就敏锐地意识到：这次恐怕是在劫难逃了。运动一开始，他便被当作"胡风分子"抛了出来。他保存了几十年的新中国成立前发表的一百五十九篇作品剪贴本，被单位散发给"革命群众"（造反派）批判，结果一去不回，从此失落。他还有一部尚未发表的长篇儿童纪实小说《关于南南的日记》（从1958年开始一直写到1966年尚未写完），他怕放在家中仍有被"革命群众"搜去的危险，急忙交给一位外地的亲戚带走，嘱他妥为保存，结果这位亲戚也怕抄家，便一把火把这本日记体裁的小说烧毁了。

最初的声势凶猛的浪潮终于过去了，批判"刘邓资产阶级反动路线"运动深入到揭批"正在走的走资派"去了，像木斧这样挂牌的"胡风分子"、右倾分子反倒轻松了下来。

当时，虽然幸免于大规模的批斗，但是，由于"受胡风思想影响较深的人"这顶帽子顶在头上，作为一个"内控对象"，木斧被关在"牛棚"，天天参加劳动，与外界处于隔离状态。

今天的人们可能对于"内控"二字缺乏了解。所谓"内控"是当时普遍使用的一种手段，就是"内部控制使用"，这个人还有一技之长，但或者是由于历史问题未能搞清，或者是因为问题较轻，因此，既要使用，又要制约他，即把帽子交给群众，只能老老实实，不得乱说乱动，否则，问题就会升格。在这种生活和工作环境下的人，无论如何努力工作，都不可能得到肯定，其郁闷可想而知。

木斧被关在牛棚里，而关在牛棚中的也都是一批被视为"封资修"的代表人物。因此，他也接触到绵阳一批川剧演员。他们都是"资产阶级反动学术权威"，都是"牛鬼蛇神"，尽管早有禁令，"只许规规矩矩，不许乱说乱动"，但都是一样的身份了，相互间也就无所顾忌了。每天繁重的体力劳动结束回来，监视人走了，这批"牛鬼蛇神"还是要闲言几句的。这些老艺人，除了每人有一部辛酸史之外，也还有一种"想当年战辽东威风八面"的豪情，每个人的记忆中都还保留着自夸自慰的往事。一个说："我看过康芷林的戏！"

一个说："我看过萧楷成的戏！"一个说："我是'新又新'科班的学生，五龄童和谢文新是我的同学！"一个说："我和贾培之同台演过戏！"轮到木斧，他也不甘示弱，抬出唯一的撒手铜："我看过雪燕的戏！"引起了大家的嘲笑："看过雪燕的戏有啥子了不起？吼班（跑龙套的）！""给我当吼班我也不要！""你开的啥子玩笑呵！"

其中有一个老艺人名叫白辉祥。他不嘲笑木斧，还一本正经地问道："你啥子时候看过雪燕的戏？"

"大约是1939年吧！"木斧一本正经地回答。

"啊唷，你真有福气！"白辉祥说，"那时候她正红得发紫呵！"

木斧问白辉祥："你认得雪燕？"

白辉祥说："哎呀，这里的人哪个不晓得雪燕嘛！远在天边，近在眼前，雪燕就在广元县川剧团唱戏。"

真是踏破青山无觅处，得来全不费功夫。白辉祥之所以知道雪燕的过去，那是因为他当年是悦来茶馆的名角。其实他并不认识雪燕，也是听别人说。雪燕嫁的老公杨玉冰去世了以后，雪燕在昭化又嫁了人，后来跟丈夫到广元去唱戏。以后是不是又嫁了人，不得而知了。白辉祥所了解的情况也是支离破碎的，但木斧终归知道了雪燕的下落。

白辉祥劝木斧以后有机会到广元去一趟，去看看那个可怜的老太婆，不知道她会有多么高兴呢！但是，作为一个失去自由的人，这个愿望在当时是不可能实现的。只有到了"文化大革命"结束后，木斧才在一位记者陪同下去了广元，但是晚了，雪燕已经在"文化大革命"中被迫害致死了。

木斧一家被发配到绵阳，离开了成都，也就离开了老父老母。虽然成都、绵阳两地只相隔三百多公里，算不上遥远。但是一个被关进牛棚的人是没有回成都探视父母的权利的。木斧对老父老母的思念与日俱增，不可抑制。他多么希望能够生活在父母身边，为已经年迈的双亲尽一点孝心啊！

1971年，有一天，木斧突然得到消息，母亲病重，老母亲十分希望能见见自己的二儿子木斧。临去世前，她"怎么也闭不上眼睛，眼睁睁地等着要看我一眼，可是木斧却一直未能出现在她的眼前"。

被再次作为"胡风分子"揪出来的木斧，既不能及时得到母亲病重的消息，也无法及时赶回到母亲的身边。木斧终于未能在母亲生前相见最后一面！

母亲是睁着眼睛断气的！

对于深爱着自己母亲的木斧来说，这是怎样的痛苦啊！

等到木斧得到批准赶回家的时候，母亲已经被安葬了！木斧留下了终身遗憾。

木斧对母亲的感情是很深厚的。母亲的勇敢、坚强、善良、公道正派，以及她的爱好，都给木斧以深刻的影响。后来，母亲的形象常常出现在木斧的梦中。而梦中的木斧，也总是以一副永远也长不大的姿态，寻找着母亲的保护。但是母亲的形象也总是那么的缥缈，一霎时就不见了。每当这时木斧就在梦中大喊"妈妈，妈妈呀！"以致惊醒了家人。邓德芳和大女儿、二女儿听到木斧的呼声，先是一惊，接着便破涕为笑，笑他活了一大把年纪，怎么老还童了！

于是，木斧挥笔写下了《惊梦》一诗，以此表达对于母亲的纪念：


　　一觉梦中醒

　　枕边犹留儿时馨

　　我的妈妈，可曾早起拾柴去？

　　我的柴扉，可曾掩好破楼门？

　　惊坐起，望窗棂，

　　镜中出现一老人

　　一额三重皱

　　两唇五须围

　　她是谁？她是谁？

　　她是我？我是谁？

　　急呼妈妈我要回！

　　堂前儿女哈哈笑

老人犹作孩童语

羞羞羞，羞死人！

是啊！在母亲面前，我们都是永远也长不大的孩子！

人生有许多意外。意外不可预期，但这个意外的发生救了木斧的命！可能是命运之神也对他的遭遇感到不公，要改变一下他的生存状态吧！一件木斧意想不到的事情发生了。

当时四川各地发生了武斗，为了制止武斗，上级决定实施军管。木斧所在的文教局也被军管了。军管小组的组长叫张彤，是一位手握重权的人物。

那时，全国只能唱由江青一手培育出来的八个革命样板戏，过去所有的文艺作品都被视为"封资修的黑货"，由"无产阶级文化革命的旗手"江青培植出来的革命样板戏，就一花独放了。所谓"样板戏"，是指《人民日报》1967年5月31日发表的评论《革命文艺的优秀样板》中确定的八部文艺作品：京剧《红灯记》《沙家浜》《智取威虎山》《海港》《奇袭白虎团》，芭蕾舞剧《红色娘子军》《白毛女》和交响乐《沙家浜》，后来又陆续出现了京剧《平原作战》《龙江颂》《杜鹃山》，又被称为"样板作品"。在那个特殊年代里，全国"八亿人民八个戏"，文艺园地里确是十分凋敝，人民群众反反复复就是看那几个戏，文娱生活确实是很单调的。

当时的军管组长张彤是一个样板戏迷。那时，全国上下一开会，首先要念毛主席语录，然后就要带着大家唱样板戏。

有一次，野战军一位首长要到绵阳军分区视察，要绵阳军分区安排演出"革命样板戏"，这任务交到绵阳地区文教局，张彤是当然的责任人。这可是一个十分重要的政治任务啊！任务光荣而重要，任何人也不敢懈怠，没人敢说三道四，但那时绵阳只有川剧团，没法完成这一任务。这可把张彤急得抓耳挠腮。怎么办呢？他紧急召开会议，要大家想办法出主意。大家面面相觑，实在想不出办法了。这时一位与会者说："我知道有一个人会唱京剧。"张彤问："谁？"

那位同志说："就是杨莆。这个人会唱京剧，还会写文章，是个有本事的人。"他详细地向张彤介绍了杨莆这个人，如笔名木斧啊什么的，"但是，可惜啊，这个人是个漏网的胡风分子，老右倾了，没法用啊！"

一听说有人会唱京剧，张彤的眼睛亮了。他说："谁说不能用？我们解放军抓了俘虏，还可以用嘛！改造俘虏兵，为我所用，也是我们的成绩嘛！何况毛主席都说过，可以把毒草转化成鲜花嘛！用，把这个人用起来！一切以完成这个重要政治任务为目标，一切都要为完成这个重要政治任务让路！"当时，与会者们并不知道毛主席是不是说过这个话，但是军管小组组长说有，那就是有了。军管组长一言九鼎，用木斧来完成唱样板戏的任务，就一致通过了。

于是张彤命人把木斧从牛棚里叫出来，向他下达了十到十五天内搞一台样板戏的任务，具体戏目就是《红灯记》。

木斧深知这个任务的艰巨性。试想，在要人没人，要经验没经验的情况下，以十到十五天这么短的时间搞成一台京剧《红灯记》来，这是怎样的难度啊！

但木斧也知道，对于他来说，对于他的家庭来说，这可是一个摆脱困境难得的机会呀！他一定要抓住这个机会，创造一个奇迹。为了自己和家庭，他一定要搏一把！

主意已定，他向张彤组长表示：可以完成任务。但是提出两个条件：一是要张彤选一百名高中生，分十个组，每组十人，每个组承担一场戏，最后合成为一个整体，一部完整的《红灯记》就产生了；二是要看几场《红灯记》电影，听几次《红灯记》的录音磁带，以加深理解，揣摩艺术的表现方式和特点。

张彤满足了他所有的要求。张彤利用权力和影响，连夜调成都、梓潼和三台等附近县最好中学的高中生赶到绵阳地区川剧团集中，就让木斧当教师爷，指导他们分别排练各自分配的那一场《红灯记》的戏。木斧本人则利用空闲的点滴时间，认真看《红灯记》电影，听录音带，然后去纠正学生的唱腔和在台上的身段、表演。他还把第十场和伴奏任务交给了川剧团，让他们也能分享到演出"样板戏"的好处——起码，这个阶段那些"牛鬼蛇神"们不用参加体力劳动了。

功夫不负有心人！孩子们的接受能力和表演能力很快提高，经过十天努力，戏排完了，正好首长也来了。演出之后，首长大为满意，赞不绝口，张彤也受到了首长的表扬。

随后，张彤就让木斧在文教局组织业余样板戏团，组织职工业余演出，经常到在绵阳的中央厂矿去演出，都受到了热烈的欢迎。那时这些在山沟里面的厂矿职工的文艺生活也极其匮乏，能看一场演出也是一种艺术的享受啊！但是也闹了笑话，一次演出，扮演李玉和的演员临时病了，没办法，只有由木斧救场了。演出结束后，带队的领导做总结，说是三个演员一般高，分不出主次，木斧本人身量不高，要演"高、大、全"的主角人物李玉和，舞台效果自然打了折扣，效果不太好是自然的。

后来，张彤又认为木斧属于有问题的人，演样板戏是可以的，属于"废物利用"，但是不能扮演正面主角，不能演英雄人物，规定木斧只能演反面人物、演坏人，说是即使在舞台上也不能让一个有问题的人居于中心位置。演了《红灯记》之后，又排演《沙家浜》。《沙家浜》里的胡传魁这个角色就基本上成了木斧的专利了。

这样，木斧也就算是从牛棚里"解放"了。开大会的时候，唱样板戏，张彤组长就让木斧站在幕后领唱。"我们是工农子弟兵……"这一嗓子唱出来，台下数千群众就跟着唱起来《智取威虎山》的选段了。

作为一个"漏网胡风分子""右倾分子"，虽然说是解放了，但是要大搞阶级斗争，不时还要开大会，把一群有问题的人拉上台，一字排开亮相，接受批斗或者是陪斗，那时的意思是，上面有"走资派"，有坏人，下面一定会有他们的社会基础。像木斧这类有问题的人，属于"地富反坏右""牛鬼蛇神"一个类型，自然就是"走资派"、坏人的社会基础了。上台挨斗的人都要挂上黑牌子，以示他们和广大群众的区别，当然也含有示众的意思。但是大会上要唱样板戏，怎么办呢？张组长有的是办法。他让木斧先领唱，然后再挂上牌子上台，低头接受批斗。大家也知道，刚刚带着大家唱样板戏的木斧，现在正接受批判呢。真是古今奇事，滑稽之极，但是大家见怪不怪，习以为常，也没人去往深处想了。

由于木斧会唱京剧，唱样板戏——当时被视为极革命的举动，有这一技之长，木斧在"文化大革命"中总算是没有受到更多更惨的折磨。因此，他对京剧充满了感情，是京剧救了他的命，也救了他一家人啊！后来，他庆幸地说："要不是会唱京剧，唱样板戏，也被搞死了！"感激之情，溢于言表。

也是在这场"文化大革命"——文化人的"磨劫"中，木斧才彻底下了决心，从此"收刀检卦"，永远不再搞写作了！


面对"文化大革命"中的种种怪现象，木斧先是惶惑，后来就不得不沉思起来，他要探索这究竟是什么原因？想不下去就读书，读毛主席著作，读鲁迅著作，从鲁迅的著作中去发现真理，寻找对现实的启迪。回到家中，他就和孩子们打成一片，在单纯幼稚的孩子们那里得到慰藉。有时候他就和邓德芳一起，把小儿子杨林架在颈项上到处转，他要向人显示，他不会倒下，"虎死还不倒威呢"！因此他要尽量乐观豁达一些，看得开，想得开一些，他相信，只要自己精神不垮，任何风雨、灾难、折磨和打击，都不能击垮他！

这时，一大群小孩，就围在这位伯伯的周围，要他讲故事——这是一个知识荒芜的年代，没有适于孩子们爱好和兴趣的书籍可读，也没有适合儿童需要的玩具。没有办法，禁不住孩子们的软磨硬缠和央求，他给他们讲《西游记》，讲孙悟空、唐僧、猪八戒、沙和尚取经的故事，讲《水浒》，还给他们讲严文井的童话故事《南南和胡子伯伯》，这些小孩听得如痴如醉。知识的雨露，无声地滋润着孩子们的心灵。


1976年10月6日，"四人帮"被粉碎了！全国一遍欢腾。人们纷纷走上街头，欢庆这一胜利。木斧参加了绵阳人民庆祝这一胜利的群众性大游行！他心情振奋，无比激动！他觉得，我们的国家大有希望！我们的党大有希望！个人冤屈的昭雪也大有希望！

# 第六章

# 冲出茧壳

## （1979.1—1984.5）

### "三中全会冲开了我的心扉"

粉碎"四人帮"之后两年时间内，由于历史发展的巨大惯性，转折确实需要时间。直到1978年底，党的十一届三中全会召开，邓小平同志恢复工作，党中央和胡耀邦大力纠正多年积下的各类冤假错案以后，木斧也才走上了人生的又一个崭新阶段。

1978年12月18日，是中国共产党历史上的一个十分重大的日子，这一天，十一届三中全会召开了。全会确定了"解放思想，实事求是，团结一致向前看"的指导方针，果断地停止使用"以阶级斗争为纲"的口号，作出了把工作重点转移到社会主义现代化建设上来的战略决策。全会还讨论了"文化大革命"中发生的一些重大事件，审查和解决了党的历史上一批重大冤假错案和一些重要领导人的功过是非问题。决定撤销中央发出的有关"反击右倾翻案风"运动和天安门事件的错误文件；审查和纠正了一系列冤假错案。为刘少奇、彭德怀、陶铸等一大批被错误批判处理的无产阶级革命家平反昭雪，纠正了对彭真、罗瑞卿、陆定一、杨尚昆等同志所作的错误结论，以及平反"六十一人叛徒集团"案等等。会议还做出了"把全党的工作中心转移到经济建设上来"的重大决策。

在这样的历史背景下，木斧被平反了。

木斧记叙说："党的三中全会把我从绝望的边缘中震醒。1979年，省委组织部将我从一个发配的县城调回了成都。如鱼得水，我又悄悄复苏了自己的文学创作。"

1982年7月26日，中共四川共青团省委党组下发《关于对杨莆同志因"胡风问题"被审查的意见》：据查，1956年5月，省委五人小组甄别立案组在批示杨莆同志结论中的"有攻击我党和进步作家的言论"的问题，是无依据的。根据中发〔1980〕76号文件关于"凡因'胡风问题'受到株连的，要彻底纠正"的精神，我们认为，在肃反中，杨莆同志确因"胡风问题"受到了错误的审查和批判，是一错案。1956年团省委和省委五人小组甄别立案组对杨莆同志的错误结论，应予否定，恢复名誉。对档案中保存的有关材料，建议由杨莆同志现单位按中央和省委有关规定进行处理。

一纸文件，木斧获得彻底解放，他彻底地翻了身，回到了欢乐的世界，唱着欢乐的歌。可笑这小小的木斧，在一声霹雳之下，受了二十年的冤陷，又在一声令下，从一个漆黑的"胡风分子"，变成个40年代的老诗人了。

但是，在粉碎"四人帮"以后，他对于重新握笔创作也还心存余悸，所谓"一次被蛇咬，十年怕井绳"的心情在当时是一种普遍的存在，这不足为奇。以后随着思想解放运动的开展，他的心真正地动了，产生了一种极为强烈的写作愿望，但又"对于自己是否还能恢复创作失去了信心"。这也难怪啊！对于一个完全停止创作十二年的人来说，要恢复创作，且是在新的历史条件下恢复创作，其艰难程度是可想而知的。

一天，一位在剑阁县师范学校任教的青年诗人李左人来拜访木斧，请教他写诗的经验。木斧颇不以为然地说："我早已不写诗了。干什么都行，为什么偏要写诗呢？"

　　而这位青年也对木斧的回答颇不以为然，临走时他说："我绝不相信你今后不写诗了！"

　　过了一段时间，《四川文学》编辑刘元工也来向木斧约稿。木斧向他说："我早已不写诗了！"

　　刘元工说："今后你会写诗的！"

　　"今后我也不写！"木斧这样回答他。

　　刘元工无奈地走了。他知道，在木斧自己不想再写作的时候，再央求他写作品，也是无用的。但是他确信，这位文坛宿将，这位曾经为诗歌而梦魂颠倒的人，怎么可能就此搁笔呢！临走时，他扔下一句话："过两年你怕要拿着作品上门来找我了！"

　　这位编辑确实可以称为木斧的知音，不在于他早早地就向木斧约稿，而在于他临走时的话，确是把握住了木斧这代人的心理状态！

　　1978年，木斧遇到著名诗人戈壁舟，木斧对他说："我不写诗了，你大概是不写了吧？"戈壁舟斜了木斧一眼："哪有狗不吃屎的呵！"戈壁舟一句话击中了木斧心坎上的伤疤。

　　是呀，即使变狗，木斧何曾丢过笔杆子呢？"文化大革命"前，尽管许多文艺刊物都不发他这个"受胡风分子影响较深的人"的作品了，他还是写了一本《怎样做一个好的共青团员》，交四川人民出版社出版，署名"团四川省委宣传部"，稿费三百元全部交了党费。"文化大革命"初期，他快戴上"黑帮分子"的帽子了，还率领绵阳地区川剧团的编导人员，深入兰考考察，他在原编创人员的剧本基础上，完成了大型现代川剧《焦裕禄》，署名绵阳地区川剧团集体创作。这个川剧还在四川省广播电台播送过录音。

　　在春风吹拂的季节里，山绿了，水清了，花开了，谁不振奋？谁不跃跃欲试？木斧也是这样的心情。他想起自己新中国成立前所写的那部作品，不是在那时就编好交给流沙河请他写序吗？经过这风风雨雨的几十年，这个稿子还存在于世？当他打听到流沙河的地址后，就怀着侥幸之心，去信询问。流沙河回忆说："十三年前，地转天回，党的十一届三中全会前夕，我告别了木器社，作为摘帽右派，被安排到故乡的县文化馆做馆员。有一天收到一封成都来信，一瞥那粗棒棒笔迹，便知道这是木斧写来的。甚至不须拆阅，我也能猜到信上写些什么。果然猜中，那个'大黑瓜'要稿本来了。这天真汉，他以为自己的孩子还活着呢，在昏天黑地的十年浩劫之后！我回他一封信，说他的稿本被抄之夜，我正'跪在地上不敢作声'，信尾揶揄一句：'你就好好向前看吧！'"

稿子没了！毕竟已经是一个新时代来临了，木斧的心已经跃跃欲试。他要努力拿起笔来，为这个时代放歌！在一首诗中，他这样来抒发自己的内心：

为什么在文苑中失去了你的踪迹？

为什么你始终一言不发，不声不吭？

亲人呵，你归去了，或者活着？

喉头哑了？或者你的竖琴已毁？

这一段是概括友人们来信的内容，表达了友人们对他恢复创作的热心关注。下面是木斧自己的感受和情怀：

一封又一封书信投入眼帘，一声又一声问讯远近频传。我捶击着自己的胸口，我向自己发问：滔滔的流水为什么冲不破心灵的闸门？

二十五年哪，不要责备我——心底在唱歌，张口发不出声。脉搏在跳动，呼吸压住了胸。我的泉水为什么不往外涌流？春天来了，你看那积雪正在融化。

冰雪化了，你看那柳枝正在吐绿。为什么要把自己关闭在屋里与世隔绝？

为什么不掀开大门迎着曙光迈开大步？

这里，表现了木斧欲歌不能的痛苦！不是不能歌唱，而是在"解放"之后，在阳光朗照、春风拂柳的季节，由于自己已失去歌唱能力的痛苦！末段后两句表明自己改变现状的信心和决心："为什么要把自己关闭在屋里与世隔绝？为什么不掀开大门迎着曙光迈开大步？"

这里是一种自我催问和督促，是力量的积蓄，是开口歌唱前的准备。同时，也是对关注自己的友人的一种答复！

这首诗没有发表。木斧认为：从诗美的角度而言，这还不是诗，只是一种感觉，一种欲作不能的冲动，同时也是一种恢复创作的试验！木斧说，"就像一个瘫痪了多年的病人"一样，在试探着练习走路了。

一年过去了。

这是1978年的除夕之夜，成都在落雪！夜晚，静夜中间得到雪花飘落的美丽而动听的音响，这是迷人的天籁之音啊！早晨，推开窗户，木斧放眼远望：呵，一派"银装素裹""分外妖娆"的美好景色！他的精神陡然一震！"瑞雪兆丰年"，这句喜庆的成语涌上脑际，真是个好兆头！

面对这一派冰天雪地，木斧抑制不住自己奔涌的激情，他奔向桌边，奋笔疾书，先写下题目《雪》，然后就洋洋洒洒，一挥而就：


雪，飘落着……
白了屋顶
白了树枝
白了衣帽
白了街村
洁白的被盖
覆盖了大地


我敞开了我的胸怀，
雪呵——你盖过来吧！

那滚过淤泥的身躯

那浸过泪水的心思

你冲一冲呀

你刷一刷呀

雪呵，你还我一身

洁白的胸襟……


情景交融，这是诗了，木斧敏锐地、自信地感觉到了！诗中感情的真挚，希望的殷切，都分明使人听得见诗人发自心底的呐喊——"还我清白！"难怪，远在仁寿县的老诗人王大奇读过这首诗后，知道几十年前的老友还在人间，还能写出诗来，激动的泪水不禁簌簌落下……

就这样，木斧作出了恢复创作的努力。在这时期，他尝试着用诗来投入揭发批判"四人帮"的热潮之中。他的《暴露》刻画了"四人帮"的丑恶行径：


说黑是白

说白是黑

说谎言是真理

说真理是荒谬

说睁眼瞎叫的枭鸟是天才

说狺狺狂吠的疯狗是英雄

说捣乱是革命

说革命是复辟

说得天花乱坠

说得唾沫横飞


一副首长的架子

一张冰冷的面孔

一对窥测方向的眼睛

一个胡说八道的嘴巴

一枕一步登天的美梦

一双跃跃欲试的黑手

一副装睡做梦的声腔

一篇自欺欺人的讲话

在一声霹雳巨响之后

暴露在光天化日之中

这是一首别具一格的讽刺诗。诗中没有任何一句多余的议论，也无所谓情景交融的意象，更说不上美好的意境。作者只是把"四人帮"一伙倒行逆施的种种具有特殊意义的表征集中列出，就能引起身经"文化大革命"的广大读者的厌恶！诗末突然而至的是"一声霹雳"，抒发了人们积蓄已久的愤懑和快慰，读到这里，使读者得到一种郁积的情绪得到发泄的快感！所谓"愤怒出诗人"，谁能说情绪的宣泄不能成为诗！

发表在《红岩》季刊1979年第2期的《早晨》，是一首抒情长诗。木斧在诗中集中地抒发他在新时代的欢快心情和全国各族人民奋发向上的精神风貌。

在这首诗中，木斧以象征的手法，首先描绘出祖国在粉碎"四人帮"之后所焕发出来的勃勃生机：

沉睡的大地

从漫漫的长夜

终于

苏醒


这种"生机"，使

我闻到了

春天的气息

我听见了

黎明的脚步声


这里的"黎明的脚步声"对于一个盼望"解放"的人来说，自然，是一种强烈的鼓舞与召唤，于是，诗人抑制不住内心的激动：


我一跃而起

打开了门窗

早晨呵

你来了！

请你靠拢

我的身边

我要尽情地倾吐

我对你的爱……


紧接着，诗人即抓住"早晨"这一意象，来抒发对祖国的"早晨"的"深情"。他写道：


呵！早晨

像初生的婴儿

刚刚坠地

早晨

多旺盛的生命力

谁也阻挡不住！

早晨呵

我要歌颂你

你就是美的象征

这时的木斧，似乎又回到了新中国建立的日子里，对于祖国的又一次"解放"，他的感情再次达到了高潮。诗中就表达了这种对于"解放"的企盼和对于祖国的欣欣向荣的新面貌的赞美！这二者是融汇在一起的。因此，在诗中他又表达了自己的这种期望：

> 我骑着自行车
> 飞奔向前——
> 排排的房舍
> 在我的眼前晃过
> 拼命地赶呀！
> 尽力地奔呀！
> ……
> 我一生经历多少风霜
> 我遍身印满多少伤痕
> 但是谁也不能阻拦
> 我飞奔在早晨！

诗中的"早晨"又是光明的象征，希望的象征。打倒"四人帮"之后，木斧敏锐地看到了希望。他在诗中又写道：

> 呵，太阳！早晨的太阳
> 那是火！
> 那是热！
> 那是光明！
> 呵，大地上

那是闪光的花朵！

那是升起的希望！

那是喜悦！

那是大道！

呵，我看见了

春之神

露出了笑脸

伸出了臂膀

张开了翅翼……

这里很有些郭沫若"五四"时期诗歌中的那种振奋昂扬的气派。"春之神"，希望之神激活了作为"诗人"，作为一个革命者的热情，回顾几十年的风雨人生，展望未来，路还长，而"我剩下的时间不多了"，内心里不由得产生了一种热烈的焦灼。

我全身的热血沸腾了！

我的心扉敞开了！

我的思想开窍了！

我豁出去了！

我什么顾忌也忘了！

我飞起来！

我紧紧抓住

时间的缰绳

像布谷鸟儿

向前飞呀，飞……

真的，这个真正辍笔十几年的诗人，又要重新起飞了。不用说，这是一种沉重的起飞，艰难的起飞，但一旦决心下定，他的追求也是执拗的、踏实的，正如他的《自传》诗中所写的：

我在写一个很长很长的自传

二十五年前

一个惊叹号落在我的面前

我送走了我虚度的年华

背着希望

又迈步向前


二十五年后

我的面前没有句号

仍然是踏实的一个又一个的起点……


几乎在开始努力复苏诗歌创作的同时，木斧也开始创作小说作品。写于1981年的《大辛小传》和写于1982年的《调查》就是这一时期颇具代表性的作品。


## 选择了编辑生涯


1979年1月，木斧已经四十八岁了。他几乎在恢复创作的同时，回到了成都。那时，他的所谓"受胡风思想影响较深"的问题，也经组织的重新调查得到了昭雪，于是他和爱人邓德芳一起带着全家回到了成都。

1982年，木斧被彻底平反后，中共四川省委常委、组织部部长安法孝接见木斧，安法孝是木斧在广汉参加征粮、减租退押、土地改革时期的工作团长，是木斧的老领导。多年不见，各自都有一番经历，相互之间自有一番感慨。寒暄之后，安法孝告诉木斧说，组织上准备调整他的工作，任命他担任四川省政府文化局副局长，征求他的意见。本来这是一件好事，但是想不到木斧谢绝了。木斧对安法孝说："我在什么地方倒下去的，就要在什么地方站起来。"安法孝说："如果这是你真心实意的话，我尊重你的选择。"

当时，平反冤假错案工作正在开展，一大批干部被恢复名誉，都要安排工作，但是位置却十分紧缺，有这样一位主动不要厅级干部高位而愿去做文字编辑工作的人，实在是难能可贵的。看着这位给官不做的人，安法孝这位老人事领导干部确实充满了敬意！

因为这件事情，木斧遭到了家人的笑话，说他是个傻子。那么大的官不当，而选择去当个为人作嫁衣的编辑，不是傻子是什么。但是木斧却另有考虑。他说："我不傻！文学创作已经成为我的生命，我曾经失掉了它，好容易又重新获得了它，我绝不放弃。作家，并不是一种职业，我选择的职业是四川人民出版社文艺编辑，为他人作嫁衣是我乐意的职业，我可以从中受到文学的熏陶，也有利于我从事业余创作。因此，什么样有诱惑性的工作我都可以谢绝。"

其实，那时他还有一种考虑，就是当编辑相对比较自由一些，可以不必每天八小时坐班，出差机会也多些，有利于他和文艺界、理论界加强联系。选择编辑工作，其实是可以公私兼顾，一举两得的最好选择，谁说木斧"傻"呢！

选择到四川人民出版社，木斧还有一重考虑，就是当时的四川人民出版社的领导班子中，有他当年在团省委之时，与他都是《红领巾》杂志的老同事。且不少人也曾受到胡风集团案子的影响，如刘令蒙（杜谷）等人。而那时的四川人民出版社，由于社领导班子思想开放，正处于轰轰烈烈的上升期，已经出版了一系列引起全国反响的书籍，如《周总理诗十七首》《在彭总身边》《最后的岁月》《罗瑞卿诗选》，包括郭沫若、老舍、巴金、曹禺、李劼人在内的"中国现代作家选集"丛书，以及老作家们的"近作丛书"等，创造了我国地方出版业的奇迹。那是四川出版界最为辉煌的时期。在这样的出版单位工作，心情自然舒畅，木斧当然也十分愿意。

他被安排在四川人民出版社文史编室任副主任。此后的1986年，在文史编室的基础上扩大成立四川文艺出版社，木斧又担任了副总编辑，邓德芳则被安排在省外办工作。这时，他们的孩子也都陆续长大。长女杨楠、次女杨桦、长子杨杉、次子杨林，也都相继参加了工作。真是国家大发展，事业有希望，家庭也幸福。在新时期大好春光里，木斧在工作中、在创作中，都取得重大的成绩。他本人也频繁参加各种学术会议，去吸取思想的养料，去结交新朋旧友，建立友谊、联络感情，他真正达到了人生和事业的第二个高峰。

但是，作为一个搞创作的人，唯一离不开的就是作家协会。原来木斧以为自己早就是一位作家了，经过查询，他才明白自己什么也不是，只是个白丁。他清楚地记得，1950年10月，由川西区文联创研部部长洪钟引荐，他参加了成都市文学艺术工作者协会，同时参加的还有沙汀、西戎、刘沧浪、洪钟等人，当场颁发了会员证，后来中国作家协会成立，这批会员一律转为了中国作家协会第一批会员。木斧以为自己早就是中国作家协会的会员了，等他找到了四川省作家协会的时候，那里办证的人员早就变更几次了。最后找到了洪钟，洪钟说他记不清楚了。"那个时候恰好是你被抓出来的时候，会不会上报之时把你的名字勾去了呢？"洪钟说。木斧这才写信给中国作家协会查询，中国作协创联部正式书面回答：中国作家协会会员名单上没有木斧的名字。这件事使木斧十分气愤，即使搞错也是你们搞错的，难道还要我承担责任吗？他申言一定要把这个问题查清楚，结果惊动了在北京工作的沙汀，他要他的秘书张大明告诉木斧：你是中国作家协会的会员怎么样，你不是中国作家协会的会员又怎么样，你写你的东西嘛！

沙汀一句话提醒了木斧，是不是作协会员不值得计较，关键是创作，作家靠作品说话，创作不能停步，迈开步写下去吧！其实，沙汀说这句话的同时已经介绍木斧参加中国作协了，木斧填了表，顺利地领到了中国作家协会的会员证。

当编辑其实是一件力气活，也是一种感情活，对编辑者本人的素养要求是很高的。首先，要有广泛的人脉关系。所谓人脉关系，对于文艺编辑而言，就是要能够自由地出入文艺圈子，要得到作家的认可，赢得作家的尊重，你才能组到高质量的稿件。人熟了，怎么都行；人不熟，就很难得到作家的认可，要拿到好的稿件，基本上是不可能的。尤其是那些著名作家的稿件，就基本没有可能拿到。其次，对于作家作品要有很精准的鉴别力，对于作家的稿件，要承认不是每一个稿子都是精品的，尤其要防止由于编辑的不慎重，组的稿子用不可能，退稿也不能的状况发生。三是要舍得跑路，要多与作家交往，感情是交往出来的，所谓人不交不亲，不交往，单靠冷冰冰的书信往来，感情不可能融洽，友谊不可能深厚。因此，当编辑，要东南西北跑，联络作家，组织稿件。当然参加各种相关的笔会、学术研究会议，一次就能见到很多作家、诗人、评论家，参加这样的会议，对于组稿来说，可收到事半功倍的效果。但是都要经常出差。四是要真心真情。一心一意尊重作家，培育新人。对名家不能低声下气，对新人又不能趾高气扬。要设身处地为作家着想，多与作家沟通，形成共识。

木斧当过编辑，深谙作家心理，对于编辑的要求也十分熟悉；他又是诗人、作家，对于作家们的想法也是十分了解的。这样一位人物当编辑，自然能够获得作家的好感和信任。这就为做好编辑工作奠定了较为坚实的基础。

1980年10月，木斧从成都到武汉去见伍禾，多年断绝音信，他并不知道伍禾现在的情况，但是没见着伍禾，见到的却是徐迟。伍禾是木斧从事文艺创作的导航人。1948年这一年，伍禾在他主编的《新湖北日报》"长江"副刊上发表了木斧寄去的全部的诗作，在他的扶持下，木斧很快成长起来。新中国成立后，木斧长期忙于农村基层领导工作，不可能出差到武汉去，1955年又成为"受胡风影响较深的人"，更没有希望到武汉去了。1979年木斧从绵阳调到了省出版部门工作，第二年便急着到武汉去了，他要找到他当年的导航人伍禾，当面向他表达感激之情！

为此，他先给曾卓写了一封信，向他打听伍禾的情况，也打听诗歌界一些熟悉同志的情况。曾卓回信说：

木斧同志：

信收到。你发表在《红岩》上的诗我也读到的。没有想到你也因我而受到牵累，不过那些年间也就是如此的，好在一场噩梦总算过去了，来到了你所歌唱的早晨。

我现在市文联从事专业创作，最近发现了肺结核，主要在养病，偶然写一点。冀汸在浙江。绿原在北京。也都还在写。请向修文同志致意，感谢他的诚挚的歌。

伍禾也牵涉进集团中，1957年又被划为右派，现都已改正。但他已在1968年去世了，死得很惨。解放前他是《新湖北日报》（不是《湖北日报》）"长江"副刊的主编，我也化名在那副刊上写的不少。市图书馆没有该报，省图书馆应该有的，我没有时间去查，不过我总会查的，因为我过去的作品也全部丢失了，那时我一定留意代你找你的那两首诗。来武汉时请一定来谈谈。

祝好！

曾卓

1981年5月17日

"洞中方七日，世上已千年"，长期与文艺界信息隔绝的木斧这才知道伍禾早已去世了，然而木斧到了武汉，毕竟见到了曾卓、羊翚和田野，经过曾卓他们的介绍，又认识了徐迟。以前木斧从未见过伍禾，在想象中伍禾的形象，便是现今生活中的徐迟。那时的徐迟，因为在《人民文学》1978年1期上发表著名的报告文学作品《哥德巴赫猜想》而誉满全国。一时洛阳纸贵，风靡神州。见到这位大作家，木斧就向徐迟约稿，他欣然应允。

木斧发自内心地尊敬这位老作家、老诗人。徐迟首次发表作品的时候，是1929年，那时距木斧出生还有两年。木斧长大后也一直喜欢徐迟的作品。而木斧见到徐迟的时候，徐迟因为《哥德巴赫猜想》而轰动全国，已经是受到中央领导肯定、又具有全国影响的大作家了。这时，徐迟的诗歌、小说、报告文学都已出版了，唯独没有出版过文学评论集。木斧认为，四川人民出版社能出版一本徐迟的文学评论集，既可为四川出版社增色，也可以补上徐迟未出版过文学评论的缺陷，是一举两得的事。当然对于刚刚复出的木斧来说，能够为这位大人物出书，也是很有意义的。

徐迟很爽快地答应了木斧的约稿。于是木斧就守着徐迟编书，效率极高，几天后他编出了一本文学评论集《文艺和四个现代化》。

徐迟也关心刚刚复出的木斧，总想为他做点什么。他十分真诚地问木斧是否爱好文学，如果需要的话，他可以陪着去找一些作家聊天；如果只做编辑工作，他可以带木斧到各个编辑部去走走。

木斧当时刚刚复出，还写不出作品来，而且刚去出版系统工作，不了解情况，所以对于徐迟的邀请都一概谢绝了。徐迟不甘心帮不上木斧的忙，他总问木斧："你总有一点什么爱好吧？"木斧就只好说是学画的，于是徐迟就把他家中收藏的画册都搬给木斧看，并且畅谈了一番他对印象派画的观感，也使木斧大开了眼界。

木斧离开武汉的时候，徐迟到机场送行。使木斧感到这是一位"没有架子，没有派头，受人尊敬，和蔼可亲的老头儿"。

徐迟的《文艺和四个现代化》很快出书，木斧担任责任编辑。书出版以后，受到社会各方面的欢迎。徐迟热烈响应党的十一届四中全会的号召，愿意为实现社会主义的四个现代化奉献毕生的精力，并且在尽快的时间内捧出这本著作，这是难能可贵的行为。但是万万没有想到，一封检举信和一篇大批判文章寄到了中共四川省委书记谭启龙的手上。检举信使用了"文化大革命"中"红卫兵"的语言，检举"胡风分子"（指木斧）勾结"黑帮分子"（指徐迟）炮制了一本"反党反社会主义"的"黑书"。好在时代不同了，一封检举信虽然带来困扰，但也未曾酿成大祸。谭启龙收到检举信和大批判稿之后，即批示逐级进行审定和上报，一切按照程序进行完毕之后，这封检举信被理所当然地否定了。

一场出版风波就此平息！

但是，鉴于徐迟年纪大了，木斧一直没有向徐迟透露那本书被检举、被写批判文章的事。直到审查完毕，木斧才写信告诉了他。1984年3月5日徐迟复信木斧说："天下事也真难言。幸而现在已经过去了，该不会再来了吧，不过我也该安息了。没有想到竟还连累到你。我该怎么向你赔礼呢？"徐迟知道这件事以后，真的动了感情，心里感到难受，但他仍以大局为重，认为真的说不假，诬告就让他诬告去吧，没有必要再去过问此事了。他在信上对木斧说："最要紧是健在，而且生活得很愉快！"

木斧是在禁闭新诗创作二十多年之后，复苏"归来"之后恢复创作的。他的诗在新时代里如打开闸门冲向大海的潮水奔涌而出，先后在《人民文学》《诗刊》《上海文学》《星星》等刊物相继发表。当时知道木斧是谁的人不多，但是却被辛笛注意到了。他来成都找过木斧，但是木斧出差去了，只好让四川人民出版社有关人士转告木斧，希望与木斧在上海相见。

对于辛笛的邀请，木斧真个是受宠若惊了。在木斧心目中，辛笛是他的父辈诗人。他在少年时代，就陆陆续续读过辛笛的诗，读他的诗，不仅能够增长知识，也能受到美的陶冶。辛笛在他的心目中，是一位重量级的前辈人物。

王辛笛（1912—2004），原名馨迪。祖籍江苏淮安，生于天津。1935年毕业于清华大学外文系。1936年至1939年，在英国爱丁堡大学英国语文系进修。回国后，任暨南大学、光华大学教授，中华全国文艺协会上海分会秘书，诗歌音乐工作者协会上海分会负责人。1948年加入中国民主同盟。新中国成立后，历任上海烟草工业公司、上海食品工业公司副经理，中国作协第四届理事、上海分会副主席。著有诗集《珠贝集》《手掌集》《辛笛诗稿》等十余部，还写作了大量的散文作品。

木斧回忆："大约1982年吧，时间我记不准了，也就是在圣野、曹辛之、鲁兵合编《黎明的呼唤》前后，我到上海拜望辛笛去了，谈话当中，辛笛告诉我，曹辛之也来上海了，明日再聚会一次吧。第二天我又去了，除了曹辛之夫妇外，圣野、方平等人也来了。这是一次20世纪三四十年代诗人的大聚会，元老当然是辛笛；圣野、曹辛之、方平是老兵；方平也是20世纪40年代的著名诗人，后来被翻译家的名声掩盖了他的诗名；只有我是新兵，我是'赶上了40年代最后一班车的现代诗人'。

"我们谈笑风生，相聚甚欢，最后当然是辛笛老大哥请我们去梅龙镇吃了一顿川扬味的丰盛大餐。"

临走，辛笛签名赠送木斧一本他的诗集《手掌集》。木斧比较系统地读了辛笛的诗后，对他的认识有所转变，过去以为他的生活比较优裕、安定，没有受过多大的苦难，木斧的认识是大错特错了。知识分子在那个不安定的社会环境中哪有什么优裕和安定，到处都有坎坷，到处都会受到折磨，辛笛也有辛笛的苦恼和忧愁。于是他写了《手掌——给辛笛》：

> 为什么古老的山脉畅流清泉？
> 为什么归去的枫叶吐露童颜？
> 伸出你的手掌，老诗人，
> 我要从你的手掌地图上追根溯源。

以后木斧只要到上海，必定要去看望辛笛，去了几次记不清楚了，木斧还记得1983年7月14日去厦门途中经过上海，又去看望辛笛，辛笛亲笔抄写了他的一首诗相赠，作为留念。诗题是《一个人的墓志铭》：

> 我什么也不带走，
> 我什么也不稀罕；
> 拿去，
> 哪怕是人间的珠宝！

留下我全部的爱，

我只是满怀着希望

去睡！

请忘记我罢，

记忆在你已是沉重的负担！

寂寞的时候，

且到园中去走一遭，看一看

——在盛开的玫瑰那里。

也许正栖迟着一只经冬的蝴蝶。

　　这是辛笛早期的诗。真美啊！辛笛很早的时候便写下了墓志铭，现在读起来还是那么亲切、感人，仿佛现在他还活着，还在和我们娓娓清谈呢！

　　1991年，木斧离休了，出差机会少了，从此再没有去过上海，但他还时时关注着老诗人的信息，听说每年春节，辛笛家中的贺年卡如雪片般从国内国外四面八方飞来，真个是"诗满人间，名满天下，交游世界"呀！木斧真诚地为老诗人桃李遍天下、名扬四海而感到由衷的高兴；后来又从香港《诗网络》上看到了辛笛九十岁写的诗，老诗人确实是诗心不老，令人敬佩，木斧到处给一些老诗人写信，让更多的人分享这位高寿诗人的佳音。

　　辛笛在他后来主编《20世纪中国新诗辞典》（上海汉语大词典出版社1997年）时，还专门收入了木斧的《画卷》一诗。这首诗很多选本都未曾选过，可见主编者的眼光。

　　实际上，在木斧正式平反之前，他已经和文坛一些四川籍老作家恢复了联系，比如沙汀老人。这位在初期就关注木斧的著名作家，知道木斧在农村工作的经历，就让四川省作协创联部的洪钟带信给木斧，要他提供一些初期农村征粮的情况，这是沙汀为他正在创作的《青枫坡》和《红石滩》准备材料。木斧便根据自己的记忆写了一些情况寄去。沙汀收到后，便写信说明了需要这些材料的缘由，还希望木斧继续补充一些材料。

木斧同志：

　　手书奉悉。我解放前夕在睢水一位姓吴的村小教师家里住了好几个月，安县一解放，我就按组织上的指示赶往成都。后来听说他在征粮中被暗杀了。后来我去睢水了解到他一些受害的经过真相，我爱人，大的孩子也曾参加了征粮工作，吴同志也参加了。他正为挤黑田，被伪乡长一批坏人暗杀了的。人老了，好多往事时萦于怀，但我自己的记录材料多已散失，我爱人留下的少许杂记，又多是记录当日社会动态的。你来信给我解决了一个问题：征粮的标准、办法，但未提供地主瞒产和农民积极分子挤田的实例。而我正需要这些材料。写小说年岁精力有限，看来不行了，但我总得写点回忆文字，悼念吴的文章。《青枫坡》当尽力弄一本寄您。祝

　　新年快乐！尽力完成创作计划！

沙汀
1979年2月30日

　　从抗战时起，土劣就大量盗借反动派征收的粮谷，1949年，伪政府还搞过清查存粮委员会，但很快就解放了。你们征粮时对于伪政府的粮仓，是根据怎样一种政策、方针处理的？盼告！

　　木斧都一一照办了。他还受沙汀的委托，为他撰写的《我的传略》做了编辑职责范围内应做的工作。

　　木斧收到沙汀寄来的《青枫坡》后，写出了评论《一个朴实的创业者的形象》在刊物上发表了。

　　与沙汀的通信中，这位老作家向他谈到了怎样对待评论家对于自己作品的评论问题，还对《青枫坡》表示了自己的不满意，希望今后修改得更完善，下

面这两封信所表达的态度，对于木斧后来对待评论者的态度也有很深的影响：

木斧同志：

　　来信奉悉。承您费神，代我了解的一些情况，有用。谢谢！

　　作品既然公之于世，别人怎么评头论脚，是不可避免的，我看用不着管。也曾有人来信或当面要我提供自己的有关情况，那总得看条件，可也未曾完全拒之门外，只是分量上有所区别。有的，我谨奉赠给徐州师院所写材料一份，问题就解决了。寄上《青枫坡》一册，请查收。这本东西写得仓促，也未费应有的时间进行修改，就发表了，所以我自己颇不满意。原以为头绪较多，结构较松而已，把细重看，尽管"人文"出版社小说组编辑同志给了我不少帮助，文字语言方面的粗疏之处也不少。脑子不够用了！这真是莫可如何的事。

　　匆致

　　敬礼！

沙汀

1980年1月18日

木斧同志：

　　廿八日信收到。《青枫坡》只可说是征求意见本，因为它写得匆忙，修改也较马虎，尚需改动，请多提意见吧。

　　您前次提到有人写我的评传问题，我就说过我的态度了。既然有东西发表，当然就会引起注意，这是好事。不管批评赞扬，都是好事。至于写评传之类的大块文章，如作者有问题要我作答，我一般都根据其要求作答。至于如何评价，我无权过问，也不看原稿。

　　来信提到的两位同志，我确都认识，北京的那位同志，60年代初，也可能50年代末，我们就曾经谈过两次。最后一次他提出要我看一个提纲，我推谢了。前年来京后，去年吧，他还来看过我一次。另一位是去年才认识的，他因参加唐弢主编的《现代文学史》工作留京有日，我们一共谈过两三次。回原校后，还通过两三次信。最后一次信，要我看他的草稿，我也同样推谢了。

对作品、对作家的评价，我的意见不妨百家争鸣，有分歧，有争议，应是常态，作家本人实在不敢妄加干扰。当然，出版单位的审稿之权，作家本人同样不应过问，匆祝，编安！

1980年2月4日


我那篇小传，务请费神校正，如有疑难处，可就近找萧崇素、洪钟商酌修正。艾芜当然更恰当了，但他忙于创作，以不打扰他为宜。我实在不想看那篇东西了，没有这分精力也没多大兴趣。徐州师院曾送我张我的照片，如去信，顺便亦为我要一两张。又及。


与沙汀的通信多了，他对这位令人尊敬的老作家有了更深的理解，而沙汀老人也更加信任他了。他们之间已经建立了深厚的友谊关系，沙汀就把一些修改传记之类的事情交给木斧来完成了。


木斧同志："传略"已校改好了。我严格计算字数做了些增改，但因感冒初愈，近日杂务又多，恐有不周之处，尚乞认真校阅一遍。凡有措辞不当的地方，您酌情动笔就行了。劳神之处，谢谢！敬礼！

沙汀

1980年4月5日


此后，考虑到沙汀同志年事已高，晚年还要奋起创作，木斧便按照沙汀嘱咐"艾芜……忙于创作，以不打扰他为宜"的原则，主动停止了与沙老的联系。确实，沙汀、艾芜他们那一批20世纪30年代就享誉文坛的老作家们，在改革开放后都进入了晚年，都正在以争分夺秒的热情去创作，他们要把被"文化大革命"所耽误的宝贵时间抢回来呀！不干扰他们的创作，木斧的选择是完全可以理解的。

1984年3月12日，木斧去北京看望沙汀，向他说明自己不是不写小说，而是为了集中精力做好编辑工作，业余时间只能写一些诗，将来一定会写小说的。沙汀说："我相信你。"接着便用毛笔写了恩格斯的一句话赠木斧："有所作为是生活的最高境界。"

沙汀对自己的作品要求特别严格。在他最后完成的两部长篇小说中，他认为《青枫坡》"写得匆忙，修改也较马虎"，引以为憾，因此在创作《红石滩》时，他反复修改，从发表到出版，据统计校改了一百五十四处。这种严谨认真的创作态度对于木斧的影响是巨大的。

木斧总是认为，沙汀给他的太多太多了，应该向沙老学习的也太多太多。沙汀希望他写小说，但木斧自觉拿不出几篇像样的小说来，就像一个负了债的人，有一种难见江东父老的心情。他希望沙汀长寿，总盼望着有一天会捧出自己创作的小说成果去见沙汀，给他一个意外的惊喜。但是还是晚了，当木斧的长篇小说《十个女人的命运》出版的时候，沙汀却早一步走了。尽管如此，木斧还是想对沙汀在天之灵说一句："沙汀同志，我的长篇小说出版了！我终于没有辜负你的期望啊！"（沙汀致木斧的信，木斧《生活的最高境界》，《木斧短文选》，第105—111页）

# 第七章

# 诗海扬帆·上

## （1981—1984）

## 艰难的起步

单从写作的角度来看，粉碎"四人帮"之后，木斧就重新开始写作，并在一些刊物上发表一些对于这场关乎党和国家前途命运的斗争的喜悦的诗歌作品，但是从艺术上讲，这类作品的基调还是20世纪50年代的那种斗争、欢呼的调子，作品发表的刊物，也是局限在川内刚刚复刊的如《四川文学》《红岩》《星星》等刊物。木斧从恢复写作的喜悦中很快冷静下来，他发现，中国诗坛已经发生变化，诗歌创作已经不仅仅局限于呼应现实政治尤其是现实政策的需要，去做政治和政策的直接的传声筒了。诗歌已经转向追求属于自己的独特的艺术表达了。于是，他暗暗地确定了一个宏伟的目标，就是要攀上全中国文坛、诗坛的高峰，他暗暗下定决心要为实现这一目标而奋斗。

这个过程何其艰难！木斧回忆那个时候自己的创作状况："最熟悉的已经变成最陌生的了。从陌生回到熟悉，不是回到老路上去，而是要重新闯出一条路子。"

"在诗歌创作的激流中重新扬帆，困难重重。"

"对于一个掉了队的人来说，能不能在短时间内赶上这支队伍，既需要勇气，也需要耐力。"

这是木斧在《诗的求索》一书中概括描述他恢复创作时候的情况和心情的一段话。

是的，恢复创作、冲击高峰，这里包含了多少苦涩、多少艰辛、多少奋斗啊！

恢复，并不是回到20世纪50年代的水平线上去，而是要站在20世纪80年代的诗的起跑线上，展翅奋飞！这对木斧这位已经年近五十，又已停止创作十余年的中年诗人而言，困难是不言而喻的。

木斧是这样的一个人：一旦认定目标，即穷追不舍。他有一股不达目的决不罢休的那种精神、那种韧劲！而且，他又把他的目标定得是那么高："用三年时间攻下三个刊物——《诗刊》《人民文学》《上海文学》。"而且，"不准走捷径"，不托熟人，"只能用自发投稿的方法"，这无疑就更难上加难了。

要知道，在当时乃至于现在，这几个刊物大名鼎鼎，是中国文学的标志性、代表性刊物，在这些刊物上发表作品，一般而言，那就是表明作者已经被文坛认可、作品的水平达到一流了。对于诗人而言，作品能够登上《诗刊》，无疑也具有极大的荣光，因为那既是水平能力的表现，更代表着文坛顶峰的承认。但是，不到三年时间，这代表全国诗坛最高水平的刊物上都刊有木斧的名字——他终于用他的不懈努力，重新登上了诗坛，在诗国的原野上再次展示了自己的才华！

"首先攻下的是《诗刊》。"木斧常常对探询他这段重新崛起的经历的朋友们说，言语中不无得意与欣慰。作为诗人，这确实足可欣慰。然后，他就毫无保留地"泄了密"——讲述他向《诗刊》发起"攻击"和攻下《诗刊》的全过程。

1978年底，党的十一届三中全会的召开，使木斧那枯萎多年的诗心里得到了雨露的滋养，重新生长出诗的灵苗。创作的欲望在心中燃烧。1979年初，他即开始把自己的诗作源源不断地寄给《诗刊》。稿子寄出时，有时也要附上这样的话："编辑同志，寄上习作几首，不用盼退稿，并盼对习作提出批评意见。"态度十分谦虚，但又不卑不亢。然后在信封上写上"诗刊社编辑同志收"的字样，付邮之后，木斧自是虔诚而度日如年望穿秋水地期待着，但第一次就吃了闭门羹。不过木斧毫不气馁，一次又一次地寄去稿件。第二次第三次即收到盖有编辑部公章的铅印退稿信。这对一个虔诚的期待者来说，也足可安慰了：比较石沉大海泥牛入海无消息的第一次投稿而言，无疑是有了点进步，享受到了较吃闭门羹为高的待遇了。而且，按木斧的热情，"收到退稿信是意料中事，不必怨天尤人。我知道创作是一件艰苦的劳动，刚刚起步，哪能一举成功？收到退稿，另寄新作，我绝不泄气"。

转眼到了9月。9月是收获的季节，木斧的艰苦努力，也开始有了新的收获。那就是收到《诗刊》来的手书的退稿信。复信的内容如下：

木斧同志：

诗作收阅，经过我们研究，大家觉得你的诗歌质朴，语言流畅，但诗的选材不够新颖，生活挖掘得不够，诗意比较浅薄了一些。粗浅意见，仅供参考。

谢谢你的热情支持。

敬礼

作品组

1979年9月25日

收到这封信，引起木斧由衷的喜悦。试想，在不断投稿均如泥牛入海般的失望中，突然收到编辑部的来信，那该是一种什么样的振奋啊！凡是向刊物投过稿的人都曾经经历了这个过程。在反复展读之后，他在这封复信中得到了启发：

"有生活，有激情，有语言表达能力，有基本功，但这还远远不够，还要会发现，会挖掘，会捕捉新的意境，会不断丰富创作技巧。搁笔二十多年之后，经过摸索，经过指点，现在才找到了差距！"

就这样，木斧重新发现了诗的新大陆，找到了通向诗美的大道。他自己回顾说："像所有的初学者一样，有了这位不知名的编辑的疏导，我的诗入了门，有了长足的长进。以后，我多少次将诗稿寄去，就有多少封手书的退稿信寄回，这些信肯定了我的进步，一再指出，'清新，简洁，朴素，有一定的意境，这种风格值得提倡'。不断地鼓励我寄新作去。在编者的印象中，我大约够得上一个有培养前途的初学写作者了。"

正是在《诗刊》的鼓舞下，木斧踏上了诗歌创作的漫漫征途。1980年2月4日，木斧此后将牢牢地记住这个日子。这一天，在木斧的诗歌创作道路上，将是一个明显的标记——他收到了《诗刊》作品组李小雨的亲笔信，信中通知木斧，他的《溪边》《寻觅》两首诗，《诗刊》已决定刊用。这是一个突如其来的喜讯！也是一个盼望已久的喜讯！收到来信，木斧又似乎回到了少年时代接到方然的用稿信时的状态：恍恍惚惚，如痴如迷！终于站到了20世纪80年代诗的起跑线上了，他心中的喜悦是无法言喻的。不过，毕竟不再年轻了，心中的激情很快地转化为诗的情愫：从此，一篇篇锦绣诗章源源流出他的笔端，又在各种文学刊物上与读者们见面了！

从此，木斧也才知道，《诗刊》编辑部长期与他保持联系的，就是这位叫作李小雨的人。他后来与李小雨相识了，知道李小雨比他要小得多。但是他仍然对她保有一份深深的敬意。他说："我在长期中断写诗之后，今天还能重新提起笔来写诗，绝不能说这与编辑的扶持没有关系。如果说，方然、伍禾是我的第一位第二位老师的话，李小雨何曾不是我的第三位老师呢？"

从2月到7月，中间隔着五个月。这是一种漫长的等待。7月，李小雨来信告诉木斧，《溪边》《寻觅》二首已发在《诗刊》第八期了。大局已定，木斧从成都动身，北上北京，去看望他的老朋友，20世纪40年代在成都就见过面的诗人邹荻帆——此时，他是《诗刊》的主编。木斧此次拜访，也包含着向他报告自己已重新创作并已经为诗坛所认可的消息这层意思。

在邹荻帆家中，这两位已有近四十年未见过面的诗人再次见面了——抗日战争末期，邹荻帆曾在成都工作一段时间，那时，木斧就与他认识了。邹荻帆看着坐在自己对面的木斧，兴味十足地倾听他对自己几十年奇特经历的叙述，也在头脑中搜寻着木斧20世纪40年代时的身影。那时，邹荻帆是著名的青年诗人。在成都，木斧还是一个不太懂事却对诗十分敏感的小孩子，整天围着会写诗的大哥哥大姐姐们的衣角转。现在，该轮到邹荻帆惊讶了——为木斧几十年的不幸！

"怎么？把你这个毛孩子也划到'胡风集团'里去了？"

邹荻帆显然地对木斧的近况是完全陌生的。这正符合木斧的希望，他是要给邹荻帆一个意外的惊喜呀！

邹荻帆完全是一个老大哥。他听完木斧的叙述，便慈祥地询问，停笔多年之后，还想不想写诗？写了没有？他殷切地期望木斧振作起来，说："提起笔来写吧，开始练笔时可能吃力一些，不一定写得好，慢慢就会好了，曾卓是这样，罗洛也是这样，你恢复写诗之后，可以挑几首好的，寄到《诗刊》来。"

这位忠厚的长者呵，他哪里想得到，木斧此来，是报告喜讯的呢！木斧听着他的劝告，心中很受感动，他再也憋不住了，再也不能把关子卖下去了！他兴奋地说："我已经写了，寄了……"

"是吗？"邹荻帆眼中闪着兴奋，他忘了，一个曾长期钟情于诗的人，一个着了"诗魔"的人，在阳光灿烂的春天，怎么能抑制得住对诗的迷恋呢？诗人的歌喉，怎么能不歌唱呢？

"如果有一定水平的话，是会刊用的。不过也要做一些思想准备……"

仍然是打气，他怕木斧稍受挫折，即中途收兵，毕竟是长期未写诗的人啊！

他的话还未说完，就被木斧激动得显得颤抖的声音所打断："就刊在下一期！"

现在该轮到邹荻帆再次惊讶了！他不禁紧握着木斧的手："你这个木斧呵……"

他的眼前，闪现出20世纪40年代在成都见到的少年木斧的影子……

后来，木斧和《诗刊》的许多同志都熟识了。大家谈起木斧向《诗刊》投稿的事时，总是忘不了开玩笑地说："李小雨同志现在还以为你是初学写诗的青年吗？"木斧笑笑说："不会的，《溪边》和《寻觅》两首诗，早已证明不是青年人了。"那两首诗是这样的：

> 我儿时嬉戏的小溪，我来了
> 我赤裸裸地在你的身上打滚
> 拍呀，打呀，蹭呀，蹦呀
> 浑身糊满了稀泥
> 待溪水平静之后
> 望着清粼粼的镜面
> 看见了自己泥污的影子
>
> ——我认不出自己了
> 我伸了一下舌头，跑了……
>
> 我儿时嬉戏的小溪，我来了
> 我久久地坐在你的身边思忖
> 我在这儿失掉了什么？
> 我羞于脱去衣服
> 我无力跳下去翻滚
> 镜面上映出了
> 一个肃穆静坐的老人
> ——它认不出我来了
> 我知道，我知道
> 那儿时无邪的天真
> 早已随着溪水流去了……
>
> ——《溪边》

我顺着蜿蜒的小道

静静地回忆和寻觅：

哪是我摔跌的小道？

哪是我伫立的园庭？

哪是我淌汗的泥土？

哪是我跋涉的山坡？


休笑我迂和腐

勿嘲我痴和愚

我要寻觅的

不是陈旧的痕迹

不是逝去的时日

我寻那失去的胆量

那热烈追求理想的

一颗滚烫跳动的心！

——《寻觅》


　　这两首诗的思想情感格调是一致的。在诗中，"童年"以及童年时代生活的各种具体的物象如在小溪里的嬉戏，"摔跌的小道""伫立的园庭""淌汗的泥土""跋涉的山坡"，都是一种象征：那就是真诚、纯洁、热情、胆量和自信。在我们的国家经历过了几十年的风雨之后，在普遍的人际之间存在着猜疑，互相防范，以邻为壑的社会风气下，这是一种呼唤，一种真诚的对于"美"的呼唤，对于"人"之所以为"人"的一种呼唤、期待和向往，"思忖"和"寻觅"的并不是尘封的记忆中各种有趣的、无趣的往事。我们读这两首诗，头脑中所浮现的，正是这样一位历经忧患和时代沧桑而伤痕满身，但又执着探索、寻求理想人生的抒情主人公的形象，也深深感受到了作者对于真善美的呼唤和追求！这里没有振臂高呼的激昂，没有声嘶力竭的呐喊，有的是一种纯净的可以照见肺腑的坦诚和清澈，同时也蕴藏着深厚的历史感。从欢快、纯洁、无邪的儿童到"肃穆静坐的老人"，这本身就是一段历史，是历史的塑造，是时代变化的产物！看似简洁的诗句，却包含着深沉的历史内涵和人生感悟，这是两首颇有内涵的佳作！

诗写得既平易朴实，又清新纯洁，这是一个纯真诗人的内心真实写照，也体现了与前不同的一种崭新风格的初步形成！这是一位有风格的、成熟的诗人了！

就这样，木斧以自己的对于诗的执着追求和艰辛努力，"攻"下了《诗刊》，"攻"下了《人民文学》，"攻"下了《上海文学》。他挺直了自己的脊梁，以顽强的努力，艰难地终于又重新出现在诗坛上了。诗的合唱队伍中，又重新响起了属于木斧自己的声音；在诗歌的浩瀚无际海洋里，木斧扬起自己的风帆，朝着梦想的方向远航！

## 春　蛾

在不到三年的时间里，木斧终于完成了重新崛起的过程。这次"崛起"对于他来说，是至关重要的，那是对于自身此前创作的一种超越，也是攀上诗坛高峰、走向全国的标志。原因如他自述所说："党的三中全会以后才想起要恢复创作。我能复苏吗？我自己也没有把握，于是我给自己画了一个蓝图，用三年的时间冲一冲，冲出来了，继续写诗，冲不出来，到此止步。结果不到三年时间，我冲出来了。我看到了希望，我对前途充满了自信。"

回首这段经历以及国家所走过的道路，木斧自然是感慨万千，心潮奔涌激荡。他的诗的弦索被拨响了：要把这次崛起，把自己的信心，把由此次崛起所带来的人生的感悟用诗表达出来！

要写诗，这是一种感情冲击下的主观的创作愿望。几次提起笔来，在纸上涂抹，但最终又放弃了。有一天，他来了灵感，于是挥笔写下了这样的诗句：

我写了很多很多的诗，
其中有苦恼也有乐趣。
在我精力最旺盛的时候，
我做了一场噩梦停了笔。

你是老了还是不行了？
不，我还有旺盛的精力！
我要一直写下去，
总有一天会起飞！

　　写完了。木斧读了遍，不禁自己也摇了摇头！这不是诗，而是一种对自己前段时间经历的一种抽象的叙述！这里的"我"也是一种个人的化身，不可能产生一种引起读者共鸣的力量！木斧分析了这首诗失败的原因：虽有创作的动机与愿望，也有热烈的感情的冲击，但还未能找到一个与之相契合的高质量的意象！

　　"从这一天起，我开始孕育这首小诗，我在生活中到处捕捉这首诗的意象。可是无论怎样冥思苦想，都不能成诗。就像一盏煤气灯一样，玻罩有了，灯芯有了，煤油有了，就是找不到气眼，怎么也点不燃这盏灯。

　　"偶然有这么一天夜晚，我拉开台灯，看见灯罩上蹲着一只漂亮的飞蛾，台灯一亮，便飞走了。它是从哪儿飞来的呢？它找我干什么来了？蓦地我心头一亮，气眼张开了，我想象中的那盏煤气灯亮了。呀，一只会飞的蚕！我转瞬间捉住了春蛾的意象。

　　"我开始写《春蛾》。最初我的思想出了窍，用了许多华丽的辞藻描绘这一只美丽而奇特的飞蛾从蚕茧中奔出。写出来之后，我第一个就觉得别扭。这不是我要赞颂的春蛾。我要赞颂的是一只普通的春蛾，我要描绘的是她的内心世界而不是她的外形。于是拿起笔来大加砍伐，不要华丽，不要花哨，不要杂芜，不要取巧。让她自然流露吧。我要用我的心里，去追求无技巧的写作境界"。

于是，《春蛾》诞生了！

永远充满了旺盛的精力

在无穷无尽的岁月中

吐着无穷无尽的丝

后来，无忧无虑地睡了


你老了吗？不！

不过是休息了一会儿

一朝冲出网茧

看，一只会飞的蚕！


这"一只会飞的蚕"，就这样飞出木斧的心窝，飞出他的笔下，飞上了《人民文学》，短短八行诗句，承载着厚重的人生经历和那个时代许多人共同的情感，也承载着作者不甘作茧自缚，勇于创新开拓攀登艺术高峰的坚强决心，飞到千百万读者的眼中和心里，激起了强烈的共鸣反响。

据不完全的统计，自《春蛾》在《人民文学》1982年7期刊出后，当年即被收入《1982年诗选》，朱先树、钟文、牛汉、李鸿然、苏恒、晓敏、马乐群、吴奔星、苏菲、陈朝红、瘦民等诗歌评论家都分别在《诗刊》《诗歌报》《新月》《当代文坛》《回族文学》《诗美艺术》《中国少数民族文学史稿》上撰文给以高度评价。吴奔星教授主编的《中国新诗鉴赏大辞典》收入该诗和孙玉石先生撰写的鉴赏文章。更为有趣的是，台湾地区《创世纪·诗杂志》季刊在1984年6月出版的《中国大陆朦胧诗精辑》中收入了这首诗。把这首诗算作朦胧诗，连诗人自己也大惑不解，只得叹息："浓淡之说，只好听天由命了！"

关于这首诗，木斧曾做了如下解说："这首抒情小诗，我用了两个'无穷无尽'来表达我对祖国对人民的深厚感情，对于二十多年的辍笔算得了什么呢？在我看来，只不过是休息了一会儿，精力更饱满了，一朝冲出网茧，我是一只会飞的蚕。有人说，网茧难解，有什么难解的呢？春蛾不是从蚕茧中飞出来的吗？不冲破重重困难的束缚，你能起飞吗？写诗，难道没有重重网茧吗？

'资产阶级知识分子'曾经是一个网茧，在党的十一届三中全会之后，这个网茧被冲破了。'继承民歌和古典诗歌的传统'不也是一个网茧么？写诗，当然不能摆脱我们民族的传统和古典诗词的传统，摆脱了，就失去了和人民的联系，但他不能躺在里面不动呀，时代在前进，新诗在发展，就得有所突破，有所扬弃，不这样也会失去和人民的联系。总之，有许多束缚在我们身上的精神上的网茧，只有突破，才能创新。如果我现在还按照我的老路写诗，我还能复出写诗吗？如果我认为我已经完美无缺了，我已经具有了某种风格，我已经形成了某种流派，那么我的生命必将濒熄于我自己制造的网茧之中。像我这样的人，别的不说，仅以年龄而论，也可能造成网茧，对新事物不敏感，就会网住自己的手脚。所以承认自己身上有网茧比不承认自己身上有网茧要高明得多。承认它是为了冲破它，这就叫自知之明。是的，我冲出来了，我希望保持旺盛的精力，再做一番拼搏。然而我毕竟只是一只会飞的蚕，我愿飞到我的生命的最后一息为止，虽然只能是低飞。我寄希望于青年一代，他们是鹰，我祝愿他们展翅高飞，直上云霄。"

他又说："熟悉我的同志一看便知道，这是我的前半生的写照，着重写我的复苏状态。"

木斧这段话可能是说他最早的创作意图，或者说是他创作这首诗最早的意蕴所指吧。但诗歌的意象是一个很奇怪的东西，就是它可以超脱作者创作意图的限制，而包含更为丰富的内涵。我们读这首诗，却不可拘泥于作者的述说。王夫之说："作者固一致之思，读者各以其情而自得。"金圣叹说："先生（杜甫）句不必如此解，然此解人脑中固不可无也。"谭献说："作者之心未必然，而读者之心何必不然。"古人的关于解诗的话确实为我们解读诗人作品打开了一扇天窗。

尽管诗人的自述自解为我们理解这首脍炙人口的名作提供了方便，但"诗无达诂"，我们也不必为诗人的自述自评所局限，影响了对这诗的更为深广的内蕴的理解和开拓。

我觉得要更深入地理解这首诗，应该先从诗歌所采用的意象入手。

这首诗的核心意象是蚕。第一段前三句写的都是蚕。用两个"无穷无尽"来描绘"蚕"的辛勤且永不休止的劳作。第四句用"后来，无忧无虑地睡了"来写"蚕"的结茧，这是一种极本朴而又极高明的写实，这里不明说是"结茧"，只说是"睡了"，不仅包括了结茧的含义，而且还给人以更多的启迪与联想。是"睡了"，而不是"春蚕到死丝方尽"的"死"，这就比李商隐对生命的认识要高出一筹了。应予注意的是，这"睡了"是蚕的生命的另一种形态，是生命形式的转换。

接着，又转入了另一个新的意象：冲网而出的飞蛾。前两句是一个衬垫，首先提出一个问题"你老了吗？不！"这设问起到提起阅读者注意的作用，而否定又是那么干脆有力！为了加强这种否定的力量，作者把问答同置于一个诗行之内，给人一种急促的坚定，不予置疑的印象。下面再回答说"不过是休息了一会儿"，语气转缓，对那从蚕到茧的过程轻描淡写，一笔带过，显示出一种对于生命力量的乐观的信仰。

诗中使用了"网茧"和"春蛾"两个相互关联而又形态各异的意象。"网茧"是春蚕吐丝织成的厚厚的"茧壳"，对于"蚕"，是其生命运动的一种形态，既起到一种生命重新孕育的作用，也实际上限制了生命运动的范围，生命在这个范围中运动，最终成熟，另一种生命形态破茧而出，飞蛾——会飞的蚕，这个意象过程被诗人攫住，以诗的语言描绘而出，除了如作者自己所言表现的"许多束缚在我们身上的精神上的网茧，只有突破，才能创新"的人生感悟之外，还实实在在地表现了人生的哲理、生命运动的规律和自然运行的神奇，其内涵极其丰富，意蕴十分厚重！

总起来说，这首诗的意象是蚕，是一种蚕的生命形成的一轮转换和循环，正是在这种生命形成的"无穷无尽"的转换中，蚕才吐出"无穷无尽"的丝，正是这种转化，才使这个"蚕"的"永远充满了旺盛的精力"得到了印证，生命，才显示出一种生生不息的永不枯竭的伟力。在这里，"无忧无虑地睡了"

只是生命的隐在的形式，是生命力的凝聚。"会飞的蚕"是生命的显在的形成，是生命力的爆发和再度显现。正是在这个意义上，吴奔星教授以凤凰涅槃来做比较，是很高明的看法。苏恒、晓敏说，"诗人都写出了新的意境。'春蚕到死丝方尽'是一种境界。作茧不是自缚，更不是死亡，而是生命的一个阶段，是生命的运动、发展和延续，是另一种境界。没有辩证的思想以及生生不息的奋进精神，便没有这般深邃新颖的意境"，这是很深刻精辟的见解。也正是这种顽强不息、无穷无尽的生命力量，使这首诗具有一种震动人心的力量，呈现出一种巨大的、开放性的艺术的张力。

"这是因为一切伟大的作品必定具有一种超越原作者的意旨和境界的弹性与暗示力；也因为心灵活动的程序，无论表现于哪方面，都是一致的、普遍的。掘到深处，就是说，穷源归根的时候，自然可以找着一种基本的态度，从那里无论情感与理智，科学与艺术，事业与思想，一样可以融会贯通。"（梁宗岱《读诗》）梁宗岱所说的文艺作品的"弹性""暗示力"，也就是我们所说的这种所谓"艺术的张力"。

木斧这首诗也是如此。那对生命运动的形式转换所表现出来的生命力量的描绘，便是梁宗岱先生所说的"基本的态度"，是一种高质量的、具有极大的承载力量的原子核心。只待不同读者的不同遭际经历所产生的不同的"中子"的撞击，就会爆发出艺术原子弹的极大的冲击波。

我们还可以从不同的角度、不同的层次上来理解《春蛾》。

首先，从作者的角度看，诗是作者的自我写照，这是诗作的第一个层次。但不仅如此，诗人自己只是中国那一代知识分子中的一员，从个人的经历和思想状况，可以透视出整整一代中国知识分子的性格和思想。因此，陈朝红认为诗中有"自我"，但"自我不是纯我"，我"是通向人民的，个性是通向共性的"，瘦民认为"这是最近半个世纪我国特定历史时期一代知识分子全部曲折遭遇的凝聚，整体复杂灵魂的映照。新中国这一代知识分子，烈火真金！木斧诗中的自我，含蕴着多么丰厚的群体意识！个性美的展示上升到典型性格美的层次了"。让我们站在更高一点来看，我们中华民族，我们的祖国乃至人类历史的发展，又何尝不是如此！一个民族、一个国家，全人类历史的发展，哪能没有曲折，哪能没有弯路！但只要有了这种生生不息的生命力，有自强不息的精神，民族总会发展，国家总会前进，人类的历史总会向着光明的方向延伸！这也就是那"无穷无尽"地吐着银丝而又变成春蛾的这种意象，在最为广泛的意义上所象征的内蕴！

从另一个角度看，人类的各种运动，实际上也都是一种生命体的运动，凡能成功的，总是有生命力的，没有生命力的东西，注定是要没落的。"春蛾"的意象也可以承受来自这个方面的意蕴的发掘！关于这一点，木斧在前引的读"网茧"的文字中，也有很好的说明。

这首诗的成功，给人的启迪是多方面的。比如语言的锤炼、高质量的意象的寻求等等，但最主要的，在于作者抓住了一种人类社会运动，精神运动的最本质的东西——那就是强大生命力的生生不息的辩证循环的运动！并通过一种十分和谐的意象来恰如其分地表现出来。这种最本质的生命的运动和生命的力量与"会飞的蚕"的物象一旦融汇，就成为一种张力极大的意象，也才能释放出如此巨大的艺术的能量，也才具有经久不衰的艺术魅力。

总之，《春蛾》是木斧的最有代表性的作品之一，我相信必将在诗歌史上留下深刻的痕迹！

## 请三大诗人题字

1981年5月，北京鲁迅研究界组织召开了纪念鲁迅百周年学术讨论会。木斧应邀出席。会议期间，吴奔星教授邀木斧一同去看望田间。这是在一次会议的间隙，吴教授对木斧说："我们一起去看看田间，好吧？"

那时，木斧还未见过田间，但是他一直是田间诗歌的读者。田间（1916—1985），原名童天鉴，安徽省无为县开城镇羊山人，我国著名诗人。田间的诗形式多样，信天游、新格律体、自由体都有尝试。在新诗的民族化、大众化方面，他做过一些探索，以平朴的描述和激昂的呼唤形成了明快质朴的风格，是中国新诗的开拓者之一，田间的诗歌具有独特的魅力。他对中国农民的爱，他强烈的爱国主义精神和诗中表现出来的战斗性和感召力，他对于新诗表现形式的探索，都无疑地拓展了中国新诗表现的领域，增强了人们对于中国新诗的信心，是对于我国新诗创作的重大贡献。

田间和他的作品，对于木斧来说，是一个神圣的存在。木斧还是一个高中生的时候，刚刚开始提笔写诗就大量地阅读了田间的诗歌作品，并且深受他的影响。木斧新中国成立前的诗歌作品，无不折射出田间诗歌的痕迹，他还在自己的诗中描绘过田间。他的《献给五月的歌》中有这样两节：

　　　让诗人艾青

　　　走出来

　　　向着法西斯蒂

　　　喷出火焰般的愤怒

　　　向太阳

　　　向闪光的远方

　　　飞奔！

　　　呵，他已经奔去了

　　　他在那里

　　　用清新明朗的语言

　　　写着燃烧的诗篇！


　　　让诗人田间

　　　走出来

　　　带着农民淳朴的气质

　　　配合着时代的节拍

　　　热情地呼唤

　　　那向我们走来的中国的春天

　　　　勇敢而裸露地

　　　　走向人民大众

　　　　把诗传单

　　　　撒遍田野

　　　　让鲜明的梦

　　　　跃动在人民心间


　　这首诗发表的时候，成都正充满着白色恐怖。木斧已在新中国成立前夕转移到郫县乡下。之后，他又匆匆下乡征粮，一头扎到农村基层的领导工作中去了。三十余年风风雨雨，没有同艾青、田间见面的机会。但在他的心底，却永远深留着对于这些于他影响极大的诗人的那份崇敬。这次，有吴奔星教授的邀约和引见，木斧几十年的夙愿即将实现，他当然乐意同行了。

　　这是一次普通的会见。经吴教授介绍之后，木斧与田间便闲聊起来。谈话中，田间听说木斧是四川人，随便问了一句话："四川解放前是不是有个诗人写了一首会师的诗，其中描写了田间？"

　　"这样的诗不少吧？我那时也有一首《献给五月的歌》，其中也描写到您！"

　　听到这里，田间有些激动起来："你那首诗是不是说我有农民的气质？"他问。

　　"是的。"

　　"你怎么知道？"

　　"我当时什么也不知道，我是从你的诗里感觉到的。"

　　"对！我问的就是你写的这首诗！"

　　这是一次意外的相聚！对田间来说，有一种"踏破铁鞋无觅处，得来全不费功夫"的惊喜！这才是"知音"啊！

　　于是，他们——这两位刚刚相识而又神交已久的诗人一见如故。古人有"白头如新，倾盖如故"的说法，此之谓也。这天，他们谈了许多许多，友谊迅速地深入发展。田间的忠厚、直爽、朴实的形象,深深烙印在木斧的印象中。而田间,也向木斧索看《献给五月的歌》。

但是,当时木斧手中并没有《献给五月的歌》的全璧。为了完成田间的嘱托,回到成都之后,木斧专程跑了一趟重庆,在重庆图书馆查到了《献给五月的歌》这首诗,便把其中有关田间的一节抄寄给他。

7月上旬,木斧收到田间用毛笔书写在宣纸上的一条横幅。横幅上写着:

多刺的玫瑰也要预防毒草

在落款处写着:

木斧同志,谢谢你的诗,正当党的生日六十周年之际,寄上拙字留念。

田间　一九八一年六月末草书

收到田间寄赠的条幅,木斧自然十分高兴。但是,他对题字的内容有自己的看法——他并不同意把文艺作品简单地划分为香花与毒草。作为回赠,木斧写了一诗——《答田间》。

是的,我是玫瑰花
曾对贪婪的敌人
付出全身的一刺!

而今我开放在
鲜艳的花丛中

刺就是我的笔

笔下是我的花

花是我的生命

共性终身不变

个性偏带针点


因为是多刺的玫瑰

不喜欢冷冷清清凄凄惨惨

不欣赏卿卿我我疯疯癫癫


我将宣告我的经历：

一个战斗者的一生！


我有一天也会凋谢的

不是在毒草的袭击下

是在新花竞放的春天


　　这首诗写好后，趁出差在京的机会，木斧送给田间过目，田间细细地阅读品味，连声说好。至于学术见解，他说，可以各谈各的，不必强求一致。这种宽广的胸怀，宽容的态度，加深了木斧对他的了解：田间不仅不固执，且对人宽容大量，有长者的气度！

　　1982年6月，《答田间》在《国风》诗刊上发表。在这首诗的后面，木斧附上了他1948年11月2日在《新湖北日报》发表的小诗《玫瑰花》。不久，田间即复信说："我已读到您的两首赠诗。我向您致意。您的这两首诗，不但是因为赠我，由于诗写得精练，而又有诗意；过去我读您的诗不多，还有一定程度的新鲜感。"

　　1982年7月，由圣野等编选的《黎明的呼唤》在四川人民出版社出版。这本集子中收的都是解放战争时期国统区诗作者的作品，书中收入木斧的《献给五月的歌》。木斧即将该书寄赠田间。8月29日，收到田间的回信："《黎明的呼唤》已收到。您的，我看了，您在那时写出这篇热情洋溢的诗章（语言也有层次），真是愤怒出诗人。"

到这时，田间才读到了《献给五月的歌》的全文，更增加了对于木斧的人和诗的了解。

1984年2月，木斧将他的新诗集《醉心的微笑》寄赠田间。3月7日，田间复信说："《醉心的微笑》今天收到。粗粗读过一遍，有些短诗，如《春蛾》《诚实》《松树》《浪》和《答田间》等，我都以为不错。你的诗，比较清新简洁，有的也还有些厚味。"

"清新简洁"，"有的也还有些厚味"，可以说，这位诗坛巨人是抓住了木斧诗歌的特点。就这样，友谊就在这一封封往返的书信中增长。每次到北京，木斧总要到田间家里去坐一坐，在他家里吃饭，看电视，像在自己家里一样随便。

木斧最后一次见到田间是1984年3月30日。那一次，木斧在北京出差有余暇，忽然想起，要请艾青、臧克家、田间三大诗人题字留念。在木斧看来，这三位诗人是中国现代文学史、诗歌史上的三座高峰，他们的诗歌创作以其各自鲜明的特色，深刻地影响了现当代诗歌的创作风气，他们都是木斧心仪和仰慕的对象。木斧在诗歌创作的不同阶段上，也都曾深受他们的影响。现在田间的题字虽然已经有了，但是还想请他再题一幅，还有就是现当代文学史上大名鼎鼎的艾青和臧克家了。木斧在寻找着机会去拜见他们，请他们题字。

先去拜访艾青。

艾青也是现代中国文学史上以诗歌创作著名的大诗人。艾青的诗歌继承了"五四"新文学的优良传统，以精美创新的艺术风格成为新诗发展的重要收获。艾青的作品一般是描写太阳、火把、黎明等有象征性的事物，表现出艾青对旧社会的黑暗和恐怖的痛恨以及对黎明、光明、希望的向往与追求和对于土地的热爱。在他的诗歌中，饱满的进取精神和丰富的生活经验带来鲜明的特色。

艾青以"最伟大的歌手"要求自己，无论是在烽火连天的战乱岁月，还是在新中国建立后的沸腾的生活里，诗歌创作都是他歌颂新生活的一种方式。在数十年的创作历程中，艾青在新诗的创作题材、表现形式以及新诗创作理论探索等方面都取得了令人瞩目、影响深远的成就，他是一位具有世界性影响的中国诗人，也是我国新诗的奠基人之一。

臧克家也是现代文学史和诗歌史上最为杰出的诗人之一，他被文学史家视为中国现实主义新诗的开山人。臧克家是山东诸城人，曾用名臧瑗望，笔名少全、何嘉。臧克家是闻一多先生的学生，生于1905年10月8日，2004年2月5日去世，时年九十九岁，是现代诗人中最为高寿者之一。臧克家的文学活动长达七十余年，在现代文学史上是一个极其丰富的存在。新中国成立后臧克家曾长期担任《诗刊》主编，在我国诗坛具有巨大影响力。臧克家一生出版诗歌、小说、散文、文艺论著六十余种，是我国诗坛上的一棵常青树。其短诗《有的人》《说和做——记闻一多先生言行片段》被广泛传颂，且被选入人教版语文课本。

新中国成立之后，臧克家从事诗坛的组织领导活动，但他未因此放下自己的创作，作品十分丰富。

从20世纪30年代发表诗作开始，臧克家就被誉为"农民诗人"。他自幼受家庭影响，打下了良好的古典诗文基础。他创作的《难民》《老马》等诗篇，以凝练的语言描写了旧中国农民忍辱负重的悲苦生活；长诗《罪恶的黑手》揭露了帝国主义的罪恶和伪善的面目，这些诗是他早期诗歌的代表作，已成为我国现代诗史上的经典之作。1933年他的第一部诗集《烙印》出版，得到闻一多、茅盾等前辈的好评；次年，诗集《罪恶的黑手》问世，从此蜚声诗坛。

臧克家的创作继承和发展了新诗的现实主义传统。他推进了新诗对旧中国农民和农村的吟唱，在他之前，还没有一位诗人能够如此成功地抒写农民和农村，因此被誉为"农民诗人"；他推进了中国现代叙事诗的建设，他的叙事诗是诗人内心世界与外在世界的交融。他还创作了一部人物传记体长诗《李大钊》，取得了极大成功。

臧克家注重把新诗创作和中国诗歌优秀传统结合起来，形成了中国韵味十足的新诗风格特点。他的诗以含蓄蕴藉的抒情方式，运用素朴精练的言说方式，追求谐和悦耳的音乐效果，强化了读者听觉上的美感。在新诗发展史上，像臧克家这样具有突出中国特色的现实主义诗人不多，应该深入研究，继承发扬。

这三位诗人中，田间那时与木斧已经很熟悉，并且建立了深厚的个人友谊。艾青则还不太熟悉。他先去见艾青。艾青写了"木斧同志留念"几个字。看得出来，这也是艾青对于尚不太熟悉了解的年轻一辈诗人惯有的题词方式。

得到艾青的题词后，木斧又去见臧克家。臧克家为木斧写的是一首诗：

窗外潇潇聆雨声，
朦胧榻上睡难成。
诗情不似潮有信，
夜半灯花几度明。

这首诗其实是以旧体诗歌的形式表达他诗歌创作的艰辛，窗外的潇潇雨声引发创作的冲动，但"诗情不似潮有信"，不是想来就来的，经过"朦胧榻上睡难成"的辗转反侧、反复酝酿终于成熟。一首好诗是经过"夜半灯花几度明"的呕心沥血、艰苦创作而成的。旧体诗创作如此，新诗创作也是如此。这是臧克家本人的创作体会，也带有诗歌创作的规律性认识。人们常常惊叹于臧克家诗歌创作的高产，谁能想到他的创作付出了多少努力！真所谓"甘苦寸心知"啊！

拿到臧克家的题词后，木斧来到田间家里。听木斧讲了来意，田间沉吟片刻对木斧说："我学克家那样给你题一首我最满意的诗，题什么好呢？我得仔细想一想，你宽限一天，明天来取好吧？"

第二天，田间将两句题词交给木斧。写的是：

古径中有青春，险峰上有生灵

1984年3月末木斧来后海时，录木斧《过三峡》诗句以赠并留念，田间书。

读完题词，一股奇异的情绪突然在木斧的胸怀中涌起，眼睛不知不觉地湿润了。抬头看看，田间的眼睛也是湿润了，两位诗人的心灵在一瞬间奇迹地相通起来。似乎是为了冲淡这种氛围，田间笑笑说：

"我老了，字也写不好了，留着作个终身纪念吧！"

木斧知道，在三大诗人中，田间是最年轻的！他根本想不到这竟然是最后一次见到田间——这是一次不言中的诀别啊！此后不到一年的时间，田间即与世长辞了！

木斧的悲痛是不言而喻的。但对木斧来说，田间是不死的！他将永远活在木斧的心中！木斧说："即使我至今不认识田间，我还是热爱这样一位战斗者，这样一位时代的鼓手，只要我想起这个时代，我怎么也忘不了田间。"

## 崛　起

崛起是一种运动，一种从低处向高处、向上、向顶端增长的过程，最终，崛起又是一座高峰，突兀地出现在人们的视野里！

有各种各样的崛起！不同的崛起留给人的感受与启迪是不同的。在诗坛上，不同的"崛起者"对于"崛起"也有不同的认识与感受。

在20世纪80年代的诗坛上，"崛起"的概念，最早是由著名的诗评家谢冕提出来的。谢冕使用这个字眼，是用来形容当代青年诗人的迅猛成长。这个"崛起"，确实是谢冕的一种发现，是抓住了诗坛不断发展更替的特点，因而，迅速地在诗界引起呼应！

但木斧却认为："诗坛是人才辈出的地方，其中以青年为中坚。好比滚滚长江水，一浪赶一浪，一浪催一浪。当代诗人，哪一位不曾是崛起的一员呢？"

1984年5月，老诗人陈敬容离休后来到成都。木斧去看望她，曾经和陈敬容开玩笑说："你不也是崛起的诗人吗？你就是当年的舒婷。"

木斧以为陈敬容会生气的。但结果，她却乐呵呵地接受了这种说法。

1985年1月2日，木斧出差到北京，见到了著名的诗歌评论家、北京大学教授谢冕。木斧请谢冕为他题字留念。写什么呢？在座的杨匡汉主张：大书"崛起"二字足矣。但谢冕思考再三，却挥笔写下了以下的题词：

我们相见在北京的冬天，

留下的是春天的记忆。

这是颇有诗意的两句话，颇有诗评家的风度和潇洒。木斧后来回忆说："他当然不肯轻易把'崛起'二字赠予我这个老头子，当然也无意否定我曾经'崛起'过。"

但毕竟引起了木斧对于过去时代的略带苦涩的记忆。他继续写道："是的，我曾经是一颗蓓蕾，开过花，结过果，后来花瓣逐渐脱落了，颜色逐渐衰败了，枝叶逐渐凋零了。

"然而我毕竟还有春天的记忆，我还记得在我很年轻的时候，曾经也是崛起的一群中的一个。"

而在风雨几十年之后，他又经历过一次更为艰难的重新起步到再度"崛起"——我以为，用这两个字来描绘木斧重新登上诗坛以及此后一个阶段的创作情况，也是完全合适的。

下面这段话，也许有助于读者的认识。这是木斧在黑龙江人民出版社出版的《诗人的自白》中的一段话：

从1979年起，我重新在报刊上发表诗作，诗作的产量几乎是一个台阶又一个台阶地逐年上升。1986年，我的诗作丰收。每一年我都担心会跌下来，结果一年比一年上升了。那么1987年会怎么样？现在仅以十个月的统计，又超过1986年了。这说明我的诗作还处在恢复时期。数量总是有限度的，太多就泛滥了。从质量上要求，今后对我的诗作将作出一个控制。不过恢复期的逐年上升，是堵塞后喷泉的奔涌，它表现出我对诗的执着的迷恋，比过去更加热烈了。

单从发表的诗作来看，从1978年至1989年底的不完全统计，木斧已发表了诗歌作品近五百首。同期还创作发表了大量的文艺评论、散文、小说、报告文学等作品。

木斧自己叙说："我出版的诗集有《醉心的微笑》（四川人民出版社，1983年）、《美的旋律》（江苏人民出版社，1984年）、《木斧诗选》（宁夏人民出版社，1986年）、《缀满鲜花的诗篇》（海峡文艺出版社，1987年）、《乡思乡恋乡情》（四川民族出版社，1990年）。""我选编的诗集有《现代情操诗选》（四川少年儿童出版社，1985年）。除了诗集以外，我还出版了诗论集《诗的求索》（长江文艺出版社，1987年）、童话集《故国历险记》（四川少年儿童出版社，1985年）。"

这就是木斧在十余年间劳作的展览。须知，这都是在完成了他的编辑本职工作的前提下奉献出来的啊！

说到木斧诗歌创作中的精品，或者说代表作，木斧自己曾经很谦虚地写道："我很难确定我的哪一首诗是我的代表。报刊上评论得最多的诗有《春蛾》《酒》《梦》《过三峡》《回回家》《星的城》《寄语昙花》《小河的梦》《母亲，我唱一支歌给你……》，等等。"（《诗人的自白》）

以上作品和木斧的其他一些诗作，曾经引起过不少诗评家的关注，并被选入数十种新诗选本。不少作品被港台地区的报刊转载，有的作品还被翻译成英文、法文等。最近，加拿大的隐珠出版社出版了木斧的诗集《会飞的蚕》，他的作品的影响正在迅速扩大，并显示出强大的艺术生命力。

下面，拟对木斧此期出版的诗集做一个简要介绍。

从1983年开始到1986年，除1985年之外，木斧几乎每年都要出版一部诗集。他还出版了一部回忆兼具诗话性质的著作《诗的求索》，这里我们只谈诗集，其他创作留待后面再谈。

《醉心的微笑》主要收入作者重新登上诗坛之后至1982年期间的作品，间有"文化大革命"之前的少量诗作，开篇有邹荻帆为这本诗集写的序文《朴素的歌，乡土的梦》，是一篇书信体的序文，其实是邹荻帆读木斧这个诗集样稿后致木斧的一封信。

诗集1983年11月由四川人民出版社出版。分为"诗""雪""赠""江""春""灯""晨"七辑，共收入诗歌作品五十八首。

关于这个诗集的艺术特点，邹荻帆在代序（即致木斧的一封信）中指出："陆续看到你一些诗稿，我记起了一句老话：如见其人，如闻其声。我重温了一次友谊。而我重温这友谊时，使我记着那时代，那乡土的梦，那朴素的歌。你的诗是属于我们时代的，你的欢笑，你的叹嘘，你的悲愤。它不是一般'低回的流水'，'温柔的飞云'。尽管人们对你的'影'评说纷纭，而你只是'往前赶路'，那就是我们时代的一路风光，给了你感受，因而成诗。"

在引用分析木斧的《山》一诗之后，邹荻帆说："这并不是你一个人的命运，是一座山的命运，是同时代的青年的命运，是我们祖国山河的命运。"

邹荻帆指出了木斧诗歌《自白》和《雕像》，记下了在社会主义时期的一场复杂、尖锐的斗争。他沉痛地责备自己：


今天，

我用最凄楚的语言

捶击着我自己的灵魂：

呵！你这个卑微的小人呵

多久才能长出自己的脑筋？


邹荻帆认为，这样的忏悔，加深了对这场斗争的认识。这是觉醒！他相信这种感受，不仅属于木斧，也属于经历过那个时代的每一个人，因此，木斧这首诗其实表达的是那个时代人们共同的感受、共同的忏悔。

邹荻帆明确地说："我喜欢你的性格诗，也爱读你的一些乡土诗，写四川风物。对我来说，蜀江水碧蜀山青，那儿也能算我的第二故乡，在那儿我度过了我的青年时代。因此，读着那些蜀山蜀水的诗，也打动我的情思。山是故乡青，月是故乡明。不少的作家和诗人都以写他们的少儿时印象和故乡风物而驰名，例子是不胜枚举的。考其原因，我想主要的是：生活较熟悉，印象较深，感情较真挚，动人衷情。例如纤夫，这是我们在川江上所经常见到的，你在《纤夫》中有这样的描写：

两岸湿漉漉的苔痕
印着你摔跌的脚印

船艇走前人所开辟的航道
你走你自己踩出来的小径

世上的道路有千万条
你选择了最艰难的路

"我想，诗，应该是这样的：触景生情，所以明月虽出于天山，而'苍茫云海间，长风几万里，吹度玉门关'。登山则情满于山，而思高于山（《文心雕龙》）。又如你的《过三峡》一诗。你写道：

高耸的峰顶
有白鹤飞翔于狭缝之中
笔陡的悬岩
有肥羊饱餐岩隙中的草

古径中有青春

险峰上有生灵

　　"不见斧凿的痕迹，就写出了过三峡时你的特殊感受。瞿塘滟滪堆，是不少诗人写过的，两岸猿声，轻舟已过万重山，那激流也振动人心。你写的古径中的青春，险峰上的生灵，却是我们历经灾难年月的人们的坚定的希望，革命者不屈的信心。冬天来了，春天就会不远，大河结冰，仍见碧波奔腾……"

　　邹荻帆认为，木斧的诗是朴素的，朴素是木斧诗歌艺术的一个特色。他认为诗人可以各具特色，他觉得诗歌可以"有的以朴素著称，有的也可以以富丽著称。阴柔阳刚各有其美"。他举例说，唐朝诗人白居易因以"老妪能解"，是其朴素美，而杜牧"千里莺啼绿映红"，也极浓郁之美。在同一个诗人笔下也可以二者兼具的，"若把西湖比西子，淡妆浓抹总相宜"，"我以为宋人苏轼就二者兼具"。

　　应该说明，邹荻帆是以书信方式为木斧作序，既评论木斧诗歌，也表达自己的诗美观念。写得亲切贴心，不是那种学究式的序文。

　　邹荻帆是20世纪八九十年代中国诗坛上的一位巨匠。他是湖北天门人，1917年生于湖北蒲圻，1937年开始出版诗集，抗战时期在成都战地服务团工作，木斧就是在那时认识他的。邹荻帆一生创作诗歌、散文、文艺理论作品二十三部，发表小说创作两部，翻译苏联、罗马尼亚、巴基斯坦诗人作品五部，编选联邦德国诗人及世界其他国家诗选四本，是我国诗人中作品产量、质量都很高的作者之一。他在诗歌、小说创作和对外文化交流等各方面都做出了巨大贡献，产生了重大影响。1978年，邹荻帆调《诗刊》工作，1983年任《诗刊》主编后，作为诗坛主帅，创办了全国青年诗歌刊授学院，众多青年诗人均出于其门下。他还利用刊物为许多被冤屈了多年而等待"平反"的诗人率先发表作品，并举办了粉碎"四人帮"后第一次诗人会议，邀集了全国有影响的诗人参加，为新诗的扩大和队伍的建立起了推动作用，促进诗坛形成了百花齐放的大好局面。

　　邹荻帆这样一位重量级人物对于木斧《醉心的微笑》所作的评价，应该具有极大的权威性，至少可以帮助我们对于木斧诗歌加深认识。这也是我在这里基本上全文引用的原因。

《美的旋律》是木斧的第二本诗集，1984年1月由江苏人民出版社出版。全书共收木斧平反复出后创作的作品四十四首，准确地讲，数量并不多，但这是一本全新的诗集，所有的作品都是复出后这几年创作的。共分四个部分。

第一部分是"写在车轮飞奔的年代"，共十二首诗。这部分诗作可以视为呼应那个时代要求而写作的作品，诗的内容突出地表现出那个特定时代人们追赶时间，想要有所作为的紧迫感。如《时光》：

休怪时光无情
时光就是车轮
不停也不喘息
不惧也不昏晕
碾去声声忧怨
砸碎层层愁云
赶快振起精神
登上车轮飞奔

休怪时光短暂
时光就是裁判
不必窃窃议论
不必喳喳埋怨
举起你的双手
做出你的贡献
站在起跑线上
接受时光检验

这是一首惜时诗。珍惜时光，是一个既古老又现代的具有深刻哲理性的命题。从古到今，多少人咏叹时光难驻，青春易凋！孔夫子临流而叹"逝者如斯夫"；《庄子·知北游》曰："人生天地之间，若白驹之过隙，忽然而已！"曹孟德《短歌行》吟："对酒当歌，人生几何！譬如朝露，去日苦多。"……

光阴无限，人生苦短，生命有极，以人生有限光阴，相较于宇宙无限之时空，以有限对无限，既可催生出如汉代人"生年不满百，常怀千岁忧。昼短苦夜长，何不秉烛游！为乐当及时，何能待来兹"的及时行乐的放旷；也可以触动"常恐秋节至，焜黄华叶衰。百川东到海，何时复西归？少壮不努力，老大徒伤悲"的紧迫与奋发！在当今中国，我们也常常听人以苏联著名作家奥斯特洛夫斯基在他著名的小说《钢铁是怎样炼成的》中那段名言来激励青年努力奋斗的话："人，最宝贵的是生命。生命对每个人只有一次，这仅有的一次生命应当怎样度过呢？每当回忆往事的时候，能够不为虚度年华而悔恨，不因碌碌无为而羞愧，在临死的时候，他能够说：'我的整个生命和全部精力，都已经献给了世界上最壮丽的事业——为人类解放而进行的斗争！'"

奥斯特洛夫斯基这段话之所以成为中国几代人的座右铭，原因在于这段话说出了生命宝贵，时光易逝，最有意义的生命在于："为人类解放而进行的斗争！"这是我们时代的最强音，木斧通过诗歌是想说，人生之所以宝贵，就在于把我们人生与中华民族最伟大的复兴联系在一起，就在于为祖国的繁荣富强而努力奋斗！

木斧这首诗展示的就是这样一种奋发向上的精神面貌。作者以一韵到底、句式匀齐的表现形式，给诗作灌注了一种急促的节奏和焦灼的情绪，应和着时代的需求，表现了一种惜时奋进，为实现国家振兴和个人价值的争分夺秒的高昂热情与奋斗情怀。

这首诗写得极其通俗直白，今天读来或许觉得有些淡而无味，但当时却写出了那时几代被耽误的有抱负、有追求的人们的心声，那是时代的呼唤，普遍的追求，因而具有超越时空的价值。此外，作品以奔驰的"车轮"来比喻易逝的时光，化难于把握的虚空为可以视见的奔驰的实体，变感觉为视觉，也是十分贴切、十分新鲜的，具有创新的特点，很容易引起普遍的共鸣。再比如《跑》：

我不是要同你赛跑

小伙子，我的腿硬化了！

我需要活动筋骨

你需要勇往直前

我们都得跑，向前跑……


我不是要同你赛跑

我的生命已经衰老！

我既不要你的搀扶

你也不要我的抚抱

我们就得跑，向前跑……


我不是要同你赛跑

小伙子，我们是在追赶时间呵！

超越到我的前方去吧

即使我中途倒下来了

你还得跑，一直向前跑……


这是粉碎"四人帮"之后不久，改革开放刚刚起步，全国人民心情极其舒畅，大家都在摩拳擦掌，准备为实现"四个现代化"贡献自己力量的那种你追我赶的火热场景的艺术化再现。诗中的"小伙子"和"我"两个形象，实际上是体现出几代人前赴后继向着国家和个人美好前途奔跑奋斗的精神风貌。

再比如《说梦》：


我从小幽静地睡去

做了一个短暂的梦

惊醒了——

怎么一旦白了发？


梦说：越短的梦

越香甜呵！

不要留恋梦

要实现梦！


生命的线不在长短，

在于贡献！

生命的歌不在谱写，

在于燃烧！


　　这是一首激情燃烧的诗作，表现了作者为了实现梦想的激越感情和脚踏实地为实现梦想而奋斗的思想。

　　其他如《燕》中："我急/我气/我扑/我跳/我吼/我闹/我发狂地大呼大叫：/我要翱翔！/我要翱翔！！/我要翱翔！！！"诗句所塑造的抒情主人公狂躁不安的形象，就反映了被"文化大革命"耽误了整整十年、甚至被"左"的思想和路线耽误了更长时间的力图奋起追赶，但又深觉折翼太久，急于翱翔九天的焦灼之情。为了表达这种急切的情绪，木斧以感叹号叠加的方式来加以强化。读这样的诗句，我们似乎感觉到了郭沫若《凤凰涅槃》的诗风。可以说，这是那个特定时期中具有新的思想内涵的诗的"狂人"形象，今天读来，仍然具有震撼人心的力量！再如《给楠楠》是一首题写在一张儿童照片上的诗，寄托着作者对下一代更加美好生活的祝愿；《从这儿起航》《知识的童话》是对于知识的礼赞；《母亲，我唱一支歌给你……》用朴素的语言歌颂党，表现了对党的忠诚和依恋，这首诗发表在1982年11月1日的《人民日报》上，产生了较大影响。

诗集的第二部分是"献给诗和诗人",共十二首诗。这个部分绝大多数诗属于赠送给诗人朋友的作品,后来木斧将其全部收入诗集《给200位诗人的画像》中,我们将在以后介绍。

诗集的第三部分是"在蓝色的海洋中",这是我最为欣赏的部分。本辑共九首诗,都是对大海的歌咏。作者写作这组诗歌的时候,也正是他第一次见到海之后。木斧生于内陆城市,此前足迹所至,多是山川大地。当他第一次面对大海,就被大海的雄浑和阔大所震撼。站立海边,目睹海洋那狂暴的力量,那汹涌的气势,使他不得不为那排山倒海般的自然伟力所折服、而倾心。在他的心中,大海的不息波涛就犹如起伏群山般的博大;大海的浪涌,好似硕大而随灭随生永开不败的百色花朵。他激动不已,胸中蓄满着壮阔的诗意诗景。他压抑不住自己内心的激动和创作的激情,发而为诗。他的《滚动的山》:

第一次看见浩瀚的大海
心的惊讶如海的呼啸


我原来见过你呀,海
当你蓦地掀起冲天的浪尖
凝固了
是我家乡矗立的山峦!
跌落了
是我眼前滚动的大海


我喜欢海,胜于喜欢山
因为海是汹涌起伏的山


这首诗只有三段,文字极其精简,但是作者首先以诗句"心的惊讶如海的呼啸"来吸引读者的注意:大家知道,无论人的内心是如何的惊讶,但总是无声的，然而诗人却把内心的惊讶外化为人的听觉感受，说"如海的呼啸"，"海的呼啸"是巨大的，人可以感受得到的，作者就是以这种感观的转移、转化来聚焦读者的视线，抓住读者的注意力。在这之后，诗人便进一步将他所熟悉的内陆四川家乡随处可见的连绵起伏的大山与翻滚不息的大海联系在一起，出人意料地从中写出了他们之间从外形到精神的联系，从而创造出"滚动的山"这一充满动感和力量的壮丽意象，展示出一幅生动壮阔的博大意境，语言省净简练，而意境却极其豪壮雄奇，塑造出"滚动的大山"这一极其新鲜的意象，使读者产生了无限的联想，感受到一种壮丽的美感。这是艺术性和思想性兼具的优秀作品，应该充分肯定。

他的《海的花》写道：


海中有花

不停地凋谢

不停地开放


数不清的花

开不败的花

世间最纯洁的花


海中的花

铸造海的生命

盛满海的精力


不要想去攀折它

再大的花瓶

也休想装下海的花

这首诗没有什么奇妙的语言，诗人只是以日常通俗易懂的词句，使用比拟的手法，把大海中那翻涌不息的白色涌浪、海潮冲击崖岸卷起的千堆雪涛描绘成"不停地凋谢，不停地开放，数不清的花，开不败的花，世间最纯洁的花"，在诗人心中，这海中盛开的花，正是大海力量的表现，生命的象征。需要注意的是，木斧比拟手法的运用，是以极小的比体"花"来喻海浪冲击漫卷形成的白色的浪涌涛花，再以小微的花瓶装不下海花的意指，使读者形成一种细微的花和巨大的海浪鲜明对比的效果，既显得新颖独特，也强化了艺术的感染力。

木斧的童年时代是在大山中度过，在他的记忆中，巍峨耸立的群山占据着主导性的位置。他从没有想象过海的广阔，也无从勾勒大海的形象，感受大海的力量。写这组诗的时候，是木斧第一次来到海边，他为海的浩瀚震惊，为海的气魄慑服，为海的力量赞叹！他对海一见钟情，深深地爱上了大海。他歌颂海，歌颂与海相关的一切。在他的心中，海的一切都是美的，充满生命活力的。

他歌颂海的夜潮，"大海的脉搏一起一伏/应和着我悸跳的心房"，"呵，大海呀，你是一个巨人/睡熟了，鼾声也震荡大地……""鼾声也震荡大地"，这是木斧独特的感受，独特的意象，试想，夜幕之下的大海潮起潮落，永不停息，那是一种什么样的生命力量！那是一种什么样的活力！

他歌唱早潮："早晨，我醒来了/我在海边上看见/一片片黄色的沙滩/围上了白色的花环/泡沫组成的雪团/在追赶零碎的沙滩/白色的雪团围过来了/黄色的沙滩变小了，小了/最后终于消失了/雪团欢快地滚动着/涌向另一个沙滩/在雪团的后面/碧绿的海水滔滔而至/呵，大海醒过来了/涨潮了！涨潮了！"（《晨》）

到过海边的人，或者生活在海边的人，见惯了大海的潮起潮落、汹涌澎湃，也见惯了早潮漫过时黄沙被雪浪淹没，一浪追逐一浪冲击岸线的景象，对于这些景观，因为烂熟而无动于衷了，而木斧则不同，他是第一次来到海边，第一次观赏到海带给他的一切极其新鲜、特异的感受；他的心灵第一次接受海潮的冲刷，因此感受特别的深切。读这首诗，我们感受到了木斧对于早潮漫过沙滩的情景描绘得极其精细、生动、传神，也十分准确地表现了诗人自己欢呼雀跃的纯真情怀，感受到他初见此景时的惊喜和好奇！一句"涨潮了！涨潮了！"看似寻常的诗句，包含了木斧欢腾而惊讶的情感！我们也还要为木斧表现自己"第一次"观海的感受的精确而赞叹！

诗人虽然初次与大海结缘，但是却对大海有着一种天然亲近。他与大海对话，试图探索大海的秘密："一遍又一遍轰然呼啸/大海不喜欢安谧的静"，诗人问道："真的吗？难道一时一刻/也不希冀安静吗？""大海笑着回答：/如果停止呼啸/我就不是大海/再大的海也会涸干！"（《静》）诗人宣称："大海，我有沸腾的欢乐向你倾吐/大海，我有激荡的情思向你倾诉"；"尽管我渺小，我毕竟在你的行列之中/我高兴，能在惊天动地的世界里唱歌"！（《大海……》）他用灼热到达极致的语言表达对海的爱恋："我愿意把生命和你融在一起/我愿意献出我终身对你的爱恋！"（《恋》）

这里仅仅是对于自然物的一种倾慕、一种爱恋吗？否！诗人是借抒发对万顷碧海的深厚感情，来表达对党和国家和民族的伟大事业的一种热爱，表达融入这个人类最为壮丽的事业，为之奋斗，为之献身的真诚情怀！在他的心中，波涛澎湃、充满生命活力的大海就是我们伟大的国家、民族最为形象的象征！诗人热爱海，歌颂海，就是对国家和民族的礼赞和歌颂！托物寄怀，景象极其阔大，意象的混成，充满着震动人心的生生不息的原始生命活力！

诗集的第四部分是"舞的波纹和浪的旋律"，共收录十一首诗。这部分的诗歌，在艺术上也体现了鲜明的特色。我把这十一首诗分为咏物和抒情两类来考察。

咏物诗是我国诗歌的重要组成部分，也是我国诗歌的传统表达方式之一。以诗咏物不同于以文写物，更不同于以画绘物。以诗咏物的难点在于以极少的文字写出所咏之物的形貌精神，并表达出诗人自己的独特感受和认识，所谓咏物言志，咏物寄情，情景交融，做不到这一点，就写不出好的咏物诗来。

收在这里的咏物诗是较为成功的。如他的《画菊》："画龙画虎难画睛/绘花绘朵难绘菊"，表明画菊的难度就如画晴天的天气一般。作者以对比的方式明确了画菊的不易。然后直接进入对于菊花的描绘，"画她长长的手指/一只一只都是纤细/画她圆圆的面庞/一朵一朵都是丰满",作者未对菊花作具体细致的描绘,而是别出心裁,以比拟的手法,把菊花花瓣比喻为"长长的手指",把花朵喻为"圆圆的脸庞",引领读者去联想、去意会,自然比直接细致描绘高明得多。接着,诗人说"你是舞的波纹/画舞蹈/你是浪的旋律/画浪涛"。"菊花抿嘴笑/花纹逐浪高/斑斑点点落画板/思绪万千画菊花……"诗题《画菊》,诗人并未描绘画作的美丽奇妙,而是以悬想的方式,表现画菊的构思,画作效果如何,全凭读者想象去吧!我以为诗人以诗画菊,手法是很高明的。以诗作画,本非诗家所长,难度确实不小。因此诗人未以语言充斥画菊的具体画面,而是给读者留下了自主、广阔的思维再创造的空间,使读者直接参与到画菊的艺术创作活动中去了。这是诗人的高明之处,也是其聪明之处。

在抒情诗中,木斧也写出了很多好作品,对于帮助我们了解木斧的性格和心路历程也提供了帮助。《路旁》是诗集《美的旋律》中的一首诗歌。在我看来就是木斧"文化大革命"后被解放出来恢复创作、又欲冲击更高目标时惶迫而又坚定的心境表露。他的《泉》或许就是在他1980年2月4日得到《诗刊》正式通知,他的《溪边》《寻觅》两首诗将被采用时的喜悦心情的写照。那是他第一次在全国性的诗歌刊物上发表作品啊!喜悦的心情发而为诗,《泉》就涌流而出,"盛开的心花从胸膛里蹦出来了"。还有《思念》所表达的对于故乡和精神故乡的深刻怀念,都十分动人。

《小河的梦》和《幻想与欢乐》两首诗具有抒情诗中并不常见的创新性特点。严格地说,《小河的梦》是个人生命历程和不断追求前行的诗化描写。木斧的个人经历和他的情怀、他的性格,都能在诗中明显地感受到:他以小河为喻,"有人提桶从它那里汲取源泉/它不吝啬/有人在它的身边唱着恋歌/它不孤独/有人投给它以污秽的垃圾/它不怨恨/有人对它报以鄙屑的唾沫/它不理睬/它只知道默默地朝前奔/从不回头……"

这是一种勇往直前的形象。勇往直前,不愿意为他人的态度所左右、所影响,就是那种"走自己的路,由他人去说吧"的精神气概。诗中继续塑造小河的形象,"春天来了"的小河,面对滂沱大雨、枯枝败叶冲刷过来的小河,都

"日日夜夜奔流"，呼应着大海的召唤，流向"它梦寐追求的大海"，它"要在大海中求得永生"。

如果诗意仅此而终止，那这首诗也就不过是借小河意象表达一种千百万人都已经熟悉的哲理而已，无非是对伟人名言的一种艺术重现而已。或者可以再加上个人的"生命不休，追求不止"，朝着既定目标，排除千难万险和各种诱惑去努力前行的意志和精神力量。而我觉得这首诗歌的可贵在于木斧对于小河意象的内涵的升华："一条又一条小河苏醒了，登程了/匆匆地流/一批又一批小河加入到江水的行列/快快地跑/江水滔滔，向着大海/豁着浑身的经历/流呀，淌呀"，千万条小河的奔流使"大海感动了"，"大海咆哮了/扬起了千万条小河的骄傲！"这里以看似平实的语言，描绘出百川归海的浩瀚景象，彰显了那个时代的精神和集体力量的伟大。这就完全超脱了个人人生境遇的狭小空间，而成为时代精神的张扬了。

《幻想与欢乐》是一组带有哲理意味的诗歌。"幻想与回忆/冤家不分离"，把幻想和回忆视为不离不弃的冤家，是很新鲜的比喻；点出"回忆停留的地方/幻想已伸出翅膀/不怕再一次破灭/你飞呀飞得更高"！失败是成功之母，有幻想的人才会成功，或者说，只有不怕幻想破灭的人才有成功的希望，这就是木斧要告诉读者的哲理。

《欢乐》也许是诗人在取得某种成功时的自我告诫。"一个人的意念是一杆天平/可以摆弄欢乐与悲伤的砝码/过分悲伤就会失去欢乐/欢乐要悲伤的袭扰"，也同样充满了个人人生体验获得的哲理性经验，可以引起读者的思考和回味。

总的说来，《美的旋律》中的作品，比较集中体现了木斧复出之后创作的美学追求，较之于复出之初的作品，此期木斧的诗歌创作达到了以前所从未达到的新境界。当然，此后木斧的诗歌创作题材内容、风格特色也仍然在发展变化之中，他是一位不断给我们送来惊喜的创新性诗人！

这个分类的标准是诗的题材内容，从创作的时段上说，这些作品有一个共同特点，就是它的共时性。尽管具体创作时间还是有着先后的差异，但是这些作品都是在改革开放持续推进，诗坛诗风开始发生明显区别于20世纪五六十年代，甚至是粉碎"四人帮"之后那几年的急剧发展变化的时代产生的。由于当时文学思潮和文化背景已经开始发生巨变，因此，木斧在这个时期创作的诗歌作品（包括《醉心的微笑》），既可以看出一条较为明显的变化轨迹，也开始显露出与此前诗歌创作所不同的新的特征和新的美学追求。

从1979年恢复创作以来，木斧在繁忙的编辑工作之余，已经写下了五百余首新作。他觉得有必要把自己新中国成立前后的作品和1978年以后写的作品汇集起来，出版一本较为完备的诗选，来对自己开始诗歌创作以来进行一个阶段性总结了。适逢宁夏人民出版社要出版一套"当代回族作家丛书"，向他这位回族诗人约稿，他就欣然应允了。编一本较为全面，带有回顾性质的诗歌选集的设想就提上了他的工作日程。经过他自己在成都、重庆甚至武汉各地图书馆的艰辛搜集，也获得了一些友人的帮助，他找到了新中国成立前创作的部分诗歌，经过严格选择，再加上改革开放以后至那时创作的新作，编成一本，请著名诗人、刚刚被平反的流沙河写序，准备出版。

请流沙河写序，这已经是第二次了。第一次请流沙河写序还恍如昨日，结果不堪回首。现在，木斧第二次请流沙河为这本诗集作序了，时间已相隔了二十余年。

流沙河在《写序的故事》中说，他保存的木斧作品的剪贴本已经在"文化大革命"中遗失了。木斧去信要稿子时，他就让木斧向前看。

"果然向前看了，没有半句怨言，这倔强的诗人，天晓得他通过一些什么渠道，搜寻经年，总算找回来旧作的五分之一（五马分尸的孩子找回来一条腿）。1983年秋季某日开会见面，他塞给我一包东西，绝口不说这是什么。我捏一捏也绝口不问这是什么，一个不说，一个不问，彼此默契于心，只谈一些别的事情，然后各自走开。李陵《答苏武书》云：'人之相知，贵相知心。'默诵这句名言，我的眼睛湿了。回家拆开那一包东西，通读三遍，唤醒自己许多模糊了的记忆，实在快乐，仿佛某件爱物放迷失了，经人提醒，终于找回来一样。何况里面还有更多的新作——1957年以后写的和1978年以后写的，读了令我广开视域，并向他学习语言的简洁。遗憾的是其间有二十年竟是空白，一首诗也没有。辍笔，不是因为他懒，而是因为他倔。不顺心的歌他是不唱的。他是老实人。1978年以来，木斧写了这么多诗。一旦顺心了，他就努力唱。他的诗风一如昔年，不来花枝招展，同他为人一样有了自己的风格，这是成熟的标志。"

这本诗集名为《木斧诗选》，1986年1月由宁夏人民出版社收入"当代回族作家丛书"出版。

这是木斧的第三本诗集。但《木斧诗选》却是木斧写诗以来一本颇具代表性的诗集，收录作者自认为的新中国成立之前开始创作至1984年7月的代表性诗作。一共八十一题八十四首诗，前有流沙河所作的序文，后附木斧本人带有回忆和自述性质的《学诗，在严冬季节》《我为什么写诗》两篇短文以及《后记》一篇，分为五辑编成，值得重视。

说《木斧诗选》值得重视，是因为从这本诗集中，基本上可以看出木斧诗歌创作的发展道路：新中国成立前的革命诗歌；50年代在颂歌响彻云霄背景之下木斧对于诗歌艺术的追求（自然，他也不能完全免俗）；改革开放以来他重新握笔写作后，既紧追时代需求，又讲求诗歌艺术美的特征的一批作品。尽管此后木斧诗歌风格仍在创新发展，也有一些变化，但是对于诗歌的美学追求则是一以贯之的。从题材上讲，也大致涵盖了以后诗歌的题材范围，如旅游诗、赠友诗、怀乡诗；从表现手法看，抒情诗、哲理诗、象征诗等，各有代表性诗作。其艺术特点如流沙河《序》中所言："语言简洁，意象纯净，不来花枝招展。同他为人一样有了自己的风格。"木斧此后的诗歌，从题材、表达上说，大都不脱这个范围。

1984年6月28日，木斧在银川参加《民族文学》举办的笔会期间，住在当地最好的酒店——银川市贺兰山饭店。夜深人静，木斧摊开即将由宁夏人民出版社出版的《木斧诗选》的样稿认真校阅，他回忆自己的半生经历和诗歌创作道路，不禁心潮澎湃，借着为这本选集写《后记》的机会，他自述这本选集的编写方式，说："第一辑，即四十年代的诗，从发表的一百五十九首中选了二十一首。但这并非我的代表作。前面已经讲过，由于留存剪报全毁，这里只是从重新找回的三十二首诗中选出来的。第二辑，即五十年代的诗，我写了很多很多，满意的很少很少，这里只选了三首。这三首我也不甚满意，但作为那个历史时期的作品，我以为还是应当有所反映。这以后，我便沉寂于世了。这以后，我崇拜的是愚昧和无知，虽然也写过一些东西，但那不是用我的名字发表的，我自己也不愿重新提起它，由它去吧。粉碎'四人帮'以后，1978年我便开始偷偷地写诗，但并无勇气投寄出去。从1979年起，我正式恢复创作，发表诗作，到现在为止，已发表诗作五百余首。第三辑、第四辑、第五辑即是这个时期的部分作品。我是回族，祖籍宁夏固原。由于我生于四川省成都市，长期在汉藏杂居区生活，反映本民族生活的作品较少，这不能不是一件憾事。这次冲破一切阻力，回到宁夏，受到父老乡亲的热情接待，热血沸腾，我愿以我的乡情，把这本书献给宁夏的父老乡亲，求得谅解。在编辑这本书的过程中，贾植芳等同志给予了很大的支持，在这里我要表示衷心的感谢。"

有人说木斧的复出是一种"崛起"，我认为还是恰如其分的。"崛起"包含着量和质两个方面的要求。衡量一位诗人的创作成就，不仅看他的某一首诗或者某几首诗的质量，还需要考虑数量基础上的质量。我认为，木斧这一个阶段的诗歌创作，以其巨大的数量和很高的质量矗立于诗坛。这个时期木斧的诗，不仅有高峰，也形成了高原，而且在此后的岁月里，这个"高原"还在绵延不绝地发展，形成了一座巨大的诗歌的山系，横亘于中国现当代的诗坛之上，成为一个庞大的、不可绕过的存在。

在这个时期，木斧还于1981年写了《大辛小传》，1982年写了《调查》，1983年写了《门当户对》这几篇小说。还写作了报告文学《一个女县长的四十八小时》，这篇作品发表于1981年9月26日《人民日报》，《新华文摘》于1981年第11期转载，收入四川人民出版社出版的报告文学集《霞光》中，于1982年1月出版，产生了较大影响。

| 第八章 |

# 故乡行

（1984.6—1991.7）

## 游子归来

在《炉城觅友记》一文中，木斧曾经这样写道："我祖籍宁夏固原。近百年来，我的民族是一个不安定的民族，是一个动荡的民族。我的民族是安拉在苦难中撒下的一把种子，为了生存，撒到哪里，我们就在哪里生长。安拉把种子撒遍了全国，因而我的民族就在全国到处生根发芽。回族人是四海为家的，但是仍有他苦苦思念的童年和家乡。固原是我没有见过面的家乡，康定是代它抚养我长大的家乡，因此我说，我的根在固原，影在康定。"

木斧有不少的诗描绘他的故乡、他的民族的历史，抒发他对故乡的深切的怀念。

在《遥寄》这首诗中，诗人对于故乡的思念表现得尤为突出。

我向你顶礼膜拜/向着那遥远的地方/我是一名歌手/我无忧无虑地唱，放声地唱，尽情地唱/为什么竟唱不出/我对你久久的思念？

　　我是一名画家/我用浓墨重彩蘸着感情饱满的笔尖绘画/为什么竟画不出/我对你深深的爱恋?

　　呵,你离我太远,太远/我看不清你的容颜/在你的面前/我不得不承认/我成了一名笨拙的歌手/我成了一个低劣的画家

　　我毕竟是你的后代呵/我毕竟是属于你的呵/如果你召唤我/我便迅速地奔来!
　　如果你需要我/我时时刻刻听你的调遣!

　　我向你顶礼膜拜/向着我向往的地方!

　　思念,对故乡的深沉的思念,时时刻刻萦绕在木斧的心中。今天我们读这首诗,可以感受到如蒙古族歌手腾格尔那传遍四方的歌《天堂》,心中久久不能忘怀!终于,他下定了决心,一定要回到大西北的故乡去"寻根"!

　　"1984年6月,我终于回到了我从未见过面的老家固原。从这一年起,我走了大西北许多地方,凡是我的民族同胞聚居的地方我都去了,我到了甘肃的临夏回族自治州,到了新疆的昌吉回族自治州,只要我还有活力,我将继续走下去。"

　　故乡之行的寻根之旅,木斧无比欣慰,他说:"终于还清了我一生的相思债。"

　　1984年6月下旬,木斧从成都出发,乘宝成线上的列车北上,到了西安。他将在西安乘飞机去宁夏银川,参加全国少数民族作家银川笔会。

　　根据当时会议的报道,1984年6月26日至7月5日,《民族文学》编辑部在宁夏回族自治区首府银川市召开了以宁夏、内蒙古、甘肃、青海等省、自治区少数民族作家为主的银川笔会。出席这次笔会的六十多位各民族作家和青年作者,欢聚一堂,共叙友情,互议创作,采取以个人写作为主、互相研究为辅的

方法，在短短几日内，拿出了八十多万字的作品。其中，有的作品经过加工，已达到发表水平。值得注意的是，与会作者写出了一些直接反映改革的作品，这些作品较好地反映了边疆少数民族地区的城市和农村的改革生活。会议期间，专程前往银川指导笔会的中国作协书记处书记玛拉沁夫和《小说选刊》编委阎纲做了报告。

6月25日早晨，在西安机场等候登机起飞。木斧几十年的愿望即将实现，他的心情分外激动，那颗心在胸腔里"怦怦"地激烈地跳着，许久许久不能平静。

夜静了，夜深了
飞机在天空盘旋
把一切光亮都冲刷干净
所有的颜色都急忙逃遁

只有一颗星
载着我的思念
去寻我降落的地方
去装点不眠的夜空

机声时而远了又近了
心情时而松了又紧了
越近越觉距离远
越近越不安宁

何时才能天亮？
何时才能返乡？
……

——《机场之夜》

这首诗把这种"近乡情更怯"的急迫、惶惑等复杂心态，表现得十分形象生动。

终于登机了，起飞了，飞机冲上跑道，昂首升空，木斧也觉得：

　　插上翅膀，飞——
　　跨过渭河
　　跨过黄河
　　跨过大漠

大西北高原上雄伟的山川、广漠的大川，连同被人们所歌颂不已的黄河，此刻也都在眼底，木斧被这种壮阔的景象感染了，诗情在胸中涨涌——

　　大漠苍苍茫茫
　　引起飞机吼叫
　　抖落一身白云
　　惊得黄河咆哮
　　翅翼徐徐降落——
　　在沙漠与绿洲的交接处
　　在新城与新市的簇拥下，
　　呀，耀眼的银川飞来了！

　　　　　　　　　　　　　　——《飞》

诗人用拟人的手法，把在蓝天白云之间对西北莽原的感受高度概括，表现得淋漓尽致而又十分新颖。在诗人眼中，飞机在大漠莽原与晴空白云之间飞行，黄河为之咆哮，白云被机翼抖落，到了，终于到了，在沙漠与绿洲交会处，银川这座城市向着作者飞来。注意，不是作者冲向这座西北名城，而是城市向他飞来，这种感受，特别新奇，令人难以忘怀。

大西北的风是刚劲的，一到银川，木斧就感受到了与大西南不同的风的吹拂，不过，此时木斧所感受到的并不仅是西北风的刚劲，恰恰相反，他所感受到的，却是一种母亲迎来多年未归的游子时，母子之间牵肠挂肚而又柔情万种的情怀——

风啊，你不要吹，不要吹/不要吹散了她的头发/不要吹干了她的眼泪/不要让她在干瘪的港湾瞭望

她思念我，思念了一个世纪/哭瞎了眼睛/哭白了头发/哭干了嘴唇/她依然伫立在门前/望着漂泊在远方的子孙

风啊，你轻轻地吹，轻轻地吹/轻轻地吹拂我的情思/轻轻地吹熄我的忧伤/轻轻地载我在幻觉中游荡

我在思念她，思念了几十年/思念成了一笔相思债/祖父把思念交给了父亲/父亲把债券塞进了我的手心/如今我已白发，我不忍心/不忍心再把相思留给后代子孙！

风啊，你吹吧，猛烈地吹吧/远去的儿子已健步归来/请你为我奏起凯旋的乐曲/我要以轻盈的步伐走近她的身边/猛地里扑进她的胸怀……

参加银川笔会的有来自十三个民族的作家、诗人和评论家。在会议上，民族作家兄弟般地聚集一起，商讨繁荣民族文学创作之道。

不同的民族，不同民族的歌舞，使这里洋溢的满是欢欣。这民族团结的浓烈的兄弟情谊，催动了他的思绪。当"玛拉沁夫从座位上一跃而起"，引吭高唱

蒙古草原上的牧歌之时，一首诗———首从心中流出来的歌开始孕育成熟——

十三个，好吉祥的数字

十三个，好亲热的弟兄

十三个民族坐了十座桌席

天南海北相聚在一起

牛羊肉给我们增添了热量

火热的酒暖了我们的肚肠


十三个民族作家欢聚一堂

杯中有关怀，盘中有佳肴

可是还缺少一些什么呢？

你说，我的兄弟，请你回答

玛拉沁夫从座位上一跃而起

内蒙古的牧歌从宴会上升起来了

……

放声地笑呵，爽朗地笑

笑声挽住了歌声的翅膀

歌声飘扬在舞蹈的上空

歌舞陪伴友谊一起飞翔

我赶快写下这轻松的诗

请看这些诗行也在舞蹈

——《记十三个民族的宴会》


6月30日，木斧离开银川去他朝夕思念的故乡——固原。一路上，极目所见，一派大西北粗犷、开阔的风貌，在广袤的沙漠之上，有一块块一片片绿洲间杂其间，洁白的云团如轻盈的棉绒在碧空中漂荡，羊群在绿洲上安谧地吃草……

呵，美丽的故乡，壮丽的景象……

在固原，陌生的游子走遍了县城的角角落落，去寻找多年失落的思念，去寻找梦中的憧憬！在这家乡的土地，专程开小车来银川接木斧的固原师范专科学校的校长、诗人丁文在家宴上赋诗一首——《这片土地》：

> 我的青春
> 是一粒饱满的种子
> 不嫌弃
> 这片土地的贫瘠
>
> 你的相思
> 是一只多情的候鸟
> 不忧虑
> 这片土地的偏僻
>
> 没有它
> ——这片土地
> 我一生的选择
> 就失去了意义
> 没有它
> ——这片土地
> 你半世的期待
> 就失去了慰藉

丁文的家乡在北京。20世纪60年代大学毕业分配来固原工作。为这片古老而贫瘠的土地，洒下了心血和汗水，奉献了他的青春，所以诗中有这样的写法。读着这样真诚的诗，木斧答诗一首——《候鸟——答丁文》：

　　虽然场地变换了

　　虽然地域转移了

　　多情的候鸟不忘故土

　　爱的种子不挑选土地


　　虽然候鸟飞走了

　　它还在歌唱

　　歌唱这片土地

　　歌唱勤耕的人


　　等到春天到来的时候

　　正是种子发芽的时候

　　正是候鸟飞回来的时候

　　正是肥沃的土地激情地颤抖的时候


　　这期间，木斧还在乡亲的陪伴下，勘察了祖辈生息的土地——固原黄铎乡羊圈堡村，走遍了这里的七沟八岔，去寻找祖先的遗迹，去缅怀家族的历史，悬想祖先在这里"日出而作，日落而息"的生活，然后，又满怀了浓烈的乡情，挥泪离去……

　　7月5日，木斧离开固原，沿着祖先当年南逃的道路，乘车到宝鸡。离开固原的时候，他悄悄带上了一块固原的岩石，"用鲜艳的枕巾包扎/用白色塑料绳系上蝴蝶带"。他在诗中写道：

　　我抱着一块固原石

抱着一颗沉重的心

抱着一个新的希冀

带它走前人走过的路

带它到南方的土地生根


在他的眼中，固原石是家乡的象征，也是固原人——他的民族的象征——


固原石是固原人的骨骼

它长期在蓬草野穴中生活

却始终不厌弃家乡的寂寞

固原石身上千疮百孔

那是经受风雨鞭笞的痕印


而且，它顽强、不屈、执着，又展示出一个坚强民族的性格——


坚定而不扭捏

倔强而不固执

它追求美好的生活

默默接受大自然的陶冶


因此，木斧"要用我的心血/把粗粝的石头雕成固原城"——


让它躺在洁净的水中

让它睡在我的枕边

天天和我见面

天天和我谈心……

和固原石天天见面、谈心，诗人把固原石拟人化了，固原石成为有灵性、可以交流，倾听诗人对于故乡的思念的对象。对固原石的赞美和依恋，就是对一个民族的赞美和依恋。他把固原石带在身边，安放在家中最显眼、最重要的地方，就是时时提醒自己之所来，民族之所来，从中吸取奋进的力量，从中得到乡情的慰藉！

沿着祖先走过的道路，经宝鸡、到广元，回到成都。他说，这是还了几十年的相思债，但乡情却是剪不断、还不完的。固原的影子还时时回映在他的脑海中，真是——"才离故土，又引起一番眷念！"

1992年，全国回族作家笔会于9月11日至13日在宁夏回族自治区首府银川市召开。来自全国十二个省、市、自治区的近百位回族作家参加了笔会。中国作家协会副主席、党组书记马烽出席了笔会并讲了话。作家们对回族文学创作现状和今后的发展进行了热烈的讨论。参加笔会的有马瑞麟、木斧、李佩伦、赵之洵、汪玉良、高深、李全喜、凌喻非、马瑞芳、马知遥、马治中、马乐群、杨峰、丁文、查舜、关学林、姚金海、王延辉、沙甸农、白山、吴淮生、余光慧、马青等。木斧受大家委托，在会议上致辞，表达了对于宁夏文学发展的美好期待。

## 在大自然怀抱里历险

在新的历史时期，因为工作的原因，木斧的足迹遍及祖国的东南西北。祖国的山山水水，滋养着木斧澎湃的诗情，祖国悠久的历史文化更加开阔和充实了他诗中的哲理。辽阔的国土，自然的启示，熔铸了他的诗多种的风格：大西北的广漠辽阔，在他的诗风中融进了粗犷；奔腾不息的长江黄河，注入了它们的奔放；而江南风光，又使他的诗中显露出秀丽；大海的万顷碧浪，增进了他诗的雄阔；而巴山蜀水，在他的诗中显出了含蓄和朴素！

木斧——这位大山的儿子，他向往着山，向往着大自然，尤其是久居喧嚣的大都市，繁忙的人事，东奔西走的生活，使他更增强了对大山的怀念！他要投入大自然的怀抱，去吸吮大自然的神奇的乳汁！

这个机会来了！1989年6月6日至13日，四川省第三次少数民族文学创作会议在泸定召开。泸定属于甘孜州管辖，木斧的第二故乡康定，也属于甘孜州管辖，还是甘孜州的首府，因此，广义上讲，泸定也是木斧的故乡。因此，木斧应邀到泸定开会，是怀有一种亲切感的。

来自四川各地州市的藏、彝、羌、苗、土家、回等少数民族的作家、诗人、评论家和少数民族地区的汉族作家参加了这次创作会议。木斧在这次会议上还被选为中国作协四川分会民族文学委员会顾问。

会议结束之后，应主办单位之一，热情的东道主甘孜州文联的邀请，与会者一行结伴去著名的冰川森林公园——海螺沟一游。

海螺沟位于泸定县。从泸定出发南行五十公里左右，即到达磨西镇。磨西是当年红军长征经过的地方。在磨西街上的天主教堂里，毛主席曾在这里居住一夜。红军经过之地、毛主席居住之所，自然也成为磨西的旅游景点之一。磨西也是旅游冰川森林公园的出发地点，从此乘马进沟十九公里，即正式进入冰川森林公园。

到了磨西，稍事休息后，一行人就走出磨西小镇，向着贡嘎山脚出发。先是要过磨西镇外的一座吊桥，那是一座很高很高的吊桥，几条铁索联通两岸，大约四百米至五百米长的铁索桥就横亘在人们面前。铁索之上铺设一张接一张的木板，成为供人们通行的桥面。桥面上有稀疏的立柱，两根铁索分别连接着一根根立柱，在两边形成保护安全的护栏，游客和马匹就从这上面通过，再向贡嘎山脚下的旅游出发地进发。

看着人家过桥，似乎也并不觉得如何困难。但是一旦走到桥面上，颤悠悠的铁索桥晃得人头昏脑涨。尤其是越往中间走，越觉得桥面晃得厉害，再看桥面下河水虽然不深，但是清流湍急，一个个数不清的巨石横七竖八，尤其显得狰狞可怖，过桥的人觉得随时都会掉下桥面，砸在石头上而粉身碎骨。

　　磨西索桥虽然可怖，木斧一行还是顺利通行。过桥后就是乘马行进了。那段路较为平坦，骑着温驯的小川马上路，一开始还是平稳的，木斧也还有一种威风凛凛的感觉，似乎真如指挥千军万马的将军一般。

　　初次骑马者或许都有这样的感觉：刚骑上马背，感觉良好；时间稍长，就觉得难受，随着马儿的步子颠簸，真觉得还是步行舒适；再长些时间，就犹如受刑了，恨不得立即下马，但是大队伍行进，谁也不敢落单，那是在大山里呀，离开队伍，一个人真不知怎么办好呢！

　　木斧的经历也是如此，好不容易到了山脚下，上山了，山路崎岖，骑在马上的滋味更觉难耐！从海螺沟山脚到一号营地，再上二号营地的那段山路，是沿着悬崖开辟出来的一条路，大约只有一米多宽，右边是山壁，左边就是万丈深崖，人步行还好，还有一些安全感，一旦骑在马背上，视野开阔了，不小心往左边一看，那万丈深崖就显得更加可怖，一点安全感都没有。更可怕的是，那贪图悬崖边长出来青草的马儿，一点也不体谅骑在它背上的人的心情，偏偏要把头伸到悬崖边去吃草，这样，马背就向悬崖下边倾斜下去，骑在马背上的一不小心，真会一下子被甩到悬崖底下去的。遇到这种情况，唯一可行的办法，就是立即从马背上溜到地面上来，才能保障安全。木斧就遇到这样的情况了，他也只有试图溜下马来，但是慌张之时难于考虑周全，他是被摔下来的，手又撞在山崖上，竟然撞出了血，惊恐加上疼痛，木斧竟然一下子昏厥过去了。事故突发，怎么办？同行的人们觉得既然快到二号营地了，那就还是把木斧送到二号营地，再考虑下一步的事情吧。于是七手八脚地把他抬上马背，交代已经被吓呆了的赶马人小心伺候，这样，昏昏沉沉的木斧就被运送到了二号营地。

　　经过一夜的休息，木斧的体力和精力都有所恢复，他不愿意成为逃兵，也不愿意成为大家的累赘，他不听劝阻，坚决跟着自己的队伍，精精神神地随大家向三号营地冲刺。

　　太阳出来了。走着走着，猛一抬头，前方出现了一座白雪皑皑的山峰。最后一站——三号营地到了。

木斧终于喜悦地瘫倒在山坡上。

然而这远远不是终点。

前面还有一号冰川、二号冰川；还有雪崩；还有那神秘的冰的流泉，不停的雪崩造成了不断哗哗流淌的冰川，那里将会出现一个更加陡峭更加宽阔的壮丽的世界。

木斧写道：

> 这诱人的海螺沟，探险家的乐园。
>
> 这诱人的海螺沟，诱你去探索宇宙的秘密。
>
> 这诱人的海螺沟，永无止境，诱你步步深入。
>
> 这抗不住的诱惑，要我回答：屈服还是前进？

午饭后，大队人马又兴致勃勃地奔赴冰川了。

没有料到，木斧伤情的大发作，就在这一天晚上。

后来木斧才知道，他从马上摔下来，胸内连接肋骨的韧带遭到了严重的扭伤，出血了。这血，眼睛是看不见的，他是滴着血上一号冰川的。当天晚上，胸内凝成了瘀血，上半身瘫痪了。深夜两点半木斧被剧烈的疼痛唤醒，左侧，剧痛；右侧，剧痛，只能躺着一动也不动，才能免除痛苦。望着时间一秒一秒地过去，一直熬到东方发白。

山上没有医生，而大队人马又该返程了。怎么办？带队的省作协负责人、老诗人唐大同征求大家的意见后，决定找两位年轻的磨西人，用担架将木斧送到山下磨西区医院去治疗。

木斧便仰卧到临时绑成的担架上去。

吉狄马加又来看木斧，笑着说："不要说是你，就是我，也浑身酸疼了。"

"怎么办呢？"

"照样大步走下山去！"

"我羡慕你！"木斧说。对于一个健康的人来说，坐车、乘轿，是无用的，能够甩开臂膀走路，才是最大的幸运哩！

而现在，木斧只能躺着。

憨厚的磨西人，一前一后抬着木斧，在大森林中穿梭而行。听见一前一后急促的喘气声，引起木斧一阵揪心的内疚和难受。

仰面朝天的木斧被人抬着下山，很是寂寞。就与这两位性格豪爽的磨西人聊天，一路攀谈起来，谈天谈地，谈山区人民的生活，谈他们的家庭和收入，谈到了一起。后来，他们在路上借到一个竹背（篓），走险路时，两个人轮换背着木斧，在平路上，两个人扶着木斧一步一步往下走，一路走一路聊天，聊得津津有味。

平心静气地说，这次海螺沟探险，木斧还是很有收获的。骑马，是第一次；从马背上摔下来，也是第一次。人一生有过多少第一次啊！同时，因为这次探险的生活体验，他还收获了一批很有特色的诗篇。

他在一首诗中写道：

> 在原始森林中仰泳
> 我的心目中只有天空
> 天上没有路，只有
> 一个又一个高高的圆柱
> 所有圆柱都是斜插的
> 插在飘浮的蓝天之中
> 我不知道路在哪里
> 我在圆柱之间穿梭
> 只知道我经过的地方
> 那便是路了，路
> 在我的后方消失
> 前面的路留给我去猜
> 也许在这根与那根圆柱之间

结果从那根与那根之间而过

于是我又继续猜下去

结果我又猜错了

我猜了九十遍错了九十遍

我在猜测中悠悠地去了


很清楚，这是他躺在担架上的独特感受酿成的诗篇。这里是在写"山重水复疑无路"的感受吗？是的，又不全是。这固然是在海螺沟的原始森林中盘转而行所触发出来的诗思，但却分明流入了诗人对于社会、人生的某种感悟：诗人毕竟已不年轻，他经历过太多的苦难与挫折，而在人生的道路中，并非人人都能预测未来。但这里，却又表现了置身于大自然怀抱中对于人生的一种超越的态度："我猜了九十遍错了九十遍，我在猜测中悠悠地去了！"既潇洒超脱，又深含机趣，耐人寻味。

在这大自然的怀抱里，木斧可以说是触目皆诗，他把自己丰富的人生阅历与奇妙的自然景观熔铸在一起，借自然物的形象，表达自己的人生感悟，他看到在原始森林中自由飞翔啼鸣的鸟儿，也触动了自己的情怀。他在《狭谷的鸟》中，表达的就是这种感受：


胆怯的小鸟，在黄昏

坠入一个小木盒

盒内没有灯

盒外没有路

便睁大眼睛

听盒外那个世界的声音

林涛的叫叫

河水的咆哮

包围了狭谷。不知道

是小鸟死了还是这个世界死了

明眼人一读便知，这是木斧摔伤后孤身一人躺在木头房子里的感觉。在诗中，"盒子""盒中的小鸟"的寓意是非常明显的。"盒子"既是实指他住宿的木头房子，也是一种规范，一种文化形态，一种象征。而坠入其中的"小鸟"，则是失去了自由的被这规范制约的"人"的象征。在这里，"小鸟"是痛苦的，它有过许许多多的理想和期待，它也许有过长久的挣扎反抗，但都无济于事，最后不得不归于沉寂——无声无息，死一样的沉寂，内在的、外在的，都停止了——不知道是小鸟死了还是这个世界死了！"小鸟"的生命似乎沉寂，所以"这个世界"也似乎"死了"！但生命对于自由是敏感的，生命的力量却又是顽强的，只要

　　一根光线挤进来

　　挤开了小木盒的门

　　把天地都点亮了

　　勇敢的小鸟飞出来

　　飞入了深山峡谷

　　还原了我的世界

　　到处都是鸟的啼鸣

一旦"光明"召唤，生命必得复苏。小鸟飞入了自由自在的原始的森林，重新得到自由，"到处都是鸟的啼鸣"，这是一种对自由的赞美，是一种解脱了各种人生"规范"负赘的人与大自然的一种自由自在的交流，表达的是一种"回到大自然中去"的呼唤！是对自由的灵魂和纯真的期待！自然，也体现了对于烦嚣的各种欺诈的人生的厌倦，对于各种"规范"的遗弃的情绪！

面对奇山异水，木斧的诗兴大发。他写海螺沟所见的"日照金山"的景象：

冬天和夏天
同时映入眼帘
白皑皑的雪山后面
藏个红艳艳的脸蛋

——《晨曦》


他感叹热水沸泉的奇特，写下了这样的诗行——


丽日下有冰川
冰川下有温泉
这里充满了惊异
一个惊异跟着一个惊异
这里盛满了欢笑
一个欢笑挨着一个欢笑
于是地热了心热了
冰川又继续往前搬迁

——《沸泉》


即使是路边崖上那叫不出名来的野花，也引发了他的灵感，他也能从中提炼出哲理来——


无名的花
在无名的村藤上开放
无名的花
在无名的枝丫上出生
无名的花是新生的花
无名的藤是新生的藤

> 新的生命找到了新的门庭
>
> 新的门庭举办新生的盛会
>
> 新的门庭可不是无名之辈
>
> 它是老死了几万年的木树之根
>
> ——《无名》

游海螺沟，虽说有美景奇观可供欣赏，但自沟口进入以至到三号营地的观景台均须骑马。其间穿密林、过险滩，尤其是骑着马经过万丈悬崖半腰的一线旅路——而乘马者均为初试者，岂有不惊心动魄的？至于到观景台以后，如不满足于纵身一观，尚愿深入沟底近观冰川之风采，那颤巍巍攀缘而下，抖搜搜蚁附而上的情景，更使不少人将其视为畏途而驻足不前！

但诗人不同，虽已近花甲，且体力并不及年轻人，却是充满着一种挑战性的企盼和探险家的勇气，他一鼓作气上到三号营地观景台，饱览奇观。他觉得——

> 勇敢的人看到的是壮丽的世界
>
> 怯懦的人只看到穿裤子的冰川

这两句诗正是他的切身体会，同时也是对人生道路的一种总结。

在海螺沟神话般的美景里，在大自然清新的充满活力的怀抱里，木斧焕发了青春！他的诗也由此显示出一种新的气质！

## 康定觅踪

"半个世纪了，一个孩童摇身变成了一个老人，一个老人睡在他儿时睡卧的折多河边，在奔腾的河流中，做了一个温馨的梦：一个老人摇身变为一个孩童，他迎着湍急的河流，正在攀缘一个彩色缤纷的童年梦哩！"（《炉城觅友记》）

1989年6月12日，木斧随着参加四川省第三次少数民族文学创作会议的代表，怀着对海螺沟的不舍恋情和观赏自然奇观后的兴奋，于当天夜晚抵达康定！

康定，木斧时刻思念的地方！他的童年在这里度过，他熟悉这里的山山水水。自从那个早晨离开，"半个世纪了"，半个世纪的相思乡恋，今天，才得偿还！

这一晚，木斧被回忆和兴奋激动得辗转反侧，难以入睡。在朦胧中，他似乎回到了天真纯洁的儿童时代，童年时代的友人，一个个都生动活泼地活现在他的眼前，似梦不是梦，似真难成真！呵！孩童时的朋友，而今安在？……

第二天早晨，几位热心的文学青年来到木斧的宿处。他们带着遗憾的表情告诉他，遍访了他们所熟悉的康定人，都说康定城过去只有一小、二小，从来没有听说康定城曾有个康化小学——原来，在泸定开会期间，在海螺沟的途中，木斧已经开始"寻梦"了，他托这几位年轻的朋友寻访当年他曾就读的康化小学，寻访儿时的朋友们的去向。但这样一说，木斧的童年梦暂时幻灭了——但他并不失望，他望着这几位热情的年轻人，心中却在想：他们所寻找的，一定不是老康定！凡是老康定人，谁会不知道康化小学呢？

会议结束后，木斧同康定的老辈人张央见面了！这无疑是一个最好的向导！

张央陪着木斧，走遍了康定城！木斧，用他热切、探究的目光，把康定城仔仔细细地篦了一次。他惊奇地发现，康定城的格局没有变！依然是那一条长长的弯曲的街，只是街面加宽了，石板路改为柏油路了。上桥、中桥、下桥依然仁立在那里，只是木的桥顶消失了，木的柱杆改为石的柱杆了。水井，那潺潺的水声仍如昨日，那清凉的泉水仍如昨日，只是昨日背水的藏族妇女不再来了，舀水的、抬水的、拎水的人群依然来来往往。街的两边铺面全变了，鳞次栉比的低矮的木屋、泥屋、碎石屋变成了高楼大厦，但是木斧依然可以看出，哪里是昔日的无声电影院，哪里是卫乐大戏院，对面哪里是一家钉马掌的铁铺。

其实，康定城是一个傍山依水而建的城市，折多河两岸地势逼仄，在这种地形水势下搞建设，只能向两头发展，康定城的格局是很难改变的。

面对今日的康定城，木斧回想起几年来，每当他向家人和朋友述说对康定的怀念，希望有朝一日重访旧地时，朋友们总是说，你记忆中的康定城已经面貌大变了，你回到康定去，不过是一位陌生人看望一座陌生的城市罢了。这些话，今天在耳边响起，使木斧对自己的记忆更具有了信心：康定没有变，它还是我记忆中的康定！儿时的一切在具体的环境中复活了，他笑了！

在一篇文章中，他这样描述重游康定的感受：

"这些点点滴滴的情景都在我的胸中卷起了浪花。我走在折多河边，我的胸中也有一个折多河，我的折多河既明亮又汹涌，它在宣告：阔别半个世纪的主人回来了，又回到他熟悉的亲切的童年中来了。他熟悉这里的一山一水，一草一木，至今一见如故，他不愧是一个真正的老康定人。"（《炉城觅友记》）

但美中毕竟有不足——那就是，康化小学的旧址却怎么也找不到了。这种遗憾是无法弥补的：木斧儿时的友人，也都在这所康化小学读书。在他的记忆中，康化小学是法国教会办的一所小学，小学的旁边就是法国福音堂。这样一所小学，如今隐藏到哪里去了呢？他焦急地自言自语地叨念着！

张央大概是为他急切的访旧心情所感动，他安慰说："你不要急，我给你找一位老康定人，就是犄角旮旯的地方，他也知道。"说完，他推开了一间铺面旁边的一个小门，屋里的主人周光钧迎了出来。

张央做了介绍，说明了来意后，周光钧吸着烟，侃侃而谈："我们这个年龄的人，哪个不晓得康化小学呢？"他看着心情颇为激动的木斧，继续说道："康化小学的学生多得很嘛，如今都是花甲已过的人了。"

这时，先前就坐在沙发上的客人插话说："还到哪里去找？我就是康化小学的学生呀！"

周光钧忙着介绍，这位客人叫蓝文品，现在是康定县的政协委员。一提起木斧儿时的名字以及木斧父亲的名字，他连声说："知道，知道！"——真是"得来全不费功夫"，原来，他就是木斧儿时的同学！

"于是顺藤摸瓜，一大批儿时的同学都出现了。两天内，老同学韩振华、黄启勋、杨文森……一个个都来了，一个个同我握手道好，宽怀叙旧。都不是当年顽皮的孩童了，都是两鬓皆白的老头子了。五十年来，各有各的漫长的经历，各有各的欢乐与辛酸，天南地北，人各一方，硕大的纷繁的一个大世界都倾入到了一个小城之中。谈起五十年前的往事，恍如隔世一般。尽管如此，对天真的向往，对童年的怀念，总是一致的，因此叙谈起来，别有一番情趣，耐人寻味。"（《炉城觅友记》）

在和友人的交谈畅叙中，木斧谈及康化小学，述说他对康化小学隐去的疑惑。大家笑了，康化小学并没有隐去，它就是现在的甘孜州委的所在地！这天，周光钧和韩振华陪同木斧去寻访旧地，那一带的小街小巷几乎全部被拆除。在原来福音堂的旧址上，矗立起来的大礼堂，旁边就是甘孜州委。眼前的一大片现代化的建筑，取代了原来的带有异国风味的矮小的房屋，而对此情此景，木斧心中不禁升起了一种历史的沧桑感！但在州委的后山上，却尚可清晰地看出当年残存的后墙，在这里，还可依稀辨认出当年的痕迹！历史到底是不可抹去的啊！

对着州大礼堂——原来的康化小学，木斧深深地鞠了一躬——向母校，向童年，向几十年来翻天覆地的大变化，木斧献上了他崇高的敬礼！

但是，木斧还觉得有些遗憾。遗憾什么呢？他在记忆中搜寻着。在第一次同周光钧、蓝文品见面时，便提出他儿时在康定还有一位朝夕相处的好友，可惜的是，五十年的岁月流逝，他已记不清这位好友的名字了！

热心的周光钧、蓝文品决定帮助木斧寻觅。于是，开始了盘根究底地询问：

"你小的时候住在哪里？"

"我住在北一巷一家姓黄的锅庄内。"

"你的好友呢？"

"他家住在下桥。"

"下桥那一带有几个姓，我背给你听：张、王、李……"

"不用背了，他姓郭，我想起来了！"木斧记忆中的绿灯突然亮了。

"你怎么记起来的？"

"这个人好像就在我的面前，眼有点眯，背有点驼。他对我说，我姓郭啊！"记忆是神奇的。有时，沉入潜意识底层的记忆能在一瞬间重新泛起。

"那么，让我想一想，有几个姓郭的人是这般长相。"周光钧低声地念出一串姓郭的名字。

"不用念了！"记忆中的灵光又突然一闪，木斧突然肯定地说，"就是郭开德。"

"不会错？"

"他家里很穷，他父亲在下桥边打锅盔！不会错的！"木斧说得很肯定。

"原来这些你都知道，那么就是他了。"大家都知道这个人，现在也还住在康定城里。

当天，老同学韩振华专程带去了木斧表示问候，并愿相见的口信。第二天，郭开德便兴冲冲地来看望木斧了。

这是一位端庄、持重、文质彬彬的老人，但丝毫没有老态，见到木斧，他丝毫没有显露出那种预期的惊异来。只是他的嘴角和眼角却分别存留着儿时的样貌，这一切明白地告诉木斧，儿时的好友就站在面前了。

"要我介绍一下吗？"周光钧目睹这一场儿时好友相见的场面，他希望增加一点相见的戏剧性。

"一认就认出来了！"郭开德平静地说，"还是他小时候那个小胖娃的样子。是不是，张飞？"

他突然叫出了木斧儿时的绰号来。这一呼唤，顿时把木斧呼唤回到了童年，"你这关公！"木斧顺口还了一句，正好是郭开德儿时的绰号——不，是他们"桃园三结义"时的排行！

这是木斧记忆的绿灯在一瞬间抛给他的。一声当年的称呼，一下子就掀开了他记忆的仓门：

那时，木斧的性格莽撞，颇有点像张飞，而郭开德的眉眼却有点像关公。木斧的大哥也就顺理成章地自封为刘备，于是，在跑马山下、折多河畔，这三位孩童便模仿古人，真来了个新的桃园三结义。那时，他们还学唱川戏，自编自演了一出桃园结义的戏来唱。那时，郭开德十二岁，木斧十岁，还是一群贪玩而又不谙世事的孩童啊！这陈年的绿豆芝麻也都从记忆之门中拥挤而出了！

一句话引出了一连串的回忆，一连串的往事，扫去了几十年音信不通的隔膜，他们的谈话便亲密无间了。

几十年的话不是一下子就说得完的。谈话中，木斧知道了，这位郭开德——儿时的好友，是藏族人，藏族名格桑云登，曾是西藏自治区仁姆县县长，日喀则地区人大常委会副主任。前不久刚刚退休，从西藏回到了他的老家康定定居。

第二天，木斧回访了格桑云登。在格桑云登家里，主人按照藏族的风俗习惯，请客人喝了主人亲自制作的酥油茶，并用回族的菜肴款待了客人，以示尊重木斧的民族生活习惯。

他说："想不到我还能见到你，分别快五十年，我已经六十岁了！"

木斧说："这是命运的安排。我只能在康定找你。早几年来，我能找到你吗？"

没有叹息，没有悲伤，这次见面是意外的收获、意外的欢乐。两位儿时的好友一边喝酒，一边摆谈。豪爽的木斧举杯为重逢干杯！为好友的健康干杯！为好友的家人干杯！他们喝了个痛快，为重逢，为友谊，在往事的热腾腾的记忆中，他们都欢快地醉了！

相会是短暂的。但友谊长存，记忆长存！

还了几十年的相思债，告别了故乡，木斧怀着新的依恋，走了……

别了！我的炉城，我的好友，我的童年！

在我们相见之中，半个世纪过去了。

我们还能相见吗？唯愿我们还能相见。

但不要再隔半个世纪。

我的生命的河水已经缓缓地流过去了。

我还有半个世纪吗？

站在康定桥头，回想着记忆中的康定城，望着现实中的康定城，木斧默默地念叨着，念着……"跑马溜溜的山上，康定溜溜的城哟……"的曲调又在耳边响起……

然后，他毅然地转身离去，身后，留下了一支无穷无尽的恋歌……

# 第九章

# 诗海扬帆·下

## （1984.6—1994）

## 锦绣嫁衣

人们常说，编辑工作是为人作嫁衣的工作。一位作者在未成名之前，对编辑是尊重的，一口一个"编辑老师"，既亲切又敬重，生怕得罪了编辑，导致作品不能出版；而一旦作品编辑出版并获得巨大声誉，作者由此名利双收，身居幕后、付出大量心血汗水的编辑却无缘分享，真是"待到山花烂漫时，她在丛中笑"呵！更有一些作者，"一阔脸就变"，好像这个作品与编辑毫无关系似的。这些现象也使许多编辑伤透了心，感到很是不平，因此许多人不太愿意当编辑。而木斧则不同，他是甘愿长期当无名英雄、当幕后策划的。20世纪五六十年代，木斧做编辑工作时，因为自己属于"内控对象"，写了很多，编了很多东西，但是要么发表时不署名，要么以组织名义发表或者以领导名义发表。当时，木斧从众多稿件中发现了一篇写刘文学的稿件，经过筛选，他认为这个稿子适应了形势的需要，值得重视，就建议编辑部通过报道在广大青少年中树立一位标兵，这个建议被采纳后，他又写了一系列宣传刘文学事迹的言论、讲话，都以编辑部一些负责人的名义发表出来，在全国产生了巨大影响，刘文学也由此成为全国性的先进典型。当然，现在看来，刘文学这个典型的树立，确实是适应了当年阶级斗争为纲形势的需要，这是无须讳言的。

1958年，他还组织一批著名作家为《红领巾》写稿，得到了他们的支持。比如，著名作家叶圣陶寄来的诗作《我们也来修水库》，因为太长太散，经过木斧精心加工并得到叶圣陶的肯定后发表；著名作家李劼人的小说《私塾生活的一天》篇幅也较长，木斧压缩整理后，征得作者同意后发表。这些大作家的支持、这些稿件的发表，也提高了《红领巾》这个地方性杂志的知名度和影响力。

对于编辑工作，木斧有一首诗《自嘲》，以诗的语言来表达自己的态度。


长期在稿笺上耕耘

锄草、治虫、修枝、催芽

早已精疲力竭

剩余的时间正好是一颗圆圆的汗滴

本该休息却不愿休息

恰是在休息中入了迷

喜欢寂寞又不甘寂寞

于是才有了自己的声音！


长期为他人剪裁衣裳

剪裁，缝补，再加修饰

生怕有半点疏忽

落个不合身的骂名

应以赤裸为荣却不愿赤裸

忙得不亦乐乎还得发表严正声明：

我身上这件薄衣

是别人裁的！

木斧在这里表达了他对编辑工作的兢兢业业、战战兢兢的认真踏实的态度。作嫁衣一定要把嫁衣作得合身漂亮，因为惧怕"落个不合身的骂名"，所以必须精益求精，追求完美，这里表现了极其高尚的专业精神和素养。

在长期的编辑实践中，木斧形成了他自己的编辑观。这就是：编辑工作要善于发现作者，勇于爱护作者，敢于扶持作者。就是编辑要敢于担当。他认为，编辑与作者的关系，不是冷冰冰的工作关系，编辑要同作者交朋友，事业上要关心朋友，支持朋友，如毛泽东所说："友谊和支援比什么都重要。"他觉得，编辑周围如果没有朋友，就没有众多的作者，那他的编辑工作就寸步难行了。

木斧在四川人民出版社工作不久，就在收藏稿件的柜子里发现了一部书稿，稿件名为《杜甫在四川》，作者是曾枣庄。当时曾枣庄还是成都市教师进修学校的一位老师。这部稿子在编辑部的柜子里躺了两年，基本上被视为弃稿了。但是木斧却别有眼光。他认为这部稿子很有文学基础，经过修改可以出版。做出这个判断，是基于主人公影响力大——唐代伟大现实主义诗人杜甫，是我国诗歌星空中一颗闪亮的巨星，在文学史上被称为"诗圣"，他的诗被称为"诗史"。安史之乱发生后，他流落在四川数年，写下了大批优秀作品，为我国诗歌史上留下一笔宝贵的财富。在曾枣庄之前尚无人对杜甫在四川的经历和创作成就做出过系统的梳理和评说，曾枣庄的这个稿子就弥补了这一空缺，具有新颖性。这就是题材好，点子新；同时，因为具有开创性，许多见解为人所未道，这就具有了独特的学术价值。根据这一看法，木斧决定出版这部著作。但是作品还需要进行一定的打磨，章节的编排还需要做一些调整。他找来作者，一起研究，重新拟定了书稿的章节，对内容也做了一些修改，就发稿了。

本来这部书的出版顺理成章了。但是，当时四川人民出版社的负责人马骏向木斧转达了一些同志的意见，说是这部稿子抄袭了著名古代文学研究大家、四川大学历史系教授缪钺的《杜甫》一书，导致了这本书停止印刷。

木斧对这些意见也很重视，他找来缪钺所著的《杜甫》一书，认真核对之后，发现两本书的内容完全不同，根本不存在抄袭的问题。但是也确实存在资料转引上不易说清问题的地方。怎么办？是退稿还是继续印书？木斧犹豫了。退稿，对于编辑并无损失，但是对于作者的打击就很大了。试想，一位刚刚出道的作者的第一部书稿，就被出版社定为"抄袭"而退稿，那该是一种什么样的打击呀？！作者还能抬得起头来吗？他今后还能继续从事文学研究吗？

作为一个有识别能力、有培育和保护作者胆识的编辑，木斧毅然决定写出一篇答辩文章，摆事实、讲道理、做比较、拿依据、做分析，坚定地认为曾枣庄的《杜甫在四川》是一部创新制作，绝无"抄袭"之嫌。

马骏读了这篇答辩文章，他为木斧认真负责的编辑态度所感动，也为文中有理有据的辩驳所折服。他说："杨莆（木斧）同志的工作，不仅不应该批评，还应该提倡和表扬。"得到马骏的支持，《杜甫在四川》得以顺利出版。木斧也得到了曾枣庄的高度信任和尊重。后来，曾枣庄又把他的古典文学研究的成果三种，一起交四川人民出版社出版，体现了对出版社和编辑的信任。这些著作的出版，奠定了曾枣庄在古典文学研究界的地位。他本人被调到四川大学，很快被评为副教授、教授。他后来深入研究苏轼，由此进入宋代文学研究领域，成为我国宋代文学研究领域中著名的领军人物。由这个事件，木斧深刻认识到编辑责任的重大，他可以培养一个极有前途的作者，扶持他攀登研究领域中更高峰，但稍有不慎，也可以毁掉一位作者。这个经验值得现在的编辑认真学习借鉴。

木斧认为，编辑对作者要真诚，要敢于和善于对作者的一些想法提出自己的意见和建议，帮助作者选准题目，提高书稿质量。1982年，江苏的文艺刊物《雨花》的一位评论编辑给木斧写信，谈到他想写一本《1981年获奖小说的艺术探索》，问木斧是否可以接受出版。接到信后，木斧经过考虑，认为出版社的出版物和刊物发表文章是有区别的，他劝这位编辑改弦更张，另辟蹊径。那位评论编辑高兴地接受了他的意见。一年后，他又寄来《叶圣陶评传》的书稿，木斧读后觉得书稿尚存不足，距出版尚有距离，就建议他再进行修改。他也愉快地接受了这个意见，书稿经过修改后，交天津一家出版社出版了。后来木斧两次出差到南京，都去看望他。那位编辑对木斧说，经过两次退稿，看出木斧是一位值得信任的编辑，也是一位对作者要求严格的编辑，对他帮助很大。他表示，今后有了好稿子，要优先交给木斧征求意见。此后，木斧为他编辑了他写的《马克思恩格斯文艺思想初探》一书，又请社里的编辑龚明德为他编辑出版了《马克思主义文艺思想史稿》一书。这两部书的编辑出版，作者都很满意。同时，这也是国内出版的第一部系统探索马克思、恩格斯文艺思想和马克思文艺思想发展史的著作。两部书一出版就引起了巨大反响。后来，这位作者出任江苏省社科院文学研究所所长，成为我国有影响力的文艺评论家，还获得了"国家级有贡献的专家"的光荣称号。

1986年，出版社体制改革，四川人民出版社得以保留为财政拨款的体制，其原来的几个编辑室另外组建文艺出版社、科技出版社、民族出版社、少儿出版社等，成为出版企业，财政只是给予一定补贴，要求这些新组建的出版社实行自负盈亏。

木斧原来是四川人民出版社文史编辑室副主任，改革后就顺理成章地改任四川文艺出版社副总编辑。作为分管业务工作的副总编辑，木斧分管了文学编辑室和扩编后组建的评论编辑室——原来只有一位评论编辑，现在发展到五位，因此成立了评论编辑室，但他仍然负责文艺评论、古典文学研究和部分外国文学作品的复审和终审工作，还担任通俗文学和戏剧文学的终审工作，任务是很繁重的。

作为一位出版部门的领导，除了编稿审稿之外，必然要考虑分管部门的选题布局，比如文学评论、古典文学研究、外国文学研究各自在出版中所占的比例如何，既要考虑编辑力量的现状，也要考虑所出书的市场销售情况；是按照原来的来什么稿子就编什么稿子的随意性办法，还是制定出版计划，按照计划出版？木斧认为，无论从社会影响还是经济效益上说，都不能坐等稿件，必须要制定出版规划，做好出版计划，形成一系列品牌。那时还没有策划观念，但是木斧的考虑，正是体现了有意识、有目的的策划理念。在他的带领下，四川文艺出版社规划了三套丛书："马列文论""现代作家作品研究丛书""巴金研究丛书"。"马列文论"系列出版了《马克思主义文艺思想史稿》《马克思恩格斯文艺思想初探》《马克思主义文艺论著选》《马克思恩格斯文艺批评理论》《时代·文艺·生活》等系列书；"现代作家作品研究丛书"中编辑出版了关于鲁迅、郭沫若、茅盾、巴金、何其芳等人的研究专著。其中，关于鲁迅、郭沫若的研究著作又成为一个系列；巴金研究系列也初步形成。在此之前，社里于1984年还开辟了"当代作家作品研究丛书"，重点出版关于四川作家的研究著作。在当时和之后形成了巨大的学术影响力。为了培养青年作者，满足青年文学爱好者阅读需要，他们还开辟了两套通俗文学理论丛书，即"文艺欣赏丛书"和"文学知识丛书"，也出版了十余种著作，受到了欢迎。

复审、终审书稿，是编辑工作中十分重要的把关工作。如果把关不严，一部书面世后，或者犯政治性错误，或者错漏百出，质量低下，贻害读者。无论哪种情况出现，都会给出版社带来巨大损害，作者也不满意，从责任编辑到复审、终审编辑也都要承担责任。因此，在履行复审、终审职责时，木斧总是战战兢兢、如履薄冰，生怕书稿出问题。木斧复审终审的稿件数量大，品种也很多，小说、诗歌、评论、古典文学、戏剧文学等，稿件具体数量已无法统计了。

除了审读稿件，制定出版规划，组织编辑工作，木斧自己也亲自编辑了一些书稿。重要的如曾卓的《悬崖边的树》，出版后引起广泛反响。《中国现代作家传略》（上下集）出版后，国内外反映强烈，著名翻译家戈宝权访问法国时，法国汉学家纷纷向他打听这部书的有关情况；美国作家代表团通过萧乾，希望能够买到这部书；中国台湾《传记文学》杂志1986年在介绍丁玲时，直接引用该书的相关文字。邵伯周的《〈呐喊〉〈彷徨〉艺术特色探索》出版后，获得上海高校社科优秀著作奖。谭兴国的《巴金的生平和创作》出版后获得四川省哲学社会科学优秀成果二等奖，木斧因此晋升一级工资。石璞的《欧美文学史》（上下册）也获得四川省哲学社会科学优秀成果二等奖。此外，木斧编辑出版了张慧珠的《巴金创作论》等研究专著，还和本社编辑徐靖共同编辑出版了《艾青选集》三卷本。

木斧丰富的编辑实践，也为他的编辑理论和实务研究提供了丰富的材料。

他认为，在编辑文学评论书稿时，要特别注意引文和注释的出处。稍不注意，就会出错。他在编辑《鲁迅研究论文集》时，把最容易出错的地方归为四类：一是作者单凭记忆而不是核对原文转引。如把鲁迅讲的"寇盗式行为"错写为"盗寇式行为"，把鲁迅讲的"国民公仆"误写为"人民公仆"，一字之差，编辑没有熟读鲁迅作品的基本功是很难发现问题的。二是作者根据记录或手抄卡片而不是根据原文转引。如把《俄文译本〈阿Q正传〉序及著者自叙传略》错写为《俄文译本〈阿Q正传〉序及著者自序传略》，也是一字之差，不易发现，编辑一不认真，就会出错。三是作者为了叙述方便，杜撰篇名。鲁迅有一首七言诗，是1932年12月9日在赠给许广平的《芥子园画谱三集》扉页上题写的。正式发表已是1968年，发表时题为《芥子园画谱三集赠许广平》，有作者简化为《题〈芥子园画谱〉》。不熟悉鲁迅著作的人是无法查对的。四是引文不准，张冠李戴。应该说，木斧所概括的这些容易出错的地方，确是经验之谈，对于今天的编辑消除或者减少所编书籍的错误，提高书稿质量，仍然具有指导作用。

一般地说，作者和编辑之间，往往会因为一本书的编辑出版而结缘。作者对编辑出版部门也是尊重的。但是也有例外。一位颇有来头的作者寄来一部著名作家评传的书稿，声明要一字不易给予出版，态度十分倨傲。稿子到了木斧手中，他认真审读稿件，发现作者在书稿中大量抄录他人的研究成果而又不注明出处。木斧在审读时下了极大功夫，一边审稿一边查阅资料，记下长达几十页的审读记录，终于查明书稿某章某节某段出自某作者某书某页，再指出作者在摘抄中出现的讹误，最后整理出二十余条意见供作者修改，迫使作者放弃了一字不改出版的无理要求。审稿不看来头，不管作者的态度，坚持原则不放弃，而又做到有理有利有节，让作者口服心服，是木斧历来的态度。有了这种坚持，才能不负初心，做好工作，把书编好。

木斧认为：当一位好编辑，除了剪刀糨糊之外，最重要的还是笔。他的意思是说编辑不仅要会编，把书编好，还要会写。审读报告体现编辑对书稿的眼光、综合素养和鉴赏、判断能力；书籍征订内容的拟定体现了编辑对于书稿的概括和阐述能力；书评、序言、手记更能全面体现编辑的学识和业务能力。只有做到编和写的有机结合，相辅相成，处理得好，编创结合，相互促进；处理不好，就会产生编创矛盾。基于这样的认识，木斧积极主动地为本社出版的书撰写了书评三十余篇；还结合编书，写出一些作家的研究论文。如果说当编辑是为他人作嫁衣裳，木斧这为编辑所作的嫁衣，也是一件又一件锦绣嫁衣！合身合体，美化了作者的脸面，使作品更加光彩照人。木斧以自己的真诚和心血编辑出版了一大批好书，为社会奉献了丰富的精神食粮，因此受到许多作者发自内心的热爱。大家喜欢他的真诚，喜欢他的认真，喜欢他的平易，喜欢他的正直。这也就是木斧朋友遍天下的真正原因吧！

20世纪80年代中期，我国整个出版界都受到了商品经济的冲击。出版形势再也不像刚刚改革开放时那样辉煌，而是一步一步地走了下坡路。读书的人少了，读诗的更少，有人开玩笑说，现在是写诗的人比读诗的人还要多；写书的人比读书的人还要多。这是玩笑也是实情。出版社千辛万苦编一本书，印数却很少，卖出的书收不回成本，要自负盈亏是很难做到的。没办法，社里只得把经营指标分配到各个编辑室，编辑室再把盈利的任务下到编辑个人头上，还要和编辑的个人收入、福利待遇挂钩。在整个出版界都面临严重困境的情况之下，这也是不得已而为之的事情。作为一个老出版工作者，他对我国出版事业充满了忧虑。他认为，出版社是精神产品的生产单位，首先应该把社会效益放在首位，不能把经济指标摆在前头。如果过分强调经济效益，强调盈利，就会出现偏差，出版的图书的质量必然下滑。

由于木斧长期做报刊和图书的出版编辑工作，木斧获得了"老新闻工作者"的称号，中华全国新闻工作者协会和四川省人民政府分别向他颁发了荣誉证书和纪念品。

在编辑工作中，必然接触很多著名作家，但是木斧在与他们的交往中，只谈编辑业务工作，而不及其他，不借工作之便谋取一己之私。1989年11月，木斧去上海，和复旦大学教授唐金海等人一起筹备即将在上海青浦举行的巴金学术研究会。当时唐金海正在编写《巴金年谱》，有许多问题需要向巴金的挚友王辛笛请教。11月19日，他们一同去拜见了辛笛，然后同辛笛一道去看望巴金。木斧是四川文艺出版社巴金研究系列专著的编辑，是张慧珠的《巴金创作论》和谭兴国的《巴金的生平和创作》的责任编辑，和巴金早有书信来往，但是木斧从来只谈编务，不谈别的，这次见面，巴金问木斧："你除了编书，还写点什么？"

辛笛代替木斧说："他写得多啊！是写诗的，笔名木斧。"

巴金"唔唔"应声，马上改变了对木斧的称呼，即刻写字赠给木斧。巴金的题字是：

木斧同志，奋勇前进！

从巴金家里回来，木斧对巴金这位文坛泰斗充满敬意，他们又到美术馆巴金画像前合拍了一张照片。

木斧对著名诗人辛笛也非常敬重，他们这次相见之前，也多次见面，是很熟悉的朋友了。临别，辛笛又给木斧写了一篇赠言：

言婉而意深，好诗耐读，却不难读。木斧诗家共勉。

木斧认为这是老诗人辛笛一生诗歌观念的结晶，优美的诗，寓意深长，令人读了又读，韵味无穷，但绝不是那种晦涩难懂的诗。辛笛这位老诗人的诗歌美学观念对木斧很有启发，对他的创作也产生了相当大的影响。

## 潺潺的笔

1994年4月，四川民族出版社出版了木斧的诗歌选集《我用那潺潺的笔》。这是木斧第三本新诗选集。与此前出版的木斧的诗集和诗歌选集有所不同，木斧在这个诗集的《后记》中谈到这本选集的编辑思路："1991年8月，我在《木斧诗选》的《再版后记》中说过：'这本《木斧诗选》系指1947年至1984年诗选。至于今后还出不出诗选，那是难以料就的。'现在这本书名《我用那潺潺的笔》的集子，实际上是我的1985年至1994年的诗选。

"1985年至1994年是我写诗最旺盛的时期，比起20世纪40年代和50年代，数量翻了好几倍，如果要出诗集，至少可以出八本，然而现实的出书难已经超过了蜀道难，青天何望。话又说回来，难也有难的好处，它可以迫使我认真挑选自己的诗篇，挑了又挑，仍然对一些诗依依不舍，一旦明确了1985年至1994年时期内发表的诗只能出一本，决心就下了。我从已发表的二百二十首中，选出了一百六十首，不忍心再砍了。便请刘平帮我砍，砍来砍去，最后留下了一百四十余首（组）。现在读者所浏览到的，再不是泛滥的潮水，而是涓涓的河流了。"

关于这个诗选的编辑方法，木斧曾做了以下说明：

"编辑这本诗集的目录既不是按年月也不是按内容而是按每首诗的标题字数多少来编排的，为什么？不妨模糊地说，就是想出点新。如果这是我的'创造'（恕我孤陋寡闻也许早有这种编排了），它将在你的面前表现出一种形式美。"

由此可见，这是木斧1984年至1994年十年间诗歌创作的最具代表性的选本，作者所设标准之严格，选择之精审，大大超乎以前，木斧似乎是通过这个集子的编选来集中体现他的诗歌美学观念。换言之，这个集子中所保存的作品，都符合木斧的诗歌美学观念，是他追求的诗美的代表性作品。这样说是有理由的。在编选的过程中和编辑的体例上，他都力求做到追求美、体现美。因此，集子中的作品均可视为木斧这十年最具代表性的作品，值得高度重视。

木斧在为《我用那潺潺的笔》写的后记中，对于自己诗歌创作风格即诗风的发展变化问题说了一大段话，值得研究者注意。木斧说："评论界对我的诗，大抵上有两种看法，一种认为'诗风一如昔年'，另一种认为诗风有大的变化。我不便介入，诸君不妨看看石天河和吴开晋最近对我的评论文章就明白了。写到这里，我忽然想起了公刘，大约是1982年吧，听说我复苏了，一到成都便来看望我，相见分外亲切，临走，在杜谷那里留下了一句话：'木斧的诗，还是40年代的好。'临到我送他上车，我才问了一句，'那么我后来的诗怎么样呢？'他只说了一个字，'淡！'我们便拜拜了，从此再无来往了。有一年非送他一本诗集不可，落款时，我只好改名为'而无味'了。如果说我用那潺潺的笔写了大半辈子的诗，写老了还不如我的孩提时代，我是很伤心的，我还得无休止地追求下去。这便是为什么在出书最困难的时刻还想出一本诗集的缘由吧。我不能侈谈也确实不知道我的诗风有没有变化，我只能说，我对诗的观念有些细微的变化。变和不变是相对而言的。"

请原谅我大段引用木斧的原文。这是因为木斧这段话中所表现的内容，对于理解木斧的诗歌美学观念、创作观念、方法和诗风的发展变化，具有十分重要的作用，那是一把打开木斧诗歌创作发展轨迹秘密的钥匙。同时也可以体会到木斧性格方面的一些特点。

综合以上看法，我觉得，这段话至少表达了以下几层意思：一是木斧的诗风并非一成不变，并非"诗风一如昔年"，而是在有所坚持中发展变化的；尽管木斧说自己"不便介入"自己诗风问题的议论，"不能侈谈也确实不知道我的诗风有没有变化，我只能说，我对于诗的观念有些细微的变化。变和不变是相对而言的"，但是在他自己长期的创作过程中，尤其是改革开放以来的创作实践中，随着对于诗歌创作观念和创作实践的认识不断深化，"诗风不变也得变了"。二是木斧为自己诗风的发展变化划出了一条清晰明确的线索。那就是新中国成立前开始创作后相当长一段时间内的认识，"我一贯认为，诗不是写出来的，是压出来的，逼出来的，喊出来的；我主张诗的自然流露，反对诗的扭捏作态。我的这些看法至今没有改变"。他一直认为那时"我很幸运，我写诗起步很早，在我还不懂得什么是诗的时候便开始写诗了。20世纪40年代是革命战争年代，也是愤怒出诗人的年代，我一开始便写出了一些有影响的诗，一些能够震撼人心的诗，至今看来仍无愧于那个时代"。而新中国成立后相当长一段时间内，木斧认为自己的诗歌创作走上了"曲折"的道路。他说："1949年以后，我的诗出现了一个曲折地流向低洼的状态。扪心自问，这时候的诗并不都是在感情冲动无法遏止的状态下喊出来的，而是想通过诗的手段表达某一个应当歌颂或憎恶的题旨：写诗写得随便，强调自然流露忽视了艺术上的加工润色，强调单一的自然、朴素，放弃了丰富的新颖的表现手法，致使我的诗变得太直白太显露，渐渐褪去了诗的韵味。"这是对新中国成立后一段时间创作的反思。这种反思在他的《诗的求索》中也曾有过。应该说，这样的认识是很准确的。

改革开放之后的一段时间里，木斧恢复创作之后，面对已经变化了的诗坛，面对诗歌界追求新的美学风格的潮流，木斧也尽力去思考什么是诗的问题，或者说他在这个时期集中思考的是如何适应新时代诗歌创作潮流问题。在这个阶段，他努力追求诗歌创作能够重登诗坛，而要重登诗坛，就必须对过去诗歌创作的认识来一个新的提升，甚至于扬弃。对新中国成立以后自己诗歌的反思，一方面就源于这个动力。而另一个方面，就是要解决什么是诗的问题，什么是这个时代所需要的诗的问题。尽管对于这个问题，木斧也有几年的徘徊，有一段时间的朦胧的感觉，尤其是在自己创作《溪边》《寻觅》《春蛾》等一批优秀诗歌作品的实践中，他较为清晰地感受到诗歌并不仅仅是喊出来的，压出来的，自然流露出来的，真正的诗歌、优秀的诗歌，既需要感情，更需要意象，需要美感，需要作者把自己的感情与恰当的意象融合起来，再用精练的文字准确地表达出来。但是在一段时间之内，这些实践行为并未上升到理性的认识。

确实，对于自己这种状况，木斧也说过：

"在1993年的《星星》诗刊的《诗人档案》中，我竟改了一个字，诗是悟出来的。其实这个'悟'字，早已在写诗的过程中潜移默化了。"

"诗是悟出来的"，这是木斧对于诗歌认识的一次飞跃、一次升华，是木斧自身创作实践的理性总结，也是对于诗歌本质的深刻认识。

"察觉是察觉到了，直到1993年才吐出这个'悟'字。至于我后来是不是又由这个低洼的水凼中游出来了呢？我等待着读者们的判断。"

木斧这段话，虽然说得并不坚决，但是，我们在他改革开放恢复创作后的全部诗歌作品中，看到了他的努力，他追求创作体现自己新的诗歌观念取得的巨大成绩。

诗是悟出来的，说的其实是优秀诗歌作品的种子在作者头脑中孕育、成长、成熟的全过程，作者的大脑是诗歌种子发育的温床、成长的热土，而作品长成什么样子，则需要作者的思想和感情的催化引导；在这个阶段，诗歌的胚胎孕育成熟，就需要作者把握诗歌产生的时机，为诗歌的出生准备一身合体的衣服，或者华丽，或者朴素，这就是诗歌的表达形式和表达语言的选择功夫了。木斧说"诗是悟出来的"时候，也是饱含着这样一个较为丰富的内容。

一种理性的认识，固然是作者在长期实践中产生的，也离不开别人的启发，尤其是具有真知灼见的人士的启发。木斧的"诗是悟出来的"的认识，就是受到了著名美学家王朝闻的启发。多年之后，木斧还怀着感激之情说："我还要衷心感谢王朝闻同志对我诗作的批评。1987年9月11日，我陪他去绵阳听戏，他认为我的京戏唱得好而诗未必也好。我唱京戏是百分之百地从艺术上去追求，而我写诗却背道而驰。按照王朝闻同志的看法，我至今还不懂得作诗呢！王朝闻同志的原话是这样的：'我不会作诗，对作诗这一概念的理解是这样：就写作的过程来说，言为心声，硬作绝不能得好诗；就诗人的诗思如何受孕于现实生活这一过程来说，对于诗人反复理解已经掌握的素材的内在意蕴的探索来说，对于如何调动连自己也感到的欣喜的必要性来说，好诗是可以语不惊人死不休地作得出来的。看来不只作诗这一概念有模糊性，我自己对这一概念的理解也是有模糊性的。不妨模糊地说：不招自来的即兴的灵感是很可贵的，但是这种灵感来自也许堪称艰苦的认识过程。如果说推敲一词不限于追求一字的工与不工，而且包括继续深入认识生活的意义，那么，可以说，写诗意味着作诗，作诗不是玩着文字游戏。'这一段话，实在有助于我的悟性，我的诗风不变也得变了。"

由此可见，木斧关于诗是悟出来的观点，正是受理论家的启迪而产生的。

第三个方面是木斧这个集子的编选出版，还有一个目的，就是集中展示木斧个人在诗歌创作观念不断发展变化中的创作成绩。在这本书的《后记》中，木斧有段话值得玩味。这就是关于公刘的那段话。前面我们已经引录，这里不再浪费纸张笔墨。这段话里，分明表达了两个意思。一是公刘对于木斧复出后创作的评价伤了木斧的心。以致很长时间内，木斧都对于那个"淡"、"木斧的诗还是新中国成立前的好"的评价耿耿于怀，以致以后向公刘赠书时也不忘以"而无味"的署名表达自己的自嘲与不满之意；甚至到了"从此再无交往"的地步，所谓"道不同不相与谋"的意思。当然，君子绝交不出恶声，木斧虽然不满意公刘对于自己诗歌的评价，也从此再无交往，但并未对公刘恶声攻击，反而在后来写的《陪公刘游都江堰》一文中记叙了与公刘仅有的那次交往的趣事。更为可贵的是，木斧还把公刘的评价作为砥砺自己在漫漫诗路上不断跋涉、不断创新、无休止追求的强大动力。这也是木斧在出版形势极其严峻的情况下也要坚持出版这本《我用那潺潺的笔》诗集的一个重要原因。这是当代诗坛的一段趣话，可以视为一段很有意思的诗人逸事进入诗话的。

当然，这也非出版《我用那潺潺的笔》诗集的唯一原因。我认为，这本诗集的出版，更为重要的理由，是木斧要通过诗集，集中展示1985年至1994年十年间自己诗歌创作新追求的全部成绩。人们由此可以见到一个不同于此前任何一个时期的木斧，看到一个崭新的木斧。这也就是木斧对于入选作品的标准极其严苛，对于诗歌的编排也锐意出新的根本原因。他要通过诗集告诉读者，他在不断地创新，"无休止"地追求，他要把最具有代表性的诗歌作品、最能体现他追求诗美的作品奉献给读者。

我们可以把这个集子中的作品分为两个阶段来考察。

第一个阶段是1985年至1991年。这个时段长达七年。为了叙述的方便，我们可以分为两个段落来考察。

第一个时间段落是1985年到1987年9月。划分的依据是王朝闻关于诗歌创作的绵阳谈话。关于这部分入选的作品，我在本书本章关于诗集《美的旋律》的评述中说："木斧在这个时期创作的诗歌作品（包括《醉心的微笑》），既可以看出一条较为明显的变化的轨迹，也开始显露出与此前诗歌创作所不同的新的特征和新的美学追求。"也就是说，木斧从他恢复创作尤其是20世纪80年代中期以来，都在自己的创作中探索着诗歌创作的新风格。到1985年之后，他的创作开始形成较为稳定的风格特征。这就是追求诗歌表达的艺术性，已经摆脱了新中国成立后较长的"曲折"时期形成的极其直白显露的特点，变得追求意象和思想、感情的融合了，追求诗的含蓄和"言有尽而意无穷"了，追求以日常生活用语来表现诗的内容从而展现语言丰富与平淡的特点。这样他的诗歌就内敛多了，耐读多了。在这个集子中，更是集中地显示了这一特点。比如《冰》（1985年9月）、《骆驼》（1985年2月）、《日出》（1986年3月）、《天街》（1986年8月）、《弦音》（1986年1月）、《叩门》（1986年2月）、《公正》（1986年4月）、《远近》（1986年4月）、《倾斜》（1986年5月）、《鸟岛》（1986年9月）、《垂钓》（1986年4月）、《声音》（1988年2月）、《礁石》（1987年7月）等，都是这个时段创作的优秀诗作。

第二个时间段落是1987年王朝闻绵阳谈话之后至1991年6月木斧离休。应该说，王朝闻关于诗歌创作的谈话对于木斧梳理自己创作实践中形成的新的诗歌创作观念具有醍醐灌顶的作用。从这个时候起，木斧对诗歌创作的追求开始从自在的朦胧状态转向了理性的、清醒的、自觉的状态了。在王朝闻的启发之下，他对诗歌创作的追求更加明晰。这在他此后的创作中也明显地体现出来。比如他写于1989年3月的《天地》一诗：

说大也大
说小也小

伟岸的灯塔照亮了一方世界
巍峨的山峦起伏连绵
海洋箍成的园井升起氤氲
森林的覆盖只剩下一小块平原
平原上全是方块的耕地
蓝色的铧犁在这里耕耘
太上老君和居里夫人上山炼丹

陶渊明和莎士比亚在林中对吟
风声嗖嗖转眼千年过去
炮声隆隆历史又转换新课题


那灯塔是我桌上一盏台灯
墨水砚池剪刀糨糊靠墙堆积
一盏浓茶比海水还要涩口
又是书又是笔把桌面占据
我的面前只有一小块空白
正好在中间铺下一叠稿纸
古典神话上面是英汉字典
唐诗宋词外加西方寓言


我的面前只有一张书桌
我的眼前呈现一个世界


　　明眼人一看就知道这是木斧在写自己的书房的一方天地。他思驰八极，神飞万里，融汇古今，把一个编辑加诗人的书房写得十分生动。但是读这首诗的开端两句和第二节那一串比拟句子，你真的还有些不知所云，还觉得有点"东拉西扯"的感觉。但是接着读下去，你就会产生"哦，原来是写书房"的了然一笑，与前面的句子融会贯通一想，会觉得确实是峰回路转、柳暗花明了。确实生动有趣，传神达意，足见作者高明，也符合王朝闻"诗是做出来的"和木斧自云"诗是悟出来的"观点。

　　再如作者的《自画像》：


虽然长了一个很大的嘴巴
却从来不爱说空话

不如鸭兄成天吵个没完

我是鹳

　

没有鹤的超然入仙的风姿

没有鹭的展翅冲天的精神

两位兄长美极了唯我独丑

我是鹳

　

九百年前文同是我的好朋友

此外再没有一位诗人和我称兄道弟

我寻求知己明知知己不多

我是鹳

　

　　作者以拟人手法写鹳，写鹳的丑；写鹳的沉默寡言；写鹳的无人关照、无人注意，九百年只有文同写过鹳，可见深受冷落，又写鹳的禽类兄弟们的美好，在对比中突出鹳"唯我独丑"并以之自喻。从思维逻辑上说，这种比喻本体和喻体之间关系较为清晰，容易被人理解。以下就以与文同为好友过渡，开始脱离动物世界进入人类生活了：

　

有时也学齐白石浇几尾鱼虾

有时也用嘴壳刻几个篆字

既不是画家也不是诗人

我是鹳

　

你用石头砖块掷了我一身污泥

我只用嘴轻轻啄了你一下

你便受不了了

我是鹳

说我珍贵也罢
说我低贱也罢
说东道西我都怡然自得
我是鹳

这几节先以鹳自喻,写自己的爱好兴趣:作为禽类的鹳是没有这样的爱好兴趣的,只有人,作者本人有这样"既不是画家也不是诗人"的爱好。这就把作为动物界的鹳与人联系起来,更加明晰地显示以鹳自喻的创作动机了。

虽然鹳丑、沉默、孤独,但是却不容欺负,它有自己的尊严、自己的性格、自己的原则。一旦受到欺侮,它便奋起反抗。它的自卫方式,就是用长长的嘴啄了一下,尽管只是这一下,而"你便受不了了",可见自卫反击之精准、有力,抓住关键,可谓一击千钧。由此,这只自然界的鹳、人类社会的"鹳"就性格全出,令人瞩目了。

这首诗以鹳自喻,以禽类的鹳来写社会人生,寄寓自己的感慨,是一首很有特点的诗作。

这个时间段落中,木斧的诗歌仍然关注社会生活,以诗参与社会生活,参与对社会生活的表现。

比如木斧写于1987年8月的《信仰》,什么是信仰?在木斧笔下,信仰就是:

钢刀架在脖子上
不懂得懊悔!
从沙土中走出来
却不沾渣滓!

你是刘胡兰的牺牲!

你是方志敏的清贫！

你是瞿秋白的痴呆！

你是张志新的固执！


从不诵念圣经！

（我是一字一句

嚼出来的

对你的信任！）

从不捕风捉影！

（我是亦步亦趋

走出来的

对你的追随！）


你是远方的一块磁铁！

你是尘寰中的一寸净土！

你是世俗中的一个幽灵！

你是尔虞我诈中的天真！


"走你的路，走你的路！"

（不需要用地位去铺垫台阶！

不需要用虚假去制作嫁衣！

不需要用奉承去维护声誉！）

"让人们评说去吧！"

（这个人太别扭！

这个人太顽固！

这个人太愚蠢！）

我认为这是表现信仰的最好的诗歌之一。"信仰"是一个最难以用语言表达的词汇，是需要终身践行甚至付出生命去追求的承诺，是对自己的初心终身不改的追求，是不为外界干扰而放弃的自我坚守。木斧以几位坚持信仰、为信仰而牺牲的英雄人物来体现信仰的内涵，来展示信仰追求需要的坚定性和牺牲精神，显得十分具有震撼力，也很形象地回答了信仰是什么的问题。这在今天尤其具有十分重要的启迪意义！

　　木斧也关注社会其他方面的现象，如他的《闹市》，写九月初九重阳节那热闹的景象：


　　　　大提琴小提琴二胡三弦齐鸣

　　　　大锣小锣铜鼓铜锣铜号伴奏

　　　　男高音女高音花腔高音

　　　　中西音乐大荟萃大交流

　　　　只听得一片涨潮的嘈嘈之声

　　　　嘈嘈之声把一切音响都冲掉

　　　　便不得不放开最尖锐的嗓门

　　　　（你就像一把火熊熊燃烧）

　　　　便不得不挥动最强烈的手势

　　　　（熊熊的火呀暖心窝！）


　　后面还有，这里不再引用了。明眼人一见就知道这是对20世纪90年代初期歌坛那种特殊表现形式的描写，在描写中又透出诗人的几分不以为然和无可奈何。应该注意的是，木斧在诗中对括号的使用。应该说，在诗歌的正文中使用括号来表现某种特定的状态，一些自己的认识，一种自己的观念和评价，在木斧以前的诗歌创作中是很少见的，在其他诗人中，括号中这类与诗歌正文关系并不紧密的文字，也不多见。当然，就诗歌的表现现场的真实力量而言，这种方式是与诗歌表达的情绪相呼应的，括号中的文字对于现场演唱状况的描摹，增强了演出现场的真实气氛，烘托了整个诗歌的背景，从而强化了作品的表现力，是不言而喻的。是否可以说，这种表现形式，其创意的权利应该是归于木斧的？

第二个阶段是1991年至1994年。这期间，收在集子中的作品共四十余首诗歌。在这个时间段落中，木斧已经离休，虽仍关注社会的发展进步和社会生活，但已不是直接参与者了。从某种意义上说，他的创作，在体现诗歌与时代的关系上，已经不是那么直接了，这种客观的生活状况，必然反映到木斧的诗歌创作中来，呈现出来的创作情况就是，基本上是以自己为圆心的生活题材，对个人生活圈子事物的表现和对人生的感悟。诗歌题材侧重于内心的表达，诗歌风格更加晶莹圆润，诗歌表达更加注重诗艺的探索。在这个时期的作品中，我十分喜欢他的《从来没有对你说过》这首诗：

有很多很多的快乐
从来没有对你说过
我在寂寞的湖中荡舟
周围响起亢奋的音波


有很多很多愁烦
从来没有对你说过
我在繁华的闹市徜徉
悲凉扼住了我的咽喉


有很多很多疑惑
从来没有对你说过
总是无愁强说愁
常把喜悦藏心窝

有很多很多想法

从来没有对你说过

纷乱的思维理不出头绪

跌宕的心情找不到出口


这是以平平常常的口语写出来的四节诗句。没有什么精美的辞藻，也没有什么高深的思想，甚至于连流畅都说不上，因为没有韵脚，木斧就是这样平平淡淡地用大白话写出的四节十六个句子。但是每次读到这首诗，我总是有一种奇异的感觉，总是感到鼻子发酸，总是感觉心中有一种被压抑的情感在躁动，在冲撞！

这是什么原因？我想来想去找不到原因。我想，或许是木斧以他自己积累数十年的人生的感触入诗，容易引起这个年龄段的人相近相同的人生感悟，从而引发的共鸣吧！

这个时期，木斧诗歌因退出主流社会生活而减少了对社会运动、社会生活的关注，诗歌的影响力也局限在一个较为高雅的小众范围了。但是在诗歌创作方面，有两点值得注意：一是他更多地写书信体诗歌；二是诗歌创作的题材领域再度拓展。木斧开始以戏入诗，写作了一批戏诗。以戏入诗，在我的印象中，从古至今，虽非绝无仅有，但也是凤毛麟角。其艺术特色我们后面还将谈到。

实实在在地说，我原先对木斧自述中讲的对于《我用那潺潺的笔》的编排用心不太重视。我觉得那只不过是玩弄一种形式的技巧而已。直到有一天，我忽发奇想，如果把这本书的编辑形式改为古代那种长卷方式，如果展开这幅长卷，那种感觉或许就会完全改变。一般地说，木斧这个集子中的诗歌，凡是标题简短的，正文也不太长。集子中开始的那些简短的小诗，读起来有些像读"五四"运动后汪静之等湖畔诗人作品的感觉；又觉得有些像读冰心翻译的泰戈尔《飞鸟集》中诗歌的感觉。以后的诗歌随着标题加长，作品的长度也在增加，如果把这些作品长卷竖起来看，那就是一座诗歌垒起来的高峰；如果平铺着看，那就是木斧努力不懈攀登诗歌创作高峰的漫漫长途，诗行就是那一串串永不停歇的脚印………

我很难判断木斧编辑《我用那潸潸的笔》的时候是否有这样的想法，但是作为一个读者，想到这里，我就理解了木斧何以如此认真地着力于编排形式的创新追求。我把这些想法记下来与读者共享，也算是我的一些奉献吧！

## 木斧诗话

诗话是我国悠久诗歌传统中重要的组成部分。所谓"诗话"，按照《辞源》的解释，诗话是指"评论诗歌、表达诗歌理论或记载诗人故事的随笔式著作。写作诗话之风盛于宋代。宋欧阳修退居汝阴时，曾集《六一诗话》，其后司马光有《续诗话》，刘邠有《中山诗话》，陈师道有《后山诗话》。宋人诗话不下数十家。清代作者更多，如王士禛有《渔洋诗话》，袁枚有《随园诗话》等，不胜枚举"（《辞源》下册，商务印书馆2015年版，第3806页）。诗话这种诗歌评论形式，虽属随笔，却绝对不是随意之作。作者往往在那些短小的评论中，蕴含了极其深刻的诗歌美学的见解，那些关于诗人行实和诗歌创作逸事的记载，对于后人准确理解诗歌的内涵，发掘诗歌的内蕴，具有不可替代的作用。

木斧诗话性质的作品有《诗的求索》（1987年10月，长江文艺出版社）、《文苑絮语》（1991年7月，陕西人民出版社）、《揭开诗的面纱》（1993年8月，电子科技大学出版社）、《诗的桥磴》（1998年，诗缘丛刊二十四，诗缘社内部印行）和《诗路跋涉》（2008年3月，四川美术出版社）五部。此外尚有一些零星未结集的荐诗和序跋性质的作品，也很有价值。当然也有人将木斧这类集子称为"诗歌评论""诗学随想"，但我认为，都不如称为"诗话"确切，何况木斧这些集子中，确实就有自称为"诗话"的系列内容呢！

《诗的求索》带有一定的诗人创作自传性质，可以视为"作诗逸事"的范畴。全书共十五篇年代具有连续性的文章，可以分为三个部分。第一部分，作者从他的出生开始记叙，讲述他的童年生活，学生时代，他参加革命的经历，他与文朋诗友的交往以及相互的影响；他发表第一篇文学作品——小说《胡先生》和他开始新诗写作，以诗为武器，投入反对国民党反动统治的历程。第二部分是作者新中国成立之后诗歌创作的曲折经历的记述。作者以诗歌为工具，积极参加新中国成立后各种政治运动，被视为诗歌创作的"曲折"阶段。第三部分是记叙作者被平反后在诗歌创作上"复出"的艰辛努力和成功的喜悦。

知人论世是我国古代品评人物、衡量诗文的重要原则，具有十分悠久的传统。《孟子·万章下》："孟子谓万章曰：'一乡之善士，斯友一乡之善士；一国之善士，斯友一国之善士；天下之善士，斯友天下之善士。以友天下之善士为未足，又尚论古之人。颂其诗，读其书，不知其人，可乎？是以论其世也。是尚友也。"清代章学诚在《文史通义·文德》中说："不知古人之世，不可妄论古人之辞也。知其世矣，不知古人之身处，亦不可以遽论其文也。"由此可见古人对于知人论世的重视。进行文学批评，也必须知人论世，才能对作品做出正确的评价。

衡文须知人论世，既包括对作者生平经历、思想感情的深入了解，也包括对作者所处时代和社会环境的具体了解；既指对作者作品整体风貌的把握，也指对作者某一具体作品创作的具体环境和创作心境的透视。如果对前者的掌握不准确，就很难对作者创作的整体贡献、风格特点做出准确判断；如果对后者缺乏认识而遽然做出判断，则可能违背作者创作意图而自说自话，六经注我，离题万里。从这个角度看，木斧的《诗的求索》对于我们准确认识木斧那个长时段诗歌创作的价值、意义，把握其整体的创作面貌，认识其内涵风格特征，都具有重要意义。

《文苑絮语》是木斧第二个诗话集。说是诗话集也不太准确，因为这本集子中，除了绝大多数文章谈诗之外，还有若干文章属于他编写和参与编写的图书的评论。这里我们只对他的诗话性质的文章做一个介绍。

这个集子分四部分编成。第一部分是"创作甘苦谈"，是自述创作经历和甘苦的一组文章，共七篇。其中值得注意的是以《新诗话》为总题目的五篇诗话作品，文章短小，文字精练，是诗人涉及诗歌本质论、特征论、创作论等诸多方面的极其凝练的表达，能给人以启迪。第二部分是"诗人诗作印象"，共十六篇诗歌评论文章，所评对象有：关于艾青的，共两篇；关于绿原的一篇；关于曾卓、沙陵、培贵、雨田、鄢家发、苏华、圣野、韩霞、罗洛等各一篇；关于流沙河的两篇；《森林抒情》的评论和木斧本人编选的《现代情操诗选》的"序"各一篇。第三部分是"读书杂记"。这个部分内容也比较集中，绝大多数是诗人本职工作即编辑书稿的推介文章，或称书评，以及个别读书所感所想的记录、为一些作品选集所写的序文。第四部分是"文艺生活随笔"，共收五篇短小的时评性质的文章。

关于这本书的内容，木斧在"后记"中做了说明：

"一些诚挚的好友劝我把近几年所写的评论汇集起来出本书，我犹豫过很久。在我看来，我的这些文字，称得上是学术论文的，不过一二篇而已，其余的，都是零零碎碎的即兴之作，有感而发，缺少理论的光泽，更不能登大雅之堂。但是，它毕竟记录着我对文艺创作历史和现状的若干见解，有正确的，也有不正确的，我愿意同大家一起讨论，共同的目的是希望把我们的文艺创作繁荣起来。即便是一孔之见，它总是我自己的实感，既不是人云亦云，也不会看风转舵。我的这些杂谈，权当作是在文苑中的一些只言片语吧。感谢陕西人民出版社接纳了我这本书，促使我最后下决心，把它整理出来，奉献给读者。书名就叫《文苑絮语》。"

编辑出版《文苑絮语》的初衷，是木斧有感于当时文坛存在的创作家轻慢评论家、评论家蔑视创作家的现象。木斧认为：创作家和评论家既有分工，也有一个共同的任务，就是要繁荣社会主义的文艺创作。不管怎么分，终归还是文艺一家，两家不应该是对立的，应该是相通的，目标是一致的。他从"五四"新文学运动以来的文学家着眼，以鲁迅、郭沫若、茅盾、巴金等大作家既搞创作，又发表评论文章的事实来说明这一点。木斧指出：

"当然创作家不能完全肩负文艺批评的任务，但绝不是与己无关。一位创作家，应当同时是一位鉴赏家，如果对别人的作品缺乏鉴赏能力，怎么能够正确对待自己的作品呢？我看创作家和评论家有很多相通的地方，譬如，文章要有浓厚的感情，对读者要有高度的责任感。创作家可以这样要求评论家，评论家也可以这样要求创作家。我历来主张创作家和评论家交知心朋友，不要互相戒备，不要一见面就脸红脖子粗，话也说不下去了；也不要互相吹捧，好就是好，不好就是不好；不要发空洞的议论，摘几段文章，引几段语录，填上一大堆溢美之词就完事了。我希望两家交朋友，互相砥砺，展开正常的批评与自我批评，这样对于促进马克思主义文艺理论的发展，对于促进创作繁荣，对于促进整个文艺界的团结，都大有好处。"

　　作为一位诗人，又是一位编辑家，还是一位评论家，木斧对于诗歌创作的甘苦深有体会；同时又以编辑家专业而又挑剔的眼光来看待作品，写出来的评论文章自然别具眼光，别具特色。木斧结合自己的经历，来谈自己"两栖"的体会：

　　"我有时去参加一些创作会议，有时去参加一些评论会议，把两种会议做番比较，能看出很多动向，我都有兴味。也许正是由于我有这两方面的关系，才促成我变为'两栖动物'的吧！"

　　这里表明了木斧的评论观。他是这样说的，也是这样做的。翻开这本书，就可以看到木斧不矫饰、不做作、不虚美，有啥说啥，率性真挚的诗歌评论风格。

　　《揭开诗的面纱》是木斧第三本诗话性质的作品。与其他诗话相比，这个集子显得比较别致，就是作者未请任何人作序，木斧既无前言，也无后记。可能是因为他觉得，一切都写到书中了，清晰明了，一读便知，不用多说。应该说，这是一部最具诗话特征的诗论汇集，也是此期最能体现木斧诗歌审美观念的集子。全书共分"诗论""诗评""自析""赏析"四个部分。"诗论"共收十七篇标准的诗话短文。木斧以诗化的语言比较系统地表述了自己对诗歌的认识；"诗评"收十九篇评论特征比较明显的文章，是对艾青、何其芳、吕亮耕、胡天风、许伽、马瑞麟、何小竹、杨琦、杨云才、张新泉、言子清、张文斌、何增鸾、马及时、元刚、朱文杰等新老诗人诗集的评价介绍，以及诗集《老山战士诗选》和由加拿大一家出版社出版的木斧自选诗《会飞的蚕》的序言。"自析"是对自己创作的诗歌的自我解剖和回答读者关于木斧某首诗歌提出的问题的书信，共收六篇短文。这些文章对于了解木斧具体诗歌创作的情况很有价值。"赏析"共收三十四篇简短的赏析文字，一共赏析了三十四位海内外新老诗人的诗歌作品。这里尤其应该指出，木斧十分重视对青年诗人诗作的提拔奖掖。对于少数民族诗人，如何小竹、粟禾、萨仁图雅、刘小平等的诗歌创作，木斧还有着一份特殊的关注。

《诗的桥磴》是木斧第四本诗话性质的作品集，1998年2月由诗缘社刊行。与木斧第五本诗话性质的作品集《诗路跋涉》一样，都是1994年之后出版的。本不该放在这里介绍。但是为了叙述的方便，也在这里一并介绍了。

《诗的桥磴》这本书由著名诗人、木斧的老朋友石天河作序。石天河先生说：

> 木斧1993年出过一本《揭开诗的面纱》收入了他谈诗和评诗的文章，现在出的这本《诗的桥磴》，可以看作是前书的续篇或姊妹篇。木斧谈诗，是以一个老诗人谈他自己对诗的体验与见解，所以，他谈得浅显明白，有如朋友间的对话，开心见肠，直抒己见，既不引经据典，也不拐弯抹角，几乎不涉及什么深奥的理论问题。但他所谈的，又都是初学写诗的人必然要遇到的问题，即一些关键性的知识与观念。作者的目的，似乎是想通过这种浅显明白的对话，使初学写诗的青年人，绕过那些卷帙浩繁的诗学理论著作，抓住作诗的要领，从实践中去摸清门道，直叩玄关。古人说："知兵者不言兵，知战者不言战。"其所以"不言"，是因为很难说得清楚。如果真的"不言"，那《孙子兵法》又从何而来呢？诗，也是很难说得清楚的。但如果作诗的人不说，尽让一些学院中的教授、研究生以及从外国回来的诗学博士来谈诗，那是不是会和"纸上谈兵"一样，拉大了理论和实践的差距呢？

以下，石天河又以自己写作诗歌理论著作的实践体会，对照木斧诗论的写作，来展示木斧诗论的特色。他说：

> 我谈诗却硬写过一部三十万字的《广场诗学》。为了研究诗的艺术原理，几乎使我殚精竭虑，可后来却使我非常失望。因为，研究到最后，我发现，一切关于诗的理论，至多只能告诉人怎样去写诗；至于诗歌的艺术创新与水平的提高，以及怎样才能成就为一个真正的诗人，那完全是诗人自己的事，理论是起不了多少作用的。因此，我觉得，木斧在这方面做得很聪明，他只谈他自己的经验、自己的见解，只涉及一些作诗的要领，而不过多涉及古代和现代聚讼纷纭的理论问题。这样一来，他自己省心省事，而读者却易于接受易于理解。对初学写诗的人来说，不涉艰深而有实益，岂不甚好？民间有句俗话："师父领进门，学艺在各人。"木斧这本书，很可能会把许多爱诗的青年人，领进诗歌艺术的大门里来。至于进门以后，谁会写得怎样，那是各人自己的事。木斧已经尽够他的力了。

我认为石天河对于《诗的桥磴》这部诗话集子的评论是准确的。那就是这是一本学习诗歌创作者的入门之作，木斧从诗的本质特征、诗的写作技巧等方面，结合自己的创作经验，对诗歌创作做了较为全面、通俗晓畅的解说，阅读这本小册子，可以了解诗歌创作的基本态度和基本方法，能够帮助初学者比较轻松地进入诗歌创作的大门。

《诗路跋涉》是木斧第五本诗话性质的作品，出版于2008年3月。这是木斧最为重视的一部诗歌评论集。这本书由著名诗人屠岸题写书名，著名诗歌评论家吕剑题签，著名诗歌研究家子张作代序。书中所收文章，除了书末所附各位诗人给木斧的书信外，全部是1991年6月木斧离休后所写。

关于《诗路跋涉》的编辑，木斧在"后记"中说过："这是我继《文苑絮语》《诗的求索》《诗的桥磴》《揭开诗的面纱》之后的第五本诗评集。写诗六十二年，一路跋涉，酸辣苦甜的滋味都尝过了。这只是我在诗路跋涉中所做的一点记录。本书共分四辑。第一辑"诗的赏析"。过去对艾青诗的特色，对何其芳的诗，对覃子豪的诗，对绿原的诗，对吕亮耕的诗的赏析，已收入前四本集子，这里不再收入，这一辑收入了对杜谷、罗飞、沙白等诗作的赏析，还着重地对当前中国台湾诗人、实力派诗人和正在崛起的青年诗人的诗作做了分析。第二辑"诗的议论"是对当前诗歌界争论的问题发表了我的看法，基本上是单刀直入，坦诚相见，充分暴露了自己的诗观。第三辑"诗人诗事"，介绍了一些鲜为人知的诗人的身世和遭遇。第四辑"诗外功夫"，叙述了诗在文学中的地位，诗与中国国画，诗与中国戏曲之间的联系。附录"书信拾遗"，将我残缺保存着的一些老诗人来信公之于众，这是我诗路跋涉中的一些印证，有些书信我认为是中国新诗史不可遗漏的重要资料，应当保存。"

关于木斧《诗路跋涉》的风格特点和价值，著名评论家子张在题为"诗心如秋水，老来渐澄澈"的"代序"中指出："好像是在木斧先生的家里，跟他一句一句地对话一样，随意、亲切而有味。木斧，从人到诗，到小说，到散文，到字，到戏，到画，都有他自己鲜明的、特异的风格。朴拙，简洁，硬明。可又常常令人产生遐想。

"木斧还披露了他与儿童文学前辈作家严文井、诗人刘岚山、诗人公刘、诗人与学者吴奔星等人的交往，在'附录'中，又辑录了若干诗人、学者写给他的有关诗歌的通信。由这些回忆和书信既可以感受汉语新诗作者和评论家们在诗里诗外的音容笑貌，也可以印证木斧对前辈诗人和同辈诗友的厚意浓情。每代诗人都有属于自己的几十年，当他们渐渐从时代的星空陨落之后，后人或许只能从他们同代人的追忆中想象他们生命的美丽了。从这样的角度出发，我倒是希望木斧先生多写一些这样的回忆录。此外，在我的印象中，诗人木斧又常常以他评论编辑的眼光去评论诗人，早已出版过《诗的求索》《文苑絮语》《揭开诗的面纱》等几部诗歌评论集，这一回，我又在他2002年写给诗人绿原的信中找到了这部《诗路跋涉》的出版动力。"

子张还以敏锐的目光看出了木斧诗歌评论标准的微妙变化，并指出这一现象产生的原因，是由于木斧跟绿原谈到的一份特殊的心情，他以木斧自述的话来印证这一观点："过去有好些人说七月诗派不讲求技巧，我没有把自己摆进去，就不发言，现在我管不了那么多，管你摆进去摆不进去我都要讲，诗要真情，没有真情你玩什么技巧？诗的内涵和表现形式是一致的，是浑然一体的，是不可分割的，要分开来讲也行，我归纳了十种技法，但都不可离开诗的内容。还有个时代性与个性的问题，不可对立，否认时代性否认社会性哪来的个性？总而言之，我还得出本诗论集，把我要说的话抖出来……"

也就是说，七月诗派既强调的是真实感情，也对诗歌创作的技巧有着深入的研究。但是他们并不是为技巧而技巧，并不把技巧视为诗歌的全部。在木斧看来，诗歌的创作技巧是从属于诗歌表达的感情内容的，这是木斧一直坚持的诗学观念。在他这些大多写于新世纪的诗学随想中，他的确是在点点滴滴地表达着他执拗而又有所变化的诗歌观，不少说法既体现了他对新诗的新思考，又折射出一个大的时代对诗歌文学社会功能的共同期待。

总之，《诗路跋涉》这部新著以其丰富的史料内容、独具的诗学见解和清新的文字风格引人入胜，无愧于子张"一朵报春的蜡梅"之誉！

综观木斧的诗话，主要涉及新诗本质论、新诗创作论、新诗形式论、新诗鉴赏论、新诗发展论等方面的内容。从中还可以看出木斧自己诗歌观念的发展变化的历程，对于新诗创作极具启迪意义，值得认真发掘，深入研究。

| 第十章 |

# 找回生命的艳阳天

## （1991.6—2018.8）

## 木斧的老年观

1991年6月，年满六十岁的木斧到了离休的年龄，他很干脆地同意离休，愉快地办理离休手续。在他看来，离休，其实只是换了一种活法而已，这和当时不少人为延迟退休或者离休而找来找去、哭哭啼啼，讲资历、摆贡献，只图多干几年的人是大相径庭的。当然不是说那些人都是想多拿点待遇，其实也有不少人还真是想多做贡献呢！只不过他们认为，刚刚在正常环境下工作了几年时间，很多事还没有做完呢，就退下来了，或者是离休了！以后的日子怎么过？对不起国家，也对不起自己呀！

木斧不这样想，他兴趣广泛，觉得离开原来的工作岗位，他还大有用武之地，要说为国家、为社会做贡献，那不也照样做吗？何况可以从刻板的上班生活中解脱出来，自由自在地过自己想要过的生活，多好啊！

那时，木斧的爱人邓德芳也于1988年底以享受副厅级医疗待遇，从四川省外事办退休。孩子们也各有自己的工作，不需要他去操心。这时的木斧，无官无职一身轻，身心自由，确实是心情愉快，他以一种坦然的心态积极地跨入了离休的生活状态。为了表达自己对于老年的看法和离休的心情，他写了一篇《说"老"》的文章，副题是"六十抒怀"。文章活灵活现地表现了他的老年观，他写道：

> 第一次在街上听见有人叫我"老头儿"，我赶快掉头向两边张望，直到确信真的喊的是我之后，我真是又惊又喜，惊喜交加了。"嘻嘻，我是个老头儿了！"我逢人便说，炫耀我这顶从来没有戴过的头衔，生怕别人不相信似的。

这是一种对于自己已届老年的达观态度。这"达观"二字，说来容易，如非切身感受，实难真正体会其中意蕴。人们常常赞扬古代一些达观地面对人生的人物，但也只有身临其境，才能真正体现出所谓"达观"的真假。木斧的达观，是真达观，他以一种儿童的真诚来看待老年、看待离休生活。他回忆起自己的青少年时代对于老年人的认识，那个时候，自己年纪轻轻，充满活力，刚参加革命工作不久，充满了激情，也是《学生报》同人眼中的"问题儿童"。新中国成立以后，在全省的团县委书记中，他又是年龄最小的一个，还是一位小弟弟。那个时候，对于老态龙钟、咳咳嗽嗽的老人，总以为他们生下来就这个样子，想也没有想过他们也有过童年和青年的时光。

说到离休，木斧自问："此时此刻，我有什么感受呢？没有忧愁，没有悲伤，心里充满了新生的快乐。真的吗？真的。'老'字对我来说，不是贬，而是褒。老，是一个特定的概念，但不是一个绝对的概念。在现代社会中，六十岁不是生命的终点，甚至一百岁也不是生命的终点，六十岁的老人在一百岁的老人的心目中，怎么也'老'不起来。话又说回来，六十岁毕竟是一个生命的转折期，即使此后生命的延续只有一二十年，但毕竟是另一种活法。以前是在职在岗，现在是离职休养；以前是忙忙碌碌，现在是逍遥自在。在生命的旅途中，六十岁既是终点，又是起点。和火辣辣的青春告别之后，我便站在成熟的起跑线上。是的，我成熟了，再也不会浪费我的青春了，我将有计划地开支我的岁月，我将有意识地、健康地积累和珍惜年华，让它向纵深发展。我还有许多青年时期学不到的和做不到的事情，需要把它一一排入我的日程，我将满腔热忱地进入我的第二个黄金时代。于是我觉得'老'是可以转换的，于是我觉得比任何时候都年轻了。这当然是一种老年人的心态，正如我年轻的时候希望我快快长大的心态一样。"

在木斧的心中，老，只是一个相对的概念。他认为在一百岁和六十岁老人的心中，老的内涵完全不同；而且年届六十，进入老年行列，只是一种生活姿态的转换，一种与此前按时踩点上下班完全不同的生活方式；是人生的第二个黄金期。而且老的心态也是可以转化的：人生从头开始，自己正年轻，还有许多青年时代想做而未曾去做的事情，现在有了充裕的条件去做了，从头开始，接续青年的梦想，自己也就"年轻"起来了！

人到老年，最重要的是要有个好身体。无论你希望在第二个黄金期中完成什么样的事业，都必须有好的身体素质作支撑。对此，木斧也深有感触和体会。当人们问他有什么养生之道时，他总是回答："我的养生之道是：兴趣加运动。"

他在《我的养生之道》一文中写道："人到老年要有一个好身体，还要有一个好心情，二者缺一不可。单纯的体育锻炼我是不感兴趣的，一旦套上了我的兴趣，我便如鱼得水一般地活跃起来了，京剧演出活动使我的精力得到了充分发挥。"

木斧也十分关心那些自己的同龄人，或者与自己年龄差不多、也将退休的朋友，他十分乐于将自己离休的体会与人分享。1996年11月17日，中国社会科学院文学研究所现代文学研究室主任张大明——这位木斧的老朋友来信，谈到他刚刚完成了一部《二十世纪文学编年史》，但是却感到"脑子发木"，兴奋不起来，可能是即将到退休年龄，有些困惑，就向木斧倾吐。木斧即以一位深有感悟的过来人身份，对于如何安排好退休生活，向他分享心得，提出建议。木斧在回信中写道："我掐指一算，你快要跨入花甲之年了吧。跨过花甲，你便走到我们老年人的队伍中来了。每个人到了这个时刻，都会发出一阵感慨，你当然不会例外，你向我倾吐的思想令我不翻资料就能比较准确地判断出你的年龄。你刚从一个高峰走下来，够劳累的了，需要有一段恢复体力和精力的时间。我说的高峰，是指你主编的上下册专著《中国现代文学思潮史》，这是你研究20世纪30年代左翼文学的重要成果，也是你登上文学事业的一个高峰。个人在事业上会有几个高峰呢？也许是一个，也许是几个。你登上了第一个高峰，但绝不是你最后的一个高峰，你前面的道路还很长，你还很年轻，六十岁对一位学者来说只是成熟的标志而不是衰老的标志，休息一段时期只是为了攀登下一个高峰做好准备。"

张大明是木斧的老朋友，曾长期担任著名作家沙汀的秘书，后来在中国社会科学院工作，从事中国现代文学研究，成果斐然。他与木斧多年交往，感情深厚，彼此十分了解。所以木斧对于他面临离退休时的心理状态了解甚深，推心置腹地加以劝导，为他过好今后的离退休生活积极出主意、想办法，主动介绍刊物，帮助他发表散文作品，由此可见木斧对于朋友的真诚和热心。

木斧的老年观对于离退休的老人而言，是很有参考意义的。他本人也确是身体力行，乐在其中。

木斧离休后的相当长的时间里，主要做了几件事：拜师学戏、登台演出、继续写诗、创作小说散文、参加活动、饮酒画画、四处旅游、交友聊天。这期间，他还生了一两次病，搬了一两次家。可以说，木斧的晚年生活极其丰富多彩，在他的同龄人中，可以说是无出其右。对于他的拜师学戏、登台演出、继续写诗、创作小说散文，我们会分节叙述。

先说他的参加活动和交友。参加活动是木斧离休生活的重要部分。人是社会性动物，个人参与社会活动本质上是人与人之间交往交流，是人之所以为人的重要表现。一个离休老人，实际上已经离开了组织性的社会活动，少了许多出差、外出考察的便利。但作为一位离休干部，如果总把自己关在家里的小天地里，远离社会生活，缺乏社会信息和生活激情的冲击，人必然会走向封闭，头脑也会很快失去了灵性。对此，木斧是深有感触的。因此，他对于离休后的社会活动总是满怀激情，积极参与、主动参与的。他认为，无论离不离休，人生都需要激情，而社会生活才是激情之源。

首先，木斧很愿意参加20世纪40年代那批同学老友的活动。参与这样的活动，人与人之间的共同话题多，人就像回到了青春年少激情喷发的年代。大家在一起谈天说地，回忆过去的火红年代，畅叙几十年结下的深情厚谊，憧憬美好未来，心情十分畅快。

木斧在《银色的梦》一文中记叙过他参加的一次老友们的聚会。那是1994年10月8日，纪念民主青年协会（以下简称"民协"）成立五十周年的活动在成都举行。10月9日，"民协"中学组的成员又在银梦俱乐部聚会。

这里要介绍一下"民协"。

"民协"是1944年10月15日在成都成立的校际秘密革命青年组织，是西南地区的一个成立较早、人数较多、影响较大的党的外围组织。五十年过去了，这些当年为革命抛头颅洒热血、奋不顾身，迎接新中国诞生的十来二十岁的大姑娘、小伙子们，又重新围绕一个主题聚集在一起了。经过五十年的斗争、五十年的奋斗、五十年的磨炼、五十年的风云变幻、五十年的悲欢离合，他们再次相聚，怎能不欢欣鼓舞啊！

这些在家里早就当爷爷奶奶的人聚在一起，人瞬间就年轻了，他们仿佛回到了年轻的时代，回到了五十年前。他们很快就找到了当年的位置、当年的学校：市女中、华美女中、华西协中、西北中学、省艺专……各校的同学找到了当年的同学，回到了当时的年龄。他们扭动着已经开始发福而显得有些笨重的身躯，翩翩起舞；他们人人都变成了演员，扭秧歌、唱歌，一曲《跌倒算什么》唱完，女生们放开嗓子呼喊，要男生们来一首……气氛极其热烈！以致让那些年轻的服务员们感到惊叹，不可思议！他们议论说："这些老大爷、老太婆是不是都疯了？"

木斧参加了这场活动。目睹这一盛况，不禁想："十年之后，还会聚在一起庆祝'民协'成立六十周年吗？哪怕岁月不饶人，我们还盼望着再疯狂一次。到那时候，我们都年逾古稀了，有的会来，哪怕是儿孙们扶着来，坐着轮椅来，总之会来；有的则是一个银色的梦。"想着想着，木斧不禁有点激动了，他随口吟出几句诗来：

> 银色的梦是最美的。
> 当生命的河流滔滔流去，
> 一片银色的世界，把纯洁
> 留在了美丽的人间。

是啊，在银色的晚年，人们的情感是那么真挚，那样纯洁美好；对于青春年华的追忆，又是那么留恋，那样执着！

木斧还经常参加或者组织诗友星期二聚会。当然在那里，木斧自然就成为中心人物，青年的、中年的、老年的诗友们无拘无束地围绕在他的身边，听他谈诗论文；当然，他们也互相交换诗稿，互相品评，提修改建议，气氛融洽和谐，木斧也沉浸在那样的充满诗情画意的场景中，享受着诗歌带来的美好……

诗人肖开秀记叙过一场这样的活动场景："2014年4月，木斧老师召集一次文友聚会，受龙郁老师邀请，有幸初识木斧老师，虽然很晚，确是我此生之幸！此生之福！

"一晃，春季走远，7月22日，木斧老师再次召集诗友聚会，龙郁老师再次相邀，我依然保持一贯——只听，不发言，喜欢听木斧和龙郁老师津津乐道地讲诗歌的写作感悟，打开我的愚顽。"（肖开秀《抿嘴的夕阳·后记》，四川民族出版社2015年6月第1版）

这只是肖开秀记录的两次诗友聚会，其实这样的活动是很多的。木斧通过这种方式团结诗友，共探诗艺，培育新人，继承传统。他自己也在这样的聚会活动中得到了乐趣。

木斧还积极参加各地的文学活动。他经常参加故乡宁夏回族自治区组织的活动，这在网络上均可查到。2009年11月，他还参加了在重庆召开的第三届华文诗学名家国际论坛，那场会议在西南大学校园里的桂园宾馆召开，会议承办方非常热情，像木斧这样年近八十的著名诗人，都派有西南大学的几位学生作为专门的服务人员。在年轻学子的照顾下，木斧漫步美丽的校园，诗情勃发，他一气写下了四首新诗。

不仅如此，在刚刚离休那些年，木斧还重操旧业，在《读书人报》上开辟了"七月"诗栏，延续着"七月诗派"的诗歌传统。还开了"新诗小史料"栏目，为诗歌的流派研究留下了宝贵的资料。

木斧从小就爱书，爱读书。新中国成立前开始创作后，他把全部稿费存起来跑书店买书，他还自制了一座座竹书架用来存放自己千方百计买来的各类书。那时，年轻的木斧就一直向往着自己有一间书房。一次一位国文老师出了一道作文题——《仿放鹤亭记》，木斧因为倾慕苏轼在徐州有一座放鹤亭，便借此表达自己想要拥有书房的愿望，他写了一篇《空空亭记》："余所住一隅之地，只有书籍重叠而上，貌似一亭，其实上空下空前空后空左空右空空空如也，故名之曰空空亭。"这是借作文表达自己无法拥有书房的深深遗憾。新中国成立后参加了工作，木斧虽然工作十分繁忙，但是爱书依旧。他自述："旧性不改，有空便逛书店，有自己感兴趣的书总要买几本回家，桌上桌下床头床尾渐渐地堆满了书。'文化大革命'一把火毁了，表面上没有书了，其实一些重要经典著作仍被我隐藏起来。'文化大革命'之后，书越堆越多，一发不可收拾，于是便将一个阳台装置成了一间书房，三面堆书，一面临窗，在书的夹缝中只一桌，有暇便在其中读书写作，其乐无穷。"书的数量呢，据他自己的统计，他的书房里藏有五千八百余册，后来又增加到万册以上，可谓"富甲一方"了。

其实对于木斧来说，他作为一位老革命，居住条件一直还是不错的。离休之前的20世纪80年代里，他就拥有了自己独立的书房。他在客厅后面接了一间房，把客厅后窗打通，形成了正四方形的大门，再把这个大门的四个角切去，就变成了一个八角形的门了。门里面就是他个人拥有的一间独立的书房了。每天下班之后，回到家中，他就在这个空间里驰骋着他的诗思，挥动着他的诗笔，书写出一篇又一篇优美的诗章，或者是小说、散文。有些时候，他会静静地注视、欣赏着四壁满满的书，成套的、单本的、自购的、朋友送的，琳琅满目，每当这个时候，他就沉浸在书的海洋里了，沉浸在朋友的友谊中了。他的心是宁静的、虚空的，世间的一切，此刻都似乎完全忘怀了、消失了，在这样心旷神怡的境界里，木斧是宠辱皆忘，神飞八极了。

既然有了自己的书房，朋友们都说，应该像古人一样，为书房取一个高雅的名称。再请哪位名人一挥大笔写下来，制成匾额，挂在书房门前，一定增色不少。对此木斧也曾动心，一次写完一篇现在已记不起题目的稿子后，他突然灵机一动，挥笔在文稿结尾处写下"写于成都沐虚斋"一行字来，写出来之后，木斧发现，"沐虚斋"，这不是一个很好的书斋名吗？于是，此后很长一段时间内，在木斧的诗歌或文稿后，总会出现这行标志性的字迹来。

木斧好游。他总是认为旅游可以开阔人的视野和心胸。离休之前，借着出差开会的机会和便利，他游遍了我国东南沿海和西南、西北的许多地方，感受到了海洋的波澜壮阔和山川的绵延伟岸，还有大漠的浩瀚雄风和草原的辽远无垠。离休之后，他也抓住机会外出旅游。他喜欢青城山，说青城山是他常去的地方。他赞叹："我的难舍难分的青城山，我的少女般的青城山啊！"

为什么把青城山比作少女？这里有什么故事吗？

木斧自己揭开了谜底：

　　一踏上迂回低缓的梯坎，接踵而来的是目不暇接的郁郁葱葱的绿色树丛，凉风徐徐吹来，清爽极了，痛快极了，于是一段埋藏在心底的隐蔽往事又一次浮现在我的眼前……

那还是木斧少年时代的事了。

当时的木斧还是一位中学生，一个假期的冬日，他随父亲第一次来到青城山，在山顶上，木斧画了一幅《上清宫一瞥》的画，引起游人的关注。那个时候艺术教育不普及，会画画的人很少，一个小小的中学生能画出水平不俗的风景画来，自然引人关注。人群中一位当地中年人走出来，邀请木斧父子下山后晚上在他家住宿，木斧的父亲欣然应允，晚上就住在这位热心人家里了。

那个晚上木斧因为疲劳，很快入睡了，不知两位大人谈了些什么。第二天告辞离开时，殷勤的主人指指木斧，又指指他的女儿，不知道又说了些什么。木斧只听父亲说："孩子还小呢，等将来长大了再说吧！"这时主人的女儿涨红了脸，羞涩地跑到院坝里去了。

在她转身跑出去的时候，木斧在一瞬间看到了那张青春洋溢的脸和优美的背影，被这个青春洋溢的女孩的美所震撼，留下了终生难忘的印象：太美了！这是天下最美丽的姑娘了！从此，木斧不断提出去青城山的要求。父亲看出了他的心事，既不带他上山，也不告诉他这家主人的姓名。就这样，木斧青春的第一次萌动就无果而终了！但这美好的记忆却长存于心。在他长大后，虽然游遍了祖国的名山大川，但都觉得没有青城山那样对他独具魅力。在他的心中，青城山是一座独具女性美的山。那是一种幽静的柔美。木斧说："青城山具有一种独特的女性的幽静的美，她没有泰山的巍峨，她没有黄山的险峻，她没有峨眉的挺拔，也没有庐山的秀丽，她却是我人生旅途中首次攀登的山，是我心目中的处女的山、清纯的山、腼腆的山，如碧玉一般。"这是在写山还是写人啊？或者兼而有之？

晚年再上青城山，青春的记忆复活了，美的影子在记忆中鲜活！

木斧的游踪还到了大西北的甘肃河西走廊，那是他祖辈走过的路线，木斧已经不止一次地去寻根了。最南边，他几次去过祖国最南端的海南岛，女儿杨桦那时在海南工作，木斧的海南之行就具有明显的旅游兼探亲的意味。在亲人的陪伴下，木斧畅游了海南各地的著名景点，兴隆、天涯海角、东山岭、鹿回头、东郊椰林、博鳌等，甚至连镇海、潭门这样旅游者不太关注的地方，他也兴高采烈地去游赏，与渔民们促膝谈心。他还曾兴致勃勃地做了海南环岛游。海岛风光，开阔了他的视野，点燃了他的激情，他一路写出了一系列优美的诗篇，以"畅游海南岛"为题，收在他的《点燃艾青的火把》诗集中。他还去过湖南，欣赏过八百里洞庭湖，感受到了那烟波浩渺、变幻万千的壮美景象。《木斧短文选》出版后，他还到了北京，邀请京中朋友在著名的京广中心——

当时北京的最高建筑——新世界餐厅聚谈，畅叙友情，每人赠送新书一本。这次聚会，木斧向大家报告，他是从辽宁的盘锦出席国际炎黄文化研究会颁奖大会后来到北京的。在那个颁奖大会上，木斧获得了国际炎黄文化大奖，这是对于他既积极参与京剧演出，又出版了《木斧戏装画》和戏装照及诗文合集《百丑图》的肯定，真正是为全面复兴炎黄文化，尤其是弘扬国粹京剧做出了贡献。他的获奖是当之无愧的！

## 成了全方位作家

木斧离休之后，写作的路子宽了，不仅写诗、写小说，还写散文，成了一位全方位的作家。他在给张大明的信中说："我是不是已经丢了笔杆子呢？我的回答是：丢了又没有丢。练唱的时候，排戏的时候，演出的时候，都丢开了笔杆子；除此之外我还有许多富裕的时间，可以说，我一天也没有丢开过笔杆子。至少我每天都要写日记；我经常写信，写读书心得；过去我只写诗，写小说，现在我已经变成全方位的作家了，写诗写小说比过去少了（一年只有诗十余首，短篇小说一两篇），大量的是写评论，写散文，写随笔，特别是日记体、书信体的随笔成了我这几年写作的一大特色。随着年龄的增长，创作上要量力而行。我撤销了我的两部长篇小说的计划，不打算再写长篇了，这样我的时间仍然是充裕的，兴趣来了就写，兴趣去了就停，我的写作老是写写停停、断断续续，从不感到吃力。"

木斧是一位著名诗人。但你如果认为他最爱好诗歌创作，那就错了。其实，木斧最早发表的文学作品《胡先生》，就是一篇小说。不少朋友都认为，木斧的经历最适宜写小说。而木斧最为专注而且下过认真功夫钻研的也是小说，他的小说也具有明显的个人风格。他的散文也写得十分潇洒漂亮，文笔自然，热情洋溢，写来绘声绘色，叙事、记人，历历在目；抒情、议论，热烈灼人，妙趣横生，真具有大家风采。他的《诗的求索》出版后，引起一遍叫好之声。而他也写了不少杂文，也都随心所欲，自成一家。唯独这诗，固然使他迷恋，但他却不认为是体现他的真正的爱好！他觉得，他是时代派定了的一个"诗人"的角色！他说："我本来是想当个小说家的啊！"

那神态，包含着一种不用说也明白的遗憾！

2000年由四川文艺出版社出版的《汪瞎子改行》是木斧的一部短篇小说集。这个集子收入了木斧在新中国成立前后包括改革开放以来的中短篇小说和特写类作品。应该说明，木斧新中国成立前就开始写小说，他那个时期创作的小说也是数量很大的。但是绝大多数小说和他的诗歌一样，都在"文化大革命"中遗失了。收在集子中的作品只是当时创作的一小部分，所幸的是，这些现存的作品也还是具有一定的代表性。集子中所收最早的一篇是写于1945年6月，最早发表在1946年6月《学生报》上的《胡先生》。最后一篇作品是1999年5月写作的《第二次握手》。

关于小说创作，木斧曾自述其缘由。他说："我承认我写小说确有困难，有苦衷，心有余而力不足。我以为当代文学中，文学中的文学，便是新诗，不好写；文学中的主体，是小说，更不好写。诗是抒情的，小说是叙事的，从思维上来讲，二者很难沟通。常听说某位诗人写诗兼写散文、诗评诗论，某位作家写小说兼写报告文学纪实文学，很少听说某位是诗人兼小说家。我很惭愧，我其实就是诗人兼小说家。接着我便要声明，我常常力不从心，顾此失彼。转换思维是一件十分困难的事，当我写诗的时候，我要尽力排除叙述的干扰，当我写小说的时候，诗意已经荡然无存。所以我写诗和写小说是分季节的，写诗的季节不要去写小说，写小说的季节不要去写诗。这个季节有时较短，有时很长。从1979年复苏到1991年是我写诗的季节，小说极少，朋友们劝我，你已经是一位诗人了，何必再写小说呢？可是从1991年离休，我便扑到小说创作上来了。这有什么办法呢？我的性格叫我写诗，我的经历叫我写小说，怨我命苦，只好听天由命了。"（《我的小说观》，《汪瞎子改行》第280—281页）

在这种"听天由命"长达五十年的小说创作实践中，木斧逐渐形成了自己的小说观。关于小说写作的真实与虚构问题，他说："小说是编出来的，是虚构的。不但人物是编出来的，故事情节也是编出来的，即使是用第一人称的手法写出来的小说，千万不要相信'我'就是小说中的作者。"但是这种"编"，这种虚构，又必须要有社会生活的素材，必须依据社会生活的真实素材，不能凭空虚构、随意编造。"小说家如果没有扎实的生活基础，凭空编造、面壁虚构，那是写不出小说的。就以人物而论，社会生活中有许许多多的小说家要善于从众多的相似人物中去'杂取种种人'，才能塑造出小说中的典型人物。再以情节而论，社会生活中每天都在发生着大大小小的事件，小说家要善于从杂乱的事件中去选择典型，加以取舍，加以综合，化到小说中去，而且这个事件的发生和这个人物的性格的发展要相吻合，这就要靠小说家的'编功'了，就是说，要靠小说家对于生活的积累，对生活的认识、对素材的提炼以及艺术的表现力了。"

木斧认为，小说创作"一定要反映社会生活的本质"，"现实主义需要深刻地典型地反映社会生活的现实，反映生活又高于生活，因而不是写实主义，也不能叫作真实主义。一个伟大的艺术家，他的成就，不仅仅在于他反映了生活，而在于他艺术地反映了生活的本质"。他结合自己的创作实践，比较深刻地阐述了小说作品真实与虚构的关系。

木斧认为，小说中的人物"是捏出来的"。他说："我始终认为，小说以刻画人物为主，小说是塑造人物性格发展的叙事文学。"他认为小说不同于报告文学、故事、散文，也不同于当时流行的小小说、微型小说（作者注：今天亦然），他批评当下小说越写越长的现象，认为主要原因在于忽视了人物性格的刻画，少了人物性格的发展。这样的作品不应该被称为小说。

他说："一篇小说好不好，要看他的人物活不活，人物活了，小说也就立起来了。"他还认为，小说难在人物刻画，最难的还不在于通过作者的描写，读者就能判断出人物的职业、身份，"难的是从同一职业和身份的人身上看到每个人的性格特征"。所以小说家"一定要细致地观察众多的人物，并将它们一个个具体区分开来，才能塑造出小说中的典型人物"。对于人物形象的塑造，他引用鲁迅先生的话说："小说可以以现实生活中某一个人为模特儿去塑造人物，但更多的是杂取种种人去塑造人物。"他以自己写作的小说《李掌柜的水烟袋》和长篇小说《十个女人的命运》为例，来具体分析小说人物的塑造方法，印证自己的理论观点。

关于小说的语言，木斧认为："生活中的语言和书本上的语言是不相同的，不要用书本上的语言去写小说，更不可将书本语言写在人物对话中。要用口语，包括方言，但不可滥用方言，对方言要一分为二，取其精华，弃其糟粕，只用最能体现人物性格的方言去写对话。"他还认为："小说和话剧剧本不同，一篇小说，不宜将小说家的叙述和人物的对话分开，叙述用书本语言，对话用生活语言，那样会使读者感到格格不入。"

可以说，木斧的小说观，既是自己写作实践经验的总结，也是他对于小说创作具有深度和高度的理论概括，值得后来的小说创作者借鉴和参考。

《汪瞎子改行》就是木斧在写小说的季节里"听天由命"的成果，也体现了他自己的小说创作观念。这个集子书前缀有呆向真——也就是木斧刚刚开始创作时，在成都《西方日报》副刊"西苑"当编辑的二丫写的序："过去我只知道木斧写诗，却不知道他也写小说。这次一气读完了他的小说集复印手稿，使我明白了文学的形式尽管不同，小说、诗歌、散文、戏剧……虽然在艺术构思和表现手法上各有自己的特点，但却有一点是相通的，那就是所有的作品都是作家对生活的感受，以自己的思想感情凝成的结晶。"

她指出："木斧的这本小说集给我最突出的感受，是作品具有鲜明时代感。不论是'上篇'解放前写的，还是'下篇'解放后写的，读着读着，就会从作品中呼吸到浓郁的时代气息。对于年长的过来人，会在作品中感受以往生活的脉搏又在内心跳动起来；对于年轻的读者来说，便能在作品中见到活着的历史人物，这些人物在过往的生活中扮演着怎样的角色，有着怎样的命运。作品的这一特点，说明了诗人木斧对生活热爱的程度。不以自己整个的灵魂沉入生活的底层，怎么能够写出具有强烈时代感的作品来呢？"

呆向真还谈到了木斧小说的风格问题。她指出："木斧的作品有自己的风格。作品的构思巧妙奇特，情节简练而曲折回旋，峰回路转，给人以'山重水复疑无路，柳暗花明又一村'的奇妙感受，令人心神为之牵引，情感为之震动。

"作品中写了不少人物，各有自己的独特性格和音容笑貌。人物一出场，几笔扫过，就以活生生的具体形象展现在读者的面前，令人难忘。

"语言的朴实精确和洗练，是木斧作品的又一特点，这是非常可贵的特点。小说的语言没有着意地雕琢，却古朴、自然而流畅。"木斧小说的语言何以能够显示如此特点？呆向真具体分析说："可能由于木斧是诗人，诗的语言是要经过锤炼的。以经过锤炼的语言写小说，给人以不可多得的美的享受。"

呆向真对木斧小说集《汪瞎子改行》的分析，尽管尚不全面细致，但作为全书的序文，她的分析对于我们较为全面深刻理解这个作品的底蕴和特色是具有启迪意义的。

张大明在为《汪瞎子改行》所作的序中，以木斧老朋友、深知木斧创作历程的见证人身份，介绍了木斧的人生经历和小说创作情况，并对木斧的小说创作进行了较为全面具体的分析。他认为，木斧是一位诗人，"但他的经历适合于写小说"。他在具体分析了木斧的几篇小说作品后，进一步指出："木斧的小说至少有两个特点，一是坚持说真话，二是语言具有四川风味。"他指出，写真实，说真话看似容易，其实很难，因为现实扭曲人性，社会盛行假话，说真话者往往吃亏倒霉，因此真话难得，真实难期，"一朝被蛇咬，三年怕井绳"，谁还那么傻，偏偏去讲真话？因此，木斧以小说之名，说真话，反映真实就更加难能可贵。至于小说的语言，张大明说："木斧小说的语言好，这恐怕会是它受人欢迎的最大理由之一。它的语言精练、简洁、性格化，用的是经过提炼的四川方言。没有用土语，但四川人的言谈举止、心理习性悉数可见。"他还以《汪瞎子改行》这篇小说中汪瞎子的语言为证，做了具体分析，很有说服力。

我赞成两位作序人对于木斧小说集《汪瞎子改行》的总体分析评价。但是我认为，集子中的作品还是各具风采的，不同的题材有不同的风格特点，不宜以偏概全。如小说《大辛小传》，反映"大跃进"至"文化大革命"时代四川农村生活。作品中所写的大辛、小辛两个主要人物，还有一个姓"穆"的"我"，是以一位下乡驻村的县委领导成员出现的，但在作品中，却是作为某种人物嘴脸、某种社会现象的参与者、见证人身份出现的。作品中的大辛，名必正，是以一个敢于坚持按照实际出发来开展工作的正直、老实的农村干部形象来塑造的；而那位小辛副书记，则是以在那个时代风气下培育出来的见风使舵、颠倒黑白的干部形象出现的。作者不仅批评"大跃进"时代那种高压下的弄虚作假现象，也揭露了在这种政治氛围中滋生的如小辛那种舍弃做人本性、为了一己的利益而不顾客观实际，一味媚上欺下，甚至伪造事实，陷害正人君子的坏人。其批判性和控诉的特点是鲜明的。

而在小说《调查》中，作者也表现了"大跃进"时期一些浮在上面的干部浮光掠影般的所谓调查研究。那时的农村，浮夸风盛行，以致造成大范围饥荒和巨大灾难，人民群众虽然很痛苦，但慑于高压不能真实地反映情况，而受命调查者反而是隐瞒事实，拾取座谈会上人们充满反讽意味的只言片语，向上级写出与客观真实完全相反的调查报告，既隐瞒了苦难农村的实际情况，也欺骗了上级组织。

其他小说如《河边》是对于围观人群的不着痕迹的讽刺；《好听的故事》是描述与老年姐妹重逢相见时的尴尬；《歌迷》是对20世纪八九十年代常见的社会生活现象的展示，鄙夷之情可见文间；《画展风波》以文言作小说，揭露手握审查大权的伪君子行为，可谓深刻；《第二次握手》表现在大时代背景下个人命运的不可把握，可谓沉重。这些小说的篇幅其实都不算太长，有的还十分短小，截取见惯不惊的日常生活片段，却又写得十分隽永耐读，也可以说是木斧短篇小说集《汪瞎子改行》中的多样化风格吧。

《十个女人的命运》是木斧创作的第一部、也是唯一一部长篇小说。这是一部反映生活于西南地区的回族数百年历史命运的长篇小说。对于这部作品的价值、意义、艺术成就，著名评论家张大明和曹万生都有全面的分析和深刻的论述。

张大明在为《十个女人的命运》一书所作的序文中指出："《十个女人的命运》确实是一部西南地区尤其是四川地区回族的民族魂、家族史、命运篇。

思想观念随着时代的变迁而进步，作者以如椽巨笔勾画出回族女性从屈从于命运，在命运的安排下挣扎、辗转的苦痛到掌握自己命运，按照自己的意愿选择生活方式，为国家社会贡献力量的历程，表现了回族女性在历史的变迁、进步中的变化和坚守，表现出流离在四川的回族人强大的适应性、生存能力和对于民族本性的坚持与传承。"

张大明赞赏木斧"朴素机智，赋予个性化的语言，对于方言的熟练运用"。他认为木斧这个作品"不管是叙事还是描写，是人物对话还是作者创造的插话（旁白），全都是口语化、个性化，无不精美、无不纯正"。他还十分赞赏木斧小说中的人物对话"尤其精彩"，认为"作者在小说中加括号作的评点式的插话，也极有趣"。

张大明盛赞木斧小说"由语言而体现出来的艺术风格是朴素和简约。绝少花花草草地去追求豪华艳丽，堆砌美艳辞藻。他句子短，以少胜多，以一当十，实实在在，绝不拖泥带水"。张大明还具体谈到这个作品语言的四川特色，口语化、个性化语言的恰到好处的运用，认为"川人的机智和聪慧，川话的幽默和含蓄，流泻在全书的字里行间，成为木斧语言的骨髓和主脑"。还有就是木斧作品中的诗意境界。

相比之下，著名现代文学研究家曹万生对《十个女人的命运》的分析显得更为客观。在具体阐述了作品中几位女性身上体现出来的时代内涵后，尤其是在分析了哈华和巴莉图雅身上体现出来的一些新的特质之后，曹万生指出："在这两个人物的身上，总感觉到作家对当代中国现实的某些思考。"他说，"展开来说，当代中国很尖锐的心灵冲突，在这里得到了具体体现。中国要前进，要改革，价值观念要革新；另一方面基本道德又受到强烈的冲击，以至于一些人大呼'人心不古'，正如巴尔扎克一样，他一方面把同情倾注于过去的道德，另一方面，又不得不描述正在崛起的新的阶级。他带着极为复杂的心理观察着拉斯蒂涅的变化，既欣赏他的朝气和发迹，同时又厌恶他的变坏和劣迹，对伏脱冷更是深恶痛绝。在当代中国的都市，拉斯蒂涅的队伍是愈来愈壮大了，有许多也开始伏脱冷化了。让他们真正成为文明人，还需要几代的努力。

在此，作家希望二者达到一个和谐，作出一个合题。我不知道这是不是完全可能。如果没有一种强大的、传统的精神力量的制约，是否能办到这一点？我至今持一种怀疑的态度。哈华和巴莉图雅都有这样一种精神力量，这是否完全没有理想主义的色彩？如果是这样，我开始理解所谓的亚洲'儒教资本'说。如果一种传统的精神力量，在克服了价值层面的弊病之后，能够抽象继承一种民族精神，我们是否可以加强一点国学的学习？特别是从孩子做起的话，同时也从青年做起的话。"（曹万生《南国回族妇女的交响曲》，《论木斧》，第151—155页）

我认为曹万生在这里把作品所反映的民族精神与当代中国现实结合起来进行分析，尤其把木斧的作品与巴尔扎克的作品联系起来的分析，令人耳目一新。对于我们深入认识和发掘木斧这部作品的意蕴和内涵，也极具启迪意义。他对"加强一点国学的学习"的建议，在今天已经成为全社会的共识和教育部门的具体行动，可谓具有先见之明。

这部作品曾获四川省第二届少数民族文学优秀奖，2016年又被宁夏人民出版社列为典藏丛书之一再版，其重要原因就在于作者是以一位回族作家的身份，表现西南地区回族人民百年生活的变迁，在描写中展现的是强烈的回族人民生活气息。无论是生活习俗、语言习惯，都具有独特的回民的特征，每一个人物都是回民中的"这一个"，合起来就是西南地区回民的生活史、文化融合史，民族精神性格的传承史。

民族精神性格是一种十分顽强的力量。这种力量在不同的时代、不同的地域、不同的政治社会和民族构成环境中，总是以并不完全相同的外在表现形式顽强地体现出来，支配着人们的思想和行为，成为一种精神的家园、行为的支柱。这在这部作品中的诸多人物身上都体现出来，值得注意。

木斧的这部作品还具有鲜明的西南地区回族百年诗史特点。所谓诗史特征，是指作品既具有明确的编年史的特点——人物活动的时间与空间环境十分明确；又具有风俗画的特点——就是西南回民的生活特点、风俗习惯、民族特征、宗教禁忌、婚俗取向等，都在作品中得到了鲜明的体现。同时，作为生活于四川地区的回民，作者也写出了明显的四川生活化场景，举凡土语方言、生活环境，也都展示得精确细致。

作者十分明确地标注出每一个主要人物所生活的具体的时代背景及其时代的发展变迁带来的人物思想观念的变化发展。人物生活在具体的时代背景和社会环境中，这个时空背景对于人物的思想、言行具有规定性的意义，也是人物思想言行及其性格特征展示的具体时代背景。比如，开篇"影子"中就明确："公元一千八百六十三年，清同治二年，十一月，西北地区回教白山派教主马化隆在宁夏金积堡举兵反清，杀宁夏道台、知府、知县，控制灵州及附近各县，自称两河大总戎，修建王城，构筑碉堡，对抗清军。"

"公元一千八百七十一年，清同治十年，正月，清军攻陷金积堡，马化隆降。""就在这一年夏天，G县新任知县携带家眷，骑马坐轿上任来了。"

第一章"孤独"写哈马氏去世，"老奶奶终于平平静静地闭上了眼睛。""这一年，抗日战争胜利了。"

第二章"迷惑"写马正涛旅长"二十年代初期，任营长、团长"；"二十年过去了。抗日战争胜利的这一年……"

第七章"窗外"写刘喜奎："她的后半辈子简直是步步高升。1950年2月，兴隆场来了征粮队……"

第八章"默契"中写下乡知青胡绣与农村青年黄友才结婚后给他父亲写信，日期是1979年6月29日。

尾章"明媚"开篇："二十一世纪的第一个春天到来了。"

这些具体的时间标识，其实就是当时时代的标识。读者会通过作品故事发生的具体时间段落，去感受那个时代的鲜明特征，从而也对作品中人物命运的必然性加深理解和认识。其他各篇也具有鲜明的时代特征。作者有时会明确交代故事情节发生的具体时间，有时则通过不同时代具有标志性的事件来显示具体的时间。比如，对资本主义工商业的社会主义改造、"文化大革命"、"支左"、上山下乡、知青返城、出国留学等，年代和时代特点也是极其鲜明的。作者正是经过对时间的明示或者暗示，对不同人物各自生活的具体时代背景予以交代，就形成了时间的流动性，从而体现出编年史诗的特征；从人物形象的塑造上来说，也是对于人物思想和言行的一种界定——特定的时代背景之下，只能产生那样特定的思想和言行。如果人物的思想、言行逾越了时代的范围，人物形象就不真实了。反过来说，也正是由于木斧把每个人物的思想和他们的言行严格限定在他们生活的年代，这些人物的言谈举止、思想形象才是真实可信的。

关于《十个女人的命运》的风俗画的特点，作品也表现得相当充分。比如作品写回民的生活习俗，通过杜晓琴、刘喜奎等女性人物既坚守着民族的生活习俗和宗教的信仰、禁忌，又慢慢地适应着生活的点滴的变化的描写，表现了这些风俗习惯的微妙变化，展示出一幅幅生动的回民家庭、回民具体社会生活小环境的画面。

作品中鲜明的生活化特点也得到了充分展示。比如哈康和杜晓琴新婚夜晚的对话，显示出的夫妻关于家庭地位之争，十分生动、鲜活、有趣；刘喜奎和郑庭婆媳之间的矛盾与缓解调和，既是家庭中微妙的婆媳之争，其实也是回汉文化和生活习俗之争，也写得十分生动细腻；还有就是关于牙牙饭的介绍，关于回民饮食的介绍等，生活气息十分浓郁，都是很生动的例子。

如果我们认真研究这部作品，就会发现，现有的研究，其实仍然是粗线条的，浮光掠影式的，很不深入、很不细致。我认为书中每一个女性人物，无论是她们各异的性格、她们不同的内心世界、她们丰富的形象内蕴，都值得专题深入研究。同时，又可以把这个女性人物系列集合起来，按照她们生活的具体发展，依照变化了的环境和她们的行为表现，来研究西南回族女性在这个急剧发展变化的大时代激荡洗礼中产生的各种变化。看一看在这个前所未有的大时代中，回族女性是如何在生活的激流中摸爬滚打、辗转挣扎的，又在这种外在与内在的苦难煎熬、挣扎中如何坚守着这个民族的特性的。我觉得这种研究恐怕更有价值，更有意义。

现在的研究家们可能是被书名《十个女人的命运》和木斧本人所提供的主要人物表所迷惑，从而将研究的方向固定在女性人物身上，把大量的笔墨倾注在作品中的主要女性人物上了。对于作品中描写的作为女性人物形象塑造的陪衬的大量男性人物，却完全视而不见，竟无一字着笔，也是很不应该的。

文学人物必然存在于文学生活环境中。在任何时代里，社会总是由家庭、也就是由千千万万男男女女构成的千千万万个家庭构成的。作为以女性人物命运展示、形象塑造为主要任务的《十个女人的命运》，也一定离不开家庭环境，这样也就离不开对于男性人物的表现，对于男性形象的塑造。木斧在作品中，也是十分注意对于男性形象的塑造。比如，对于哈康、黄友才、杜历形象的塑造等。尤其是对于哈康——这位也基本贯穿全书的男性形象的塑造，我认为也是达到了极高的水平。这位人物有文化而又时常显得憨厚软弱，在作品中也闪现着比较耀眼的光彩，值得认真研究。其他几位，虽然不及哈康，但也绝对不是可有可无的存在。如引子中的回族书生、回族相公、哈老四、张幺婶的酒鬼老公、侄儿张富贵等，都属于串场人物，相当于戏剧中的"匪兵甲""匪兵乙"之类的角色，他们不是主要人物，甚至也不是次要人物，但在情节发展中是必不可少的存在。作者在他们身上着墨不多，但也面目清晰，性格鲜明。我们应该从整个作品内在发展逻辑上观察这些男性人物的作用，发掘他们身上的内涵。

这部作品的结构方式的独特性已经被人认识，但是我认为作品的美学风格尚未引起重视。这里简单说一说。作品开篇的"影子"所展示的美学风格是极其壮美的。而作品结尾的"明媚"所描写的那场宴会所展现的则完全是一种亲切的喜剧风格。这就形成首尾相对比、照应的美学风格特征。如果细致地研究，则可发现，全书的前半部分是以悲凉、沉重为主基调，而后逐渐由悲喜剧过渡到轻喜剧的风格。过渡衔接自然，形成了一种崭新的美学特点。这还需要细致研究。


2002年6月由四川文艺出版社出版的《木斧短文选》，是木斧在那个时期散文创作的代表性作品集。《木斧短文选》共收入他在这个时期写作的短文九十三篇，书前附有著名诗人、作家晓雪和欧阳文彬所作的序言。木斧对于离休后的这本短文集是很得意的。他说："写评论，写散文，写随笔，特别是日记体、书信体的随笔成了我这几年写作的一大特色。"可见木斧对于这些散文作品的重视。

诚如木斧所言，收在《木斧短文选》中的散文作品，兼具评论、散文、随笔、日记体、书信体性质，是实实在在的随心所欲的作品。从内容上分，可以分为忆旧、抒怀、叙事、谈诗说戏、饮食趣谈等，可谓无所不包，但是均妙趣横生，极为耐读。

比如他的《生活短语》：

福就是祸，祸就是福，任何人生都包括这两个方面。一个人不经风浪，不经折磨，庸庸碌碌一辈子有什么用呢？何况命运并不是一帆风顺的。乐从苦来，只有不怕吃苦，经得起风险，才能熬出一个顽强的意志，才能成为一个对人民对事业有贡献的人。

害怕和逃避灾祸的人，永远不懂得幸福。

短短百余字，道尽人生真谛。与古话说的"福兮祸所伏，祸兮福所倚"异曲同工。

他的《人生十问》：

1. 你最喜欢的座右铭？

走你的路让人们评说去吧。

2. 你最钦佩的品格？

开心见诚。

3. 你最厌恶的人？

把文学作为手段向上爬的人。

4. 你最宝贵的财富？

我的著作、我的剧照、我的画页、我的篆刻、我的诗友题签册。

5. 你最想去的地方？

麦加。

6. 你最向往的生活？

繁忙的普通人生活。

7. 你最美好的回忆？

和知己朋友谈心。

8. 你最愿意接近的异性？

温柔、体贴。

9. 你最大的嗜好？

粉墨登台。

10. 你最难忘的经历？

二十五岁变成了"胡风分子"，从此颠沛流离，受尽屈辱和欺凌，当过农民，饿过肚子，为我的创作打下了坚实的生活基础。


冲口而出，真实率直，不伪饰，不扭捏，不装腔作势，不枝不蔓，没有章法，不事剪裁而性情自现，性格跃然纸上。

他的《求医记》《不亦快哉》《妙趣横生》等一系列短文，真是妙趣横生，有时让人捧腹，有时让人莞尔一笑，让人回味无穷。至于他的那一系列的谈饮食的文章，如《京城麻婆豆腐》《抄手与馄饨》《毛豆角》《凉拌兔丁的来历与制作》《为牛肉烧土豆正名》，写得具体有趣，读之令人馋涎欲滴。尤其是和毛泽东的《念奴娇·鸟儿问答》中的"土豆烧熟了，再加牛肉"联系起来，进行考证辨析，再详细叙说这道名菜的制作方法，可谓是知识性和实用性兼具，尤其描述那扑鼻的香味，真使人恨不得立即去尝试制作，大快朵颐！记得木斧曾建议张大明退休后去学烹调、写餐饮，我看木斧自己就是一位烹调的高手，写餐饮的大家呀！应该指出，他真是一位回族饮食的美食家和烹调大师！

木斧这本集子中的回忆性文章，包含着诸多宝贵的现代文学史资料，很有研究价值，值得珍视。他的《关于〈新诗小资料〉》《忆〈荒原〉》《李华飞和我和我的父亲》《关于四川20世纪40年代〈学生报〉的通信》《蜜蜂社的源头》《生活的最高境界——关于沙汀的四封信》《徐迟未成行的报告文学》等，对于研究现代文学史的人来说，极具参考价值。

## 晚节渐于诗律细

"晚节渐于诗律细"是杜甫晚年对于自己诗歌创作格律的评价。出自杜甫的《遣闷戏呈路十九曹长》"江浦雷声喧昨夜，春城雨色动微寒。黄鹂并坐交愁湿，白鹭群飞太剧干。晚节渐于诗律细，谁家数去酒杯宽。惟吾最爱清狂客，百遍相看意未阑"一诗。我们借用来评价木斧离休之后的诗歌创作，是很合适的。

离休以后，正如木斧自己所言，他激情澎湃地开始了自己的第二个青春，一个木斧诗歌创作的崭新的时代，崭新的天地。这个时期他陆续出版了《车到低谷》（2003年1月，中国三峡出版社）、《瞳仁与光线》（2006年9月，四川美术出版社）、《点燃艾青的火把》（2012年4月，天马出版公司）。我认为，此期间木斧的诗歌作品，是达到了炉火纯青的地步，但是具体诗集也还是呈现出不同的风貌。下面对三本诗集做一个介绍。

《车到低谷》共收诗一百余首，共分为六辑。除《济公》《撞击之歌》《过三峡》《白帝城观瞿塘峡》《时光》《日出》《呆猫和呆狗》几首作于20世纪80年代之外，其余均作于1994年至2002年10月。应该说，这是木斧这一个时期诗歌创作的总结。木斧在集子的《后记》中说："游弋于诗、戏、画之间，好不容易断断续续编完了这本诗集，我长长地舒了一口气。"他说明："我过去写儿童诗，从未收入选本，原想积累一段时间，单独出一本儿童诗集，没想到经过严格地挑选，最后只选出九首。还有一首儿童叙事诗《南南和胡子伯伯的故事》却是写给初中、高小儿童看的，不宜合成一本诗集。只好将这九首儿童诗收入这本诗集了。"他还说，这本诗集还收入自己以书信体写作的诗歌，因为2000年曾出版过一本《书信集》，所以就以《续书信集》为一辑，收在这里了。

在《后记》中，木斧表达了他对于诗歌的挚爱。"现在是什么时候？中国新诗走到什么地方了？我不知道。有人说是低谷，我既不赞成也不附和，我还是继续写我的诗。我写诗写了五六十年了，现在仍然处于旺盛时期。你说是低谷我偏要拼力写诗，总是有所追求，追求是无止境的，不能停下脚步，还得继续往前走，走向诗的高潮。"木斧对于新诗的感情极其深厚，他的追求极其执着。木斧初心不改，孜孜以求，不管新诗的创作环境如何变化，他都在诗歌的道路上不断地探索，不断地奋力登攀着！他在《车到低谷》的《后记》里表达的就是这种情怀，这种境界。

读《车到低谷》中的诗歌，我觉得有两点值得关注，一是如他所言，"游弋于诗、戏、画之间"，这和木斧的爱好紧密相关。木斧一直对戏剧情有独钟，又有美术的基本功底，离休之后他将诗歌创作与自己的戏剧演出结合起来，以京剧演出形象为诗歌创作的题材，又以京剧人物形象为绘画的题材，在他的人生长途中开出新的境界，也为他的诗歌创作注入了新的动力，还收获了以前所未曾涉及领域的丰硕成果。二是木斧这个时期的诗歌创作，因为诗友范围的扩大，既增加了新的题材内容，也影响了他的创作风格。阅读这本诗集，你可以看到木斧从这一时期开始，增加了不少与中国台湾、中国香港、中国澳门诗友的交往。诗歌发表的刊物范围也扩大了。这本集子中许多诗歌都发表于中国台湾的《葡萄园》《海鸥》《乾坤》等专门的诗歌刊物，自然也扩大了木斧诗歌的阅读人群。与中国台湾诗人谈诗论文，相互启迪、相互砥砺，既增强了大陆诗人和中国台湾诗人之间的理解，增进了两岸新老诗人之间的友谊，也有利于提高各自的诗艺水平。应该说，木斧写给中国台湾诗人们的大批诗作，既是他们之间友谊的象征，也是两岸文化交流的花朵，值得重视。

《瞳仁与光线》分为五辑编辑成书。第一辑是仰望雪山，第二辑是舞台花絮，第三辑是续书信集，第四辑是南南的歌，第五辑是各路风烟。书后还附有陶佳佳对木斧的采访，严文井、吴开晋、谢冕等诗人和诗歌评论家的来信。

木斧在《后记》中说:"这是我的第四本《木斧诗选》,收入我2002年至2006年的一百首诗作。也不全部是这个阶段的诗。《南南和胡子伯伯的故事》是一首长篇儿童叙事诗。我从不写长诗,这首儿童诗恰恰是我唯一的一首长诗。我一直想为它单独出一本诗集,却一直没有机会出版。时间无止境地流过去了,文井同志也去世了,我还等什么,我不得已便把它收入我的这本诗集中来了。还有一些诗,《诗城》《小镇》,2002年前未收入我的诗集,现在怎么又收入了?因为后来它们在长江中永远地消失了,一种怀旧的感情迫使我从江中把它们捞了起来。由于我发表的诗较多,留存的较少,这次又查到了一些2002年以前发表的诗,也就收到这本诗集中来了。"

这部诗集中,第二辑舞台花絮是木斧的戏诗;第三辑续书信集本书另有专章、专节介绍,这里不多说;第四辑南南的歌,本书前面也曾涉及,也不再讲了。这里重点介绍一下第一辑仰望雪山和第五辑各路风烟中木斧离休之后的作品,探讨木斧这一时期诗歌创作风格的一些变化。

仰望雪山这一辑中的诗歌,总的说来,比较私人化,也比较日常化。木斧更多的是把一位离休老人个人的日常生活感受写入诗中,形成了一种比较内在的情感抒发的风格。比如他的《银色的梦》:

当生命的源泉滔滔流去

一片银色的世界

流入睡梦中

生命的源泉是什么?不正是火热的现实生活吗?离退休后,当火热的现实远离老年人的生活的时候,当儿女们各自忙着他们的事业的时候,家中的白发老人的生活就苍白了。面对的是"一片银色的世界",在老人的生活现实中,在他们的情感世界中,都是一片银白!

当然,银色是美的,但也是单调的、枯燥的,甚至于在睡梦中也是如此。这难道不是现今城市中生活的老人们的写照吗?

他的《老人的一天》：

> 品茶之余，沉思
>
> 写几行诗，倦了
>
> 哼一段京腔
>
> 涂几笔淡墨
>
> 不觉日已西沉
>
> 休息就在其中了

　　这就是老人的一天生活的全部内容，品茶、沉思、作诗、唱戏、作画，一天过去了，生活是悠闲的，内容是平淡的，形式是多样的。木斧似乎是在向关心、喜欢他的读者们展示自己离休后悠闲的生活和怡然自得的心情，字里行间，可以读出他对于这种生活的陶醉和得意、喜悦，"不觉日已西沉，休息就在其中了"，不是很写意吗！但是年复一年、日复一日，这样重复的生活不也成为一种单调无味了吗？当然对于木斧来说，他不会这样想，但作为一位读者，我却从这种生活的描述中，读出了一种对于单调重复生活的无奈之感！这种感觉在我读《总有天晴的时候》一诗中，再次得到了印证：

> 不会天天都是沥沥的雨
>
> 不会日日都是滑滑的梦
>
> 纵然小雨滴着柔情
>
> 纵然碎梦闪着温馨
>
> 我在雨天就谱写着晴朗的音符
>
> 梭梭梭，罗罗罗，梭梭罗罗
>
> 拉开顶棚的大帆，朋友
>
> 一同翘望那五彩缤纷的明天

这可能是一首赠人的诗，或者是一首安慰人的诗。正是由于"天天都是沥沥的雨"，"日日都是潜潜的梦"，所以木斧告诉接受赠诗的人说，这沥沥的雨、潜潜的梦都不会长久。雨总有停下来的时候，梦总有醒过来的时候，不能沉湎在其中不能自拔。因为，"纵然小雨滴着柔情"，"纵然碎梦闪着温馨"，但是老是下雨天会打湿了心情；老是沉醉于碎梦的温馨也永远走不出梦境。既显得单调，也损害了健康，因此，诗人呼唤朋友"拉开顶棚的大帆"，去"翘望那五彩缤纷的明天"。在木斧看来，只有走出封闭，拉开顶棚的大帆扬帆远航，才能看到五彩缤纷的美好未来！"翘望那五彩缤纷的明天"——明天是美好的，美在它的自然，美在它的"五彩缤纷"，丰富多样，而那单调的阴雨天气，则是必须走出去的。

当然这首诗还有一种可能性是针对失恋者的，或者是失亲者的，或者是遭受生活打击者的。是安慰，是劝告，是鼓励，是激发。但无论如何，都是告诫受赠者不可沉湎于一种固定的、低徊往复的生活和情感状态。

老年人害怕单调乏味，厌倦缺乏火热现实生活新鲜刺激的重复状态，因而喜欢阳光，喜欢惊喜。《有阳光的日子》：

> 一篇玉洁丹心，一片风情
>
> 出现在一片霞光的世界
>
> 花丛中的含羞草来了
>
> 要和梦中的玉兰百合同游
>
> 阳光织出来的万缕千丝线条
>
> 挑起了变化起伏的色彩
>
> 撒出那散文般的思索
>
> 一心要去寻找花瓣砌成的流云
>
> 云散了，画的语言如痴如醉
>
> 有阳光的日子，真好！
>
> 说完化为满眼春风

娓娓地向圣洁的远方飘去

这是一首很美的诗。木斧欣赏着吴涛的画作，被充满阳光与色彩的画所感动，挥笔写下这首诗，既是对于画的赞美，也是自己开朗阳光心态的抒发。诗中木斧一改过去节制、淡雅、纯净的笔法，以一种明朗绚烂的色彩，再现画作所提供的明朗魅力的意境，这在过去木斧的诗歌创作中是少见的。

对于生活充满热望、对于生活中的出乎意外的偶然性的期待和描写，喜悦之情溢于言表。这类诗歌还有《惊喜》《一声不响》《寻找桃庄》《眺望》《读信》等，都很好地表现了木斧个人热爱真实生活、突破个人生活小圈子的愿望以及获得新的生活元素的喜悦之情。

在各路风烟中，木斧的诗歌展现出了一种较之离休后一段时间内创作的不同的风貌。简单地说，就是强化了对于社会现实、对于世界大事的关注。这也是很自然的事情。我们知道，木斧离休后不久，就沉下心来拜师学艺，全身心投入京剧丑角的行当里了，他连续不断地紧张演绎生活，对于京剧艺术的执着和专注，使他无暇顾及现实生活。同时，刚刚脱离繁忙的出版编辑领导事务，也自然需要一个心态心理的调整期。因此，这个时期的诗作相对于他创作的高峰时期，自然要少一些，由于参与实际现实生活较少，创作题材较为集中在自己日常活动的领域也很自然。

但是，随着心态的变化，又随着21世纪来临，世界上频发的自然灾害和美国在中东地区持续发动的战争，导致了难民潮的产生，几百万人痛失家园，数以千计万计的生命无端被战争吞噬，作为一个长期关心国家和世界大事的老革命，对此不可能无动于衷。因此，他的诗笔再次回归到了对于国家和世界重大事件的关注上来。当然，我们也可以说是现实生活中的重大事件吸引了木斧的目光，引起了他的关注，促成了他诗歌创作从题材到风格的又一次转变。如他的《瞳孔》：

瞳孔，一圈一圈地

扩大，映照出

无边无际的恐惧


这睁大了眼睛的孩子是谁家的？

谁家会有这样的孩子呢？

全世界的老百姓都知道

这是伊拉克的孩子

孩子，无辜的，可怜的

孩子，在伊拉克的战火中


这是一幅特写，在伊拉克战乱中，许多人死于非命，许多家庭家破人亡。这是一个幸存而又瞳孔放大、濒临死亡的孩子，这不是一个孩子，这是伊拉克乃至一切被战争毁灭了家庭的孩子的特写。孩子无辜的神情、绝望的瞳孔、可怜的神态，深深刻在了读者的心灵里。


为什么没有水喝？

为什么突然断了电？

为什么天花板坍了下来？

为什么天空这么昏暗？

为什么炮声比雷声还要响亮？

这滔天大祸从哪里来？

爸爸呵，你到哪里去了？

妈妈呵，为什么躺着不说话？


接着，诗人以伊拉克孩子的口吻，发出诘问，这一切的灾难从何而来？好端端的生活为何被毁灭？幸福的家庭为何被粉碎？母亲又是被何人所杀害？这一切的追问，濒临死亡的孩子不可能得到答案，他不懂得现实世界上还有着如此可怕的战争，也不可能知道这一切罪恶的元凶是谁，但是读者自有判断：孩子无辜！人民无辜！无论以什么样的理由发动的这场战争的非正义性昭然若揭！何况后来的事实证明了超级大国发动这场战争的理由完全是虚构的，无中生有的！

> 瞳孔，在死亡的边缘上
> 散开，布成黑色的蜘蛛网
> 谁来回答这些问题呢？阿敏
> 阿敏，谁来拯救这些孩子呢？

从读者角度说，既然罪魁祸首不言自明而又无计可施，无法制止，那么，谁又来拯救这些苦难中的、濒临死亡的孩子们呢？这是对于人道主义的呼唤，也是对于霸权战争的强烈的谴责！

木斧在这个部分的诗歌中，还有一些对于巨大自然灾害的关注，尤其是对于东南亚海啸这场突如其来的自然灾害的关注。既写出了大自然狂暴的力量给人类带来的巨大灾难和损失，也写出了人类在灾害面前的相互救援，团结一心，众志成城，表现了木斧博大的人类情怀和对人类命运的关注。如他的《垒》《声音》，都是值得关注的作品。还有就是他的《南方的星》，木斧歌颂邓小平两次南方之行给中国带来的巨大的变化，歌颂改革开放后崛起在南海之滨的这座新城。由此也可以看出，木斧这个时期的诗歌创作，未曾离开过对于现实的关注。

下面谈谈木斧诗集《点燃艾青的火把》。著名诗歌评论家和现代文学研究家孙玉石在为这个诗集所作的"序"中指出："这部诗选，除了《五月，迎接新中国的诞生》一首较长的篇章，系曾发表在1949年第3期《文艺与生活》杂志上，属于旧作修改压缩后的新版重收之外，其余诗篇，均为2007年至2011年这五年里的新作。1949年的时候，为迎接新中国歌唱的诗人，才十八岁，而这个集子里其他的作品，写作的时间，掐指算来，作者已经是到了八十岁高龄了。

一卷诗集新编，这可谓是一曲诗心不老的歌唱！"

诗集由"后花园藏诗""风起云涌话往事""风景这儿独好""畅游海南岛""奥运会的火炬"五个部分的诗歌组成。孙玉石在"序"中对于木斧这个集子做了比较全面的分析介绍。我十分赞同。孙玉石指出："木斧先生的诗，自始至终葆有的一个特色，是率真、朴实、热情、凝练，不雕琢、不伪饰，让真情的诗意流淌于不玩弄技巧和花样的自然传达中。读之有时会觉得多直抒胸臆，少曲折朦胧，但往往又会于平实淡然中，获得一种耐人品嚼的余香与回味。"他还举出《节日》《端午》《清明》《画像》《杯歌》《超然美》等诗具体分析，印证自己的看法，是很有说服力的。

孙玉石还指出："年已八旬的诗人木斧，对于生活、对于现实、对于社会巨大的变化和存在的痼疾，对于人的精神高度和深度，抱有极高的关注热忱和爱憎赤心。他诗心的搏动始终与人民命运紧密相连。"与时代同行，与人民命运紧密联系，确实是木斧这个时期诗歌的一个鲜明特点。进入21世纪以来，我们的国家确实是大事多、喜事多，难事也多，既有承办奥运会这样的百年盛举，也有神舟系列太空舱绕月飞行、登月车成功落月的重大科学创举；但也还有汶川、玉树地震等史上少见的巨大自然灾难的发生。这些都无一不落入木斧关注的目光。但是木斧在诗中并不空泛地发议论，抒感慨，而是把他的喜悦和忧伤都与具体的事件和人物联系起来描写，在对事件和人物的描写中升华到一种家国情怀的表现上去。因此，尽管是大题材，木斧也成功地避免了因"大"而容易带来的空泛。木斧的《从1到100》是对1911年推翻帝制到2011年这一百年来中国历史的发展变化的思考。木斧写的是辛亥革命。用这个题材写诗，应该说，难度不小，它以高度概括的语言和带有标志性意义的意象——辫子发端，以圆圈这具体的意象，把历史循环的诡异、人物沉浮的慨叹都表现出来，引人思索，心情久久不能平静。这就是木斧诗歌的魅力之所在。他从小处、具体的形象落笔，把他对于国家的发展进步的赞颂隐藏于事件、人物的背后，读来就有很多的余味。

今天读来，这首诗更富有现实的意义。木斧写辛亥革命之后的一百年中，中华民族所经历的各种各样的曲折、艰难，中华民族的先行者们"有的生离死别/有的抱憾终身/有的壮怀激烈/有的千锤百炼"，这是以高度凝练的语言概括了中华民族的先辈、先烈们投身于民族的振兴事业，而经历不同的命运、不同的结局，如果我们再去回味这段历史，沉思历史的因果，我们不禁为之唏嘘，为之叹息，为之感动，为之振奋！诗作最后一段具有很强的现实针对性："不分岸这边和岸那边/都在庆贺难得的一天"，海峡两岸山水相依，血脉相连，文脉相通，"青山一道同云雨，明月何曾是两乡"（王昌龄《送柴侍御》），海峡两岸的人都是中华民族的子孙，都是中国人。海峡两岸的中国人都在纪念推翻帝制的辛亥革命这一伟大的历史事件。两岸共庆这一举措是具有很强的现实针对性的政治活动，也给了如今岛上的"台独"分裂势力一个打击、一种警告！"台独"势力大搞所谓"去中国化"，海峡两岸的中国人是绝对不可能答应的！

这个集子中还收入作者的一批怀念老一辈无产阶级革命家的诗歌，似乎也可称为"革命诗"。这是木斧作为一个老革命战士对党和国家的一贯之忠诚和热爱的表现，也是作者在他年过八旬后对自己诗歌创作的反思和某种程度上的一种回归。作者是以诗为武器参加革命的，新中国成立后的国家发展的曲折前进，改革开放新时期的探索，他本人离休后创作的新变，晚年革命激情的复归，是木斧诗歌创作走过的漫长而又曲折的道路。

但是，说木斧诗歌创作的回归，并不是说木斧晚年的诗歌创作，尤其是政治历史题材的诗歌创作仅是对早期革命诗歌创作的简单的重复。这里所谓的回归，是指木斧诗歌题材的回归、激情的回归。在艺术上，木斧这个类型题材的创作集聚了自己和大批诗人几十年诗歌创作的经验和教训，十分注重政治历史内容和艺术形式的高度融合，取得了很高的艺术成就。比如，他的《足印》四首，就是对于老一辈无产阶级革命家朱德的怀念。他的《我对阳光说》分为四个部分，以诗的语言叙述自己对党对国家的强烈的热爱之情。第一部分写在黑暗的日子里，"日子过得发霉的时候/小屋里透入了一线阳光"，这个"小屋"是鲁迅笔下沉闷的"黑屋子"的近似的表达；"透过黑暗的重重阻扰/阳光在我心中热得发烫"，是对新中国诞生的热切希望。第二部分写对于新中国诞生的喜悦，"十月来了/金湛湛的日子来了/红喷喷的生活来了"，是对新中国诞生的欢呼，木斧就是这样以强烈的感情，含蓄的笔调来续写新中国诞生之前和诞生之时的期待、热望和欢欣。第三部分作者把国家民族和自己家族的命运联系在一起，通过家族和民族的遭遇来述说着自己的抉择："我的多灾多难的民族呵/我的受苦受难的祖先呵"，"山花在石缝中求生/劲草在铲除中竞存/我是这根上长出的幼芽/我在颠簸中迎来了五星红旗"，"我把我的民族和祖国编织在一起/我把我的民族希望交给了阳光"。第四部分写自己作为七十余年党龄的老党员，对于党不变的忠诚："我曾经振臂宣誓/面向斧头和镰刀/从此我没有离开过你/你时刻在我心中"，"我在漆黑的夜晚/能看见你闪亮的眼睛/我在遥远的天边/能听到你讲话的声音"，他由衷地喊出"我的歌——我爱你！"

这首诗以高度艺术化的语言，表达着一个七十余年党龄的老革命战士对于党和国家的歌颂，没有空泛的口号，也没有歇斯底里的呼喊，却以清新可感的形象寄予自己的这一番深情，是一首很纯洁的政治抒情诗。

这里说说《五月，迎接新中国的诞生》这首诗。木斧在收入《点燃艾青的火把》集子中的这首诗后加了"作者附志"："这首诗原题为《献给五月的歌》，即《五月的道路和我们的歌》。原载《文艺与生活》杂志1949年第3期，收入《黎明的呼唤》（四川人民出版社，1982年6月版）、《现代经典诗库》第10卷（北岳文艺出版社，1996年10月版）。此次收入杨志学主编的《新中国颂》，诗行作了较大的压缩，诗题改为《五月，迎接新中国的诞生》，成为一种新的版本。我喜欢这个版本，故在此收入卷中。"木斧在这里对这首诗的修改和收录状况做了说明，应该说是很负责任的。

这里做点补充，这首诗也收入木斧第一个诗歌选本《木斧诗选》，1986年1月由宁夏人民出版社出版。比较收入《木斧诗选》的《献给五月的歌》这两个版本，我们可以看出这两个版本除了情感内容保持一致之外，在形式上存在着巨大差异。首先是，《献给五月的歌》一共八个部分，三十四节，而《五月，迎接新中国的诞生》则只有四个部分，十一节，删去了二十三节，篇幅大幅缩减，恰好是原篇幅的三分之一！这不是如木斧自言那样的"较大的压缩"，简直是一种脱胎换骨般的新创呀！其次是情感的表达显得十分节制了。那种用反复的咏叹，回环往复的杂沓、排比以强化情感抒发的手法不见了，只保留了必要的呼唤语。三是原来的许多诗句没有了，词汇的使用更加生活化了。由此可以判断，这是一个全新的诗歌版本。

诗歌发表后，诗人再加改削，古已有之；现代诗人郭沫若也曾对他"五四"时代发表的《凤凰涅槃》做了大大的修改，成为一个全新的版本，这说明诗人对于某部作品的重视。木斧这首诗也是如此。但是，对于现当代文学史的研究者来说，我认为还是应该使用作品发表时的原始版本进行研究。这首以《献给五月的歌》为先声，新创作的《五月，迎接新中国的诞生》可以视为木斧晚年的创作作品来欣赏，二者之间有着情感的联系和诗歌创作的渊源，可以开展对比研究，但不宜视为同一版本，或者被读者视为简单修改版本，以免给现当代文学史的研究带来史料上的混乱。

孙玉石还具体研究了木斧这个时期所写的咏史诗、写景咏物诗、戏诗，这里就不一一介绍了。

这个集子中还附有木斧的《重读艾青的〈火把〉》一文。木斧自述他重读艾青作品的原因说："新诗，如果从1917年算起，也有九十二年了。至今还没有找到自身的统一体式，仍然处于探索的过程中。在新诗体式探索的过程中，不可避免地要接触到艾青的诗，艾青开创了一代诗风，使新诗走向了一条康庄大道，培养了一代又一代诗人。现在回过头来，重新阅读艾青的诗，艾青的诗究竟怎样？是不是太自由化了？是不是离开了诗的音韵？是不是散文化了？我是带着这些问题，花了三年多的时间，重读了艾青的全部诗作，读来读去，思如潮涌，要讲的话很多。"

"要讲的话很多"，当然是关于中国新诗发展的道路的话，读艾青全部作品读出来的话。木斧在这篇文章中讲了什么呢？他说：

> 诗，不同于其他文体，诗，应该有诗的特征，一定要有强烈的思想感情，一定要有丰富的想象，一定要有鲜明的韵味。诗韵，在艾青的诗中，是艾青思想感情的起伏所形成的气势，是情绪变化的依托，

是意象、想象、象征、联想所引起的节奏感和音乐感。艾青的诗不押韵，这是他多年来为了摆脱固有格式的束缚所形成的诗风，具有一种自然的无拘无束的韵味，使诗的意境和想象力得到充分的发挥。

艾青的诗，是有规律的，有节制的，音韵就在其中。

艾青的诗，既接受了中国传统诗词的影响，也接受了西方诗歌的熏陶，在诗的节奏和旋律上，在奔放和豪迈的力度上，在诗句的排列上，常常是复沓和排比并用，增加了诗的音响。

木斧还认为，艾青的《火把》是一首诗体小说，是新诗史上第一部诗体小说，或者说是一部具有雏形的诗体小说。木斧2008年观看奥运会开幕前遍及全世界的奥运圣火传递活动，受到艾青《火把》诗的激励，写作了一首长诗《点燃艾青的火把》，此诗完全可以与艾青的《火把》对读，从中可见到木斧对于艾青《火把》诗的借鉴、继承和发展。

木斧对于中国新诗发展的未来是乐观的、自信的。他说：

> 我说的新诗，包括自由体诗和新格律体诗在内，不是谁吃掉谁的问题，而是相互靠近的问题。当前二者正在逐步靠近，这就是希望，希望有一天，新格律体诗、自由体诗、民歌体诗等等最后的结合，找出了新诗自身的新的韵律，新诗体式便完成了自身的任务，到了这个时候，抒情诗、叙事诗甚至史诗般的诗体小说的空前繁荣，新诗的高潮也就来到了。

他呼吁："请不要把诗捆绑起来，让它自由地行进吧！"

在坚持诗歌创作的同时，木斧作为一位从事新诗创作七十余年的老诗人，自然十分关心新诗创作的方向和发展问题，为了探索和回答中国新诗创作的一系列重大问题，木斧以高龄之身，重新阅读了艾青的全部诗歌作品，并结合新诗发展的当下实践和未来路向问题，提出了自己独到的见解，对我国新诗的未来充满希望、充满信心，这是一个在新诗创作园地里耕耘了七十余年的老诗人对于新诗未来发展的期盼，值得充分尊重！

我们不能说木斧这些看法就一定能影响中国新诗的发展路向，但是，木斧这种努力，他提出的一系列见解，对于中国新诗坛无疑具有重要的启迪借鉴价值。

## 为二百位诗人画像

这里说的是木斧的书信诗。木斧的书信写作，起于1947年，从现在的材料看，止于2014年。出版过《书信集》（香港银河出版社，2000年6月再版）、《一百五十个诗人的画像》（香港新天地，2010年11月出版）、《给200位诗人的画像》（四川文艺出版社，2015年6月出版）。这三个集子出版时间不同，但内容具有承续性，后一个集子是承接前一个集子而成的。从这个不断增加的篇幅上看，木斧的书信体诗歌经历了一个由不自觉、偶然写作到自觉的创新追求的发展历程。

书信是友情的载体，木斧的书信诗更是友谊的凝聚和结晶。他在为《书信集》所写的"再版后记"中说："千禧年我的第一件喜事是刚刚出版的诗集《书信集》又要再版了。当傅天虹先生告诉我这一喜讯时，我心里吃了一惊，时间过得真快呀！诗的元素，在我看来，第一是感情，第二是形象。情是什么？不外爱情、亲情、友情，其中最大量的、最重要的、最珍贵的是友情。我能从20世纪走过来，走到21世纪，从一个童蒙走到了古稀，走成了个白发苍苍的老头儿还能写诗，靠的什么？靠的就是愈来愈激荡的海洋般的友情。走着走着，书信诗愈写愈多，自自然然便形成了《书信集》，事先没有框架，事后也没有料到再版，也就是说，我还得这样走下去，似乎是命中注定，不由我自主了。这样看来《书信集》的再版，不是由于我的诗好，而是由于我的钟情。绿原说：'不能不佩服你，不仅是你的创作热情，更是你对于时代、对于时代感的执着。当前，人们自得其乐于时空之外，他们怕是听不见、也听不懂你这些遥远的声音。保重！'曾卓说：'《书信集》的题句尤令我感动，给我以激励。'

高缨说：'您《书信集》中的诗都很真诚，是掏出心来说话的，大多诗意很浓，我很爱读。'纪鹏说：'或一段往事，或剪影，或书评，你写得较准确、生动、感人，是诗的对话，灵魂的交往。'李老乡说：'沉稳、老辣、处处闪耀着智慧的锋芒，每读每有收益。'……这些话，都是对我的鞭策和鼓舞。我现在仍然生活在友情的激流之中，这是推动我的诗情滚滚向前的源泉，不管世道如何，友情是不灭的，诗是不灭的。《书信集》的再版，是对友情的一次检验，我要向众多诗友们读者们深深地一鞠躬！"

木斧的第一本书信体诗集出版的时候，收入著名诗人王尔碑以"纪念册"为题所作的序言，王尔碑把木斧的书信诗视为一幅幅画作，一幅幅为诗人朋友画的像。她说："一封信——一首诗——一幅诗人的画像。而且画得各有神韵：高山有自己的风度，小草也有自己的风度，如见其人，如闻其声。在当今诗坛，出现这样的书信诗集，也许是第一次吧？

"一个朋友，一个世界。木斧有许多朋友，他的精神世界就很宽阔。珍惜友谊，行走在友谊的海上，他绝不是孤帆。也许，朋友，就是他生命的一半，就是另一个未完成的崇高的他自己？"

王尔碑这些话确实是很有见地的。她把木斧书信诗的价值、意义和书信诗在木斧生活中的地位说得非常清楚。读木斧这类诗，应该参考王尔碑的评判。

因为承载木斧这类诗作的三个集子《书信集》《为一百五十个诗人画像》《给200位诗人的画像》具有承续性特点，因此，我们这里的介绍和评述就以出版时间最为晚近的《给200位诗人的画像》为依据，想来也是合适的。

《给200位诗人的画像》中收入木斧自1947年2月22日发表在成都《光明晚报》副刊"笔端"上的《沉默——致炼虹》开始，至2015年1月9日发表在《晚霞报》上的《蜜蜂又飞回来了》止，共是写给二百位诗人的二百余首诗歌作品。这些作品的写作时间跨度近七十年。写于新中国成立前的三首赠人诗，除了致炼虹的那一首《沉默》外，就是发表于《新湖北日报·文艺副刊》1948年7月27日的《走——给王育民》和发表于《文艺与生活》1949年6月号的那首《海的祝福——给司马文森》，新中国成立后至"文化大革命"时期，因为众所周知的原因，这类诗不多，仅发表于《星星》诗刊1957年6期上的《给月琴手——给沙玛乌子》。前三首是对革命战友的激励、怀念与祝福，显示出强烈的战友情谊；后一首是对少数民族诗人的赞美。在这个时期，可以肯定地说，木斧并无萌发在书信体赠人诗歌的形式上做出一番探索的想法。

木斧有意识地较大规模写作赠人书信体诗，始于改革开放之后。他百分之九十五以上的书信诗全部写作于改革开放之后的新时代里，就是很有说服力的证据。

我读木斧的书信体诗，首先感到的是，诗中充溢着一种浓烈的感情——友情、兄弟情、乡情、战友情。很多人都说，木斧重情，木斧多友。重情，出于木斧待人的真诚宽厚，性情的纯洁善良。多友，说明木斧的人格人品为人所认可、所崇仰。王尔碑说"一个朋友，一个世界。木斧有许多朋友，他的精神世界就很宽阔"，确实如此。木斧多友，但多而不泛，多而不滥。他所交往的，都是诗坛、文坛德艺双馨的人物，他诗歌所赠，也是这些人物。正是在与这些朋友的交往中，互相砥砺中，相互之间的境界得以不断升华，友情也不断深化，这应该也是当今文坛上难得的佳话吧！

正是由于木斧重情，珍视友谊，他说过，正是朋友的友情让他从20世纪走到了21世纪，写诗写到了21世纪，还要继续走下去，这也是靠友情的支撑。书信是友情的载体，所以他非常喜欢读手写的书信。他有一首《读信》的诗：

展开信纸，各种音容笑貌

都凸现出来，有的

是你的姿态，有的

是你的神形，有的

是你的笑得合不上嘴的喜悦

也有你无比悲愤的写真

象形，像文，字字句句

点点滴滴，都在纸上雀跃

在木斧的感觉中，手写的书信，那是带着友人体温、心情、面容的鲜活的文字，那是友谊和情感的载体。读着这样的书信，你就能感受到友人就在你的身边与你说话、谈心、述说，你也会在友人的书信叙说中激起感情的呼应，激活你的情感，你的情绪，你的喜怒哀乐！因此，他拒绝读那些用电脑打印出来的文字。

> 如今再无法直面人生
> 那电脑打印出来的方块
> 麻木不仁地走到我的面前
> 我再也没有喜怒哀乐
> 读你，如嚼蜡一般

当然，这个话说得有点极端，有点过头，但是木斧是在以一种诗人极端的语言表达对人与人之间关系日渐淡薄的一种不满、一种忧虑，则是可以理解的。尤其是他对于友人来信的珍视，那份沉甸甸的情感，则是令人十分动容的。

在科技高度发达的今天，人们的联络和通信方式已经发生了巨变。快节奏的生活，使人们的联系方式必然依靠更加便捷的工具和载体。前些年有人开玩笑说，"现在是一个言而'无信'的时代"，指的是电话代替了书信，电话中有语言而无须信函，那是一种调侃。以网络的邮箱代替书信，恐怕也会成为一个趋势、一种必然。现在诸多大城市已经没有了邮局，这就是一个明显的信号。好在现在的物流发达起来，人们可以快件形式延续手写书信的交流方式，这也是对木斧这样有着手写书信偏好的人的一种安慰吧！

对于木斧书信体诗、赠人诗，或者称为诗人画像诗——写诗的是诗人，接受赠诗的也是诗人，或者说绝大部分是诗人，这是诗人与诗人交往的特殊方式，是一种绝美的交往方式。在赠诗中体现出了深深的、浓得化不开的友谊，闪耀着机智与智慧的火花。每首诗都是友情的见证和记录，每首诗都潜藏着诗友之间交往的故事，其内涵是极其深厚的。这些诗作，每一首都是友谊的纪念碑，都是现当代文学极其宝贵的研究资料。

对于书信诗的写作，木斧十分注重其艺术表达，或者说，木斧十分注重每一首诗的艺术形式的探索。正是因为这样，木斧这二百余首书信诗，每首面貌不同，也使他笔下的受赠人物都凸显出自己的特点、自己的风采，是"这一个"诗人。木斧善于抓住受赠人物的特征，几笔勾勒，就画出来人物的风貌。由于写的是这一个人物带有标志性的特征，这个人物就活了，就避免了千人一面的弊病。

木斧有一首《画像》诗：

　　随意从纸的一角
　　涂上几笔墨痕
　　那画像才是真实的我

我的理解，这就是说，画像要取其最具有代表性的特征，"涂上几笔墨痕"加以强化，才能显现人物的精气神，才能真正写活人物。画画如此，写书信诗也是如此。木斧的书信诗正是这样做的。

木斧还有一首《人物志》，是写给诗人刘建化的：

　　你写人物，用诗
　　诗是你手中的画笔

　　你吟的都是人物速写
　　无论是一肢还是一节
　　无论是轮廓还是侧影
　　都能烘出人物的整体

写诗就是写人物

写诗就是写人情


你写了众多的人物

始终没有写自己

爱写赠诗的刘建化

请接受我的书信诗


　　看来，木斧清楚地认识到刘建化的人物诗写作的特点，他们两人的赠人诗或称书信是有很多相通之处的。

　　木斧的书信诗以诗人为对象画像。木斧善于抓住所画诗人的特征和标志来作画。这个特征和标志，有的是诗人自己作品。如著名诗人牛汉有一首代表作是《华南虎》，木斧就以华南虎的形象来为牛汉画像："我知道那是一只斑斓的华南虎"，在他笔下，"华南虎"就是牛汉的代名词，写虎的性格威武不屈，"那是一只曾经无忧无虑在沟壑中嬉戏的虎/那是一只蜷卧在双重铁栏中闷闷不乐的虎/那是一只在白色恐怖下敢于狂啸的虎/那是一只被铰掉了趾爪的腿上凝着血的虎/那是一只在辽阔大地上叱咤风云的虎/那是一只拒绝同情和呵斥的虎"，这一连串的气势恢宏的排比句，那些关于虎的形象生动的比喻，以虎喻人，把那些特殊年代里的牛汉形象展现得淋漓尽致。

　　不仅如此，木斧对于新时代里牛汉的形象展示，仍然是以一连串气势连贯的排比句子，形成一股飞流直下的语言的瀑布，来刻画出牛汉新时代新时期的风采。


虎有膀大腰粗的身材

虎有生气勃勃的气势

虎有蔑视权贵的眼睛

虎有直来直去的行径

虎有石破天惊的呼啸

虎有驾驭不住的风姿

这是写虎吗？是的。但是木斧是以笔下的"华南虎"来比喻牛汉，他抓住了牛汉《华南虎》作品中的那个虎的形象，也化用了《华南虎》中的诗句，形成了木斧自己的诗歌意象，也就是抓住了牛汉的特征和标志。这样牛汉的形象就生动起来了。

木斧给现代文学史上的九叶派著名诗人王辛笛写的诗《手掌》，也是从王辛笛的代表作《手掌集》中攫取的题目写成的一首书信诗。"你的手掌/刻画着一个遥远的故事。""曾经是'白手'类的主人/烙上了满手的老茧/纤绳在那里勒出来条纹/铧犁在那里拉下来沟渠/锄把在那里种下了汗水/风雨在那里找到了归宿。"这里的"白手"就是出生于富裕家庭的代指。王辛笛出身于富裕之家，他是，上海一家银行的董事，为人豪爽，喜好结交，是当年文坛上著名的老大哥诗人，也是九叶派诗人中的中坚、骨干，在现代文学史尤其是诗歌史上占有独特的地位。

出身富家，偏喜诗歌，豪爽好客，这就成为王辛笛显著的特点，而他的诗歌集《手掌集》更是他的代表作。木斧在他的诗中写出了这些特点，给人留下鲜明印象。

木斧也善于攫取诗人交往中共同经历的一个场景、一个片段、一段渊源，在那个场景与片段的描写中来展示受赠人的特征和风采。比如写给宁夏诗人姚欣则的《月情》，是写两位宁夏固原诗人在远离故土的地方相聚，共同观看一轮弯月的场景。这个场景具有特定的意蕴指向，就是两位诗人共有的浓烈的故乡情怀。"今夜，我们相逢/共同遥望故乡/固原的月分外地亮"，"固原的月亮是你的/固原的月亮是我的"，应该指出，这里的"固原"，既是两位诗人的故乡，也与中华传统文化中怀乡恋土的标签"故园"谐音，千百年来中华民族游子的故乡梦，也就是故园梦。"故园"由此成为中华诗歌传统中乡思乡愁乡恋的标志。古人说"月是故乡明"，因此，木斧才感到今夜固原（故园）的月色分外地亮吧!

接下去,木斧写道:"外人怎么也感觉不出/这是一弯特殊的月亮",其特殊之处就在于"从里面泄出来的/是一缕皎洁的乡情"。月色皎洁乡思悠长,这里把月光和乡思联系起来,以通感的手法把无法把握的乡思寄托于月光之中,蓦然就赋予自然的月光月色人的感情,两位诗人并肩赏月的形象就凸显出来了。再如写给汪玉良的《说不完》:"一见面就有许多话要说/说不完说不完的话/用不完用不完的时间/分分秒秒都被话语填满了。""说不完说不完""用不完用不完"的句式,并不是无意义的重复,而是木斧有意的安排,是一种匠心独运的安排。这种重复不符合书面语言表达的规范,但是读来却并不觉得重复,而感觉到的则是一种状态、一种强调,突出了两人见面后那种各自急于表达的急迫之情,诗人如临其境,如闻其声。

接下来再写两人在一起时话语绵绵,疾驰的列车开过,喧嚣的闹市杂音,广播中播音员的声音,电视的画面,统统都被忽视,这就把他们交谈的热烈衬托得极其突出。再进一层写,"这城市众多的人都被忘怀了/世界上只有两个人在对话"。通过层层递进的方式,展现了第一次见面的两位诗人之间相见恨晚的情形,令人动容。

还有一类书信诗,常常以受赠人的职业为切入点,去展示与作者的关系,表达自己的感情。如写给《诗刊》编辑李小雨的那首诗《老师》。李小雨是木斧诗坛复出的老师,他在《诗刊》上第一次发表诗歌,责任编辑正是这位比他小许多岁的编辑李小雨。木斧一直视之为自己的老师,赠送给她的诗干脆就以《老师》为题,体现了木斧对她的尊重和感恩。还有写给著名演员厉慧森、黄德华、费三金、张子扬等也是如此,都写得十分精彩。

有时候,木斧还注意从受赠者的诗文之外的业绩入手,写他的贡献和他的风采。如赠给张贤亮的诗《古堡奇迹》,一开头就显得十分突兀地来了一句"中国的电影从这里起飞",再具体写"大幕从天空徐徐拉开/眼前是荒凉破败的黄土高原/这儿正在上演岁月的沧桑/这儿便是粗犷和神秘之源"。

我奶奶从月亮城里走出来了

牧马人五魁走出古堡边走边唱

唱出了天玄地黄唱红了亚洲

唱出了一个华夏西部影视城


我真佩服小说家的诗情画意

你把江南的浓墨重彩

通通抹上了黄土高原


　　20世纪八九十年代，张贤亮是中国文坛的一道亮丽的风景。他的《牧马人》《绿化树》《男人的一半是女人》等作品风靡文坛。以之为题材拍摄的电影《牧马人》影响深远，是中国当代文学中的奇观。木斧不写这些小说作品，而是抓住了电影《牧马人》中的人物形象，来表现当时作为宁夏文联主席的张贤亮的另一个方面的贡献，就是对于现代中国电影事业的贡献。过去常常听到一句话，说文人软弱，缺乏坚毅的品格、坚持的耐心、坚强的决心；又说书生造反，三年不成，都是说文人、书生缺乏行动能力，除了三寸毛锥，就百事无成了，就连文人自己也发出"百无一用是书生"的感叹。但是张贤亮却是一个异数，他以自己的深刻眼光和极强的行动力，提出来"出卖荒凉"的设想，又排除万难，建起了西部影城，成为文化产业的一个典范，也为中国电影事业的发展闯出了一条新路，值得佩服。木斧正是抓住了张贤亮这一许多文人所不具备的禀赋和成绩，为他画了一幅神采飞扬的画卷。

　　我比较注意木斧另外两类书信诗。一类是给台湾地区诗友的书信诗。台湾地区和大陆曾经长期分隔，两岸血脉相通、人缘相亲、文源相连，这种交流是十分必要、十分紧迫的，通过诗歌来传情达意具有重要意义。另一类是书信诗中的又一种类型，即是悼亡诗。木斧书信诗赠答的对象大都已年届高龄，有一些诗人和朋友已经先他而去。木斧是怀着十分沉痛和惋惜的心情为他们写诗的。他用诗来追叙友情、寄托思念，显示出木斧对于朋友的深情厚谊。但是读这类诗并不感到低沉、失落，木斧是把自己的思念之情寄托在看似平实的诗句中，这样既体现出木斧对于生命认识达观，也实际上体现了木斧对于诗歌艺术追求达到了极境。所谓绚烂极处是平淡，此之谓也！限于篇幅这里不能再展开了，有心的读者自可领略。

关于木斧这类诗作的历史渊源和文学传承，以及在新诗史上可能的地位问题，著名评论家、编辑朱先树曾指出："诗的本质是抒情的。书信诗所直接抒写的对象是诗人的至爱亲朋好友，诗人寄予的感情必然是最真挚动人的。文学史上许多诗人留下的千古绝唱，不少就是赠答唱和之作，也许就是这个原因。如王勃《送杜少府之任蜀州》、李白的《黄鹤楼送孟浩然之广陵》等等。"（朱先树《时间老去，真情永存》，《书信集》，第129页）

著名诗人柯愈勋则说："以诗代言，这当然不是木斧先生的发明。印象深的是：三十年代末期，诗人蒲风写下大量明信片诗。那些诗，在蒲风的诗选集《六月流火》（花城出版社，1983年8月版）中，可读到一部分。1938年，诗人蒲风出版了明信片诗集《真理的光泽》，含诗三十首。这是写给友人的明信片诗的合集。谈到书信诗体诗集，还应该提到的是更早一些的郭沫若的出色的爱情诗集《瓶》了。那当然也应该属于书信诗集之类。因为这本诗集，都是写给一女子的情书。真挚、炽烈、感人是那些诗的特征。"（柯愈勋《魅力》，见《书信集》133页）

两位先生都是大家，他们所言，都是很有道理的。其实，无论古今中外，以诗代信者多有，赠人诗也不在少数。但是以诗人群体为写作与受赠对象，并且具有如此巨大的规模，木斧绝对是第一人。因此，我们是否可以说，木斧以自己近七十年尤其是改革开放以来连续不断的耕耘探索，不断创新着书信体、赠人体、画像体诗歌的艺术表现形式，确实是无可争议的这类诗歌创作的集大成者。这无疑也是木斧对于中国新诗的一大卓越贡献！我们不能说是后无来者，但是就现在的成就而言，那也是中国新诗史上的独特、高峻挺拔的一座丰碑。

# 第十一章

# 粉墨春秋

（1991.6—2015.5）

## 学戏与演戏

木斧从小喜欢话剧和京剧，自己也喜欢演戏。王尔碑曾向牛汉讲过木斧少年时代的趣事。说他当时穿着倒了后跟的破布鞋，背着书包，在泥泞的小街小巷里奔跑，一边还哼着京剧的唱段。在西北中学读书期间，木斧就是地下党组织文艺演出中的积极分子，扮演过许多进步戏剧作品中的角色；他自述说："我是1948年2月在国统区白色恐怖下参加革命的，那时候的话剧运动和学生运动是紧密结合的。我参加革命前后，在地下党领导的剧社演过很多话剧，演过曹禺的《雷雨》（饰鲁贵）、《原野》（饰白傻子）以及陈白尘的独幕剧《冒牌秘书》（饰阿三）等等，建国初期排过歌剧《刘胡兰》（饰石三海），都是反派，所以离休后成为京剧丑角行当便顺理成章了。"（《我喜欢京剧丑角》，国际港澳出版社，2009年6月版，第118页）

"文化大革命"中木斧在绵阳的牛棚里受苦，因为他对于戏剧的喜爱，被造反派安排去唱样板戏，指导排练样板戏，也演出过样板戏。先是演正面人物，后来军宣队代表认为一个有问题的人不能演正面人物，所以让他仍然演反面人物。他一直认为是这个爱好、专长救了他的命，也救了他一家，因此，木斧对于京剧确实是心存感激的。由此可以说，演戏，实际上是木斧从小就有的愿望，也是他平生的心愿，是他的"初心"，京剧对于他又有"救命之恩"，所以木斧离休之后，理所当然选择演京剧作为他精神的寄托和事业的追求。

自然木斧的性格也是适合演丑角的。他的幽默风趣曾送给了不少观众欢快的笑声，而他却能一本正经地在笑声中从容自若地演下去。为此，牛汉感叹地说："如果他自小入了京剧界，说不定早已成为一个有成就的演员了。"对于这一点，木斧确实也是十分自负的。他曾经十分自豪地说过，他在文艺方面的成就，首先应该是戏剧，其次才是诗、小说。他讲过，20世纪80年代，著名美学家王朝闻绵阳之行，为绵阳市川剧团演出说戏。因为王朝闻只能说戏不能唱戏，他只能从美学理论上来分析，认定某一句子应该怎样唱才好，但自己不能表演。当他说到裴盛戏唱"包龙图打坐在那开封府"，说那个"府"字是"喷"出来的。台下的听众一定要追问是怎样"喷"出来的，这就把王朝闻给难住了。千钧一发之际，木斧只得挺身而出，准确地把那一句唱腔给"喷"出来了，一下子赢得了满堂彩，他的表演也受到了王朝闻的高度肯定。这个本事也是来源于木斧长期的积累。

木斧爱好京剧，唱京戏一直未曾真正停止过。1988年，复旦大学唐金海来川，带来了贾植芳的问候。为了感谢贾植芳，木斧精心地录了一盘他自己唱的京剧唱段，作为礼物回赠贾植芳。他知道，贾植芳对他的京剧十分欣赏。

喜欢京剧是木斧长期持续不衰的兴趣和爱好，也正说明木斧离休后投身京剧事业，还是有着深厚渊源和基础的，并非一时心血来潮的选择！

正是有这样的经历，这样的兴趣爱好和自信，木斧在1991年6月办完了离休手续，就兴冲冲地赶到了四川省老干部活动中心京剧队报名当一名京剧演员。那时，老干部活动中心的京剧队里，他一个人也不认识，一个朋友也没有。他是隐姓埋名参加京剧队，人家只知道他的离休证上的名字"杨莆"，没人知道这个杨莆就是著名的诗人木斧啊！

1992年3月13日，木斧第一次出现在京剧队的活动室里。环视周围，全是陌生面孔，只有一位穿戴整洁的老人正全神贯注乐滋滋地拉着京胡。木斧觉得好像在哪里见过这位优雅的老人，似乎是中共西南局宣传部老部长任白戈的夫人华逸女士，就走过去试探地问："你是华逸同志吗？"那位同志抬起头来一看，乐了，"怎么，是你？你会唱京戏？"木斧说不会，华逸说："不会就学嘛！"就这样结交了一位很有名的戏友——华逸。华逸也是一位离休老干部，八十多岁了，擅长拉京胡，而且还能唱许多京戏老生戏。只是年龄大了，声音放不开，一般是小声地哼唱，但是偶然放开嗓子，却也技惊全场。有一次，华逸推不过众戏友的要求，唱了一段《让徐州》，那字正腔圆的言派唱腔，唱得有板有眼，使木斧大为佩服。

参加了老干部京剧队，木斧在这里认识了很多戏友。老干部京剧队集聚了来自党、政、军、教、群各个方面的离退休干部。在这里，导演是筱樊春楼，是20世纪30年代上海京戏大师樊春楼的弟子，当时七十三岁了，是一位著名的京剧武生。他对木斧的演唱进行了有效的指导。在这里，木斧认识了他的第一位老师、唱青衣的马遵路，还有奚派老生、打小锣的唐修泰，专唱麒派的崔联治，唱谭派的毕可权，唱马派的张光淦，唱高派的王复加，还有京剧演员出生的张雅民，专业演员牛德增等，真正是人才济济呀！他们相互学习，相互启迪，相处十分和谐。

木斧对于各地老干部的京剧演出活动也很关注。1992年8月16日下午，木斧来到都江堰市政协的晚霞京剧队采访。木斧在都江堰市有许多朋友，而这个京剧演出队又名气很大，不仅在本地，就是在成都，在外地，也很响亮。据说，还有来自全国各地的京剧爱好者参加坐唱呢。木斧闻名已久，遂托便对这个演出队加以采访。当时是都江堰市政协原副主席、演出队队长刘绰然和副队长刘峒江接待了他。木斧没有听他们的情况介绍，而是坐下来实实在在地听戏，看他们的演出。

这时，正在唱《贺后骂殿》，唱贺后的是汉口来的客人、武汉3506厂的退休职工熊芳欣，她的嗓音高亢、明亮，木斧还担心唱赵匡义的当地七十岁老人跟不上呢，结果是唱上去了，字正腔圆，京味十足，不带地方口音，而且这个演出队的伴奏也很精彩。由伴奏而及乐队构成，令木斧感到惊讶！唱腔好，伴奏精彩。听着听着，木斧不由得注意起乐队来了。木斧觉得，这乐队之庞大和整齐，大大超过了专业京剧舞台上演的水平，京胡、二胡、琵琶、月琴、三弦、梆子，应有尽有，特别是京胡琴师杨绩容和王召明分别操琴，和唱腔配合得严丝合缝，有些过门拉得棒极了。司鼓唐仁荣简直是个优秀的乐队指挥，他是全神贯注，一丝不苟，汗流浃背，有板有眼地指挥，使整个坐唱融合于和谐之中。

唱完《贺后骂殿》全场之后，又有许多人自动报名，清唱了《群英会》《荒山泪》《秦琼卖马》中的一些片段，生、旦、净、末、丑一一登场亮相。生角中的谭派、马派、麒派，旦角中的梅派、程派、张派都不乏有人清唱，真是人才济济。接着一场《徐策跑城》，唱腔道白都是麒派，好像周信芳又复活了。木斧感到，是大开了"听"界。

最后，负责人戏问木斧："你也来一段吧，你要唱什么戏，都可以找到角色和你配戏！"好大的气派！木斧便想给他出个难题，说我要唱那个角色众多、京白特多、唱腔最难，也是票友中的生僻戏《法门寺》。他们连一个嗯吞也不打，立即分派角色开场，把木斧这个"贾桂"的扮演者也逼上场了。

从2点唱到6点整，大家尽兴而归。

最后木斧提出了一个问题："你们哪来那么大的兴趣？唱得真好！"他们答道："老有所乐嘛，兴趣自然越来越大了！"

这次采访，木斧的收获不仅仅是过了一把戏瘾，更重要的是他看到了京剧在民间的广泛社会基础，也看到了京剧在民间存在着广大的人才基础。所谓高手在民间啊！真是如此！他对于戏剧这门我国的传统艺术、国粹的未来，充满着信心。这种认识，在他1999年8月写的《中国的传统文化，中国人不要了么？》一文中有很系统的表达。

木斧有较为扎实的戏剧演出基础，又肯下功夫，演技突飞猛进。不到一年的工夫，就登台演出了。木斧清楚地记得："我学习不到一年，1992年12月

18日便粉墨登场了。我演出的第一场戏是《卖马》，由离休干部唐修泰和我分别扮演秦琼和店小二，京胡伴奏是离休老干部华逸和李超。"（《听华逸唱京戏》，《木斧短文选》，四川文艺出版社，2002年6月版，第207—208页）演出非常成功。从此，木斧就成为京剧队的专攻丑角的台柱子了。

过了一年，1993年12月，木斧参加了四川省老干部纪念毛泽东同志一百周年诞辰卡拉OK大赛，他以现代京剧《红灯记》中的唱段《浑身是胆雄赳赳》的演唱，一举夺得第二名，可谓是一举成名了。这次参赛后，他随即获得邀请参加老干部纪念毛泽东同志一百周年诞辰文艺演出，他自己也认为是"实现了我在花甲之后的演员梦"。当即接受了《晚霞》杂志社记者刘永淑的约稿，写一首诗，第二天交给她。本来木斧一天跑演出点来回三次，很累了，但是他因为演出的成功、获奖而兴奋，一点也不觉得累，就一口答应了记者的要求。晚上回去已经很晚了，但想到已经答应了人家的约稿，不能爽约呀！于是铺开纸笔，挥笔写下了一首诗：


临行喝妈一碗酒

喝罢，我便登程

妈妈抚摸我的手

至今留着温馨

我带着儿时难圆的梦

走上了新的坎坷的路

在月黑中走，累了

在寒露中走，老了

翻过了六十花甲

前面的路宽敞了

我唱起了临行喝妈一碗酒

唱得天地都受了感动

我唱回了我的青春

唱一会，走一程

一步一个阶梯

一步一个脚印

最后我看到了山峰的彩霞

圆圆的，圆了

我这辈子难圆的

圆圆的梦

　　诗写好了，仍然激动，就喝酒，抽烟，喝到嘴里发苦，抽到实在抽不下去了时，睡意突然袭来，连被子也没有盖，倒下去就睡着了。但是醒来时发现，感冒了！哮喘发作了！四肢无力，浑身酥软，咽喉嘶哑了！真是有点欢喜的尽头是悲哀呀！

　　但是木斧并不准备放弃这次由四川电视台直播的演出活动。12月4日下午2点，木斧准时来到了四川电视台演播室，举目一望，台下观众秩序井然，原省委书记许梦侠、杨万选、鲁大东以及天宝、张力行、李培根都来了，省政协主席聂荣贵等也来了。

　　演出开始，一号选手刘宝全上场，木斧赶快去休息室试音。一张口，才发现坏了！嗓音继续恶化！几乎发不出声音来了。强挣几下，也只是发出几声嘶哑的怪音，改用小嗓，也只能发出蚊蝇般的声音，谁也听不见。

　　怎么办？木斧急呀！但仍然是什么办法也没有！他想解释，大家劝他不要说话，安慰说，你是19号选手，还早呢！休息一下没准就好了。直到12号选手上场，木斧觉得实在不能再上台了，就提出弃权的请求，但是主办方说没办法了，出场次序已定，弃权也无人可以顶替。然后就采取紧急措施，医生往他咽喉里滴青霉素药水，试图缓解症状，到了该上场的时候，木斧也觉得有些缓解了，就硬着头皮慨然登台了。

　　面对满场观众，木斧希望出现奇迹，一开口就唱出响亮的歌声，然而事与愿违，他自己也听见他的声音是嘶哑的，变调的。多次看过木斧演出的评委们一下子惊呆了：这是怎么回事？观众们也莫名其妙，但是会场仍然保持安静，没人喝倒彩，没人乱走动，大家只是静静听着台上人声音嘶哑地唱着。木斧当然也十分镇定地进行着演出的一招一式，集中全部精力去传达这个唱段的全部精神，一切个人病症完全弃之脑后了！

木斧唱完了，他知道这次是有点搞砸了，但是观众席上仍然爆发出一阵热烈的掌声。这时，木斧真不知该怎样应对了。正准备下场，主持这场演出的报幕员黎坚迎着木斧走上台来，请他留步，她对着观众热情地说："这位选手病了，感冒了，他生病也要坚持参加这场演出，让我们为他这种精神表示感谢吧！"台下又响起一阵热烈的掌声！

观众是为他的执着坚持所感动，还是为他的真诚态度所感染？可能都有，但是木斧自己却认为，自己这次演出肯定是不成功的。他觉得很对不起观众，他用嘶哑的嗓音连说几个"对不起！对不起！"就噙着热泪下场了！

出乎意料，节目主持人宣布，木斧获得总分9.62分，赢得了第二名，并且当场为他颁了奖！想想这也不完全出乎意料，木斧是在进入决赛获得第二名的前提下才嗓音变哑的，这次演出算总分，按照总分他获奖也是理所当然，因此木斧也是问心无愧。

演出结束木斧回到家里，饭后看电视，他看到当天演出的场面时，忽然觉得嗓子又恢复了，清爽了。身子也轻快多了；试试嗓音，也响亮了！真是真主作弄人啊！

这场遭遇使木斧心中总是有些郁闷。回顾几天的经历，他觉得又高兴又苦涩！有一种向人倾诉的急迫冲动。向谁倾诉？他抓过纸笔，一开头就写上：

"大明兄：我好高兴，我好悲哀。高兴和悲哀上升到了极点是什么滋味？你尝过吗？没有尝过。我刚刚尝到了，是苦和甜的综合味，就像中国人喝欧洲人的高级咖啡茶一样，是一种熬焦了的烧煳了的味道，是一种高档的难受的享受！"（《好梦难圆》，《木斧短文选》，四川文艺出版社，2002年6月版，第231页）

木斧演京剧，还有一个巧遇，就是找到了少年时代邻居的后代。1994年6

月14日下午，成都建工俱乐部正在演出传统京剧大戏《宋士杰》，木斧一赶三在戏里扮演三个角色：刘二混、站堂人、刘题。在站堂人下场后，因来不及改装误了场，刘题的那场戏被临时取消了。只剩下最后一场戏——《刘题罢官》了。他心里不痛快，坐在后台生闷气。忽然有一个女声问："你是木斧先生吗？"木斧身着戏装，未戴眼镜，看不清来者。他问："请问你是……？"

回答说："我姓李，叫李文华。"与著名相声演员李文华同名，标准的北京口音。木斧知道，相声演员李文华是位男士，不是女性。

只听那位女士说："你不认识我。你不是认识马静娴老太太吗？你还记得马老太太有个孙子叫坨坨吗？"奇迹出现了，马家后人有消息了。只听李文华说："我就是坨坨——大坨坨的弟弟的爱人。"

真是一个惊喜！多少年了，木斧总是打听儿时熟悉的马老太太一家人的情况，但总没有个确实的消息。从李文华口中，木斧知道了马老太太一家人后来的情况：大坨坨并不在一个县的川剧团里打鼓，而是一个著名的京剧鼓师，在攀枝花市京剧团工作，还是成都京剧团正式毕业的鼓师呢！而李文华和二坨坨——马浩以前在新疆工作，前几年才调回成都来。

这时木斧要上戏了，来不及多说。戏结束后，才向人打听刚才那位女士的情况。得知李文华是成都大名鼎鼎的京剧票界头牌名角，木斧感叹："真是有眼不识泰山啊！"以后不久，木斧在成都市老干部京剧团演出的《秦香莲》的现场，专门拜访了李文华，才算是见识了她的"泰山"真面目。后来木斧专门写了《有眼不识泰山》一文，来记叙这次巧遇，也算是对他1993年1月写的《生活在小说的素材中》对马老太太一家命运的补充，对大坨坨在一个县川剧团当鼓师的误记的纠正吧！

木斧还积极参加送戏下基层、下居民院子的活动。1995年9月15日下午，省老干部京剧队来到成都市成华街居委会的居民大院演出京戏。木斧参加了这场活动。在居委会演出条件当然也差得多了。在草坪上搭个塑料棚子，草地上铺上塑料地毯，就是舞台了。没有化装室，就在居委会办公室化好装，然后走到草地上演出。

木斧在这次演出中扮演折子戏《大登殿》中的江海，同扮演马达的马天禄都挤不进化装室，只得在草坪边上化装，引得观众热情地围观。这样的演出，观众其实是很欢迎的。锣鼓响起，随着《捉放曹》《望江亭》《女起解》《徐策跑城》一出一出折子戏的演出，观众掌声不断，笑声不断，气氛十分热烈。木斧才感受到了中国传统戏剧在基层深厚的群众基础。

木斧获奖了，木斧的京剧演出成功了！电视台播了，报纸上登了，一些刊物上还登了木斧的戏装照片，消息传出去了，想保密也保不住了。实际上，木斧自己也觉得没有必要保密了。老朋友们也表示祝贺。许多著名的诗人也纷纷写诗表示赞赏。美学家王朝闻称他为"诗人和戏剧家"，诗人刘岚山称他为"诗人、小说家、京剧演员"，屠岸则认为木斧是"诗人，表演艺术家"，圣野则赞他："诗迷画迷兼戏迷，一身三迷天下奇。"木斧自己呢，对此不否认，也不承认，但其实，他在心里也是认可的。

但是，一些老朋友对此很不理解，认为他作为一位著名的诗人，放下诗歌去演戏，太可惜了！有的说，这么大年龄了还学什么戏嘛，修得庙来，鬼都老了！有的说一个诗人不写诗，去唱戏，可惜了，浪费了！

木斧理解朋友们对他的关心和爱护，但他并未动摇学戏的决心。好在家人都理解他，支持他，几十年了，家人都知道木斧决定要做的事情，是很难改过来的。最好的办法就是依着他，顺其自然。木斧对于支持他演戏的张大明十分感谢，更是视为知音、知己，但他也向张大明进一步解释他离休后参加京剧演出的原因：

"我迷恋京戏，当然与兴趣有关，但更重要的是我的身体。我从来不喜欢运动，对单纯的散步、打太极拳、做健身操等，都不感兴趣，而且我固执地认为那是浪费时间。一旦我的兴趣和运动挂上了钩，我便自觉地参加锻炼了。演唱京戏使我摆脱了长期的伏案工作，丢开了笔杆子，离开了书桌，我浑身都轻快了。唱京戏，本身就是一种气功，偌大年纪，说话嗓门还那么响亮、清脆，不正是唱京戏练出来的吗？演京戏，由于思想与精力的高度集中，一场戏演下来，已是汗水长淌，好像做了一场气功。我这几年不仅身体好多了，记忆力也增强了。京戏丑角唱腔不多，道白很多，而且多是零碎语言，难背，但必须背熟背烂，临场发挥才能脱口而出，这就是说，每天我都要在我的记忆的仓库中储存一些资料，而不仅仅是输出，所以我的记忆力尚未减退，还有所增强。我的养生之道可以归纳为一个公式：兴趣＋运动=京戏表演。"

木斧感到，京剧演出，不仅是一种爱好和兴趣，对于身体的健康也是大有好处的，在他看来，演戏是一种锻炼。摆脱长期伏案工作，木斧感到浑身松快，而一场戏演下来，浑身汗水长滴，更是一种高强度的运动了。不仅锻炼了身体，因为要背台词，也锻炼了记忆，提高了记忆能力。实际上记忆能力的保持对于老年人尤其是长期从事脑力劳动的老年人而言，意义更加重大。至少可以预防老年痴呆呀！这对于提高老年人晚年的生活质量，减轻家人的负担，意义十分巨大；对于继承传统文化，服务社会，也有着不可小觑的意义。

作为老干部京剧队的台柱子，木斧参加演出十分卖力。有时甚至于在一场戏中扮演三个角色。那个阶段，木斧也对于自己的演出，对于自己扮演的角色充满自信，但也时常向老一辈专业演员、大师们请教。萧鸣锵在记叙木斧拜著名京剧演员、重庆的厉慧森为师的文章《木斧山城拜师记》中说："这两位老人的相识相交源于一出戏。1995年，木斧在大幕京戏《宋士杰》中扮演刘二混，自认功夫到家，表演不错。殊不知演出后，一戏迷热情地向他建议：'你看过重庆厉慧森的角色吗？他演刘二混演得可绝了。他是西南名丑，文武双全，功底深厚，你演丑角，可要向他学习。'"

一席话提醒了木斧，艺海无涯，艺无止境，强中更有强中手。他尤其知道，厉慧森（1927—2017）是著名的京剧表演艺术家，重庆市京剧团国家一级演员。满族，祖籍北京，生于上海。是原厉家班班主、著名琴师厉彦芝和韩凤英之子。1936年厉彦芝先生开办厉家童伶班，被称为"厉家班"。厉慧森与大哥厉慧斌、二哥厉慧良、大妹厉慧敏、小妹厉慧兰被合称"厉家五虎"，新中国成立前长期在长江沿线城市演出，颇有影响力。新中国成立后厉家班就住在重庆了，成为这个城市里京剧演出水平最高的京剧团体。

他下决心要向厉慧森学戏，于是他托人联系上了厉慧森。先是通过电话、写信等方式交流、学戏，教的认真，学的努力，木斧从中得益不少。一次，厉慧森得知木斧将参加《法门寺》演出，扮演剧中的贾桂一角，便及时写信为他增添了一段道白，木斧照演后，引得全堂哄然大笑，效果极佳。

1998年的一天，比厉慧森小四岁的木斧来到重庆，他要亲自上门拜师。那天，厉慧森早早地起身，就在家中等待木斧的到来，两人一见面就紧紧拥抱在一起了。两年的电话、书信教学，神交已久，但是只闻其声，不见其人，无论如何也是一种遗憾。这次见面，两人自然很是激动不已。厉慧森说："我乃是个小花脸，你还是一位奶油小生。"木斧抱拳拱手相拜，说："老师过奖。你还老当益壮。"木斧明确要求拜师学艺，厉慧森推辞不过，只好说："你拜我为师，我也拜你为师。我教你唱戏，你教我作诗。来一个互教互学。"他还念了一首定场诗："一个从舞台走进书斋，一个从书斋走上舞台，正是，两个小花脸，一对书生呆！"说着，厉慧森就拉着木斧进了他的"慧森画廊"，在这儿开始了面对面的教学。

厉慧森让木斧先来一段演唱，并不断指点，这儿的念白念短了，那儿做戏还要认真点，他说："学丑最难，道白、唱腔都要好，而且生旦净末丑的唱腔都得练。不仅如此，还要学会各地的方言。"他用山西、山东、苏州、凤阳等地方方言各演出一段，让木斧大开眼界，大为佩服。他赞叹说："真是硬功夫啊！"接着，厉慧森像舞台过戏一般，边唱边舞起来，那道白、唱腔、谈言吐语，均独具神韵，与人物性格高度吻合。木斧看傻了眼，他十分佩服地说："老师浑身上下都是戏，那兰花指、那走台的步伐，使我受益不浅，过去我演丑角全靠自己摸索，今天才真正学了几手！"

厉慧森还给木斧示范性地念了《法门寺》里贾桂念状纸的一段。那几百字的状纸，他一口气由快转慢，又由慢转快地念了下来，最后一个高八度的翻高，他说这是一种很高的功夫，要木斧好好练习。

就这样，木斧在厉慧森老人家学了两天戏。两天中，木斧将多年来表演中的一些疑问一一提出，厉慧森则是知无不言，一一解答，他们结合木斧演唱的剧目中的丑角人物来仔细剖析，研究了《蒋干盗书》中的蒋干、《审头刺汤》

中的汤勤、《钓金龟》中的张义以及《凤还巢》中的朱千岁等人物。厉慧森反复听了木斧的演唱后，认为木斧"扮相好，嗓子冲，悟性强，极富扮演丑角的天赋"。临别之际，厉慧森还亲自操琴，要木斧再练一段《审头刺汤》。木斧演唱后，厉慧森十分高兴地说："真有点萧（长华）老的味道！"这几天的教学，老师古道热肠，倾囊相授；学生谦虚好学，悟性极高，师生都感到十分满意，又难舍难分。而木斧则更感到收获极其巨大。是啊，如此高密度、高水平的教学方式，对于木斧而言，是豁然开朗了，厉慧森引领他进入了一个更加高深的艺术天地，木斧真正领悟到了京剧丑角表演的三昧。自此以后，木斧但凡是来到山城，总是要到厉慧森府上拜候求教，学上几招。

关于厉慧森，这里需要补充一下。厉慧森终身从事京剧表演艺术。2004年前往香港献艺，反映热烈。进入暮年后厉慧森依然孜孜不倦做着京剧传承的工作。他静心埋头写下了三十多万字的手稿《厉家班史》和《忆二哥慧良》。2017年6月30日，厉慧森因病医治无效不幸逝世，享年九十岁。得知厉慧森不幸去世，木斧这位弟子深感悲痛，他永远怀念这位诲人不倦、乐于传承的老师！

2006年4月，七十六岁的木斧自费乘飞机来到北京。这是他策划已久的行动——拜师学戏，唱戏万里行。一下飞机，第一件事情就是去拜访年届七十七岁的京剧名丑冯玉增。冯玉增20世纪40年代陪同名伶董玉玲来成都演戏，因为冯玉增是回民，就吃住在木斧家中，两人情同手足。但是当时木斧忙于参加学生运动，实在是没有时间向冯玉增学戏。1956年木斧在北京住了几个月，学会了几句马派唱腔，冯玉增就带木斧去见马连良。马连良也是回民，两人见面特别亲热。马连良是我国著名的京剧艺术家，老生行当的代表性人物之一，"马派"艺术创始人，京剧"四大须生"之首，民国时期京剧三大家之一，扶风社的招牌人物。代表剧目有《借东风》《甘露寺》《清风亭》《四进士》《失空斩》等。

那次拜见马连良，马连良也很愿意教木斧唱京剧，但是木斧却因为要返回成都，失去了成为马连良"亲传弟子"的机会。这一点木斧至今还感到有些遗憾。

这次木斧进京拜师学艺，到了冯玉增家里，虽然木斧曾经给他寄过自己的戏装照片，冯玉增还是吃了一惊。尤其是听说木斧要学的是丑角的表演艺术，更是感到惊讶。就提醒他，"学丑最难，不但要道白好，唱腔也要好，生旦净末丑的唱腔都要练，没有天赋是不行的"。

但是木斧还是坚持要学。过了几天，冯玉增打电话给木斧，说要给他过戏，什么戏由木斧自己定。木斧就提出过《钓金龟》。因为那出戏里演康氏的老旦也一同来了，就想让冯玉增把老旦和丑角的教学全给包了。对这个要求冯玉增也一口应允了。

那天冯玉增还请来了他的学生、北京京剧院梅兰芳剧团的国家一级演员黄德华来协助教学。戏过得非常认真，木斧一开口唱"啊哈——"出场，冯玉增就叫停，说："念白短了，重来，第二声要尽量拖长！"木斧放开了嗓子，又脆又尖地把第二声翻上去了。黄德华一听就说："堂音不错，是个演丑角的料！"冯玉增也十分欢愉地继续给他过戏，最后说："大的地方都过得去，有些细节还需要继续琢磨。"冯玉增在过戏时还给木斧扮演的张义加了一大段唱腔。这唱腔并不是新加的，是原老本子就有的，后来被删去了，就造成了丑角不会唱或者唱不好这段的误会。黄德华还说，只要在北京，过什么戏都可以找他。今后回到成都，要什么本子尽管开口。演什么戏码，他也可以尽心指点。黄德华果然说到做到，1998年9月黄德华随梅兰芳京剧团到成都演出，只有短短四天时间，他与木斧相约30号去木斧家中指导。当天他在十分繁忙的情况下，挤出时间，辗转几次"打的"到木斧家中，看木斧京剧演出的录像，指出了演出中的纰漏，还亲自给木斧示范，使木斧受益不浅。最后他连晚饭也没有吃就又赶回去参加演出，把木斧感动得不知说什么好。

得到北京名丑冯玉增、黄德华两位老师的认可，木斧别提有多高兴了。

木斧听说《钓金龟》一剧本是从昆曲移植过来的，就起意要搞清这个戏的渊源。进京之前就约会了北方昆剧团的青年演员张卫东。张卫东是一位很有才华的演员，他不仅唱昆曲，还会唱京剧。不仅唱老生，也善于唱丑角。他十分热情地又为两位来自四川的老演员过了一次戏《钓金龟》，还用京胡为木斧的唱腔吊了一次嗓子。

　　木斧十分真诚地又要拜张卫东为师。介绍人刘士杰不解地说："他才二十九岁，你怎么能拜他为师呢？"木斧说："我的戏龄才六岁，为什么不可以拜这位科班出身的专业演员为师呢？"在木斧看来，能者为师，是天经地义的事情。

　　木斧这次在北京一待就是一个月，这个月里，木斧一口气拜了三位老师。而且他的这三位老师是老中青俱全，他认为这是他的荣幸。

　　这一个月里，木斧还到老舍茶馆、东城区文化馆和西城区文化馆等许多北京戏迷聚集唱戏的地方，听他们唱戏，接受北京京剧氛围的熏陶。在老舍茶馆里，木斧听得高兴了，耐不住地向主持人鞠了一躬，提出要求："让我也来上一段如何？"这个突兀举动把主持人搞懵了，但是还是同意了。于是木斧就在这里清唱了一段，得到了热烈的掌声。主持人高兴地发给他一张"戏迷乐卡片"，作为纪念。这在木斧看来，是北京戏迷接受他的证明，他把这张卡片视为北京京剧戏迷毕业证，收藏至今。

　　北京的朋友们告诉木斧，在北京学了戏，还要到天津去接受检验。北京戏迷客气，给你鼓鼓掌就行了，而天津戏迷虽然对人热情，但是对你的本事要求却很严格，很爱挑眼儿。如果唱得不好，很可能把你轰下台来的。

　　木斧是个很执着的人，他对自己的演出水平也是很有信心的。于是木斧匆匆赶到天津，在佟楼公园报名演唱了一段《淮河营》，本以为唱一段摇板一段流水就可以告退的，谁知主持人不让他下台，要他接着唱。不由分说，锣鼓响起，胡琴拉起，一段一段地，直到把这出戏的唱腔全部唱完才结束。主持人跷起拇指为他叫好，戏迷们自然也是掌声雷动。就这样木斧以高超的演唱水平通过了苛刻的天津戏迷的检验，木斧自己觉得，他完全扫去了过去的一些暮气，演出的信心大大增强了。他已经是一位被北京、天津票友认可从而也就具有全国知名度的名票了！

　　木斧几次拜师学艺，既使他的丑角演技发生了质的飞跃，也表现出了他对于京剧艺术的执着追求。他是把京剧的丑角艺术作为一件事业来对待的，如同他执着地追求诗歌艺术一般，他追求完美，精益求精，不达目的誓不罢休，不断攀登着京剧丑角表演艺术的一个又一个新的艺术高峰。

木斧的京剧演出活动一直持续到2015年5月，他的演出活动一直持续了二十四个春秋。这时，木斧已经是八十四岁高龄了。他感到继续在舞台上演出，有些力不从心了。其实，演出单位也是很不放心的，高龄老人演出，生怕有个三长两短的，演出单位要负责任的呀。既然如此，那就早日离开舞台吧。但是一位功成名就的名票，一个已经具有高超京剧丑角演出技能，名满天下的老京剧艺术家离开舞台，还需要给观众一个交代——那就是要有一场告别演出，给观众和戏友们一个交代。于是，筹备告别演出就提上了木斧的议事日程。

　　肖开秀有一篇记录木斧告别演出的文章《记木斧老师告别演出》，文中具体披露了木斧告别演出的一些具体情况："记得在2015年3月，木斧召集老'蜜蜂社'聚会的时候，说起了他受邀将在5月做告别演出。4月8日的聚会因为中国散文学会和四川散文学会要在当日揭牌而没有参加。具体在哪天我也不知道。

　　"2015年4月26日，接到木斧老师电话，告诉我他的演出时间定在5月2日下午2点，地点在成都市劳动人民文化宫，怎么乘车，怎么走都仔细地给我讲得清清楚楚。"

　　演出于2点正式开始。几出清唱和着装演出以后，终于等到报幕员报了木斧将要出场演出的《审头刺汤》剧目。

　　肖开秀因为认识木斧老师不到两年，算是第一次也是最后一次看木斧老师的着装演出。看到木斧老师与搭档争抢宝剑时摔了一跤，真是佩服木斧老师能够演得如此逼真啊！

　　"可是到了演出结束，才听见木斧的搭档说：木斧老师摔那一跤子，把她吓出一身冷汗，我们这才后怕起来，好在木斧老师安然无恙——这应该归功于木斧老师一直坚持不懈的演出功底吧。祝福木斧老师演出成功，祝福木斧老师完成夙愿。"

　　说到最后一次着装演出也是木斧自己争取来的。当年木斧已经八十四岁了，演出单位非要木斧签订"生死条约"——即演出中发生的任何意外，概由木斧自己负责的协议。木斧不得不签了，并决定此次演出以后，将把此生花数万元定制的所有演出服装、首饰、钗环、珍珠、项链以及冠、帽、顶、戴、长靴、髯口等行头，全部捐赠给演出公司。

木斧的粉墨生涯一共延续了二十四个春秋。从1991年6月至2015年5月，木斧参加了一百多次演出活动，参加演出了五十多个剧目，塑造了一系列丑角形象，加入了中国戏剧协会。他的老生唱段获得四川省老干部卡拉OK大奖赛二等奖，他演出的京剧《刘公道游街》获得成都市首届京剧票友大赛特别荣誉奖。他一系列的戏剧丑角人物形象的塑造，已经成为京剧舞台上一道靓丽的风景。

木斧不再登台表演了，但对于京剧的关注和热爱仍然持续着。

## 戏装照、戏装画与戏诗

木斧演京戏，多演丑角。他对于自己所扮演的角色注入了一腔深情。为了记录下自己演出的场景，他常常把演出的情况录下来，为自己继续钻研角色，提高演艺留下可资参考的资料，也为了和远在他方的朋友交流，甚至是显示自己演出的实绩。同时，他也把人家帮忙拍摄的戏装演出照片编辑成书，予以出版，再加上自己妙趣横生的配文，就越发地引人入胜了。他的《百丑图》（2009年6月，国际港澳出版社）就是这样一本装帧精美、颇为别致、很有价值的著作。

关于出版这本《百丑图》的目的，木斧在书前的《自序》中介绍了编辑出版这本书的一些想法："我是在离休之后开始学戏的。从1991年到2009年，十八年，年正青春，想不到我从中获得了我生命的第二个春天。

"不过这十八年的戏龄，毕竟长在我这个六十花甲年龄的身上，好景不长，我现在已经是七老八十的高龄老人了。记忆力已经衰退，腿脚也不灵便了，演戏快要演不动，是该我告别舞台的时候了。

"我的戏友、离休干部崔联治和董艺劝我在告别舞台之时，出一本《百丑图》留作纪念，盛情难却，在戏友们的敦促下，我只好献丑了。"

如此说来，出版《百丑图》是为了留作纪念，是告别舞台之前的准备工作之一，但是我们知道，这本书出版之后，木斧并未真正告别舞台。他告别舞台是《百丑图》出版之后的第六年，也就是2015年5月，距离这本书的出版已经是六年之后了。因此，这不是一本告别之作，而只能视为木斧戏剧生涯的阶段性的纪念之作。

第一部分是"木斧票戏影集"，共收集木斧七十一帧具有代表性的丑角戏装照片。这些照片都是由木斧的老朋友崔联治等人精心拍摄的，具有很强的资料价值。从这些照片看，木斧的演出扮相十分精美，每帧照片都记录下了木斧表演的精彩，可谓是形神兼具，既突出了人物的性格特征，也展示了木斧的高超演技。无论研究木斧的表演艺术，还是研究京剧票友史，这都是十分重要的参考资料。人们可以从这些戏装照片中，看到在世纪之交，一群京剧特殊的老票友是如何潜心展示京剧人物形象，如何通过自己的表演挖掘戏剧人物丰富多彩的内心世界，从而提高京剧表现力和艺术性的。

第二部分是"木斧戏诗"，共收入三十五首戏诗。木斧写戏诗的时间很长。还附有著名作家雁翼《喜读木斧戏诗》一文。木斧最早的戏诗是作于1992年8月的《戏剧生涯》中的一组五首诗，收在1994年4月由四川民族出版社出版的《我用那清清的笔》中。这之后出版的诗集《车到低谷》《瞳仁与光线》《点燃艾青的火把》等也都收入了木斧不少的戏诗。可以说，木斧的戏诗写作大致与他的粉墨生涯紧紧相连。

第三部分是"诗赠木斧"，收入来自全国各地五十四位各年龄段诗友为木斧戏装专门作的诗歌五十七首。

关于木斧自己的戏诗，他说过："新诗和戏曲是不搭边的，京剧唱词属于戏曲，不属于新诗。而我却把素无往来的新诗和戏曲拉到一起来了。木斧戏诗，不敢说是我的发明创造，至少可以说是我诗歌创作的一个特殊组成部分，既有诗味，又有戏味，我把诗和戏糅合在一起了。"

我们对木斧这些"既有诗味，又有戏味"的诗歌做一个简要的解析。不妨对木斧的戏诗做一个分类。分类是逻辑思维的一种方法，世间万事万物无论如何林林总总，都可以依据一定的标准、原则或特点进行分类，通过分类排列，可以更加清晰、具体地对研究对象开展研究，可以在某个类别中提取更加细微的差异，凸显出具体研究对象各具的特色。

下面我们依据木斧戏诗写作的对象或者说是题材内容进行分类。

木斧戏诗大致可以分为以下几个大类。

木斧戏诗传达了作者本人戏剧生活的感受。这是木斧参与戏剧行当之后喜怒哀乐体验的记录。木斧戏诗中《戏迷自叹》《小丑自述》《快乐的小丑》《在老舍茶馆唱戏》《在天津佟楼唱戏》等都是这类作品。木斧对于戏剧演出可谓情有独钟。当他真正进入戏剧这个行当后，才真切感受到这个领域中演员的甜酸苦辣，但是他并不畏难，他决心迎难而上，攻克戏剧艺术的高峰。他在《戏迷自叹》中写道：

> 入戏难
> 出戏难
> 愈难愈学
> 愈学愈难

简短的四句诗，看似简单明白、并无诗意的大白话，但却是亲身经历才可以道出的经验之谈。戏剧艺术是一片波涛汹涌的海洋，非经验丰富的老舵手不能驾驭！如木斧这样的爱好者，贸然驾一叶扁舟驶入碧浪排空的激流，要驾驭那涌浪翻波，难乎其难啊！一不小心，确实是具有翻船的危险的！但木斧不为所惧，他下定决心，"愈难愈学，愈学愈难"，明知山有虎，偏向虎山行，不达目的誓不罢休！

> 难在乐中
> 乐在难中
> 不难不乐，不乐不难

这是生活的辩证法，是木斧的戏剧苦乐观。"难在乐中/乐在难中"，以苦为乐，以难为乐，克难为乐，"不难不乐，不乐不难"，读来很是拗口，但是在这种绕口令般的表述中，木斧这种为达目的自找苦吃的坚忍精神，得到了淋漓尽致的表达。

> 今生结下戏缘
>
> 从此坠入苦海
>
> 苦海无边戏路远
>
> 要想分手难上难

这是木斧戏剧生活的宣言，入戏难，出戏难，但是既然"今生结下戏缘"，就不离不弃，无怨无悔，可见木斧攻克戏剧丑角艺术高峰的坚定决心。语言简洁，明白如话而又耐人咀嚼，是这首诗的显著特点。他的《夕阳梦》：

> 扫落了身上的花甲
>
> 古古怪怪
>
> 稀稀奇奇
>
> 想也没有想到
>
> 我撞入了一个神秘的世界

木斧是年届六十离休后一头"撞入了一个神秘的世界"的，这个"花甲"既指自己的年龄，更是指自己的心态。离休之年，一般人认为已到的暮年，接下来的生活就应该是含饴弄孙，尽享天伦之乐，颐养天年了。但是木斧不做此想，而是从头开始钻入了戏剧领域，在这个神秘世界里开拓事业的新境界。这是一种积极进取、创新开拓的精神状态，是老年人中罕见的心理状态。木斧说的"神秘的世界"如何神秘？这是一个有异于现实世界、亦真亦幻、丰富多彩、令人向往的广阔天地：

一会儿是男人

一会儿是女人

一会儿是小孩

一会儿是老叟

好人坏人都是我

我究竟落入了谁的家门？

在这个广阔的艺术世界里，木斧大显身手，驰骋其艺术才华，出入于多个艺术角色之间，扮演的角色或男或女，或老或少，或好或坏，塑造了诸多令人称道的艺术形象，以至于连木斧本人也不由得发出"我究竟落入了谁的家门"的疑问。我体会，这一问之中的含义是丰富的，但是主要还是作者对于自己所塑造的人物形象的自信。能够在戏剧演出中把所塑造的或男或女、或老或少、或好或坏的具体角色演好演活，受到观众喜爱，以至于自己都要怀疑自己是个什么样的人了，"究竟落入了谁的家门？"这是人物形象塑造高度成功后产生的感觉，是演员与角色合体的感受，是人物形象塑造成功的最高境界！

一阵响亮的锣鼓唢呐声

结束了舞台上的战争

我还留在台上不肯卸妆

老顽童还想挽留逝去的青春

如果说前面一段诗句所表现的是演员的入戏状态，那么这几句诗所表现的却是演员的出戏状态。响亮的锣鼓唢呐响起，"结束了舞台上的战争"，戏剧的演出结束了，但是沉醉于剧情和自己成功的人物形象塑造中的演员却还在回味，内心充满了成功的喜悦和自信，"不信春风唤不回"的青春，不是正蓬勃于舞台之上吗！"老顽童还想挽留逝去的青春"，那就不仅仅只是回味了，而是借助于艺术的表演真真实实发生的事实了！但是艺术毕竟是艺术，当艺术的表演结束，演员面对真实的人生的时候，他还是意识到，"想挽留逝去的青春"而青春却只能在舞台上再现，因此就更加珍惜，更加留恋。这句其实也多少表现了一种"无可奈何花落去"的落寞之情！

其他如《在老舍茶馆唱戏》《在天津佟楼唱戏》《十分钟的青春》等诗，也都是木斧学戏以至功成名就历程的记录，是研究木斧戏剧生涯不可或缺的材料。

木斧戏诗抒写了自己的人生体悟。如木斧的《配角与主角》《自嘲》以及《小丑自述》中的一些篇章等。先看这首："咽下潸潸泪水/挤出阵阵嬉笑/泪是笑的燃料。"短短三句诗，可谓精练至极，却把演员的甘苦都含蓄而又充分地表现了出来，这里的泪水是心酸的泪水，也是成功后喜极而泣的泪水；这里的笑声是苦中作乐的笑声，既是角色演出的写实，也是发自内心的成功的笑声；由于诗人人生经历的丰富性和诗歌语言极大的包容性，"泪是笑的燃料"这句画龙点睛之语，包含了十分深沉的人生经验和感慨，把整个诗的境界升华到了一个崭新的、丰富的哲理的层次，使读者能够产生超越具体时间、事件的个别具体体悟而获得一种深刻的人生哲理的体验。我很喜欢木斧的《小丑自述》中的下面这首诗：

> 一步迈入舞台
>
> 坠入了他人的生活
>
> 痴人入梦。戏完了
>
> 我找回自己的躯壳
>
> 会不会又是痴人入梦
>
> 是谁扮演了我生活的一角？

在这里，戏剧演出与生活融为一体，如实如幻，似真似假，是戏剧的演出还是生活的实景？诗人产生了疑惑："一步迈入舞台/坠入了他人的生活"。而戏演完了，"找回自己的躯壳"，又怀疑"会不会又是痴人入梦/是谁扮演了我生活的一角？"这个疑惑疑问，其实也是古代哲人常常思考的问题。《庄子·齐物论》说:"昔者庄周梦为蝴蝶,栩栩然蝴蝶也。自喻适志与！不知周也。俄然觉,则蘧蘧然周也。不知周之梦为蝴蝶与?蝴蝶之梦为周与?周与蝴蝶则必有分矣。此之谓物化。"这就是著名的庄周梦蝶的故事,道家学派主要代表人物庄子就是通过这样的故事提出了一个令人深思的人生哲学命题。庄子运用浪漫的想象力和美妙的文笔,通过对梦、醒之间,人、蝶的转化来探讨人与物的关系,提出了人不可能确切地区分真实与虚幻和生死物化的观点,渗透了庄子诗化哲学的精义,成为庄子诗化哲学典型的案例。也由于它包含了浪漫的思想情感和丰富的人生哲学思考,引发后世众多文人骚客的共鸣,庄生化蝶也由此成为他们经常吟咏的题目,而最著名的莫过于李商隐"庄生晓梦迷蝴蝶,望帝春心托杜鹃"的诗句。

我当然不认为木斧通过这首戏诗表达的思想中包含有虚幻和消极的成分,我只是认为,木斧的诗歌显示了深厚的古典人生哲学的根基,他以新诗的形式和精练的语言,凭借戏剧演出的触发,表达了具有深刻内涵、亘古常新的哲学思考。我相信,木斧的思考在今天是很具有启迪意义的。

木斧戏诗描写了自己所塑造的戏剧人物形象,表达了他的戏剧美学观念。如他的《丑像自题》《游湖》《贾桂读状》《和蒋干先生对话》《配角与主角》《题百美图》《戏言:我是张义》《窦娥冤》《断太后》《红胡子》《美哉洪洞县》《唱空城计》《柴桑关》《放牧声声》等,都是这类作品。木斧粉墨春秋生涯,专攻丑角,而丑角是京剧中最难的一个角色。对于这个角色,木斧有着自己深刻的认识。他写了《小丑自述》组诗,来表达他的认识:

　　　　我铺上天方夜谭的地毯

　　　　我打开聊斋之门

　　　　我点上一盏神灯

　　　　我剥了你的画皮

　　　　丑恶不是你的本性

　　　　你是美的源泉美的化身

他的《丑像自题》：

    最丑陋的女人
    最难演的角色

这是木斧塑造程雪雁这一戏剧人物的感悟。剧情的规定性是：程雪雁是一个从内在心灵到外在形象都丑陋的人物。面对这样的角色，木斧深知，要把这个人物演好，难度很大。"最丑陋的女人，最难演的角色"就是木斧对于这个人物角色的定位。在演出实践中，木斧又是如何把他扮演的成功展现出来并得到观众的认可呢？木斧写道：

    把丑陋搬上舞台
    用艺术的细胞装扮
    复杂的性格最难塑造
    仔细看，愈看愈耐看

戏剧是生活的反映。作为戏剧角色，丑角是戏剧美的一种类型。生活是一种以自己方式自主性的存在——曾经的存在或者是现实的存在，生活包含着各种人物，各种人物的各种活动，好人坏人、美人丑人，各色人等、各种心性、各种表现，汇成了生活的海洋；戏剧对于丰富多彩的生活的生动表现——自然包括对于丑角所要表现的坏人、滑稽可笑人物的表现——只要是真实的、生动的、形象的、能给观众以启迪、引起观众正面情感活动的，就转化为艺术的美感。也就是木斧所言"把丑陋搬上舞台/用艺术的细胞装扮"，这是化丑为美的一个途径。丑角演员的责任就在于善于把生活中的丑转化为艺术的美，丑角演员的艺术成就取决于实现这种转化中所能达到的程度。这首诗就形象地表现了这样的思想。总之，木斧的丑角美学观既包含了丑极为美的思想，如他在《题百美图》中所写的："美在千奇百怪/美在形象万千/美在捉摸不定/美在丑的极端"；也包含了化丑为美的观念，是值得我们注意的。

木斧这个类别的诗歌中还有以诗歌形式记叙自己塑造人物的体验的。如《戏言：我是张义》《贾桂读状》《和蒋干先生对话》都是这类诗歌。贾桂和蒋干人物形象既看似是对他的老师厉慧森、冯玉增表演行为的记录，实际上也融合了自身塑造这两个人物的深切体会。他还通过诗歌表达了对于自己所塑造的丑角形象的高度自信："大话说在前头/张义不死我不死/张义死了我是他的魂"，能够活化张义的"魂"而且自认为张义的魂，确实是非常自信的。因为篇幅所限，其他诗歌这里不再评述了。

木斧戏诗表现戏剧演员的人生际遇。如《梅兰芳》《盖叫天》《马连良》《鼓声悠扬》《舞台和书斋》《李少春》诸作，都是对于先辈戏剧大师们高度成就的生动描写和对于他们遭遇的深沉的同情——这些演员中，许多都在20世纪那场史无前例的"文化大革命"中被迫害致死——具有很鲜明的纪念性质。当然这类作品中并未直接对那些迫害这些艺术家的人们加以谴责，反而是更多地描述他们的戏剧成就，这种表现方式本身就寄予着对于戏剧大师们深沉的怀念之情，从而也无声地谴责了那场野蛮的毁灭文化的运动。

木斧戏诗具有鲜明的艺术特点。

在漫长、丰富的中华民族文学史上，是没有戏诗这个概念的，也没有诗人如木斧这般，以如此多的精力去以戏剧演出和人物形象的塑造为写作对象。当然我国古代相当长时期内并无现在我们所说的戏剧——著名的元杂剧是一种舞台综合的表现艺术形式；现在我们所说的京剧以及川剧等地方剧种，尽管在民间也有其较为漫长的演变历史，但其艺术形式均成熟于清代后期。除了戏剧，其他的艺术表演形式确实很早就存在了，比如唐玄宗时期的梨园就是一种确凿的证明。这些表演形式也曾经进入过诗人的视野，从而成为写作的对象。如杜甫著名的《观公孙大娘弟子舞剑器行》诗就是表现舞蹈艺术的著名作品；韩愈、白居易、李贺也分别写过听音乐演奏的诗歌。如白居易的《琵琶行》，写的是一次偶然的音乐鉴赏活动。

再看木斧的戏诗的特点。木斧戏诗的表现对象同样与演出相关，但是他的表现方式、语言风格是具有自身特点的。这些特点，我认为首先是篇幅短小，语言凝练。作者不像杜甫、白居易那样以较长的篇幅叙述一个完整的演出故事，也不是像韩愈、李贺那样注重对于表演场面效果个人体验的形象表达。木斧以极为精练但又十分平实的语言，把自己的演出和个人的人生体验融合在一起，从而表现出一种哲学的体悟，能给人以戏剧之外的启迪和思考。

木斧戏诗另一个鲜明的特点，那就是以虚为实的艺术手法的恰当运用。如《小丑自述》中的"孤独在寂寞中无处藏身"，孤独明明是一种难以把握的情绪、一种心灵的感觉，但是接下来却写道："只有在热闹的身后/把孤独的形象一把掷出/便挣来了满堂的笑声。"在这里，极度的孤独便被转化为一种可以一把掷出的物化的东西了。这就显得更加形象，更加新颖。再如《配角与主角》："我常常站在舞台上一声不吭/我只有一句道白呵"，这是对于舞台演出场景的再现和自己角色的描写，下面说："我要准确地把它投在/主角唱腔激流的一个漩涡中"；"这道白击开了掌声奔腾的河流/主角高兴极了/我也乐在其中"。戏剧的道白是一种声音形象，并不是一种实在的物体，是听觉可感而不可用手把握、投掷的。按照常理来讲，这个"投"字是不能用的；主角的唱腔也是一种声音系统，也是不能用"激流"来形容的。但是木斧却偏偏要说"我要准确地把它投在/主角唱腔激流的一个漩涡中"。这就是把不可把握的声音形式转化为一种实在的物体形式来描写了，给人一种更加生动形象的感受。还有如《盖叫天》：

　　盖叫天长长地一声

　　唱了起来了，胡琴跟着他

　　他跟着胡琴上下翻飞

　　他的唱腔跟上了他的舞姿

　　他的声音变化了他的身形

　　飞成了舞台上的一只鹰

也是把声音物化、形象化，这种手法的运用，取得了良好的表现效果。钱钟书曾经把这种艺术表现手法称为"通感"，木斧就是运用通感的艺术手法，以虚为实，形成了鲜明的艺术特点。

木斧戏诗还常常使用对比的手法，使他的戏诗产生一种疏离感，形成了一种特异的艺术风格。这类作品在木斧戏诗中占有很大比例。如《京戏锣鼓》，先写舞台演出的具体场面：

> 清脆。激昂。急急风
> 从舞台上急驰而过
> 水底鱼望着凤点头
> 幽雅。怡静。慢长锤
> 扯长了观众的耳朵

这是舞台上的表演场景。"急急风""水底鱼""凤点头""慢长锤"都是京剧舞台上打击乐器的词牌名称，木斧统统把这些词牌名称场景化了。木斧写舞台上的场景但不忘关照到与剧场观众的联系。"扯长了观众的耳朵"，把舞台演出与观众席上的反应结合起来了。

> 一阵乱锤八仓仓仓
> 从眼睛到耳朵都震动了
> 兴奋。狂放。相互转告
> 天哪！名角要上场了

第一句是简写舞台状况，然后转到对观众热烈场面的扫描，那种兴奋、狂热、交头接耳的情景，诗人惜墨如金，写得并不具体，但却把读者引入了惯常所见的类似的场面，使人有身临其境的感受。

接下来把镜头从剧场拉出来，对准了戏场外的邻居，描写他们的感受："'吵死人了'邻居大骂"，这是邻居的感受；再回到观众那里，"'乐死人了'观众大哗"，这是观众的感受。在邻居和观众的不同态度的强烈对比中，形成了一种内外疏离的艺术效果。

木斧戏诗经常把自己与剧情融为一体，又时时注意提醒观众，这是演戏。这时，诗人的形象就具有了旁观者和剧中人的双重身份，读者很容易把木斧扮演的角色与旁观者木斧区别开来，从而产生戏剧与生活的明显的疏离。比如《戏言：我是张义》中"你相信吗？/七十三岁的老叟变成了/变成了一十三岁的孩子"，在诗中，七十三岁的是演员木斧，一十三岁的是木斧扮演的角色张义。这个有着巨大差距的年龄对比，也就是剧中人与现实中的人的对比，突出了角色演出的难度，形成一种明显的反差。后面几句诗："分明是自己哄自己/分明是自己逗自己/分明是自我安慰/分明是自我陶醉"，说的是自己的老年生活观念和态度以及由此产生的戏剧行为。在自我安慰和陶醉中自得其乐！如黄德华赠木斧的诗中所说："知足常乐，助人为乐，自娱自乐！"但是木斧却不甘心仅仅是自娱自乐，他是要在戏剧演出有气势的丑角艺术上创造一个新的天地，这才有了后面的诗句"张义不死我不死/张义死了我是他的魂"的表白，充满了对于这个形象塑造的自信，用艺术形象来娱人自娱，也是奉献社会、老有所为的一种方式。

木斧戏诗还常常以出入于角色与生活之间的方式，形成角色与演员，也就是角色与木斧本人、戏剧与读者之间的疏离，而形成诗歌作品内部的一种疏离感。比如《美哉洪洞县》："苏三离了洪洞县"是《苏三起解》中的唱腔唱词，"洪洞县从此失落了/失落了一个美人"，显然这并非剧情的规定，而是现代观众的感受。"苏三到哪里去了？谁知道呢？我知道/我和苏三走在一起"，"苏三离了洪洞县/门帘掀起，苏三走出来/老汉我便紧跟在后边"，这是对于演出场景的描写，下来就离开戏剧演出而描写这出戏的传播："从二十世纪到二十一世纪/我跟着苏三走遍大小山川/最后落在悠悠的琴声中"，"'苏三离了洪洞县'/一出场便迎来一片掌声/掌声托起了一个洪洞县"，这又离开了戏剧人物表现演出场面的热烈以及戏剧传播中对于一个具体地域声誉的影响——文化可以为其产生的地域增光添彩，此言实在不虚啊！

我常常想，木斧这类戏诗何以也能使读者产生一种美感？我国古代诗论中常常讲诗歌意境的浑然天成；今天的诗家们也讲诗歌写作需要遵循内在的情感逻辑；法国著名美学家丹纳也讲文学作品要讲究"效果集中"，很少见到如木斧这般有意将已经营造出来的诗境和形成的内在情感和思维逻辑打破，而形成一种新的、疏离的效果的。这是木斧戏诗值得深入研究的一个方面。

木斧戏诗中还有一类作品也值得关注。如《红胡子》《游湖》《李少春》等。这里说说《游湖》。《游湖》是京剧《白蛇传》中的一折戏，游湖是白娘子和许仙相逢的重头戏。这是他们故事的发端，没有这个发端，后面的故事就无从说起了。木斧这首诗就是以《游湖》这个折子戏为对象写作的一首富有情韵的好诗，诗不长，一共三段十二句：

> 我是一个靓丽的风景线
>
> 头上是翠绿的青山
>
> 脚下是碧蓝的湖水
>
> 渔歌撒下了波光点点
>
> 我是一道神秘的风景线
>
> 蛇的精灵从空而至
>
> 引来了风流倜傥的许仙
>
> 啊哟哟哟差点踩翻了我的船
>
> 我是一副风流的风景线
>
> 我是船上摇橹的老汉
>
> 白娘子和许官人的爱情故事
>
> 正是老汉我亲眼看见

这首诗音韵流畅和谐，风光明丽宜人，描写白娘子和许仙初次见面的场景，写得生动有趣，耐人寻味。诗作第一段是艄翁日常生活的自述：四围青山，朝晖夕照；碧湖千顷，波光粼粼；扁舟一叶，渔歌晚唱，好不逍遥自在！第二部分写白娘子与许仙的相见相识。蛇的精灵是指白娘子，白娘子自天而降，当然不是说她真的从天上掉下来，而是说白娘子美似从天而降的天仙，而写许仙则侧重写他登船的慌乱急迫，"差点踩翻了我的船"，前面加上叹词"啊哟哟哟"，包含对许仙鲁莽行为的嗔责和对于书生的爱护等复杂的心理活动；许仙为何如此慌乱？是急于登船游湖的紧迫，还是看到白娘子时的窘急，诗人不说，给读者留下想象空间，由你去驰骋想象。第三部分不具体写白娘子许仙温柔缠绵的具体爱恋场景，而是把他们具体的爱情的细节省去，直说他是白许爱情的见证人，"白娘子和许官人的爱情故事/正是老汉我亲眼看见"，想象空间是很大的。再加上每段首句略加变化的诗句"靓丽的风景线""神秘的风景线""风流的风景线"，语义的层层递进实际上也是故事的连续展开，就使这首短诗具有了诗体小说的特点。同时，艄翁风趣幽默、乐天知命、爽朗善良，喜好成人之美的形象就跃然纸上、栩栩如生了。

从中外文学史史实的角度看木斧以戏剧的演出和戏剧人物为表现对象，以白话新诗形式写作的一系列戏诗作品，我们似乎可以说，这既是诗歌题材的一次拓展，也是一种诗歌艺术的创新。尤其是木斧以著名现代诗人兼京剧票友、演员身份来写作的戏诗作品，很显著地与我国古代诗人写作的以表演艺术为描写对象的作品区别开来，木斧戏诗所传达出来的艺术感受更加具有新颖性，木斧也由此创造出一种崭新的诗歌艺术境界，是诗歌创作成功的与时俱进，开拓创新。我相信，我们的新诗史一定不会忽略木斧的戏诗。


木斧还出版了《木斧戏装自画集》。古稀之年，木斧学画，更是十分偶然。《木斧戏装自画集》是木斧画艺的展示。木斧有一篇《信封上的自画像》，专门谈到他自画像的来由："离休之后，闲情逸致多起来了，饮酒作画成为我晚年的乐趣之一。为什么要把酒和画拉在一起？因为我偶尔画上几笔，都与饮酒有关，确切地说，我画画是由饮酒引发出来的。每次品尝佳酿，美滋滋地，便会产生一种迷迷糊糊的感觉，似乎我已经泡在酒中，其乐无穷了。于是，我便画了一幅自画像：我的脑袋怡然自得地插在酒瓶上。这幅画是画给诗友们取乐的，没有想到《华夏诗报》将它发表了。后来，友人送来一瓶湘泉酒鬼，那酒瓶的形状和包装爱死人了，我舍不得喝，对着酒鬼的大肚子看了又看，又生出了幻想，从酒瓶上面长出一个头来，从酒瓶下面伸出了手和脚。我又画出了一幅酒鬼木斧自画像，想不到《湘泉之友》把它发表了。为庆贺中国台湾《葡萄园》诗刊创刊三十五周年，我又画了幅《诗在顶峰》，在《葡萄园》诗刊发表了。这一次我将诗形象化为一个方块玻璃酒瓶，我把它放到山峰顶上去了。我画的这些都是戏笔，不成器的，想不到今年三月，我意外地收到了上海读者曹纪平的一封信，信上说：'从各种途径得知您不光是一个诗人，还能写写画画，特寄上空白信封一枚，我想烦请您为我在信封左边画上您的漫画像后再为我寄回，我留下作珍贵的纪念，不知能否应允？'回信的信封上已贴好了邮票，我能谢绝吗？还是写封回信，说明我画不好，不便为人作画，请予原谅。按我的习惯先写信封，信封写好，尚有一块空白，手痒了，不由自主地用毛笔在上面画了一圈，糟了，笔太粗，改用细笔画上眼耳口鼻，赶快寄走。"

不久，曹纪平把这个信封复印了两份寄给木斧，附信说："信封上您的画像画得非常有意思，是我所收集的名家自画像信封中最有特色的，我当好自珍藏。"真的吗？木斧不相信，请了几位朋友看看议议，都说这是他自画像画得最好的一张，有的说是"木刻式的中国画"，有的说"粗细线条搭配得当"，听着朋友们的评价，木斧自己也觉得有道理了。他想："大家都说好，也许，好就好在随心所欲，不打草稿，不用照片，不用对镜，提笔就画，画好就丢吧。"他庆幸曹纪平给他保留了下来，认为"这是模模糊糊的酒意所致，算是我画画的一点心得了吧"。

木斧曾就读过四川省立艺术专科学校，对于书画艺术具有相当的天赋，尽管新中国成立后艺术才华长期未得施展，但是根基还在，底子尚存，一有机会，自然就拿起画笔，尽情挥洒了。当然，作为一位毕业于四川艺专、具有绘画天赋的诗人，他也经常以绘画的方式，以漫画的手法，抓住自己表演的人物形象的特点特征，画出自己演出角色的神态举止，供朋友和自己欣赏。比如他画的《法门寺》中的刘公道、贾桂，《钓金龟》中的张义，《蒋干盗书》中的蒋干，《锁麟囊》中的梅香等，均形神兼备，可谓神品。因此，我们可以这样说，这本《木斧戏装自画集》的出版，显示出木斧在艺术领域的多方面的探索追求，值得有兴趣的读者去认真研读揣摩、欣赏。

木斧的自画像最开始是由于《文艺报》编辑包立民采访他，共约醉酒，包立民是一位书画鉴赏家，发现木斧擅于画自画像，尤其是酒醉后画的自画像更具特色，就立即邀他加盟《百美图》续集。更妙的是，他不但慨然应允，而且还创作了漫画像《醉眠》寄去。这幅酒仙坐在酒坛中的幽默醉态画，使包立民乐不可支，如获至宝。以后又是包立民的几句鼓动话，他就孜孜以求，潜心钻研戏装自画像。2001年1月，木斧的戏装自画像开始在《晚霞报》连续发表，接着《今日名流》《四川文学》《玉垒》《稻香湖》和中国台湾《秋水》等杂志诗刊也相继发表，画册《21世纪亚洲华人书画博览》《中华翰墨名家作品博览》也都收入了他的作品，在盘锦市举行的国际炎黄文化研究会第二届文化奖颁奖大会暨诗词书画名家作品大会还将他的戏装自画作品悬挂在大厅展出。2003年，北京东方神州书画院将他的作品编成《木斧戏装自画集》，由人民日报出版社正式出版。（徐叔通《戏画书文俱美》，《论木斧》，四川美术出版社，2013年7月版，第189页）

自画像，作为古人的一种消遣方式，在没有照相机、摄影机之前，一些画家也偶尔为之，自娱自乐，或赠予朋友，或留给家人，可为朋友和后人留下一些可凭借其怀念和回忆的形象资料。但是，以漫画形式，完全以自己扮演的戏装丑角人物作为绘画的对象画出来，在木斧之前，似乎还不多见。这或许也可以说是木斧对于画坛的一种贡献吧！

我的看法，木斧画戏装丑角人物漫画时，或许也并未想到对于画坛有何贡献，他是把画自画像作为娱己娱人、自得其乐的方式。也是把画戏装丑角人物作为深刻理解这些丑角人物的内心世界和外在表现形式的一种方式，以漫画形式夸张突出人物尤其是丑角人物最具有代表性的特点，以突出强调人物的性格特征。如此说来，所谓对于画坛的贡献云云，也只不过是木斧的无心之为，所谓无心插柳柳成荫嘛！可谓是一段画坛佳话。

## 木斧的戏剧观

《百丑图》的第四部分是"戏苑杂谈"，收入木斧本人谈戏剧人物塑造体会、拜师学艺经历的文章六篇。这些文章较为集中地展示了木斧的戏剧人物尤其是丑角人物塑造的认识和深切体会，表达了他的戏剧观念。木斧谈戏剧及其人物形象塑造的一些文章也曾收在他的《木斧短文选》中，虽然难免重复，但《百丑图》中的相关内容更加丰富。探讨木斧的戏剧观，可以将这两本书中的相关文章结合起来考察。

木斧在离休后亲自参与了舞台的演出实践，并在实践中对于传统戏剧进行了较为系统的思考。在写于1999年8月的《中国的传统文化，中国人不要了么？》一文中，开篇木斧就提出包括京剧、川剧在内的文化传统的存废问题："中国的传统文化中国人不要了么？前不久听到一种声音，说是'潇洒任去留'，说是京剧、川剧已经过时了，应当衰亡了，说是'辞旧迎新，这是一种潇洒的态度'。"

对此，木斧很不以为然。他厉声地质问道："中国的传统文化中国人不要了么？"他坚信，"京戏、川戏，以及中国的三百余种戏曲，是中国几千年来传统文化的宝库，绝不会断流的。"他看到了当时传统戏剧面临的严峻局面是受到了卡拉OK、电子音乐、摇滚音乐，还有电视剧、小品等等娱乐形式的严重冲击。当今时代，社会生活节奏快，人们的工作、生活也都面临着诸多压力，社会心态也比较浮躁，对于娱乐形式的要求随之发生改变，一些传统的艺术形式，许多人既缺乏认识了解，更无法坐下来静静地欣赏体会。尽管如此，但他还是认为"今日京剧、川剧进入了低谷，这是一种暂时的现象"。虽然他并不反对人们"各有所爱，你想看什么就看什么"，认为"这是你的自由"。但是他坚决反对"把外国音乐说成是新，把京戏、川戏说成是旧"的、因而是落后的、应该抛弃的东西。他具体分析了传统戏剧艺术走入低谷的原因，认为"中国的京戏、川戏走入低谷的原因，是它在'文化大革命'中受到了江青的扼杀，罪名就是'帝王将相''才子佳人'"。因此在"'文化大革命'之后京剧、川剧走入了一个青黄不接的时期，即老的去了，新的还没有培养出来。即便如此，也未断流，很多戏迷、票友顶了上去"。有了人才，传统戏剧的再次复兴是很有希望的。

他指出："现在，京剧、川剧已经从低谷走了出来，京剧界、川剧界大批人才已经涌现出来了。前不久，中国京剧在巴黎演出的成功便是一个例证"，中国的传统戏剧已经产生了世界性的影响。他继续发问："这样丰富多彩的民族文化你不要了么？外国人已经当成宝贝捡过去了。"

木斧还从中国传统戏剧艺术表现形式与外国的表演艺术的不同特点的比较入手，指出："中国的京剧、川剧等戏曲是一座泰山，它融汇了中国的声乐、器乐、绘画、舞蹈、武术、杂技、魔术、装饰、化妆、美容、建筑、造型、灯光、布景等等民族文化，它是一个博大精深的综合艺术品种，是一个取之不尽、用之不完的文化宝库。以演唱论，它不是简单的节拍，而是有板有眼的节奏，一边唱，一边走台步，一边比手势，三点合一，有条不紊，外国人看了佩服得五体投地。以脸谱论，仅花脸的脸谱就有几百种，而且京、川和其他戏曲脸谱各有不同，世界上哪个国家的化装舞会的脸谱敢与之相提并论呢？而且还可以变脸，快速敏捷，外国人看了目瞪口呆。外国人学都学不到，中国人居然想把它扔了，岂非忘了中国的根本？"

在分析比较中突出了中国传统表演艺术的特点，指出中国传统表演艺术丰富多彩的表现形式，从继承中华民族优秀传统文化的角度来看待戏剧文化的必要性和必然性，木斧的视野是很开阔的，站位是很高的。

木斧还批驳了当时弥漫于全社会的崇洋媚外的思潮和观念。他说："什么都是外国的好吗？现在中国人居然说中国还没有出现过音乐剧，要努力创作音乐剧。我说京剧、川剧不是音乐剧是什么？难道非要美声唱法才叫音乐剧吗？"在木斧看来，西方有西方的音乐剧，那是美声唱法的音乐剧；中国有中国的音乐剧，那是由传统戏剧如京剧、川剧等表演艺术形式来承载的艺术门类。较之于西方音乐剧，中华民族的音乐剧内容更加丰富、表演形式更加适合中国人的审美习惯，也更加丰富多彩，这是连西方人也不否认的艺术事实。两种音乐剧可以交流互鉴，在交流中借鉴发展，在互鉴中取长补短。而我们一些中国人却数典忘祖，盲目崇拜西方艺术，对于自己民族的东西则视如敝屣，弃之不顾，好像月亮也是西方的圆一样的可笑至极！

当然木斧并不保守，作为一个视野开阔、思想解放、阅历丰富的老诗人、老作家，尤其是一位跨界的戏剧表演艺术家，他洞若观火般地看到了我国传统戏剧在急剧发展变化的新时代中存在的困难和问题，认为要适应社会的发展、时代的需要，传统戏剧也存在这样那样的问题，也必须改革发展。他说："我只是想说中国人要有中国人的志气。时代变化了，前进了，京剧、川剧不可能不变，而且必须跟随前进，进行改革。要保留京剧、川剧的精华，去其糟粕，好的剧目要改革，要提高；不好的剧目要改写，要淘汰，黄色的凶杀的要取缔。京剧、川剧都要在继承传统的基础上创新，并且要创作富有现代生活气息的剧本，创造新的艺术装帧、新的艺术表现手法，这些都需要有计划有步骤地逐步进行。总之，要使京剧、川剧成为百花齐放的鲜花，我们的演员、导演、作家、画家、摄影家、作曲家、武术家都应当参加进来，不可等闲视之。"

这是木斧给传统戏剧的改革发展开出的一剂药方。说了五层意思，一是中国人要有志气，就是要保留自己民族的优秀文化，就是要保留民族的戏剧艺术；二是传统戏剧一定要改革，要随着时代的发展变化而变化；三是好的剧目要改革提高，不好的剧目要淘汰、取缔；四是要立足于传统基础上创新发展，包括剧本、艺术装帧、表现手法都要创新，创新才能发展；五是这种创新发展需要社会各方面、各界人士的高度重视、广泛参与。

这是一篇写于近二十年前的文章，木斧在文中提出的对传统戏剧的认识以及改革发展的思想、路径和具体举措，现在看来也无疑是正确的。在今天戏曲艺术已经进入大中小学课堂的时候，在国家正在大力提倡和推动弘扬包括传统戏剧艺术在内的优秀文化传统的当下，我们更感到木斧确实具有先见之明。我们当然不能认为如此这般，传统戏剧就一定能够一举夺回失去的地盘和观众，一定能重现昔日的辉煌，但是他对于传统戏剧未来发展的思考仍然能够给我们提供十分重要的启迪。

在与著名美学家王朝闻的一次通信中，木斧谈到了一个问题："我是一个地地道道的四川人，但是我不信邪。四川人对演京戏不外两种看法，一、四川人只能唱川戏，不能唱京戏；二、四川人唱京戏，只能唱生角或者旦角，不能唱丑角。因为丑角以道白为主，要念京白，要讲一口流利的京油子话。这恰恰是四川人的短处，因此四川人唱京戏要扬长避短，千万不要唱丑角。我就不信这个邪。"

不信邪，不服输，你说四川人不能唱京剧，我偏偏唱给你听；你说四川人不能演京剧丑角，我偏偏演给你看！还要唱出个样子、演出一种水平给你瞧瞧！这就是木斧的性格，一种明知山有虎、偏向虎山行的性格！当然也显示出一种对于艺术的执着精神。当然，对待艺术，光是不服输还不够，还要有一种底气，有充分的本钱，那是坚强自信的来源啊！木斧是具有这种底气、这种本钱的。那来源于木斧的勤学苦练，来源于他对于表演艺术孜孜以求，不达目的誓不罢休的精神追求啊！

针对王朝闻关于丑角的白鼻梁脸谱提出的存弃问题，木斧回答说："至于丑角的白鼻梁，那是丑角的命根子，是不能取消的，丑角可以表现各种各样的人物，男女、老少、正反都有丑角，丑角也应像主角那样有各式各样的脸谱，我每次开脸，脸谱都有变化，就是想根据不同的角色画出各种脸谱来。"

脸谱是京剧艺术的一大特点。在京剧表演中，不同身份、性格的各类人物都有自己特定的脸谱。这和小说作品中人物形象塑造是不同的。我们常常说，文学创作最忌讳对于人物进行脸谱化的描写，认为对于人物进行脸谱化的描写，是简单地给人物贴标签，不能深入地反映具体人物的性格特点，更不能创造出典型人物来。而京剧，也包含其他剧种，各类人物都有固定的脸谱，比如，丑角就有固定的脸谱。木斧还认为"那是丑角的命根"。这又是怎么回事呢？难道戏剧塑造人物形象必须脸谱化吗？

综合木斧对于此问题的表述，可以看出，木斧对此的认识是：一、脸谱是中国传统戏剧的一大创造，是戏剧人物的一种突出标志；二、传统戏剧中，各类人物都有相对固定的脸谱，脸谱是不同人物的外在标志；三、戏剧是综合性表演艺术，人物形象的塑造不仅靠脸谱的标志，更重要的还得靠演员声情并茂的演唱以及身体语言和动作表情的配合。可以说，在木斧心目中，作为综合性立体艺术的戏剧人物的塑造，脸谱是数百年来千千万万观众所认可的人物外在标志，是不可取消的。

从读者和观众的角度看，读者对文学作品的阅读欣赏不同于对舞台戏剧演出的观赏。书面阅读欣赏，读者可以不受时间和条件的限制反复去阅读、揣摩和体会，可以自主地去体味作品的精妙细微之处，通过固化的文字去把握作品人物的性格特征及其发展变化；而戏剧的欣赏则不同，戏剧观众欣赏一出戏剧，欣赏戏剧人物形象，则只能在动态、流动的状态下进行，无暇仔细体会咀嚼，更不可能反复观赏。因此，读者或者观众对于文学作品和戏剧作品的审美预期是不同的。戏剧演出的瞬时性决定了观众观赏戏剧欣赏人物表演的即时性特点，又由于欣赏环境受演出场所较大的限制，观众与演员之间有一段距离，也就是观众观赏演员的演出存在一定的视距；这个视距决定了演员的化装需要更加鲜明，是观众在演员一出场时就对这个角色、形象的身份特点、性格特征有一个大致的认识了解；演员演唱的声音必须更加清晰准确，这样才能使处于正常生活中人与人相处交流的正常距离之外的观众，看得清楚，听得明白，这是戏剧欣赏的一个先决条件。具备这个条件，才谈得到进一步地对戏剧演出的欣赏。这就决定了戏剧脸谱存在的必然性和必要性，也就决定了戏剧唱腔的清晰性和响亮性。

当然，随着时代的发展，社会的进步，科技的日新月异，演出条件和可供演出选择的借助工具更加多样化了，声光电化等手段也日益广泛地应用于戏剧演出和制作，观众的观赏条件也有了巨大改变，戏剧艺术的发展和观赏的兴趣也会发生改变，这是一种推动戏剧改革创新发展的外在动力，这种外在动力也必然会促进戏剧艺术内部因素的改革创新。作为我国悠久文化的组成部分，戏剧已经形成了自身的一整套固有的表演体系和程式规范、唱腔套路等，这些都会对于其改革创新发展带来影响和制约，因此戏剧改革创新也会是谨慎的、较为缓慢的，不可能一朝一夕就发生颠覆性的变化。

总的说来，木斧认为，戏剧演出中人物形象的塑造不同于文学作品中人物形象的塑造。戏剧人物形象的塑造有着自身的特点和规律。同时，不同戏剧人物性格的多样性、复杂性、生动性和更深层次的丰富性，还得依靠演员自己的表演。在这里，因为脸谱的存在，人物的身份、基本性格特点已经被脸谱定型了，要突破观众对定型化人物的固有认识，需要演员以扎实的表演功夫展示人物更加深刻、丰富的内心世界和性格特征，才能真正把人物形象塑造出来。某种意义上说，戏剧人物形象的塑造，较之于文学作品对人物形象的塑造，难度就更高一些。因此，木斧在每次演出中画脸谱时，总是力求寻找到人物性格的不同，再根据这不同性格和性格的差异画出具有差别的脸谱来；同时，力求在具体的表演行为中来展现人物的不同性格和丰富的性格层面。在他所塑造的丑角人物中，每个人都有着不同于前人所创造的新的因素，是木斧所塑造的"这一个"丑角形象，而区别于其他演员所塑造的丑角人物。

下面说到木斧对于丑角人物形象的塑造。木斧对于丑角艺术形象的塑造进行过深入细致的研究，并且和国内著名的京剧丑角前辈进行过深入的探讨，他还在自己的表演中融入自己研究的心得体会，又把这些体会记录下来，形成了自己独具特色的丑角艺术形象塑造的较为系统的理论认识。

木斧的丑角艺术一个鲜明特点，是他集中在丑角形象的塑造方面扎扎实实地下功夫，把他所扮演的丑角人物演活了，成为独具木斧表演特色的一系列"这一个"丑角艺术形象。

木斧饰演过诸多的丑角人物。如《宋士杰》中的刘二混，《法门寺》中的贾桂，《六月雪》中的禁婆，《丑洞房》中的程雪雁、朱千岁，《钓金龟》中的张义，《审头刺汤》中的汤勤，《蒋干盗书》中的蒋干等；此外，他还扮演过《游湖借伞》中的老艄翁等。木斧曾经在自己的系列文章中谈到他塑造丑角人物的心得体会。综合起来，他塑造丑角人物，主要是在以下几点下功夫。

一是进入角色。木斧在《我演刘二混》文中说："演戏与写诗完全不同。写诗要诗如其人，就是说诗要反映出诗人的本色和气质来。演戏千万不可'戏（角色）如其人'，譬如我演刘二混，我不是刘二混，如果我真的变成了刘二混，我便是真正的大流氓了。所以我说写诗与演戏完全不同。写诗，诗的形象就是诗人自己。演戏，一上舞台，就要进入角色、完全忘掉自己，忘不掉自己的就不是好演员。"他认为一上舞台，就要完全、彻底、干净地忘掉自己，要全身心地进入戏剧的境界，正所谓戏剧的境界，就是进入人物的内心世界。木斧塑造的刘二混形象是成功的，以致著名诗人阿红一看到木斧饰演刘二混的照片，就写信给木斧笑骂道："你这个老不正经的！"木斧认为骂得好！说明阿红认可了木斧饰演的人物，说明这个人物形象塑造的成功，自己的演出成功了。

当然成功塑造刘二混形象也并非一蹴而就。一个重要原因是木斧没有刘二混那样的生活。他说："我对演刘二混这样的角色是毫无生活体验的，我也没有交过这方面的朋友，无法借鉴你，我怎么能够进入角色呢？这是一个大难题。"自己不是流氓，也没有看到生活中那些流氓的具体流氓行为，而要成功演出一个刁赖泼皮流氓来，自然觉得难度很大了。正是没有生活体验，所以排这个节目时，越想演好这个角色，就越虚假，导演筱樊春楼看木斧演刘二混，看得很不满意，不禁大声喊起来了："你这个人怎么不会耍流氓呵！"木斧当然不会耍流氓。但他体会到，你要扮演一个角色，必须进入他的内心世界。在这个时候，你就等同于你扮演的人物了，你就得进入这个角色的内心，你就要会"耍流氓"了！

但是，这不是说演员的生活在体验丑角形象的塑造中无足轻重。塑造好这个丑角形象仍然需要演员生活的参与——无论是直接的还是间接的；自身的还是他人的，生活经验总是在一定的时间里发挥着作用。木斧在反复学习借鉴了他人的演出经验，融会贯通之后，蓦然回首，才发现，生活仍然在发挥着作用。他说："生活是不是不重要了呢？不是，等到排练熟稔之后，生活中许多人物扑面而来，尽管生活中并无刘二混其人，但刘二混的一肢一节、一举一动、一言一笑，都可以从许多熟悉的人身上捕到，把他们拼凑成一个人物简直绰绰有余。这便是生活的特殊感受，这便是艺术的独特魅力，终于使我自我陶醉在京戏的艺海中而不能自拔了。"生活的感受在这个时候终于与人物融会起来，这种典型化的过程，增强了演员在演出和人物形象塑造中的力度和精准度，给演员在人物形象塑造中以全新的认识和理解。

进入角色，进入人物内心，在扮演程雪雁这个角色的时候，木斧尤有体会。木斧知道，"程雪雁貌似旦角，却不是旦角，而是丑角行当，所谓彩旦是也"。这是一个演出难度很高的角色。剧情规定，"程雪雁是一个丑陋的女人，不仅容貌丑，形体丑，声音丑，连心态也是丑的。这样的人物在生活里的一举一动都会令人十分讨厌，十分反感"。木斧认识到："程雪雁这个人物的性格是相当复杂的。程雪雁的丑和程雪娥的美形成了鲜明对比，两种评价早已刺痛了程雪雁的心。我演程雪雁，既要表现我对妹妹的嫉妒，因嫉妒而引起的不安和烦躁，又要表现我对自己既自卑又自尊，有时悲观，有时又莫名其妙地自负，认为自己长相也许不错，也许有一天能够找到如意郎君，所以才会愚蠢地敲门企图勾引妹妹的未婚夫，这是一种畸形的心态，也是一种丑的心态。"有了对于人物性格复杂性的认识和把握，就真正进入了人物丰富、多层次的内心世界，就为演好这个人物奠定了基础。

二是把握特点。把握丑角人物的特点指的是每一个丑角人物是不同的。身份不同、出身不同、地位不同、处境不同、性格不同，作为丑角演员，你不能把诸多丑角人物演成一个丑角人物。要演出不同丑角人物各自面貌来，必须把握各自的特点。这一点在木斧饰演《蒋干盗书》中的蒋干时，体会最为深刻。京剧界都知道，丑角行当中，蒋干是一个演出难度很高的角色，难就难在这个人物的特点很难把握。况且，《三国演义》脍炙人口，那里面对于蒋干这个人物的描写已经为他定了性。实际上，在京剧尚未诞生的时候，人们就通过评书、戏曲、曲艺等形式，形成了对于蒋干这个人物形象的固定的认识，数百年积累下来的对于人物形象的普遍看法已经成为十分坚固的认识固体了。而京剧演员要想通过自己的努力赋予人物以新的特点，那又是一件何其艰难的工作啊！

对此，木斧是有深刻认识的。他写信给他的老师、著名京剧名丑黄德华，诉说他"演京剧的兴味仍然很浓，对蒋干是情有独钟。追求是无止境的，我还得练"时，黄德华回信说："我对这一角色追求也是如此，通过五十年来对这一角色学、演、教、练的体会，不断有新的认识、理解。现将戏剧家翁偶虹先生对蒋干的概括提供给你，供研讨。蒋干：雅而又酸，傲而又谄，智而又愚，佼而又驯。我以为用这个辩证法的哲理去剖析角色，用这十六个字来塑造人物，当你再次登上舞台之后，定会产生新的体会。"木斧读后深感是金玉良言。他回复说："要演好蒋干很不容易，我对这个角色的热爱也是逐步增加的。我通过两次戏装自画，在认识上有了一个新的飞跃。第一次画，我的题词是：自以为聪明，其实很蠢。第二次画，我的题词是：上当受骗，反落个'盗'字骂名。过去一直认为蒋干很蠢，所以尽量在舞台上去表现他的'窘'态，后来逐步认识到，两国交兵，各为其主，从本质上讲，蒋干不是坏人，而且是一位饱读诗书的知识分子，可惜读书读成了迂夫子，只有书本知识没有实践经验，最后落得个上当受骗的下场。首先要塑造一个典型的知识分子形象，才能演好蒋干。"这里师徒俩对于蒋干形象特征的探讨，实际上是集中在蒋干性格的丰富性上来了。认识到人物丰富、多层次的性格特征，准确把握这些体征，也就为舞台上演好演活蒋干这个人物形象提供了有力的前提。

三是符合身份。符合身份是指在舞台表演中塑造人物时要符合剧中人物的身份，符合身份就是要符合剧情的规定性（丑角人物也如此）。那种脱离剧情规定性去塑造人物，就使这个人物的塑造失去了最为根本的凭借而给观众留下虚假的印象，是很不可取的。在演出《游湖借伞》一剧的艄翁时，木斧也下了一番功夫。他说："我在京剧折子戏《游湖借伞》中扮演了一个颇为风趣的艄翁。艄翁不过是个配角，上场时间短，唱腔少，道白也只有七八句，但是要让艄翁的表演烘托出主人公白娘子与许仙初次相遇结下情缘的气氛，我扎实地下了一番功夫。划船、摇桨、抛锚的程式化动作是新学的，不知练了多少遍；唱山歌由月琴伴奏，不是我唱惯了的胡琴戏，还得根据曲谱天天练唱；更重要的是感情投入。"

木斧分析艄翁这个人物的身份特点和在剧中起到的作用，指出："艄翁是一个以撑船为生的劳动人民，勤劳、善良并且助人为乐，在白娘子和许仙的结识中，他起到了一个自然的引发作用。我是一个长期从事脑力劳动的高级知识分子，上台后，我的日常的习惯动作必须彻底改变，才能从形体上姿态上口语上动作上体现出一个长期从事体力劳动的普通劳动人民的形象。"这也就是说，作为长期从事脑力劳动的高级知识分子的演员，当他在表演角色的时候，就要符合这个角色的身份。由于高级知识分子并没有艄公的生活体验，长期的笔墨生涯已经形成了知识分子固有的行为习惯，要符合艄公身份，就要改变自己的日常生活、语言、姿态等习惯性的动作，你的演出才可能符合艄翁这个长期从事体力劳动的人的习惯动作和语言特征。搬柁撑船的动作绝对不能等同于挥笔铺纸的动作。一句话，你的表演，你的一举一动必须与艄翁的行为习惯一致起来，才能演好这个人物。应该说明，一个人长期形成的日常生活行为语言习惯的改变并不是一件容易的事情，稍不注意就可能露出"马脚"来的。由此可以感受到，虽然在剧中艄翁上场时间短，唱腔道白都不多，但他发挥的作用是无可替代的。也可能正是由于上场时间短、唱腔道白不多，所以塑造好这个形象并不简单。木斧之所以能够塑造好这一形象，除了自身的积极努力之外，演出动作心理表现行为习惯都符合人物身份是一个十分重要的原因。

四是借助程式。应该说，京剧是一个高度程式化的剧种，木斧在扮演刘二混时深有感触，他指出："中国的京戏，好就好在全部是程式化的表演艺术，表演坏人也有许多程式化的动作，不会运用这些程式是无法演戏的。我很感谢筱樊春楼给我做了一些示范，我又看了些录像，听了些录音，还听一些老艺人介绍前辈丑角马富禄、刘斌昆、厉慧森的表演艺术，融会贯通之后，我运用一把大折扇，终于演活了这个刁赖泼皮的刘二混。"木斧表演艄翁那个角色所必须掌握的划船、摇桨、抛锚等程式化动作，也帮助木斧演活了艄翁这个人物。借助程式表现人物的特征和性格本是京剧的特点。某种意义上讲，学习京剧，主要的就是学习程式，生旦净末丑，各有程式化的表演要求；身形言动、举手投足，唱念做打，唱腔道白，各种角色都有程序化的规范。可以说，凡是优秀的京剧演员，无不高度重视程式化动作在演出中的重要意义和作用。木斧说他在演程雪雁这个人物时，"致命的弱点是不会熟稔地抖水袖，这是演员的基本功，对于花甲之后才学戏的老头儿来讲，想练也练不出来"，所以只好以其他表演的方式来弥补这个不足了。这也有助于我们认识程式化动作在京剧艺术传统的继承和发展中的地位和作用。

五是有所创新。在表演蒋干时，木斧也还是存在一番焦灼的。"要表现蒋干的酸、诮、愚、驯，都不可过头，这个尺寸怎么掌握？怎么体现在蒋干的唱、念、做上面，我给自己出了个难题，至今还琢磨不透。"后来，木斧悟出来了，他说："蒋干在曹营夸下海口，这本身是一个不切合实际的空想，蒋干也不是不知道，过去是老同学、好朋友，现在成为敌对关系，所以蒋干一到东吴便处处小心谨慎，一进大营便不停地在观察周瑜以及众将的神态变化，以防不测，这时蒋干的眼睛有许多戏，他在偷偷地搜索帐中的一切动静，心中有鬼，目光也就不那么光明正大，斜着眼东窥西看，并不是要偷什么东西，表演时注意眼神偷目时不可过头，过头了，变成了娄阿鼠的眼神，这场戏就泡汤了。"这是木斧对于蒋干这个人物的新认识，这是演出有所创新的基础。

戏剧演出要创新，创新要适度，要讲究分寸，要得到观众的认可支持，这一点木斧是很有体会的。

下面简单谈谈木斧的丑角美学观。概括地说，木斧的丑角美学观就是以丑为美，丑极为美，对比显美，融合致美，化丑为美，美美与共。在他的一系列关于戏剧人物尤其是丑角人物形象塑造的文章中，在他的戏诗中，有着比较集中的阐述，这里无法展开，希望有人能够深入研究。

木斧专注戏剧丑角人物形象的塑造二十四年，他所塑造的系列丑角人物形象，已经成为京剧舞台上一道靓丽的风景。他的丰富的丑角人物塑造的经验，也为京剧丑角的塑造留下了一笔宝贵的精神财富！

木斧还关注京剧唱词的创新修改问题。这是一个看法各异、聚讼纷纭的问题，但也是一个继承发展京剧艺术绕不开的问题。对此，木斧在致著名文艺理论家王元化的一封信中引用他的话说："我（王元化）尝言，京剧中最引起争议的是它那俚俗词句。有的唱词甚至文理不通，但必须注意，京剧唱词大都是老艺人根据表演经验的积累，以音调韵味为标的，去寻找适当的字眼来调整，只要对运腔使调有用，词句是文是俚，通或不通，则在其次，因为京剧讲究的是'挂味儿'。可以说京剧虽在遣词用语上显得十分粗糙，但在音调韵味上却是极为精致的。京剧中的唱词也应纳入写意型的表演体系之内。这就是说，把词句当作激发情感或情绪的一种媒介或诱因。在京剧中，音调与词句俱佳，自然是好，倘不能至，我认为正如作文不能以词害意，京剧也同样不能为了追求唱词的完美而任意伤害音调韵味。"

木斧对此表示高度赞赏，认为王元化说的是真正的内行话。当然木斧对此的认识也有个过程，他说："在我未跨入京剧这个圈子之前，对京剧唱词也反感，认为不仅俚俗，而且常常文理不通，陈词滥调太多。例如带马，'带过爷的……'有时是'马能行'，有时是'马走战'，虽然文理不通，但角色一举鞭，就知道他要上马了。又如'细听……'有时是'说分明'，有时是'说从头'，有时又是'说详端'，有时是'说明白'，不过就是'你听我说'或是'我告诉你'的意思，却唱出了那么多废话来，唱词虽然空洞，唱腔却精彩极了。"

木斧也动过改词的念头，但是"后来听戏听迷了，掉进韵味里去了，再也不会单从文字上去计较了；后来唱戏唱迷了，'陈词滥调''狗屁不通'的唱词我也照唱不误了。"

由此，木斧认为京剧传统词句不是不可以改，"但要慎之，再慎之。京剧传统唱词都是经过几代艺人演出实践反复琢磨过的，要改，也应该'纳入写意型的表演体系'内同演员一同修改。马连良的《借东风》是一段脍炙人口的京剧唱腔，是马派唱腔的'撒手锏'。马连良演了成百上千场，可以说是千锤百炼，精益求精了。可是曾几何时，人云亦云，说这段唱腔的词句太粗俗了，全部进行了改造，并让马连良于1959年根据新词重新录了音，结果如何呢？结果谁也不买账，全部恢复了原来的唱词，例如原词第一句'识天文习兵法犹如反掌'，被改为了'天堑上风云会虎跃龙骧'，以为去掉了迷信成分，词语优雅了，其实情理不通。"

　　木斧以自己对于京剧改革史上的丰富实例，说明了京剧唱词改写的难度。回顾几十年京剧改革走过的历程，实际上是体现了如何对待传统文化，如何对待传统戏剧的大问题。对于包括京剧唱词改写问题在内的戏剧改革，木斧取一种慎重的态度。慎重，源于尊重，源于敬畏，源于理解，源于对于戏剧艺术的历史和剧情发展的谙熟，那种自以为是，或者追求时髦、另起炉灶、脱离传统的做法，是不可取的。戏剧的继承创新发展，本质上是一个文化问题，离开本民族固有的文化传统去搞所谓的创新发展，只能是无源之水、无本之木，失败是必然的。

　　但木斧也不保守，他对于符合剧情环境戏剧唱腔规律的改词，也是很赞赏的。在演出中，他也曾经增改过已有的唱词和道白，如他对于程雪雁道白的改动等。但是他认为对于京剧唱词的改写，需要改写者和演员共同参与。因为演员熟悉唱腔唱词的历史渊源，又有舞台表演经验，他们参与修改，才能改出既符合艺术规律，又符合舞台演出需要的高水平唱词来。我认为木斧这种持重秉中的态度值得肯定，对于传统戏剧的继承创新和改革发展也有重要的借鉴启迪意义。

| 第十二章 |

# 纯真的人

## 赤子之心

在我的心目中，木斧就是一位十分真诚、善良、包容的人，是一位古人所说的"赤子"。所谓赤子，按照我国传统文化的解释，是指刚刚出生的婴儿。婴儿刚刚出生，未受世俗影响，一切发乎本性，本能，不知伪饰，没有机心，不会算计，以真诚无瑕的善良之心对待自己、对待他人、对待世界。赤子之心，就是指赤子未受世俗污染的质朴纯善之心，指的就是如婴儿般的纯洁无瑕的人的本心、本性。

在古人看来，赤子之心是一种非常珍贵的心性，是至高无上的"德"。老子说："常德不离，复归于婴儿。"又说："众人熙熙，如享太牢，如春登台，我独泊兮其未兆，如婴儿之未孩。"说的是看那众人熙来攘往，好像赶赴盛大的祭祀大典的筵席般的追逐名利，而只有我淡然处之，无动于衷，如像春天去登台眺望般的潇洒平和，就像那不知言笑的婴儿一样的纯洁无瑕。孟子也说："大人者，不失其赤子之心者也。"对于赤子之心给予很高的评价。由此观之，赤子之心是对于操守高洁、真诚率性、淡泊名利的人很高的赞誉。

牛汉在为木斧的诗集《缀满鲜花的诗篇》所作的序中说过："木斧是属于这样一个类型的人，外憨而内慧。乍一见，他那敦敦实实的躯体，团团的脸庞，冷漠无神（说的是第一次见面的印象）、仿佛结了冰的眼睛，紧紧闭起微微上撅的嘴巴，显出几分严肃的、莫测高深的气概；似乎有点矜持，有点深沉，有一刹那间又觉得他还有点冷僻古怪。如果他不开腔，你只能以沉默对沉默，跟他面面相觑。咳，天晓得他老兄是个什么性情？然而，只要跟他交谈上几句（仍由对方打破僵局，他嘛，决不首先开腔。这个习惯，二三十年来我也渐渐养成了，是失去了人的尊严之后采取的自卫性手段），我敢说用不了三五分钟，他木斧的原形，从里到外，就一下子裸露了出来。这时，你不妨再友好地望望他，他的脸庞、眼神、额头、肤色，都幻梦般变成亲切、爽朗、憨直的热调子（借用绘画界的用语），特别是嘴的表情很不一般化，带出那么显稚气。好比成都的天气，十天半月阴沉沉的，不透一丝阳光，但只要太阳一露明脸，天上人间的一切都焕发出绚丽夺目的光彩，每片树叶，每朵在浓雾中挣扎开放的花瓣，都由于振奋而颤摇起来。当然，木斧的神情决不会阴十天半月，他哪里能憋闷那么久！跟他处久了之后，才晓得他其实是个急脾气，他常常说得愤慨时眼睛会突然喷射出强烈如芒刺的亮光，直勾勾地刺向你的心灵。这种能爆出火焰的眼睛，我的朋友之中有不少双，他们大都是遭遇坎坷而又很坚毅的人。"

牛汉是从木斧人生经历的角度来考察木斧独特性格形成过程的。流沙河在为《木斧诗选》作的序文中，则称他是一个"天真汉"。那是说经历那场史无前例的"文化大革命"之后，木斧还居然希望存在流沙河那里的文稿幸存，确实是有些"天真"，有些好似不谙世事的乐观。读过这些文字，深深地感到这些前辈们对木斧的了解之深，而又准确地把握住了他性格的特点。牛汉这里说的木斧的"热调子""急脾气""亲切、爽朗、憨直""稚气"；流沙河说他是"天真汉"，说的就是他的性格，其实就是指他的赤子之心，他的不加掩饰的真性情。

木斧是一位十分善良的人，由于善良所以纯真。说到他的纯真，不得不提他的那一片永不枯竭的童心。如果你到他家中去拜访，你会看到：在他的客厅里，有一只银白色的小猫，这就是木斧的宠物，他给了它一个颇带温情的命名——"呆猫"——这就会有一点责备之意了。他常常在和人谈话中，抱着冷不防中跳上身来的"呆猫"，亲亲热热地呼唤着："我的呆猫儿呀……"

他爱猫，也爱一切能唤起他的情趣的幼小的事物。因此，他的不少的诗中，都有那么一种"童趣""童心"。他还为少年儿童创作过一本童话小说《故国历险记》，编选过《现代情操诗选》。在不少评论文章中，介绍过不少儿童读物。这些工作，只有像木斧那样童心永驻的人才可胜任的。在收入《木斧短文选》的《潺潺的小溪流》一文中，木斧倾吐了对于遍布在成都平原上的小溪流的深深怀念。那时的小溪流清澈见底，透明宁静，可以清楚地看见鱼虾游翔。木斧说："我的小溪流和我的童年是连在一起的。我看见了小溪流便看见了我的童年，我想起了童年便想起了小溪流。儿时的我，最喜欢到小溪流去踏青，去踩水，去嬉戏，小溪流是一面流动的镜子，照亮了我赤裸的身子也照亮了纯洁的心灵。这儿没有城市的喧嚣，这儿没有欺诈，这儿只有绿色的田野陪伴着潺潺的小溪流，小溪流静静地流淌着，无忧无虑地流淌着。啊！小溪流，在我的记忆里，你是静谧，你是安详，你是温柔，你是端庄，你是我童年的写照，你是我生命的明珠，我至今深深地怀念你！"

这是一篇写于1998年10月的短文。读这篇文章，我们可以从中看到木斧对于清新自然和纯真纯洁的呼唤，也是对于童真的呼唤。

不少人——专家、学者、诗友、评论家，少年、青年、老人，谈过他的诗、他的散文，都评论说其纯真、朴实，富有幽默、情趣。这些都扣住了木斧诗的特点，同时，也抓住了他为人的特点。"文如其人"这句千古名言，对木斧来说，是完全吻合的！

木斧2000年10月写过一篇短文《不亦快哉》，极其生动形象地表达了他的性情：

其一：早上起床，洗脸漱口尚在其次，百事之首，内急也，楼闪也。此事最忌解文释字，只能告诉你，内急就是楼闪，解脱之后，顿觉周身轻快，不亦快哉！

其一：夜不成眠，时而踱步厅堂，时而观赏电视，时而翻阅杂志，直至宽衣上床，仍无倦意，乃小声哼唱京戏自我催眠，直至无声息中听到自己的鼾声，方知梦神已至，将托灵魂飘游去了，不亦快哉！

其一：平日最好交友，多系文字之交，天南海北，飞鸿来往，每日均有书信到来，习以为常。倘有一日无信，则惶惶然不可终日。有时，一来便是三五封；有时，送来书信一大摞，惊喜状如市民获得中奖彩票一般，不亦快哉！

其一：每日晨读报纸，从无改变，时间却有变化，如有书信到来，则先读书信，后读报纸，读毕才进早餐。书信多时，愈读愈有兴味，愈读时间愈长，胸中感到充实，口中念念有词："饱了！饱了？"早餐改为午餐，不亦快哉！

其一：拿起笔杆子，奋笔疾书，如有神助，其实是腹稿酝酿成熟，一鼓作气，倾流不止，不亦快哉！

其一：放下笔杆，直奔舞台，勾脸，易服，换成另一个人物，"啊哈"一声，粉墨登场，迎来一片掌声，不亦快哉！

其一：只进一种茶馆，必须是平民老百姓的大院茶馆，必须是有靠背的竹椅，必须是小方桌，必须是盖碗茶，进门一声吆喝，"倒碗茶来！"茶师至，用碗毕，铜壶自高处倾出细流，一线瀑布跃入碗中，但见茶花翻滚却不溢出碗口，不亦快哉！

其一：好酒香醇扑鼻，宜品不宜饮。一口一口牛饮，无法领略酒香，只有细细抿吮，方能品出真谛，必先置鼻下闻香，再噙一滴在口，用舌尖搅拌，然后浸入腹中，如此反复几十次几百次，微醉，昏昏然，飘飘然，不亦快哉！

其一：听别人骂自己，自己恰在座中，座中人皆不识我，所以骂得直截了当！骂得痛快淋漓！不亦快哉！

其一：和小孙儿捉迷藏，老少皆乐，不亦快哉！

其一：我对小猫说："咪咪咪！"我对小狗说："汪汪汪！"我的孙儿说："爷爷疯了！"其实我和小猫小狗心心相通了，不亦快哉！

其一：静坐。从自己的脉搏声中听出了时光的节拍，听出了时代的脚步声，听出了21世纪向我走来的声音，灵感倏然而至，一首《倾听》脱颖而出："每个音符都在跳动/每个花瓣都在舞蹈/我听见，那一天/来了/来了……"是我在对自己说？是我在对世界说？我好开心！不亦快哉！


这是木斧真实心态的自述，不夸张，不虚饰，不做作，一切随之自然。他不仅善于从凡俗的日常生活中发现美，发现诗，更善于从中发现快乐，寻求快乐！这就是木斧的真诚禀性和人生态度。他不仅能够自然地融入平民百姓的凡俗生活境况之中，甚至于以此为乐。他还乐于与小猫小狗对话，以与小猫小狗心心相通为快，如果没有一颗不老童心，不泯的真性情，是很难体会得到的。

唯真性情者能真诚！唯真诚者是真人！木斧之谓也！

因为真诚，木斧耿直。不要以为木斧就是一位好好神仙，他也有愤怒的时候。木斧有自己的人生准则。他见不得那些虚夸和浮华，见到这些东西，他就如鲠在喉，不吐不快，直言以对。1999年，一家出版社出版了《中国作家3000言》一书，木斧对于入选过宽过泛表示不满，他按捺不住，提笔写了《为〈中国作家3000言〉进一言》的文章，文中对一些作家的经典名言做了肯定，但又毫不客气，直截了当地指出"选得太泛了"。他认为："要精选，就不要顾及作家的地位和身份，只有一视同仁、一个标准，才能大胆摒弃次品，于精品中精益求精，把最精粹的一句话筛选出来。我看选一千人的一句话足够了，再多，就泛滥了，以致把一些套话、废话、官话，一些千篇一律的、可有可无的乃至语意含混语法不通的话也选了出来，结果伤害了中国作家协会会员的总体形象。这方面的一句话，我也可以选录，为了避免打官司，这里点到为止，不便举例了。"

他还真诚地建议这本书的编者："如果今后还要出版这类选本，务必花中选花，宁缺毋滥，否则，'当代论语''世纪真言'就会被读者传为笑谈。"

木斧性格豪爽率性，无论对谁，都是有啥说啥，从不隐瞒自己的观点。他爱人邓德芳曾经多次说过，木斧一辈子就是吃了说话"直"的亏，得罪了不少人。木斧不是不知道说真话，实话实说会得罪人，他的诗人朋友中也有不少这样的人。他说过刘岚山就是这样的人，"老不懂事"！但是一遇到事情，他总是忍不住要说，一点也不看人家的脸色，不管人家受不受得住。这个性格一直到现在，也是如此，他自嘲说："这辈子怕是改不了了！"

2017年5月，中国作家协会会员、中国社会科学院研究员刘扬体出版了《经典中的爱情》，这是一本脍炙人口的好书。书中把我国诗词、小说、散文、戏曲中的爱情故事自《诗经》开始都串在一根线上了，可读性很强。刘扬体在编写的时候，木斧除了赞扬这一设想之外，对于中国古代的《梁山伯与祝英台》《王金龙与玉堂春》没有入典提出了严厉批评。他说："既然谈的是中国古典文学中的爱情，为什么把《罗密欧与朱丽叶》拉进来了？因为那是爱情典范，不提它爱情就会逊色了吗？梁山伯与祝英台、王金龙与玉堂春，为什么你不提？难道真的是外国的月亮比中国的圆吗？也许你会说'没见诸文字'，'不是经典著作'，你……难道不会从中国的戏曲文字中去提取吗？"一串如连珠炮般的质问，表达了强烈不满。从这些愤激的指责中，我们似乎看到了一个胼手胝指的木斧形象。幸好刘扬体先生作为木斧的老朋友，很有雅量，出书的时候，还把木斧这封信给收进去了。

在我国的文化传统中，评人与衡文的标准似有不同。品陟人物，有所谓"为贤者讳""为尊者讳"之说，隐恶扬善就成了一个人的美德；而朋友相交，崇尚直道。《论语·季氏》言："孔子曰：'益者三友，损者三友。友直，友谅，友多闻，益矣。友便辟，友善柔，友便佞，损矣。'"朋友间交换作品，"疑义相与析"，被视为修德进业的重要途径。而评价朋友的作品，讲究"不虚美""不隐恶"，一旦"虚美""隐恶"了，便成"损友"。直道相交，实事求是，说实话，不虚美，不隐恶。这一点木斧是做到了的。而对于取得较大成就的晚辈诗人，木斧也坚持这个观点，坚持"不虚美，不隐恶"，好的就是好的，不好就是不好，当然也可能木斧认为不好的，他人和诗人自己认为好，所谓"仁者见仁，智者见智"，但是木斧坚持不怕得罪人，有一说一，有二说二，他认为这是一个老诗人的义务，无论是作为朋友还是作为老一辈诗人，都有责任对于他们作品中存在的问题和不足予以指出，目的是使他们有所反思，取得更大进步。那种只顾面子，不愿得罪人而做无谓吹捧的不良文坛风气，木斧是看不惯的。他也确实展示了一个直道而行的儒者和前辈诗人的高尚品格和直道风范。

2017年9月，云南人民出版社出版了《诗痴麦芒》一书，近八十位名家为麦芒的诗写了诗评，几乎百分之百的对诗痴麦芒给予了夸奖和赞誉。唯有木斧写的《诗痴麦芒》除了赞誉之外，还提出了许多批评。木斧说："希望他多写，多练，在诗的表现上不要看到一点就写，要反复地比较，反复地探索，反复地修改。他的一些诗，有题材、意境重复或者雷同的地方，例如《重庆》和《啊！重庆》，意境大体相同，可以综合为一首，也可以用一首，弃一首；又如《女人》《女人是水》《女人是酒》《女人是药》，均不妥帖，这些尚未成熟的诗，最好不要急于发表；有些诗句，几乎成了文字游戏，例如'三言两语/两语三言'，'有有无无/无无有有'，这些赘语，如能删去，小诗就会更加精练。"应该说，木斧的这些意见是很有见地的，但是也是十分严格的，抓住诗句中无可辩驳、无可推脱的毛病和问题，指出其问题所在，一点也不遮遮掩掩，一针见血，痛快淋漓。如无足够的胸怀，颜面上是很挂不住的。

2018年5月，北京团结出版社出版了《诗坛百家致王学忠的信》一书。王学忠是一位很有成就的诗人，有"平民诗人"的称号。团结出版社出版的这本书收录的所有信函几乎百分之百地对王学忠表达了赞颂，唯有木斧的信函除了赞词之外，还提出许多批评和建议："我该讲的已经讲了，我要提醒你的是，你这本诗集，短小、精干、清新，但也有些地方离开了现实生活的节奏，给人以飘飘然的感觉，也许你没有觉察到，我这样提醒，似乎也太直露了。要扎扎实实地生活，要扎扎实实地写诗，诗要一首一首地写，一首一首地改，要肯下功夫，和做生意一样，要一天一天地做。名家的评语，会对自己的创作起到激励作用，但不可以用名家的评语来装饰自己的诗，关键是你自己要能脚踏实地地写诗，并且用汗水来浇灌自己的诗。"这些话，连木斧自己也觉得"似乎也太直露"尖刻，有点耳提面命的感觉。真要全盘接受下来，也似乎是在考验着王学忠的胸怀呢！

我不知道以上这几位诗人读到木斧这些火辣辣的词句时做何感想！但是我相信他们一定会体谅木斧的一片苦心。我也知道，文学批评，或者诗歌批评，需要真知灼见，需要那些一点不留情面的批评文字，要触到痛处。这样，被批评者才会进步，我们的文学才有希望！那些隔靴搔痒，不冷不热的所谓批评，那些毫无原则的赞颂，只会助长作者或诗人的虚骄之气，无论对个人还是对事业，都是有害无益的。木斧坚持的这种敢于直面事实，敢于刺刀见红的批评风格正是今天文坛所缺乏的，弥足珍贵，值得高度肯定！

一个人的性格总是多侧面的。木斧也是这样。他正直、善良、执着，待人纯真，乐观幽默，包容宽厚，与他相处，你会感到特别自然、愉快。但是，他不是一尊永远笑口常开的笑弥勒佛。对于丑恶的东西，他常常义形于色；对于打击、迫害、压力，他决不屈服，也绝不出卖他人。如牛汉所感受到的，他不是胡桃，有坚硬的壳包裹着；他是有核的浆果，常常在说笑中，会突然爆出几句又冷峻又尖刻的话，随之眉宇间就崛起一个不驯的小丘。

木斧又是宽容的。对于在过去年代里，曾经有意无意地给过他伤害的同志和朋友，他都能够从体谅的角度，设身处地地去为别人着想，从而原谅别人。由此可见木斧的宽广的胸怀和对友情的珍视。1990年，笔者到攀枝花大学开会，遇到了著名的诗人和诗歌评论家石天河先生，石先生谈起20世纪50年代的一些人和事，石先生性格刚烈，他愤慨于当时的一些人的没有骨气没人格，痛斥那些出卖友人的人是"软骨动物""从狗洞子里爬出来的人"。我告诉石先生说，曾经听木斧说起过一些情况，不过，木斧说，都过去了的事，他们在当时，都是不得已的，也不完全怪他们。石先生听了后说："木斧真是个好心人！"

人们说，纯真的人多朋友，多深交。木斧就是这样。他重情重义，一旦结交，终生不渝，他是那种有始有终的人。他寡言，但对朋友却无话不谈，对朋友，他总是牵肠挂肚，时时想念，形成文字，往往成诗，他的《给200位诗人的画像》就是木斧交往的记录，友谊的结晶。

木斧和吴奔星的交往就是一个很好的例子。吴奔星（1913—2004），湖南安化人，年长木斧十八岁，是我国现代著名诗人、学者、中国现代文学史家、鲁迅研究专家。吴奔星毕业于北京师范大学国文系，早年参加湖南农民运动和"一二·九"学生运动。曾先后在桂林师范学院、国立武汉大学、江苏师范学院、南京师范大学任教。1954年吴奔星出版《茅盾小说讲话》，是新中国第一部研究茅盾的专著。但因该书由上海泥土社出版，次年胡风冤案发生，受到牵连，被认为受胡风文艺思想影响，于1957年被划为右派，下放徐州师范学院"戴帽"任教。1980年2月在《文学评论》发表《试论"新月诗派"》一文，是新中国成立后第一篇探讨文学流派的论文，是文学流派研究的开山之作。吴奔星于1982年获得平反，重返南京师范大学中文系任教。

因为吴奔星与木斧有着共同的所谓"受胡风思想影响"的苦难经历，所以，在他们都还没有完全获得解放的时候，木斧就跑到徐州师范学院去看望吴奔星先生。两人一见如故，有着谈不完的话，谈了一夜也谈不完，后来就一直书信往来，后来吴奔星还指导他的两个硕士生徐瑞岳和孙晨写出了一篇评文《心"底"蕴藏着一个奔腾的大海》（《诗探索》1982年第三期），评论了木斧的诗作。吴奔星还自己写了《简评潜潜的笔》《〈春蛾〉简评》《〈豆腐〉简评》，倾吐了他对木斧诗歌的见解。以后木斧和吴奔星共同多次参加了许多学术讨论，在北京、在大连、在苏州、在天津，达到了无话不谈的地步。他还带木斧去拜访田间等诗坛老前辈，这对木斧的编辑和诗歌写作具有很重要的作用。木斧离休以后，学习京剧演出，吴奔星也是一个十分热心的支持者。共同的经历、共同的爱好、近似的性格，使他们成了终身无话不谈的忘年之交。吴奔星去世后，木斧含泪写成《无话不谈的老友》一文，对吴奔星给予了深深的怀念！

## 告别酒神

作为一位著名诗人，一位著名的编辑家，木斧除了好诗、好戏之外，日常生活中的兴趣爱好也是很广泛的。这些爱好，有的与他的工作性质相关，有的则是出于文人的本性。比如木斧爱好篆刻，他常在工作之余，拿起刻石和刻刀，刻下自己喜爱的词句。有时也应友人之请，为他们篆刻印章。他的篆刻或许尚未成名家，但却也自成一格。他刻写的无论阴文或阳文，都显得朴拙厚重，那种纤细、瘦劲的风格，他是刻不出来也不愿意追求的。这也许可说是"字"如其人吧！

木斧爱书。爱逛书店，爱买书，爱看书。他的《木斧短文选》中记叙过他逛书店、选书买书的经历，也描写过自己藏书、搬书的情趣。这都是文人的爱好。无论是买书还是藏书，木斧的目的都在于读。他写过《源泉》一文来说他的读书生活："每天晚上都要看书。即使写作延续了很长时间，即使与友人谈话至深夜，总要腾出一点时间和精力读书。书中有一个万花筒式的庞大的世界，它常常突破我困居的小屋，向纵深发展。书中的乐趣是无穷无尽的。

"按照鲁迅的说法，读书，既是一种学习，也是一种休息。人的时间和精力太有限了，我绝不肯轻易地抛出一段完整的时间去恣意地娱乐和休息。八小时工作之外，我常常把读书、写作和搞家务劳动的时间搭配起来，综合利用，读一段书，提笔写一段文字，喝几口酒，又埋头读起来，休息就在其中了。

"若问我读些什么书，我可是从来没有一个周密的计划，有计划也经常打乱。总之，想读点什么就读什么，兴之所至，由此及彼，由表及里，有时着了迷，追根溯源，翻许多书，总要找个根底出来，方肯罢休。

"远的不说了，就说这几天读书的生活吧。我正在系统地读《史记》，总觉得古代这些人物，如果给他换件衣服，换成现代的流行服装，于是举止、言谈，和我们熟悉朋友居然有许多相似之处！不久友人谭兴国来访，谈及他已将李劼人的《死水微澜》改写成十二集的同名电视剧，很快要在全国播放了。

于是放下《史记》，去重读李劼人的原著《死水微澜》，时隔十几年，居然有了新的发现，发现罗歪嘴这个人物的恋爱观与时下某种恋爱观竟有许多惊人的相似之处。于是慨然系之，假如李劼人先生现在来写罗歪嘴，罗歪嘴怕未必是个否定人物吧？忽然研究鲁迅的张自强来访，问我：'鲁迅的《野草》是否可以一言以蔽之曰战斗的檄文呢？'我说：'我看有些是求爱篇。'张君答曰：'你我所见略同。我研究这个问题研究了三年，你研究了多久？'我说：'我是从鲁迅先生一篇文章的题目忽然想到的。'友人走后，我才感到李劼人与鲁迅塑造典型人物杂取种种人大有异曲同工之妙，于是一连三天翻读鲁迅的作品去了。作为一个作家，若问我生活的源泉是什么？我可以明白地告诉你，一是生活，二是书本，二者不可缺一，直接的源泉和间接的源泉有时还可以互相转换。信不信由你。"

在木斧看来，读书既是学习，也是休息的一种方式，因而也是一种生活的方式，是一天也不可离开的。而离开学校之后的读书，往往没有计划，有计划也会被一些偶发的事件所打断或者转移。木斧读书的方法也往往是联系现实生活来加深对书中观点和认识的理解，或者纠正以往道听途说的成见。他认为，读书是作家写作的重要源泉，与生活是写作的源泉一样，具有重要意义。我们说生活是作家写作的源泉的时候，其实就包含着现实生活和过去时代的生活。现实生活是我们都居于其中的生活状态，过去时代的生活离我们已经远去，不可重现，只能依靠过去时代作家的作品去体会、感知。同时，过去时代的生活和现实生活总是相互联系的，在许多方面也是相通的，对于理解我们今天的现实生活具有重要的认识和启迪价值，这两类生活形态对于作家写作的意义都是重大的，不可缺少的。

爱书，好读书不仅是具有认识和启迪价值，也是我们汲取新知，扩大视野，与时俱进，纠正偏见的一个重要的渠道。只要不断认真读书，我们的眼界就会更加高远，对人对事的了解就可以更加全面深刻。木斧写过《我读〈新文学散札〉》一文，这本书的作者是龚明德，当时是四川文艺出版社的编辑，也是木斧的老部下。这是一位具有"考据癖"的现代文学版本史料学者。他对现代文学史料的收集整理和研究，尤其是对现代文学作品版本的收集、研究，独步于现代文学研究界。《新文学散札》就是龚明德一本关于现代文学一系列谜案的考据性著作。对于这本书，木斧是高度肯定的。他说："龚明德先生送我一本他的近著《新文学散札》，饶有兴味。《新文学散札》还真有那么一点魔力，让人着魔的是作者的考证往往是一种发现，把人们倒流至那个年代的旋涡中去了。龚明德不仅研究鲁迅、研究巴金、研究丁玲这些大家，他还能从新文学史料中去发现'新人'。关于《语丝》刊名的来历，都以鲁迅的'听说'为定论，谁知龚明德从当年顾颉刚的日记中引发疑问，找到了语丝社定名时所依据的俞平伯们所办的文艺刊物《我们的七月》。顺藤理瓜，原来'语丝'二字出于张维祺的《小诗》二首的第一首。这是一个重要的发现，尽管发现的'新人'张维祺已经作古，毕竟从龚明德的考证中让我们知晓了'语丝'这个刊名、社团名的'版权'拥有者，令人叹为观止。"

木斧自己说，由于偏见，他从来不看章衣萍的书。原因是章衣萍二十八岁时便被钉在"摸屁股"文人的耻辱柱上，大家通过鲁迅的著作，形成了对章衣萍的恶劣印象。读了龚明德的《新文学散札》中一系列关于章衣萍的文章，才对章衣萍有了一个全面的总体印象。章衣萍不仅和胡适、林语堂、周作人相识，同时和鲁迅交往甚密，鲁迅的"少妇多丰臀"是一首幽默诗，并非完全针对章衣萍而来。章衣萍"冤案"被龚明德彻底平反了。木斧由此觉得应该补一补新文学的课，读一读章衣萍病中的《枕上随笔》，可能会对章衣萍的作品产生完全不同于此前的认识。

通过读龚明德以考据为主要内容的书，木斧不仅纠正了对于章衣萍的偏见，还举一反三，认识到："自'五四'至1949年10月的中国新文学，有许多珍贵的有价值的东西需要人们去研究、去探讨、去考证。整理新文学遗产，去伪存真，恢复历史的本来面目，才能使新文学成为一门学问、一份遗产，供后人研讨，继承。"可见木斧爱书、读书的目的是开阔眼界，追求新知，矫正偏见。他不懈的学习追求精神是值得我们学习的。

在日常生活中，木斧的情趣爱好也是多方面的。前面讲过，他爱养猫，视他的"呆猫"为家庭中的一员，他还爱养狗、养花、喜欢烹调，生活丰富多彩。

木斧有一帮诗朋酒友。朋友来到成都，或者木斧到了朋友工作的城市，总是要相聚畅饮一番。但是木斧他们所喜好的并非高档酒楼的豪华排场，他们喜欢的是在平民聚饮的地方一饮为快，他们是要感受民间那火热的生活的原味，那活色生香的生活景象，总是能激发诗人创作的灵感，酿成美好的诗篇。

木斧喜酒，还有一套完整的酒文化呢。在他看来诗与酒相辅相成，而且结缘很早，他说："在中国，诗和酒结缘，已经有几千年的历史了。读一首好诗犹如饮一杯美酒。空中之音，相中之色，水中之月，镜中之像。诗、酒皆然。"

诗酒结缘，并非每个诗人都能喝酒。木斧知道，不喝酒的诗人大有人在，曾卓不喝酒，牛汉不喝酒，流沙河也不喝酒……曾卓、牛汉分别请木斧做客，用好酒款待，他们自己则滴酒不沾。流沙河不仅不喝酒，也不请客。有一次木斧自带了一瓶酒上他家里去喝，正喝到兴头上，酒就被他没收了，说是留着润墨。好厉害，熟知酒的性能，但仍然不喝酒。

木斧喜酒而不嗜酒，他维护古今诗人的形象，批驳一些人以为诗人喝酒，必是豪饮，一饮到底，烂醉如泥，满嘴胡话的说法。他反问道："诗人都是酒鬼吗？没有那么回事。我敢断定，舞台上银幕上的李白绝不是真正的李白，不然为什么硬要把诗人李白写成一个酒疯子呢？我写诗，也喝酒。诗人未必够格，但绝不是酒鬼。我的诗友酒友很多，饮酒谈诗乃是一件乐事，绝非酒鬼所能及。"

喜酒而不及于乱，好酒而绝不发疯，饮而有度，恰到好处，"美酒饮到微醉处，好花看取半开时"，数杯入喉，或细品滋味，或谈古论今，醺醺然，飘飘然，诗情涌动，妙语如流，乃是饮酒的最佳状态，神仙境界呀！

确实，木斧对于酒神情有独钟。他离休前到外地出差，也总是会与朋友一道喝酒。这个爱好一直坚持到2012年，年过八十岁之后。他说："我热爱酒神，不会和它分离，但是到了威胁我的生命之际，我才不得不和它决裂了。"（2018年7月15日致笔者的信）他在吴开晋为《再论木斧》写的文章中加了一段话，说饮酒"给他的身体带来了危机，八十岁大病住院后，毅然戒酒，从此滴酒不沾，既挽救了生命，也延续了诗的创作"。

原来，木斧坚决戒酒，告别酒神，还有一段十分惊险的故事。

2012年12月中旬，原《学生报》负责人苏良沛九十大宴，木斧参加了宴会，并且喝了酒。也可能是年岁大了，对酒的承受力大大降低了，他当场就昏沉倒地了，把与宴的许多朋友吓得不轻。几天以后，12月14日，木斧发现血压上升到了219/108mmHg，被抬进四川省人民医院住院，他这时才知道，自己已经是一位高危糖尿病病人了，又是输液，又是打针，注射胰岛素，高血糖长时间压不下来。后来血糖压下来了，又出现了低血糖症状，成了低血压，严重的时候到了昏迷不醒的程度。

病中的木斧什么也做不了，但是却可以伏在床上写诗，他觉得那是写诗的最佳时刻。可以起床了，他常常站在医院高楼病房外的围栏边，眺望窗外的世界，想着"我还能够出去吗？"他不甘心，还有许多事情没做，他的诗还没写完呢！于是，他挥笔写下了《栏杆》一诗：

从青年走向老年
从平地走向高山
从稚气走向睿智
都要经过一道栏杆

栏杆隔断了通往尘世的通衢
我曾经在这里久久地徘徊

孤单寻求热闹的伙伴
热闹就在前面
纸鸢渴望晴朗的太空
晴朗就在前面

多么希望有那么一个栏杆

让我勇敢地纵身跳踉

我已经越过栏杆了
虽然我已经老迈龙钟
虽然我已经双眼湿润
虽然我已经步履艰难

这首诗确实是木斧在病中的感悟。著名评论家朱先树认为："这首诗是老诗人木斧有感而发，他现在年迈体衰，卧病在床，回忆一生经历，虽然坎坎坷坷，但是最终走过来了，跨越一道道'栏杆'，悟出了一个人生道理：这就是永远充满向往，因为美丽总在前面。如今老了，但是生命不息，仍旧要勇往直前。"朱先树指出："诗用形象表达，'栏杆'就是寓意深远的集中表现。而诗的背后，有着诗人一生的经历内涵，让我们仔细去咀嚼回味。"朱先树点出了木斧诗中的秘密。栏杆既是禁锢人、隔断人与外间世界联系的阻碍，又是跨越后一个阶段的标志。木斧诗中所体现的是一种不甘于被"栏杆"阻断与外面尘世世界联系、不断跨越创造人生奇迹的精神。所谓"老骥伏枥，志在千里"，说的就是木斧这种心态吧！

木斧在病中还有一首《病中吟》：

睁开眼睛太吃力，闭着
闭着比睁开看得更远
许多遥远的神秘的物体出现了
两眼斜愣，怎么也看不清楚
斑斑点点，都在流淌，倾泻
都在不断地放大，膨胀，扩张
眼见自己的身影幻化为图案
跳动的图案让我眼花缭乱

一股巨大的热流紧握我的手臂

我睁开昏花眼，热泪顺流而下

这首诗发表于2013年7月号的《星星》诗刊，后被收入李小雨选编的《2013年中国诗歌年选》。我认为这是一首奇诗。奇就奇在其以诗的形式记录了病中极其独特的感受和体验，表达了一种对于生命的热爱和留恋。这是常人难以获得的体验，也是古今诗人很少写到过的感受。这是一种幻觉。从病理学角度说，是由于人体肝脏解毒机能衰竭后，大量有毒物质进入大脑导致产生的一种异象。不少濒危病人在这个时候，都会出现一种美好的幻觉，比如天使降临，置身美好的环境之中等，有的还会伴随着一些呓语。说句不好听的话，就是一种濒死体验。只有肝脏解毒功能恢复，这种幻象才能消失。木斧正是在大量饮酒后导致肝脏功能衰竭后才产生这种幻觉体验。对于人的生命而言，这是极其危险的，但是对于生命处于危险境地而又脱离险境，重回人世的人来说，这种极端体验是极其难得、极其宝贵的，是以生命的代价换取的。木斧这首诗是用生命写出来的。我想这恐怕也是李小雨珍视这首诗的原因之一吧！

木斧那次大病，2012年12月入院，住了一个多月，于2013年1月10日出院。医生千叮咛万嘱咐："终身戒酒，终身服药，千万千万！"这成了木斧此后生活的座右铭，也是家人监督的重点。

出院以后，木斧就悬崖勒马，坚决滴酒不沾了。在戒酒的同时，木斧还改变了生活习惯，戒掉了火锅及烧烤食品，加上多食蔬菜、水果，散步锻炼，仿佛变了一个人一样，变成了一位以米饭、面条、青豆、豌豆为主食的不挑食的食客了。不是不吃肉，鸡、鸭、兔、鱼都可以入口，只是数量很少了。

生活习惯的改变对于木斧身体的好处是不言而喻的。他也相信他相对健康的身体来源于坚决戒酒。他写给笔者的信中说："你以为我还在喝酒？如果我还在喝酒，早已过世了。还能活到今天？"（2018年7月15日致笔者信）

木斧告诉我："戒酒之后，诗，不写了，写得不多了。我不着急，能写就写，不能写就不写。总之不能硬写，即使写，不求数量，只求质量，写好之后，投入'冰箱'，让它冷却一段时期，就觉得需要修改了，改后再放一段时间，看看还有没有需要修改的地方再说。总之不急，别人一天能写几首诗，我几月几年才能写一首诗，总之写诗不是赛跑，我今后写诗希望越来越少，越好，逐步地便消失了，我说消失的时候我便消失了。"（2018年7月15日致笔者信）我觉得木斧老人对于诗歌创作有着真诚的态度。但是，我觉得写诗的多少并不取决于诗人的预告。我们只要看看他戒酒之后的诗歌创作，就可以知道，木斧的诗情仍然旺盛，写诗的频率仍然很高，作品的产量也仍然比较高。这是生命力、创作力的表现。

## 良师益友

木斧说过："我现在年纪大了，青年诗友们同我见面都叫我老师，实在不敢当。年纪比别人大就一定是别人的老师么？实在不敢当。年纪比别人大就一定是别人的老师么？如果年纪大不长进，在培养人才上没有尽绵薄之力，作为老师，我是有愧的，自愧不如年纪比我小得多的李小雨老师。"

其实，木斧是不必自愧的。他是用以上的话来自勉——我之所以这样说，是有我的根据的。让我们先来说几件事。

夹江县茶机厂有一位叫作张自强的同志，毕业于四川农大，他经历坎坷，但又矢志钻研文学，尤其是在古代汉语和鲁迅研究方面，下了很大的功夫。他花了十年时间，写出了四十余万字的《鲁迅先生诗疏证》，但因为这些年出版事业走入困境，一直无法出版。后来，蒋锡金先生向木斧推荐了张自强的这本著作。他也深为张自强的钻研精神所感动，遂决心帮助他出版。他审读了张自强的部分原稿，提出不少宝贵意见。稿件写成后，他又想方设法安排出版。现在，这部书已正式出版了，张自强十分感激地说："没有杨老师的帮助，这部书是出不来的！"不仅如此，木斧还把自己的著作赠给他，张自强接到书后，写信给他恭敬地称木斧为自己的老师，感谢木斧对他的关心和帮助。

湖南省安乡县出口洲中学有一位叫作粟禾的文学青年，从小喜爱文学，

1987年从常德师专毕业后到这里任教。几年间，他创作诗歌习作百余首，"投了不少，一般石沉大海"，"因为无人指点，不知怎样修改才好，有时不免泄气，自认不是弄文的材料，然而一旦丢开，又觉得生命好像失去了一半，于是又在纸上断断续续地涂抹起来"。很显然，这是一位执着于诗，又在通向诗歌王国的歧路上徘徊，急需指引的年轻人。

他遇上了木斧。在通信中，他便把大量的习作寄上讨教。但他心中很清楚，替别人看稿、提意见，是很费时间的——尤其是木斧这样的著名诗人，身负行政重任，社会事务定然不少，自己的创作也不能丢。因此，粟禾既希望得到木斧这位诗坛老前辈的指点，又担心影响了他的工作和创作。所以他特意在信中申明："收到我的信，您没时间就不忙看，看了也不一定回，如果要回，也尽量从简，几句话就行了。"但到了木斧那里，他是每信必复，对寄来的习作，也总是详细地评阅，写上修改意见，指出优缺点，指出努力的方向并寄赠自己的一些著作。这一切都给粟禾以极大的鼓舞，使他有力量有信心在诗的道路上奋力登攀，而远在巴山蜀水的锦官城里，也有一双眼睛在时刻关注着他的进步……

1988年10月中旬，木斧又读到了粟禾寄来的《夜的系列》组诗，他感到由衷的喜悦；一颗诗歌的禾苗正在拱土而出，虽然仍然有几分幼稚，但却富有浓郁的诗味，是该再注入适量的"植物生长激素"的时候。于是，他的喜悦变成了文字。他在百忙中挤出时间来，为《夜的系列》写出了推荐文章，然后寄给粟禾，请他把原诗抄写一遍，然后同推荐文章一起寄给了《当代诗歌》。1988年11月份，《夜的系列》在《当代诗歌》上较为重要的位置上发表了。

粟禾的那种雀跃之状和感激之情是用语言难以完全表达的，他深知，自己的这次成功，如果没有辛勤的园丁的扶植，那是不能想象的。他激动之余，提笔给他敬爱的木斧老师写信：

"在学诗的路上遇上您，是我的幸运。我本是株先天不足的禾苗，没有您的悉心关照和扶持，我长不了这么快。现在您用斧头将我收割，然后推销，使我能得到社会的承认，您使我开始了诗路上新的里程。现在，请您接受我由衷的谢意，我感谢您，感谢《当代诗歌》。您扶着我上路，现在又给我送来了新的动力。我会加倍地努力，为诗，为像您一样的诗坛前辈。"

写到这里，粟禾的眼睛湿润了！此时，他还连自己这位恩师的面也还没有见过啊！

而木斧，得知《夜的系列》已经发表时，他也感到由衷的喜悦：他似乎看到一株诗的幼芽正在不断地向上生长，拔节，开花，结果……又一位诗坛新人成长起来了，他长舒一口气，又抓起笔来，给粟禾回信，嘱咐他要不骄不躁，继续努力……

现在，粟禾已经成长为很有影响的诗人了，他永远也不会忘记木斧老师对他的扶持。

确实，木斧发现新人、培育新人是不遗余力的。这还表现在他的许多作品中，许多著作中。他的《诗的求索》《诗的桥磴》，实际是为指导青年、特别是有志于文学事业的青年写作的一部书。没有什么高深的故弄玄虚、欺世误人的所谓时髦理论，他是心平气和地以娓娓动听的语言，叙述一个文学青年，一个缪斯的追求者如何才能得到诗神青睐的故事，这故事本身就对文学青年是一种启迪，一种激励！难怪《诗的求索》和《诗的桥磴》出版后，很短的时间内，就收到来自全国各地一百多封信。写信的有工人、战士、教师和学生。大家的词句各异，但表达的是同一个意思：就是体会到了木斧对于文学青年真诚的关注，感受到了他的纯真而又崇高的人格。来自河南驻马店地区技工学校的一个叫白彦琳的同学在信中写道：

"您对待初学起步的青年像对待初破土的花草一样关怀、爱护，有着高度的责任感，您的心真像您的诗一样闪光。"

河南安阳矿务局总医院的一位文学青年，在谈到木斧的《诗人的自白》中木斧的自传和他的一些诗作后，激情满怀地写下了一首诗《献给人民诗人木斧先生》，全诗如下：

你的名字铿锵地

响在我的心里；

你的诗魂曾经掀起

我灵感的涟漪。

今天读到你的"诗人的自白"，

我看见你之为人倜傥不羁。

我在你的生花之笔前膜拜，

接受你的洗礼。

让我跟随你的旋律，

在你的园地里学耕学犁。


我们不难领略到诗中的真诚——由此更可感到木斧人格的高尚！

在来自四面八方的给木斧的许多信中，我最感兴趣的是陕西省镇安县云镇中学艾彦琳同学的来信。信中用童稚的语调写道："爷爷，……在《全国中学优秀作文选》封二中看到您的照片，你是那样的慈祥、庄重、严肃。和我身边的爷爷几乎是一个人。"

在信中，这位小女孩说她喜欢集邮，希望木斧给她寄些邮票去。读到这些稚嫩的话语，真不禁为爷孙两代之间的这种纯真情感所感染。

我问木斧："您给小艾回信了吗？"

他点点头说："回了！我还给她找了十几张邮票寄去！如果不回信，不给她寄邮票去，她会十分失望的！"

木斧不仅在工作期间关心诗歌作者，即使是离休后，也是一以贯之地对青年诗人、作者倾注着关爱。他是把帮助和培养青年诗人作为自己终身不懈的责任来对待的。四川省冶金地质勘查局的游运，是一位以写古典诗词和新诗为乐趣的两栖诗人。认识木斧后，2017年9月初，他将自己一本四百多页的诗集《花的变奏》交给木斧，请他指正。木斧认真阅读完全稿，对其中的几首提出修改意见，说明修改的理由，希望游运能够从中体悟出诗歌创作的真谛。还指出了游运诗集中存在的一些不足。这种手把手的指点方式，使游运很受启迪。他于

2017年9月30日给木斧回信说：

"读完您的信，我非常感动。四百多页的诗集您通篇读完，这就是对我最大的鼓励了。您上次说过，一般的诗集，您看一两首就不会再看下去的。

"那两首诗，所改之处，颇有教益，我非常珍惜。我会从中体会到您提炼诗意的技巧，对于我有如一叶知秋的收获。

"关于旅游诗的独特与凝练问题特别重要，谢谢您为我指明了方向。以前我是在写诗体游记，景观描写偏重，同样景观别人也在写，以致出现您说的撞车现象，而且造成诗意分散，今后我就只写'最感动的一点'，写出个性，写出意味，不辜负您的教诲。

"关于社会现象的写作，表达确是平淡了些，还需要多学习，我的想法是争取达到龙郁老师那首《绳子与蛇》的水平。

"几次交流，受益匪浅，希望木斧老师多多指点。"

从游运的回信中可以看出，木斧对于他的指导是十分认真的。一位八十六岁高龄的老人，能够认真阅读完四百多页的诗歌作品，并认真修改其作品，指出其创作整体上存在的不足，指出改进的方向，是要付出许多心力的。但是木斧却无怨无悔，尽心尽力地加以扶持帮助。在笔者和木斧老师通电话时，他说："青年诗人既然找到我了，他们提出的要求，我是一定要以严谨的态度来指导，要为他们负责任的。"可见木斧对于青年一代的热诚和爱护！这种提携新人、扶持新人的精神在今天是十分可贵的。

木斧就是这样的一个人：关心青年、扶持新人，不遗余力，他把文学的希望、诗的未来，寄寓在青年身上。他的朋友很多，其中大多数是青年。他和青年交谈，没有一丝一毫著名诗人的架子。他总是非常非常的平易、慈祥，时而夹杂着一两句幽默的话语，使你捧腹，你初来时的距离感由此而消失。他总是平等地和青年朋友谈心、谈生活、谈人生、谈诗、谈小说、谈文学。他也批评一些青年的浮躁，华而不实，但被批评者有时也会感到那是出自一种至诚的关怀，是出于一种深沉的爱心，因而就乐于接受。木斧确实是青年的良师益友！

他把诗坛新人比喻为"毛桃子"，但认为"毛桃子"的不成熟必将走向成熟：新的必然取代旧的，新的一代必然取代老的一代，这是一种历史的必然，一种不可抗拒的规律。他还感受出那"新"的不成熟的事物所具有的一种不可抗拒的生命力："扶他一把扶他一把他就能出来，你不扶他他犟着性子也要出来。"因此，他向人们呼吁：再不要用老眼光去看待那蓬勃生长的新事物，不要挡他们的道，而要为他们的成长创造良好的环境和条件，当扶则扶，鸣锣开道！因此，他本人以扶植培育"新人"为己任，就是出于一种沉厚的历史的责任感！

这里我还想写出另外一个木斧扶持"文学新人"的故事。只不过被木斧扶持的这位"文学新人"有点特殊——是一位早已年过古稀的"诗坛新秀"，这就是从四川省保密局退休的肖开秀女士。

肖开秀是一位经历十分坎坷的奇女子。年近七旬才克服重重困难开始学习使用电脑、学习写诗。2014年4月，经过著名诗人、《诗家》主编龙郁先生的引荐，肖开秀参加了由木斧召集的文友雅集，认识了木斧。7月22日，肖开秀再次参加木斧诗友聚会，对木斧相对熟悉了，按照龙郁先生的提示，第二天就将刊载有她的诗作的《诗家》送到木斧家中，请他指导。木斧热情接待了肖开秀，对这位年近七旬才开始写诗的女诗人，木斧既好奇又感动。他表示，没有读过肖开秀的诗，对她的诗是一无所知，无从评判。等读过了她的诗，再交换意见。一周之后，2014年7月30日，肖开秀接到木斧的电话，说她送去的诗稿全部一首一首读完了，还为她写了一篇《抿嘴的夕阳》的评论文章，上次送去的发表有肖开秀作品的《诗家》中，木斧还对肖开秀的诗歌做了不少批注，要她取回，慢慢琢磨，修改完善。得到回复，肖开秀自然十分高兴，马上乘车赶到木斧家中，聆听木斧对于她诗歌的当面教诲指点。

现在肖开秀的两本集子已于2015年6月由四川民族出版社正式出版。最近，肖开秀在木斧和其他诗友的鼓励下，为自己九年的诗歌创作做了一个总结，编好了同名为《看晚霞抿嘴一笑》的诗集和散文诗集各一种，木斧亲自为她题写了书名，为她写了一首《笑谈古今——写给肖开秀》的诗："一旦闯入了你诗歌的大森林/从此我便再也摸不清你的年龄/猛回头，看晚霞抿嘴一笑/原来你正在云里雾里笑谈古今";他亲自改定并亲自抄写了肖开秀的《瞬间》《故乡的菜花》;一想起还需要改的小标题,就立即打电话告诉肖开秀,让她修改。又推荐正在四川大学做学术考察的山西省新诗研究所所长王立世先生为诗集《看晚霞抿嘴一笑》作序,极力促成肖开秀作品以独立图书出版。肖开秀说,木斧老为她的诗集出版操碎了心!她非常庆幸在自己生命的黄昏,遇到了这位古道热肠的诗坛前辈,心中充满着无限的感激和感恩之情!

## 不老诗心

在成都市高新区天府一街新城国际广场十四楼的一个居室里,住着两位老人和他们的儿子一家。这就是木斧和他夫人邓德芳的新居。现在,木斧的几个子女中,大女儿杨楠,就是木斧于20世纪50年代写给严文井诗中的"南南",已经从成都电信局退休;二女儿杨桦事业有成,很早就投身商海,现在任一家公司的董事长,在仁寿县经营着一个乡村田园综合体;大儿子已经亡故。木斧从2015年5月搬来此处与二儿子杨林一家同住到现在,已经将近四年了。木斧和老伴邓德芳的晚年生活是十分幸福、安稳和舒适的。

这个新居,木斧是2015年5月2日搬来的。他很喜欢这里的环境。那时,天府一街所在的地段还没有全部开发,木斧新居小区的三栋浅褐色的高楼,鹤立鸡群般矗立着,对远近的街道都可以一览无余。木斧的新居南北向的窗户通风透气,视野开阔,周边都还是没有开发的圈地,临窗北望,环球中心屹立在新居东北。远处正北方向是一大片田野,黄一块、绿一块、红一块的庄稼地,真是锦田绣错,色彩斑斓;还有一片水塘,水塘上时有翩飞的鸟儿,也尽收眼底。再远一点就是锦城公园的一片绿荫。临窗南望,可以看到水街和铁像寺,还有一圈待开发的土地。那时,木斧的新居处在一片待开发的土地之中,无论白天和黑夜,气氛安谧而宁静。

紧邻铁像寺的水街,是这些年新建的一条古意盎然的商业街。铁像寺水街街区以水为脉络,南北流向的萧家河绵延贯穿,串联起街巷院落、古树广场、水岸荷塘，再现天府之国传承千年的回澜塔、石敢当、石羊牌坊，曲桥回廊，小桥流水，水榭戏台，形成一处具有浓郁江南风情的水乡景观。水街还汇聚了中西佳肴、艺术收藏、戏曲音乐、品茗诵经、民俗民风等多种民情风情业态，充溢着"善、禅、和、雅、味、乐"的人文意境，演绎着"上善若水，佛寺禅房，街巷合院，艺术人文，天下美食，闲适安逸"的美好生活景象。整个建筑群虽为发展商业而建，但设计合理，特色鲜明，世俗而不低俗，韵雅而接地气，既展示了成都人的文化品位，丰富了百姓的生活情趣，也成功地集聚了八方游客，展现商业价值，是文化街区与商业运作成功结合的一个范例。这里也是木斧他们一群诗人经常光顾饮茶谈诗的地方。

居住在这样的环境里，木斧的生活起居十分安逸舒适。他一改以前晚起的习惯，一大早就起来了，早餐后就下楼在附近铁像寺水街的街道散步个把小时，然后回到家中，铺开稿笺，把自己散步中寻获的诗意和感悟转化为一行行诗句；有时就拆阅来自全国各地的书信，寄书的、请教的、问候的，应有尽有，拆看这些书信，木斧读到开心处，不禁哈哈大笑起来。看完书信，该回信的立即回信。下午，午休后便开始读书，年龄大了，不会像年轻时读书那样去赶着读完，读几页累了，就放下，休息一会儿再读。这时，读书已经不是一项任务，而是一种习惯，一种享受了。选择的自主权也大了，喜欢读的就多读几页，读不下去就不读了。然后就看看电视，找一些娱乐性强一点的电视看，休息一下身心。

木斧喜欢到铁像寺、水街和锦城湖散步。美好景色不时地冲击着他的心灵，激荡着他的诗情，如《成都高新》报记者黄静在《流淌的诗意》一文中所说：

"弯弯的拱桥、青翠的垂柳、艳丽的鲜花、一杯盖碗茶、一把竹藤椅、一弯浅水，这便是水街的美景。这样的美景，于常人而言，就是一张张照片，于诗人而言，便是笔下的一首首诗歌。"（黄静《流淌的诗意》，见《成都高新》2017年8月25日副刊）

木斧每天来一次水街，或散步，或喝茶，前不久，他还邀约了成都诗人龙郁、李临雅、余启瑜、游运、肖开秀、曾卫红、梅香等相聚在水街陈锦茶铺，以茶会友，品茗吟诗。茶香、诗意弥漫水街。

木斧敏锐地观察着水街的与众不同，这里雅俗共赏，这里有口皆碑。"我常在这里看到国内外游客，这里的风景、风情吸引着他们。"

"来得多了，自然就有了感情，诗句就自然而然地成熟了"，诗歌就在木斧的心中酿成：

在摩天大楼的包围圈中/小桥流水进入了画卷/我在地上周游列国/水跟着我的脚步徜徉/街把农家味揉进了露天茶馆/水把天南地北的人吸入了水街/街上的人如水一般地流动/古代的钟槌敲响了交响音乐/"喤"的一声，古庙的戏台上/水花花的川戏开演了

全篇写景，写"我"在景物中的感受，诗人化身为"我"把读者引入景中，一点不加评论，一下子抓住了读者，那久违了的农家味，那地方特色浓郁的川戏，那来自世界各地川流不息的滚滚人流，明显地、多感官一起开动地展示了水街的美景和独特的风俗民情，一下子就吸引住了读者的心，吟味再三，诗情诗境弥漫于心，不禁发自内心地赞声"好"！

木斧关于水街的诗，还有《心中蓄满露水的诗人》：

心中蓄满露水的诗人

最喜欢在水街上散步

这里每条街都有河流

街的两边都有水沟


水街上并没有水

街和水并列着前行

身边有潺潺的水声

我行走的地方并没有沾水

我多想迎着水的浪头

把我发丝一样的烦恼

把我满腔的情怀

和你缠绕在一起沿途倾洒


原来我们都会藏而不露

就像鱼儿长期住在水中

鱼在水面上吐泡泡

我在水街上喝茶


    这是极其生活化的诗人隐居世俗生活、诗化生活的自述。木斧以日常化、地方化、生活化的语言，抒写着水街生活的悠闲惬意的感受。古人曾说，大隐隐于朝，中隐隐于市，小隐隐于野，我以为木斧这里所表达的情绪，就是介乎于中隐与小隐之间的自得其乐的情趣。他以自己与鱼的对比，以鱼的"吐泡泡"和人的喝茶，来象征一种恬淡自乐的悠闲安适生活，也蕴含着一种既不舍参与现实平民生活，有与世无争的情绪。读来有一种"子非鱼，安知鱼之乐"的联想。意蕴颇为丰富复杂，值得认真咀嚼回味。

    木斧写他生活的环境的诗歌还有《铁像寺茶客》《锦城湖畔》等，也是好诗。

    这里看看《铁像寺茶客》："水花花的街上/飘来了铁像寺的一群茶客/说的笑的闹的/都把年龄飘到河里去了。"短短四句诗，却把一群老年茶客的欢愉和快乐表现得淋漓尽致。

    现在木斧已经是八十八岁高龄了。按照我国的传统文化，八十八岁，称为米寿。古人讲"人生七十古来稀"，现代人的生活条件好了，加上个人心态的因素，可能还有家庭遗传的因素，人的平均生命周期早就超越"古来稀"的限制了。但是活到八十八岁，而且还要继续幸福地、充满活力地、创造能力地活下去的人其实还是不多见的。木斧自己可能也未曾想到他能够达到这个境界。

2011年，木斧八十岁生日的时候，他写过一首《八十自寿》：

小时候，面对门前的大山
胆怯的我问自己
我能爬上去吗？

今天，我毫不费力地登上了
八十岁的大山，这小孩
怎么一瞬间变成老爷爷了？

环视群山，山外有山
前面还有一截路要我登攀
我才知道行路的艰难

八十大寿，让它悄悄地过去吧
无须去惊动别人，就像
我当年站在门前的时间

诗中表达的是对于八十岁这个特殊纪念日子来临的感受。是啊，对于历史来说，百年、千年也只是一瞬间，但是对于人生而言，八十岁为何来得如此匆匆？真是人生如梦，一梦醒来，已是晚年了！不由得生出许多感慨了！似乎是连一个过渡期也没有，"这小孩/怎么一瞬间变成老爷爷了？"但是放眼文坛，环视自己的诗坛前辈好友，许多人也达九十高龄，比如像著名诗人屠岸，不是2013年年届九十，还为李临雅、余启瑜选编的《论木斧》一书作序吗？他"环视群山，山外有山"，由此得到鼓舞。这位"毫不费力地登上了/八十岁的大山"的诗人知道，"前面还有一截路"要他去登攀，虽有艰难，他是充满信心的。

现在，2018年8月，木斧八十八岁生日之时，木斧又写了一首《88之谜》：

88对你来说是一个谜：

这是量体裁衣的尺码吗？

或是街巷门牌的号数呢？

或是吃名小食排队的次序？


88对我来说是我欢乐的米年

你说我这个寿命是老还是少？

只要诗还在我的血液中流淌，

它就变成我写诗的进军号


88向我发出了警告：

快停下来，你这个蠢才！

可是时间还在不停地向前跑

我的缰绳快要拉断了！


语言幽默，表达的是一种对于米寿来临的自得情感！也是对于自己诗歌生涯的自信表达！"只要诗还在我的血液中流淌/它就变成了我写诗的进军号！"直白而坚定地表达了对于诗歌的爱恋和执着，犹如汉代乐府《上邪》中那位恋人所发出的"我欲与君相知，长命无绝衰。山无陵，江水为竭，冬雷震震，夏雨雪，天地合，乃敢与君绝！"木斧对于诗的挚爱和铭心刻骨，由此得到了最为极端地表达。诗中"88向我发出了警告：快停下来，你这个蠢才"，是木斧身与心的对话，人到高龄，身体有时却是力不从心，但是他的心依然年轻，"时间还在不停地向前跑"，又怎能停得下来？时间的缰绳是拉不住的，只能与时俱进，生命不息诗歌不止！这是木斧对于生命的自信，对于自己创造能力的自信，由此更加强化了对于诗歌的那种不离不弃的生死情怀！

木斧的诗歌早就走向港澳台，走向了华人世界。现在木斧的诗歌已经走向世界。前不久，木斧来信告诉我，说南开大学著名翻译家谷羽教授应俄罗斯一家出版社之约，要翻译出版一本《中国少数民族诗选》，这本诗选中选用木斧诗歌九首，是选诗最多的中国少数民族诗人。而且，俄方收到书稿后，认为这个选本中木斧的诗最好。我们相信，随着中国改革开放不断深化，木斧的诗歌一定会在世界上产生越来越大的影响力！

现在木斧的生活依然多姿多彩，他的心态依然年轻，他的身体依然康健，他对生活依然充满着热爱。前不久，他还和一群诗友文朋驱车百余里，到杨桦他们在仁寿县青岗乡双店村的共享农庄去纵情地玩了一天。在这个占地1500亩的园林里，行人步行其间，沿着两边开满格桑花的小路，路旁的猪槽、石磨、水缸似乎在述说着过去的故事；在果树花木的遮掩下，几幢钢架板材轻质环保材料建成的别墅格外显眼，这种在童话里在国外的杂志上才能看得到的建筑，居然就在眼前；坐在小楼的客厅里，窗外是满满的绿色，只见远山含黛，白云蓝天，翠竹摇曳，湖泊池塘，荷叶莲花，小桥流水，充满雅趣。"美处难与君说"啊！

在这个童话般美好的世界，木斧激动了，充溢着诗情的画面、景观，激荡着他的情怀，逗引着他的诗句，他挥笔写下了《新桃花源记》这首诗：


我登上了一座山庄

沿途的小花张开了小手

山和天连在一起了

花和路贴在一起

我进入了梦一般的

痴迷的境界


远看，那是东晋的桃花源

近观，这是新时代的天涯

泥土上插着小洋楼

小河边升起花果山

小麦油菜举行大合唱

鼓风机扬起了激动的雨点

我用镜框去捕捉风景

放在那里发射光圈——


怎么陶渊明的身影擦过去了?

我打开镜框急追了两千年

我的镜框突然定格了

上面只有两行字:

青岗

春台


　　离开喧闹的城市,在大自然怀抱里,他们拍照留念,吃着农家自产的绿色蔬菜和鸡鱼,陶醉在大自然赐予的大好美景,心情十分舒畅。

　　作为一位横跨两个世纪、做出卓越贡献的诗人、小说家、戏剧家、戏剧书画家的木斧,他精彩无限的诗意人生仍然在延续,并将继续下去延续下去。在当今诗坛,高寿者不少,但是如木斧这般,无论是自然的生命还是创作生命,仍然处于一种积极进取、十分活跃的状态者,则是很少的。根据肖开秀女士的统计,仅2015年至今,木斧在各类期刊报纸上已经发表诗文作品七十余篇,当然这里面也有一些是以前曾经发表过的,剔除重复发表的作品,木斧在短短不到三年时间里,也发表了新创作的诗歌、散文、序跋文章四十余篇。这也是个不小的数字,即使是一位正值壮年的诗人,这也是一个十分可观的产量。可以说木斧的创作仍然处于一个"喷发期",这是令人十分羡慕,也十分敬佩的。唐代著名诗人刘禹锡《赠乐天》诗中说:"在人虽晚达,于树比冬青",经冬不凋的冬青树,用这个形象来比喻木斧的精神状态,是很合适的。而刘禹锡的

《酬乐天咏老见示》中说："废书缘惜眼，多灸为随年。经事还谙事，阅人如阅川。细思皆幸矣，下此便翛然。莫道桑榆晚，为霞尚满天。"似乎也可作为一幅木斧的生动写照！

但是，《心中蓄满露水的诗人——木斧评传》这部书稿的写作，无论如何也有一个结束的时候。那么，我们这部书稿也就写到木斧八十八岁生日聚会，也就是本文的《引子：水街有场生日聚会》所写的事件为止了（2018年8月28日，还有《民族文学》编辑石彦伟从北京赶来为木斧祝寿，因不在这个时间范围内，也就略去了）。我要真诚地将此书作为一份微薄的寿礼，敬献给我尊敬的木斧老师。衷心地祝贺木斧老先生米寿生日快乐！诗心永在！健康长寿！创作出更多更好的锦绣诗章，给广大读者继续奉献他所酿造的美的享受，为中华民族复兴的伟大时代增光添彩！

# 后　记


　　《心中蓄满露水的诗人——木斧评传》的写作到了完稿的时候了。关于这本书的写作，需要向潜在的读者做一个说明。首先要说这个书名，是接受木斧老人的建议而确定下来的。我觉得也确实比我想的几个书名好。好就好在切合木斧的为人、符合木斧纯真的性格，也比较符合本书的体例。露水，包含了许多内容，包含过去流过的眼泪，包含清亮的祖国的山水，包含对于未来的期望。

　　我原来想的是为木斧写一本传记，而不是现在确定的评传。原因是木斧从开始创作至今，作品极其丰富，涉及领域也十分广泛，一本书既要"传"，又要"评"，恐怕是难以容纳的。再说，评，要有学养，逻辑思维能力要强，而我离开学界已久，对于新诗更无研究，确实力有不逮；而且一本书既"传"又"评"，这二者关系究竟如何把握为好？我没有想好。

　　我认为，作为评传，实际上包含着两个部分。"评"，就是评论，属于文学研究的范畴。需要作者对传主生平经历和思想状况有比较全面的了解，需要对传主全部作品有全面的研究。在此前提下，作者要以自己的学养（包括历史观念、辩证思维能力、美学素养、理论功底、文学积淀）为基础，以逻辑思维的方式，去对于传主每一部作品的意蕴和风格特色进行多方面、多角度、条分缕析的比较、提炼和概括，进一步在这个基础上对传主的创作成就做出一个整体的判断。其基本思维方式是逻辑思维，其基本的表达方式则是论说性质的，这其中也自然包含着分类、归纳、概括等一系列的逻辑思维运动，但是其物质成果的呈现则是理论色彩明显、突出的论辩性的说理文章。

所谓传，就是传记，传记写作遵循的根本原则是真实，是对传主人生历程的真实而不夸大、不虚饰的记录和叙述。当然也包含着对传主纷繁史料的辨析和选择取舍，但是作为传记写作来说，最为基本的写作方式是叙述式的，则是毋庸置疑的。其成果的呈现方式则是对传主生平事迹的历时性的完整叙述，其特征是叙事，是记叙，从文体上说属于记叙文章。

当然传记也还有文学传记和历史传记之分。简单说来，文学传记是在保证传主生活经历的真实性前提下，注重传主人生的文学性描述，注重传主性格特征的表现，传记文学的作者可以而且也必然可以对传主的心理活动做出推测，在叙述语言上文学色彩浓郁，注重对传主生活细节的描写，通过细节的描写来展示传主人物的性格特征，展示传主人生的丰富性和复杂性。从这个意义上讲，文学传记的这种文体要求，必然会使传主生活细节的真实性方面受到一定程度的影响，如果把握不好，还很可能在相当程度上牺牲真实性而迁就文学性。这样表现出来的人物，就既是生活中的人，又不完全等同于生活中的人。而历史传记则首先强调注重传主人生经历的真实性展现，强调不虚构事实，言之有据。在行文表达上，当然也会要求尽量生动活泼，也会使用多种表现方式，但是这种多样性和生动性，也必须以不损害真实性为前提。一旦离开了真实性，传主的形象就会变形，就不再是生活中的那个真实的"人"了。

如此看来，"评"和"传"其实是两种不同的文体；而评传中的"传"，则会更偏向于历史传记。"评"和"传"思维方式不同、表达方式不同、成果呈现特点不同，所坚持的标准也不同，二者各自独立，各有特点。但是"评传"则需要把这两种不同风格、不同类型、不同体裁的文章合二为一，这就有个"史（传）论（评）结合"的问题，需要作者把人物"史"的严格真实和评论者严谨细密的思辨完美地结合在一起，形成一本既具有一定可读性又具有思想启迪性的理想评传著作，这中间的难度可想而知。难就难在如何将这两类风格各异的文章比较和谐地统合为一个整体，使读者阅读的时候不至于觉得太过生硬而难于接受，这对于评传作者来说确实是一个很高的要求。这里的矛盾确实是比较难于调和的。难以调和而又必须调和，这既是一个很值得学界认真研究的理论问题，也是一个本书必须解决的实践问题。

我写作《心中蓄满露水的诗人——木斧评传》就是在这种难以调和的矛盾中进行的。我自知能力有限，既不具备史家的史识史见和优雅准确的叙事功底，也不具备理论家严谨辩证的抽象思维能力，写出来的东西难以达到预期的目标，但是也只能如此了。无论如何，要在很短的时间内提高一个人的综合素养，强化叙事功底和抽象思维能力，是不可能的，这一点我有自知之明。

阅读完木斧的全部著作（诗歌、小说、散文、戏装画集和戏装照集、文艺理论等）之后，有个感觉越来越明显，这就是我认为在木斧漫长的创作历程中，他最具有成就的时期是在六十岁离休之后迄今的二十七年中。从创作时间和业绩的实际情况来看，木斧离休之后迄今的连续创作时间是二十七年，大大长于改革开放后至离休时的十二年；撇开反右和"文化大革命"这两个时期不算，从开始创作，写作革命诗的1946年到1955年，也不到九年时间，因此，我们可以有把握地说，木斧离休之后的这二十七年，是他创作生涯中的真正的黄金年代，也是他的生活最为多姿多彩的时期，他真正是随心所欲地活出了一个精彩的自己；从木斧的创作业绩、创作题材、创作风格和创作领域等角度看，离休之后，木斧继续坚持诗歌创作，写下了大量诗歌作品，为新诗坛贡献了大批他本人此前未曾体现出来的风格的新诗作品，而且同时代的诗人也未曾做出过这样的贡献。与此同时，他还在新诗写作题材、体裁等方面做了几十年未曾间断的探索；他的书信体诗歌以其巨大的篇幅、创新的表达方式、多样化的风格特点，成为古今书信体诗歌的集大成者，可谓前无古人；他探索以戏入诗，写下了数十首非常优秀的戏诗，也是中国诗人中前所未有的，木斧当之无愧地开了戏剧与诗歌结缘的先河。

离休之后，木斧还在长、短篇小说创作领域中获得了骄人的业绩，他的长篇小说《十个女人的命运》被视为反映西南地区回族生活的史诗，既填补了反映西南地区回民生活小说创作的空白，也体现了木斧驾驭小说体裁的非凡能力。他的短篇小说集《汪瞎子改行》汇集了他新中国成立前后讫至改革开放后所能收集到的全部作品，也展示了木斧在这个方面的成就。此外，他的关于新诗发展的一些探索，对于中国新诗的未来发展路径，也提出了自己可资借鉴的思考；他关于京剧创新发展的一些思考，对于继承和发展优秀中华民族文化，也具有重要参考价值。

因此，我认为从创作角度看，无论是作品数量和质量，也无论是创作风格和题材开拓方面，木斧都为当代文坛做出了巨大贡献，在一些方面是前无古人、无可替代的。他是当代诗坛、小说界的一道独特的景观，也是一座极其挺拔、令人仰望的高峰！

从木斧人生历程的角度来看，木斧离休后的生活也是他人生旅程中最为精彩的一个章节。纵观木斧的人生途程，我们可以看到，他的青年时代是在火热的革命斗争和社会主义建设时期度过的。其后就是1955年至1979年的二十四年中，他和他的家庭都是在背负着沉重政治包袱，承受着极大政治压力的时代背景下憋屈地生活，改革开放后木斧在政治上得到了平反，但又忙于工作，忙于在诗坛"复出""崛起"，"心为形役"，实在没有办法按照自己的意愿、兴趣与爱好去生活。但是繁忙的生活也是木斧生活的重要组成部分，也是他人生和创作的重要阶段；而离休之后，情况变了，自己可以支配时间了，可以按照自己的意愿去生活了，木斧选择了学京剧、演京剧，这一演就是二十四年，这是多么写意的人生，又是多么精彩的人生！从这个角度看，可以说，离休以来是木斧人生旅程中最为精彩的段落，最为写意的篇章，是完全符合事实的。

基于这样的认识，我们这本评传，就把重心摆在了对于木斧改革开放之后"复出"和"崛起"以及离休后生活和创作的表现和评价上。当然他新中国成立前的创作起步也很重要，我们也以相当的篇幅予以展现。人总是生活在具体的历史环境中，离开具体的历史环境，人的行为和思想就失去了真实的依据。作为一位诗人，木斧的生活和创作都发生在20世纪40年代后期至今的历史时期里，当今的读者对于几十年前的历史进程，许多都淡漠了，或者是由于缺乏亲身的经历，而不能理解那个时期的人和事、人的心理和行为。为了帮助今天的读者理解，我在书中也对当时的历史情况做了必要的介绍；为了展现木斧所生活的不同时代特殊的政治环境，为木斧的人生经历和性格展示提供真实的生活依据，我们花了一些篇幅对不同历史时期与木斧人生相关的事件人物做了必要介绍。我们相信，这对于我们今天的读者认识那个时代环境，进而理解木斧这个具体人物在当时的表现：他的痛苦、他的无奈、他的选择，还是必要的，并不是为了拉长本书的篇幅。我们也对与木斧的生活、成长和创作密切相关的师长、朋友的情况做了必要的交代和说明。人总是生活在一定的人际关系中，一个人的成长也总是在具体人际关系的互动中实现的，这些情况的展示有利于读者对木斧的成长过程有一个全面的认识和了解。我想这一点，读者也自会理解的。

还应该说明，这本评传中我们还对木斧的诗歌理论、对京剧改革创新、对戏诗和书信诗、对新诗坛的贡献进行了分析研究，对他的小说创作也进行了较为系统的梳理和研究。我还比较系统地梳理了木斧关于京剧改革的一些见解。这些努力得出的结论，可能与此前一些评论家不同，但是这种不同，所谓仁者见仁，智者见智，不盲目接受现成结论，是文学评论和研究中存在的正常现象。相信读者能够做出自己的评判。

木斧是一个性格突出的人，他有自己的兴趣和爱好。喜欢饮酒，喜欢适合自己口味的饮食，他自己也是一位喜欢钻研美食制作的美食家。为了展现木斧这些方面的特点，也是为了把他写成一个活生生的人，我在书中保留了他大量的生活细节，相信对于读者进一步了解他、认识他有所帮助。

这本书的写作，一直得到木斧的关心和支持。二十四年前，木斧就审阅过《木斧传》的初稿，这次在写作本书时，木斧也给予极其细致耐心的指导。他积极提供材料，审阅每章每节书稿，核对基本事实，对于书稿史实方面的错漏，他做了认真的校改，为这本书对传主生活历程的真实性表达方面做出必不可少、无可替代的贡献；木斧的爱人邓德芳女士也提供了她和木斧早年相识相交相恋的材料，还阅读了相关的文稿，提出了修改意见；成都诗人肖开秀女士不仅承担了向木斧转寄文稿的烦琐事务，也提供了不少与木斧戏剧生活和生活环境相关的生动材料，还尽其所知，校对改正了书中的大量错漏；本书的"引子"取材于《晚霞》杂志原副总编辑罗西蜀（骡二）先生和肖开秀女士写作的水街祝寿的文章；胡焰女士也热心地提供了这本评传写作所需要的文献；木斧故乡的固原县志办也提供了清代固原回民起义的资料，等等。在这里，我要一并向他们表达衷心的感谢之意！我还要感谢木斧的各位朋友们，他们所编辑出版或者自己写作的与木斧相关的书籍和文章中提供了大量的木斧的生活细节和交往情况，如李临雅、余启瑜她们编辑的《论木斧》《再论木斧》等书，都为本书提供了丰富的资料，南充市文史学者徐方强先生校改了全部书稿，提出过很好的修改意见。还有深圳的常巨平先生，也为我了解人在濒危时刻各种幻觉产生提供了病理学上的专业知识。这里还需要提到我的老朋友、著名现代文学和史料及考据学者龚明德先生，他一直关心本书写作，还答应要校阅书稿，为本书的出版尽一份心力。没有他们的关心、支持和帮助，这本书不可能仅仅以半年的时间就得以完成！也要感谢愿意出版本书的四川文艺出版社为本书出版所做的卓有成效的工作；感谢出版社各位领导同志为本书的出版提供了机会！

2018年8月9日完稿于深圳南山区西丽湖畔

8月13日校订

9月6日再校

2019年9月19日定稿

# 《心中蓄满露水的诗人——木斧评传》
# 主要引用书目

木斧：《诗的求索》，长江文艺出版社，1987年10月。

木斧：《文苑絮语》，陕西人民出版社，1991年7月。

木斧：《揭开诗的面纱》，电子科技大学出版社，1993年8月。

木斧：《诗的桥磴》，重庆诗缘社，1998年2月。

木斧：《木斧短文选》，四川文艺出版社，2002年6月。

木斧：《诗路跋涉》，四川美术出版社，2008年3月。

（木斧的诗歌、小说集、长篇小说、画诗文合集不再列出）


李临雅、余启瑜：《论木斧》，四川美术出版社，2013年7月。

余启瑜、李临雅：《再论木斧》，四川文艺出版社，2017年10月。

肖开秀：《抿嘴的夕阳》，四川民族出版社，2015年6月。


陈世松主编：《四川简史》，四川省社会科学院出版社，1986年12月版。

吴得明、卢笙岗主编：《艰难的奉献——杜心源纪念文集》上、下册，四川人民出版社，2011年3月。

「名人题字」

奋勇前进！

木奔同志

巴金 八九年十一月大庆日

巴金题签

把心交给人民

木斧先生

冰心 [印] 1991

冰心题签

木斧同志来访 无常
感激。

卞之琳

1990年8月10日
于北京

卞之琳题签

沙汀题签

鲁藜题签

田间题签

言婉 而意深，
好诗 耐读，却不难读。
本书 诗家共勉
辛笛
一九八九年
十一月十八日

辛笛题签

邹荻帆题签

风暴 是远了，暗了的 春涛，
希望 才是近了，绿了的 晨光。
本书 同志共勉
绿原
1993.10.6
重庆

绿原题签

風雨同舟

戰友賢，

木斧兄長

錄鄧拓句以贈

流沙河八月四日

流沙河题签

在做人与做诗的道路上，我虽已有成绩，但到现在一辈子词，仍然没有成就，同时我还得勾虚假的世界伸出触角，不断地探求。这几年，我读到你的一段新作，它们散发着青嫩的气息，我听到拔节的响声，欣赏到嫩绿的竹笋，我感到十分欣喜，你的成长给予我前进的力量。让我们都不要失去这样青嫩的生机的气息。书赠

木斧兄

牛汉
1983.11.25潦

**牛汉题签**

窗外潇潇暮雨声

朦胧榻上睡难成

诗情不似源有伐

夜半灯花数变红

录拙句奉

木斧词兄正腕正

臧克家
八五年二月九

**臧克家题签**

诗是喷出来的，
流出来的，不是挤
出来的，压出来的！

　　嚎汸

　　19910914. 成都

冀汸题签

冀汸题签

　无条件地作为人生中的
战士，才有了能有条件地作
为生活中的诗人。

　　　木斧兄共勉

　　　　　曾卓 89.5.20
　　　　一个惭愧然的句子

曾卓题签